사실인정과 형사증거법

사실인정과 형사증거법

권오걸 지음

경북대학교출판부

권오걸

약력
경북대학교 법학과 졸업(1983. 2.)
경북대학교 대학원 졸업(법학박사: 1993. 2.)
대구미래대학 법률과 부교수
독일 Bonn 대학 법철학연구소 객원교수
영국 Newcastle University School of Law 초빙교수
경북대학교 법학연구소 소장 역임
영남형사판례연구회 회장 역임
변호사시험, 사법시험, 행정고시, 입법고시 출제 및 채점위원 역임
현재 경북대학교 법학전문대학원 교수

연구 실적
저서: 『스마트 형법총론』(2011), 『스마트 형법각론』(2011), 『스마트 형사소송법』(2012)
논문: 「공범의 처벌근거」, 「위험사회와 위험형사소송법」, 「사실인정과 언어적 한계」, 「변호사의 증언거부권 행사와 형사소송법 제314조의 진술불능사유」, 「*Hearsay Rules in the Korean Criminal Procedure Act*」, 「증언거부권의 불고지와 위증죄」, 「재심개시 사유로서의 증거의 신규성과 명백성의 의미와 판단기준」 등.

사실인정과 형사증거법

FACT FINDING AND CRIMINAL EVIDENCE LAW

찍은 날 2014년 6월 26일 | **펴낸 날** 2014년 6월 30일
지은이 권오걸 | **펴낸이** 함인석 | **펴낸 곳** 경북대학교출판부
출판등록 1973년 10월 10일 ㉑97호 | **주소** 대구광역시 북구 대학로 80
전화 053-950-6741~3 | **팩스** 053-953-4692 | **E-mail** press@knu.ac.kr

ISBN 978-89-7180-403-2 93360

정가는 뒤표지에 있습니다.
잘못 만들어진 책은 바꾸어 드립니다.

이 저서는 2010년 정부(교육부)의 재원으로 한국연구재단의 지원을 받아 수행된 연구임(NRF-2010-812-B00100).
This work was supported by the National Research Foundation of Korea Grant funded by the Korean Government (NRF-2010-812-B00100).

서 문

형사절차에서 사실인정의 과정을 법적 논증의 한 과정으로 이해하면서 사실인정의 과정에서의 형사증거법의 역할을 이 책에서 제시하려고 하였다.

형사증거법은 형사소송절차에 있어서 증거능력과 증명력을 중심으로 법관의 사실인정의 과정에 규범적 제한을 가하고, 실체법적 권리, 의무와 자유를 시행하고 집행하기 위한 법적 메커니즘을 형성하는 법이다. 증거법의 특별한 기능은 사실 확인의 과정을 통제하고 지시하는 것이며, 합리적 주장(reasoned arguments)은 합리적으로 운영되는 제도적 장치 안에서 해결되어야 한다는 이념을 담고 있다. 재판의 공정함은 진실한 사실에 대한 실정법의 정확한 적용에 의해서 달성된다. 이를 위해서 사실(The fact)은 자격 있는 공정한 심판관의 엄격한 증명의 기준과 부담의 적용에 의해서 관련성 있고 신빙성이 있는 증거에 대한 정확한 평가를 통해서 결정되어야 하며, 부패와 오류에 대한 적절한 방지책과 재심과 상소를 위한 적절한 규정이 존재하여야 함을 전제로 한다. 왜곡된 사실의 인정은 형사소송의 이념인 실체적 진실발견에 배치된다. 공정한 재판을 위한 도구로서의 증거법은 증거가 진실을 이끌어 내고 진실이 아닌 것을 폭로하기 위하여 절차적 장치가 규정되어 있어야 하고, 증명의 적절한 부담과 기준이 명확히 특정되어 있어야 한다. 증거에 관한 규정들은 의사결정자의 의지(will)보다는 참여자 다수의 이해에 부합하는 가이드라인의 형태를 취하여야만 하고, 증거법은 증거의 관련성과 가치에 영향을 주는 사실들에 관하여 사실 확인자에 대한 교육을 통하여 사실 확인의 정확성과 질을 증대시키려고 해서는 안 된다. 결국 증거법의 목적은 논리적으로 재판의 가장 합리적 모델에 의해서 논리적으로 귀결될 수 있는 자유증명의 원칙에 대한 합리적인 제한을 명확하게 하는 것이다. 따라서 형사증거법은 법관의 자유심증을 최대한 존중해 주면서 합리적 사실인정을 위한 증거법적 기준을 제시하여야 한다. 사실인정과 증거법은 목적과 수단의 관계에 있으며 상호 보완적인 관계를 가지고 있다고 할 수 있다. 형사증거법은 사실인정의 간섭자가 아니라 합리적 사실인정을 위한 등대의 역할을 할 때에 그 존재 의의가 있다고 할 수 있다.

이 책이 만들어질 수 있도록 도움을 준 한국연구재단 그리고 경북대학교출판부의 모든 분들께 깊이 감사드린다. 그리고 이 책의 완성을 위해 많은 노력을 아끼지 않았던 조정래 박사에게도 감사를 드린다. 조 박사에게 학문적 발전과 행운이 함께하기를 빈다.

오는 8월 말부터 독일 프라이부르크 대학의 형법 및 형사소송법연구소에서의 1년간의 연구를 앞두고 있다. 너무 성급하게 많은 글들을 작성해 왔던 나 자신으로부터 좀 더 여유를 가지고, 마음에 깊이 남을 수 있는 글을 쓸 수 있도록 스스로를 돌아보고 충전할 수 있는 시간이 될 수 있기를 진심으로 기대한다.

2014년 6월

경북대학교 법학전문대학원 연구실에서

권 오 걸

차례

제2장

사실인정의 과정

제3장

형사절차상 사실인정

제4장

디지털 증거와 사실인정

제1장

사실인정의 의의와 전제

제1절

의의

Ⅰ. 사실인정의 의의

재판은 증거조사를 거쳐 전제가 되는 사실을 인정한 다음 여기에 법률을 적용하여 도출한 결론을 판결 또는 결정의 형식으로 선언하는 과정이다.[1] 즉 법관이 소송당사자의 어떤 주장사실을 인정한다는 것은 두 가지 이해활동의 결과이다.[2] 하나는 법관이 인정한 사실이 그에 적용된 법률규정의 의미영역에 속한다고 보는 이해이다. 다른 하나는 당사자의 주장사실이 정말 과거에 존재하였다는 점에 대한 확신이다. 확신에 이르기까지 펼쳐지는 이해활동을 '사실인정'이라고 부른다.

법률적용의 전통적인 모델인 법률적 삼단논법에서 법률해석은 사실인정(진실발견)과 관계없이 이루어지며, 사실인정은 법률해석과 관계없이 이루어지는 것이었다.[3]

그러나 법해석학은 법률의 의미는 사실인정에 앞서 확정적으로 주어져 있지 않고 사실인정에 의하여 비로소 구체적으로 형성되는 것임을 밝혀 주었다. 좀 더 구체적으로 본다면 형사절차상 사실인정의 과정은 일반적으로 검사의 공소제기에서 출발한다. 검사의 공소제기는 앞으로 전개될 사실인정과 판단의 범위를 제공하며, 또한 증거의 범위를 한정하는 역할을 하게 된다. 공소사실에서 제기된 논쟁과 관련된 신빙성이 있고 신용성이 있는 증거만이 증거조사의 대상이 되며, 판사는 그러한 증거에 대한 증거조사를 통하여 사실을 인정하게 된다. 사실이 인정되면 대전제로서 형법의 규정에의 포섭여부를 해석을 통하여 결정하게 된다.[4]

결국 최종적인 법적 판단에 이르는 길은 검사의 공소제기 - 관련 증거의 채택 - 증거조사 - 사실인정 - 해석 - 관련조항의 사실포섭 여부 판단 - 최종 법적 판단이다. 이러한 과정을 광의로 법적 논증의 과정이라고 할 수 있을 것이다.

---

1) 조원철, 「간접증거에 의한 사실의 인정」, 『재판자료』 110집, 법원행정처, 3쪽.
2) 이상돈, 『법이론』, 세창출판사, 2005, 247쪽.
3) 위의 책, 247쪽.
4) 이러한 사실인정은 법률의 해석 및 적용과 함께 재판의 양대 축의 하나임에도 불구하고 개개의 구체적인 사건에서 상급심에서 하급심의 사실인정의 당부에 대하여 판단을 하는 외에는 법률해석 내지 적용의 경우와는 달리 일반적인 검토나 비판이 제대로 이루어진 바가 없다. 이것은 사실인정이라는 것이 개개 사건마다 특수성과 독자성이 있는 관계로 이와 관련한 어떤 일반적인 이론을 귀납적으로 도출한다는 작업 그 자체가 매우 어려울 뿐만 아니라 설령 그와 같은 작업이 이루어졌다 하더라도 그 일반론을 연역적으로 개개의 사건에 적용하여 그 사실인정의 당부에 대하여 판단하는 데에 많은 한계가 있기 때문이다; 조원철, 「간접증거에 의한 사실의 인정」, 『재판자료』 110집, 법원행정처, 65쪽.

예를 들어 다음의 판결문을 보기로 하자.

서울중앙지방법원 2009고단3458

1. 다우너 소 관련 보도 부분

가. 이 부분 **공소사실(A)**

소가 주저앉는 이유는 광우병 외에도 골절·상처, 대사장애, 질병 등 수십여 가지 다양한 원인이 있고, 이 사건 휴메인 소사이어티 동영상 속에 등장하는 다우너 소들은 미국이 동물성 사료 금지조치를 취한 1997. 8. 이후에 태어난 소인데, 위와 같은 동물성사료 금지조치를 취한 이후에 태어난 소에서는 아직까지 광우병에 걸린 소가 한 마리도 발견되지 않았던 점 등을 근거로 위 동영상 속에 등장하는 다우너 소들은 광우병에 걸렸을 가능성이 거의 없음에도, 피고인들이 이 사건 방송에서 '위 동영상 속에 등장하는 다우너 소들이 광우병에 걸렸거나 걸렸을 가능성이 매우 크다.'고 보도한 것은 허위사실이다.

나. 이 부분 보도 내용의 의미

(1) 보도 내용

기록에 의하면, 다음과 같은 **사실이 인정된다.(B)**[5)]

(가) 피고인들은 이 사건 방송 첫 부분에서, 미국 내 도축장에서 인부들이 전기충격기나 물대포로 주저앉은 소에 충격을 줘 억지로 일으켜 세우려는 장면을 담은 동영상과 함께 "미국은 2003년 첫 광우병 발생 후 주저앉는 모든 소의 도축을 금지했다. 그러나 지금은 주저앉은 소라도 최초검사를 통과한 후 주저앉으면 도축이 가능하다. 이 소들은 검사를 통과해 도축장으로 갔다."라는 내레이션을 보도하고, 이어 휴메인 소사이어티 마이클 그래거가 "사람들이 이런 장면을 보고 상당히 충격을 받았을 거예요. 아마 대부분의 사람들이

---

5) 검사는 공소장을 통하여 범죄사실과 그에 대한 법적 판단을 주장하게 된다. 이때 검사의 사실적 주장은 이야기의 목적과 구별되는 화자(검사)의 의도가 개입되어 있다는 점이 특징이다. 따라서 법관은 검사의 이야기를 있는 그대로 듣지 않고, 그 이야기(주장) 중에서 사실인 것과 허구인 것을 골라내고, 실화인 것과 실화일 것 같은 요소로 다시 하나의 이야기를 구성한다. 즉 검사와 피고인의 사실적 주장은 법관의 가설을 위한 자료를 제공한다. 이 과정에서 이야기의 단절이 발생하면, 법관은 이를 증명을 통해 메우거나, 증명되지 않은 경험칙을 통해 메운 후 이야기를 완성한다. 후자의 이야기가 판결이유에 나타난 인정사실이다; 이용구, 「사실인정 과정의 논증」, 『재판실무 연구』, 광주지방법원, 2009, 172쪽.

이런 소가 도축됐다고는 생각하지 못할 거예요."라고 인터뷰한 내용을 보도하고, 이 동영상을 본 뒤 피고인 송○○이 "아까 광우병에 걸린 소"라고 말한 사실을 보도하였다.

(나) 피고인들은 위 보도 부분에 이어 아레사 빈슨 관련 보도를 마친 뒤, 다시 CNN이 2008. 2. 19. "미농무부의 규정에 따르면, 아파 걷지 못하는 소는 도살해서 식용으로 쓰면 안 되지만, 그렇게 쓰였습니다. 리콜 대상은 2년 전까지 거슬러 올라갔지만 지금은 이미 늦었습니다. (아파 걷지 못하는 소)는 모두 유통됐고 대부분이 소비됐다고 밝혀졌습니다."라고 한 보도를 인용하여 보도한 뒤, "올해 초 미 전역을 충격 속에 몰아넣은 동영상 하나가 공개됐다. 대규모 도축장 실태가 담긴 다우너 카우 동영상. 문제의 영상은 한 동물 보호 단체가 위장 잠입해 찍은 것이라고 했다. 그들은 이 영상이 미국의 광우병 통제시스템을 단적으로 보여 준 사례라고 했다."는 내레이션을 보도하고, 다시 이 사건 동영상을 보여 주면서 "동영상 속 소들 중 광우병 소가 있다고 단정할 수 없다. 그러나 이 소들이 실제로 광우병 소인지 여부도 알 길이 없다. 이미 도축돼 식용으로 팔려 나갔기 때문이다."라고 내레이션을 보도하고, 이 사건 동영상 속에 들어 있는 현장책임자의 인터뷰 내용을 "현장책임자에게 왜 (광우병 의심소를 억지로 일으켜 도살하냐고) 물었더니 관리자가 위에서 그렇게 시켰다고 하더군요. 일종의 회사 방침이라고 했습니다."라는 자막으로 보도하고, 휴메인 소사이어티 마이클 그래거가 "한 마디로 검역시스템에 큰 구멍이 뚫린 것입니다."라고 인터뷰한 내용을 보도한 사실이 인정된다.

(2) <u>판단(C)</u>

위 인정사실과 앞서 본 법리에 비추어 보면, 이 부분 다우너 소 관련 보도 내용 전부를 통상의 주의를 기울이고 시청하는 시청자에게 주는 전체적인 인상을 고려하여 보면, 이 부분 다우너 소 관련 보도내용의 의미는 광우병 의심이 있는 다우너 소들이 불법적으로 도축되어 식용으로 유통되었다는 것으로 볼 것이다.

이 판결문은 **크게 공소사실(A)-인정사실(B)-판단(C)으로 구성되어 있다**. 검사가 제기한 공소사실에 대하여 증거를 통하여 사실을 확인하고, 확인된 사실을 근거로 법적 판단을 하는 과정을 판결문은 나타내고 있다. 이것이 광의의 법적 논증이며, 이 광의의 법적 논증에서 증거를 통한 사실인정의 과정이라는 좁은 의미의 법적 논증의 과정이 포함되어 있다.

이러한 법적 논증의 과정에서는 연역논증과 귀납논증의 기법이 모두 적용된다. 법적 논증의

한 축은 사실관계(의 확정)이다. 판결의 대상도, 법적 논증의 기초도 무엇이 사실상 일어났는가, 일어나고 있는가, 일어날 것인가라는 사실관계에 관한 것이다. 만약 모든 법적인 논증이나 판결이 과거, 현재 그리고 미래에 일어날 사실과 무관하고 순수하게 규범적인 영역에서만 제한되어 논의되는 것이라면, 판결이나 법적 논증의 어려움은 거의 발생하지 않는다고 해도 과언이 아닐 것이다.[6)]

하지만 현실적인 삶의 영역에서 일어나는 분쟁을 해결하는 것이 법의 종국적인 과제라는 측면에서 볼 때, 사실관계의 확정은 법적인 논증이나 추론의 출발점이며, 법적인 결론을 도출하기 위한 필수적인 전제라고 할 것이다.

학자이건 법실무가이건 현실적으로 일어난 사실관계에 대해 확인과 판단 없이 순수하게 규범적인 논증만으로 법률문제에 답할 수는 없다.[7)] 형사절차에서의 정확한 사실인정(fact-finding)은 진실에 대한 추상적 또는 사심 없는 열망이 아니라, 적극적으로 방법론적이고 실무적인 관심에서부터 나타난다. 정확한 사실인정의 원칙은 형사절차를 공공의 이익에 결합시키는 최고의 금줄(golden thread)에 해당한다.[8)]

대법원이 법률심이라는 원칙을 엄격하게 이해할 때, 대법원의 판단은 주어진 사실관계를 전제로 해서 이루어지는 법률판단이라면, 최고법원의 경우에는 사실관계의 확정이 별 의미가 없는 것으로 생각될 수도 있다. 하지만 사실오인의 문제도 궁극적으로는 대법원에 의해 해결되어야 한다는 점에서 법과 관련된 직업군의 어느 누구도 사실관계 확정의 논리를 몰라서는 안 된다고 할 수 있을 것이다.

실제의 판결문에서도 사실오인을 이유로 원심을 파기하는 경우가 적지 않다.

> 형법 제144조 제2항의 특수공무집행방해치상죄는 단체 또는 다중의 위력을 보이거나 위험한 물건을 휴대하여 직무를 집행하는 공무원에 대하여 폭행 또는 협박하여 공무원을 상해에 이르게 함으로써 성립하는 범죄이고, 여기에서의 폭행은 유형력을 행사하는 것을 말한다. 그런데 원심이 유지한 제1심판결의 인정 사실에 의하더라도, 위 각 피해자들은 피고인 등이 미리 바닥에 뿌려 놓은 윤활유에 미끄러져 넘어지거나 미리 뿌려 놓은 철판조각에 찔려 다쳤다는 것에 지나지 아니하는바, 피고인 등이 위 윤활유나 철판조각을 위 각 피해자들의

6) 순수한 이론적인 관심에서 단지 논리적인 정합성만을 다룬다면, 우리가 흔히 논리학이나 법적 논증의 기초이론에서 행하는 것처럼 어떠한 사실관계가 다툼의 여지없이 확정되어 있음을 전제로 하는 것만으로도 충분할 것이다; 김성룡, 『법적 논증의 기초』, 경북대학교출판부, 2006, 259쪽.
7) 김성룡, 『법적 논증의 기초』, 경북대학교출판부, 2006, 260쪽.
8) Paul Roberts, Adrian Zuckerman, *Criminal Evidence*, Oxford University Press, 2004, p. 18.

면전에서 그들의 공무집행을 방해할 의도로 뿌린 것이라는 등의 특별한 사정이 있는 경우는 별론으로 하고, 단순히 위 피해자 등이 위 공장에 진입할 경우에 대비하여 그들의 부재중에 미리 뿌려 놓은 것에 불과하다면, 이를 가리켜 위 피해자들에 대한 유형력의 행사, 즉 폭행에 해당하는 것으로 볼 수 없다고 할 것이다. 그럼에도 원심이 이와 다른 전제에서 미리 바닥에 뿌려둔 윤활유에 위 피해자들이 스스로 넘어져 다친 행위를 판시 특수공무집행방해치상죄로 의율한 조치에는 특수공무집행방해치상죄에 관한 법리를 오해하였거나 필요한 심리를 다하지 아니하고 채증법칙에 위반하여 사실을 오인함으로써 판결에 영향을 미친 위법이 있다고 할 것이다.[9]

이 판결에서 대법원은 원심의 사실오인을 지적하고 있다.

사실인정은 법관이 검사가 제기한 공소사실을 증거를 통해 확인하면서 법관의 머릿속으로 사실을 재구성하는 것이며, 이러한 사실인정 작업은 전체적으로 법적 논증의 한 과정을 형성한다. 또한 법적 논증은 광의의 의미에서는 공소제기 – 증거조사 – 사실확인 – 법적 판단 – 판결선고를 말하고, 협의의 의미에서는 사실인정의 과정 안에서의 추론과 추정의 과정을 포함한다. 즉, 증거(전제) – 추론/추정 – 준요증사실 – 추론/추정 – 최종 요증사실이다.

Ⅱ. 사실과 사실의 유형

1. 의의

사실인정은 증거를 통하여 범죄사실을 증명하는 과정이다. 즉, 증거를 통해서 사실을 인정하는 과정에서는 증거라는 전제에 대한 분석과 추정을 통해서 사실인정이라는 결론에 이르게 된다. 이때 증명의 대상은 어떤 증거가 적절하게 제출될 수 있는가의 관점에서 주어진 법적 절차의 과정 안에서의 사실(들)이다.

사실인정에 있어서의 사실은 증거를 통해서 발견된 사실로서 사실인정자에 의해서 확정된 과거의 역사적 사건이다. 이 역사적 사건은 법관이 현장에서 직접 보고 경험한 것이 아니라 다양한 증거들을 통해서 구성하고 형성된 사실이다. 그래서 이 사실은 역사적 존재 그 자체와는 다르다. 어떻게

9) 대법원 2010. 12. 23. 선고 2010도7412 판결.

본다면 이미 존재하였던 역사적 사실 그 자체는 다시 존재할 수 없는 일회성의 존재(Sein)이다. 법정에서 증거를 통해서 만들어진 사실은 당사자의 논쟁과 법관의 확신이 결합된 인위적인 복제품이라고 할 수 있다. 이 논쟁과 법관의 확신의 과정에서 역사적 사건 그 자체, 즉 진실이 아니라 진실 같음이 복제된 사실로서 등장할 수도 있다. 즉, 진실 같음이 진실보다 더 설득력이 있게 사실확인자에게 작용하는 경우에는 진실 같음이 법적 판단의 대상이 되는 것이다. 영어로 verisimilitude로 표현되는 진실 같음은 '진실을 닮은 그 무엇'이라는 뜻에서 '여실성(如實性)'으로 어색하게 번역되기도 하지만 그 어원은 깊다. 진실 같지만 진실이 아닌 것, 그러나 대중에게는 진짜 진실보다 훨씬 설득력이 있는 것으로 고대 그리스의 소피스트들이 중요한 웅변기술로 다룬 개념이기 때문이다.[10] '진실 같음'이란 가령 이런 것이다. 몸이 왜소한 사람이 덩치가 큰 사람을 때려 눕혔다는 혐의로 법정에 불려왔다고 가정해 보자. 덩치 큰 사람이 아무리 강변해도 왜소한 이가 "저를 보십시오. 어떻게 저 사람을 해칠 수 있겠습니까?"라고 호소하면 사람들은 믿는다. 군중이란 원래 숨어 있는 진실보다 겉으로 드러나는 '진실 같음'에 더 끌리기 마련이기 때문이다. 아리스토텔레스도 말했다. "대중이 믿지 않는 진실보다 대중이 믿는 '진실 같음'이 더 설득적이다."라고.

증거를 통한 사실인정의 과정에도 솔직히 진실보다는 진실 같음이 사실로 확인되는 경우도 있을 수 있다. 과학적 증거가 나오면 그것을 반박하는 또 다른 과학적 증거가 등장해 헷갈리게 하고, 정보와 증거의 홍수 속에서 사람들은 자신이 믿고 싶어 하는 정보만을 골라 섭취해 기존의 의견을 강화시킨다. 최근의 인터넷이나 소셜미디어에 쏟아지는 수많은 의견과 감정의 홍수가 종종 사실과 진실을 휩쓸기도 한다.[11]

2. 진실과 사실

형사소송은 일반적으로 적법절차 원칙, 신속한 재판의 원칙, 실체적 진실발견의 원칙(Prinzip der materiellen Wahrheit)을 그 이념으로 삼고 있으며, 형사소송에서의 진실개념에 대한 논의는 단순한 개념 정의를 위한 탐색으로 끝나는 것이 아니라, 실체적 진실을 확보하기 위한 수단으로서 형사소송의 구체적 형태를 결정짓는 문제이기도 하다.[12] 그렇다면 진실은 무엇인가? 그리고 진실과 사실의 차이점은 무엇일까?

---

10) 그리스 말로 에이코스(eikos)라고 불리는 이 기술을 연마하면 배심원들의 마음을 사로잡아 살인죄도 모면할 수 있었다; 박성희, 「'진실 같음'이 진실을 이기는 사회」, 동아일보 2010. 2. 11자, 26쪽.

11) 박성희, 「'진실 같음'이 진실을 이기는 사회」, 동아일보 2010. 2. 11자, 26쪽.

12) 류혁상·권창국, 「증거의 신빙성 제고를 위한 효과적인 증거수집 및 현출방안 연구」, 한국형사정책연구원, 2005, 37쪽.

일반적으로 진실(眞實)은 거짓과 반대되는 '참'의 개념이고, 실재의 질(real quality)과 실재의 관계(real relation)를 의미하고[13] 현실사태와 이에 대한 인식의 일치상태를 의미한다.[14] 즉, 진실이란 언명(言明)과 실재(實在)의 일치적 대응으로서, 피고인이 범행을 수행하였다는 언명이 실제로 발생한 사건과 일치함을 지칭한다.[15] 이에 반하여 사실(事實)은 실제로 있거나 실제로 있었던 일을 말하며, 법률적 용어로 쓰이는 '사실'은 '효과를 나타내는 현상'을 뜻하고 있다.[16] 사실은 인간의 객관적인 관찰이나 경험에 의해서 인식되어야 한다. 따라서 사실은 인간의 관점에서 볼 때 늘 대상적이고 객관적이다.[17] 형사소송에서의 진실개념은 언급한 사전적 의미뿐만 아니라 형사소송의 목적 그리고 근원적으로 (형법적으로 중요한) 현실인식 또는 사태인식과 직접적으로 관련되어 있으며, 철학적·인식론적 차원에서 논의되는 진리이론에서의 진리개념과도 밀접한 연관성을 맺고 있다.[18]

사실과 진실의 의미를 이렇게 구별할 때 형사절차상의 진실발견은 가능한 것인가? 형사절차의 출발은 범죄의 발생이며, 범죄발생의 원인과 결과가 진실의 주요 내용이 된다. 예컨대 갑이 을을 세 번 때려서 을이 사망한 경우에 갑이 을을 세 번 때린 것이 원인이 되어 을이 사망한 것이 진실이다. 그러나 이러한 진실은 을이 사망하였기 때문에 그 진실을 발견하는 것은 매우 힘들다. 대부분의 범죄에 있어서 범죄발생의 원인과 결과의 대략적 모습이 사후적으로 그려질 뿐 범죄 당시의 모습이 그대로 현출될 수는 없다. 특히 목격진술이나 CCTV와 같은 정황증거가 없는 경우에는 더욱 그러하다. 결국 과거에 발생한 사건의 진실을 확인하는 것은 인간적인 한계와 증거의 멸실 등으로 인하여 사실상 불가능하다고 하지 않을 수 없다.

형사절차상의 사실개념은 범죄로 될 사실, 즉 진실개념을 구성하는 중요한 단편적 요소들을 지칭한다.[19] 형사절차상 사실은 범죄발생 후에 ① 수사기관이 인정한 사실 ② 수사기관이 공소제기를

13) Alfred J. Ayer, *Language, Truth and Logic*, Victor Gollancz Ltd., 1936, p. 124.
14) 류혁상·권창국, 앞의 책, 28쪽.
15) 류혁상·권창국, 앞의 책, 28쪽.
16) '사실'을 영어로 말하면 'fact'라고 표현한다. '행하여진' 또는 '수행된 것'으로 해석되는 'factum'이라는 라틴 단어에서 유래된 'fact'는, 현실에서 실제로 존재하는 어떤 모습(aspect)과 관련된다. 그런데 이 '사실'이라는 영어표현 'fact'에는 부정관사 'a'가 붙는다. 재판에서는 원고가 진술한 '사실'에 대하여 피고에게 확인하는 절차가 있고, 이 과정에서 그런 사실이 부인될 수도 있다는 점에서 가변적이고 그래서 붙는 관사가 'a'라는 부정관사라는 것이다. 그렇다면 과연 '진실'은 무엇이며 '사실'과 어떻게 다른 것인가? '진실'에 해당하는 영어 단어는 'truth'이고, 거기에는 소위 정관사라고 하는 'the'가 꼭 따라붙는다. 그런 이유는 '진실'이라는 것이 세상에 오직 하나만이 존재할 수 있는 것이어서 정관사가 붙는 것이라고 생각한다. '사실'은 여러 가지가 함께 존재할 수 있기 때문에 그런 경우 영어로 말하면 'many facts'가 된다.
17) 물론 인간의 주관에 의해서 각각 다르게 비칠 수는 있지만, 대상 그 자체는 변함이 없다.
18) 변종필, 「형사소송에서의 진실개념과 형사소송법」, 『형사정책연구』 제7권 제3호, 형사정책연구원, 1996, 209쪽.
19) 위의 책, 211쪽.

통하여 형성한 공소사실 ③ 그리고 판사가 증거재판주의와 자유심증주의에 기초하여 형성한 범죄사실로 구별할 수 있다. 그리고 범죄사실에 규범적인 형법을 적용하여 최종적으로 범죄와 범죄인을 확정하게 된다. 이러한 광의의 사실인정의 절차를 통해 법정에서 형성된 것이 (범죄)사실이다. 형사절차는 사실인정의 과정을 통하여 범죄사실을 발견하고 그에 대한 형사제재를 가하는 것을 내용으로 하는 법규범이다. 결국 형사절차를 통해서 형성된 스토리가 사실이라고 할 수 있다.

이러한 사실은 법정에서의 법관의 자유심증 또는 배심의 자유심증에 의해서 확정된다. 이러한 사실이 확정되는 것을 일종의 입증의 과정이라고 할 수 있는데, 미국법에서 입증의 정도는 17세기 영국에서 발달한 일종의 확률론적 모형에 자리 잡고 있다.[20] 즉 절대적 진실은 재판에서 도달할 수 없는 것으로 보고, 재판에서 도달할 수 있는 진실이란 경험과 증거에 의해 판단되는 확률적 사실에 불과하고, 이러한 확률적 사실은 그 정도에 따라 경험적 확신 내지 믿을 수 없는 사실로 나뉜다는 로크(Locke)의 철학이론에 근거하고 있다.[21),22] 그러나 대륙법계에 있어서는 사실의 확정은 순전히 전문법관의 몫이다. 즉 법관이 최종적인 사실인식의 주체이며, 법관은 직접 증거를 스스로 인식하고 사실을 확정하여야 한다. 이를 직접주의라고 할 수 있다. 법관은 직접 증거를 스스로 인식하여야 하기 때문에 다른 사람의 눈을 통해 입증을 보도록 해서는 안 되며, 다른 사람의 눈에 종속되어 증거나 사실을 판단해서는 안 된다.[23]

3. 요증사실(Facts in issue)

1) 의의

사실 인정에 있어서 가장 중요한 카테고리는 문제되는 사실들로 구성된다. 이들은 때때로 실체적 요소(material facts)라고 불리며, 그리고 라틴어의 facta probanda와 관련되어 있다. 이것은 당사자

20) 이처럼 영미법에서는 전문적인 법관이 아닌 배심이 재판을 담당하면서 어떤 기준이 충족될 때 배심의 판단이 정당화될 수 있는가에 대한 연구가 대륙법에 비하여 더욱 발전하였다. 최초에는 자유심증주의와 유사하게 배심의 내적 양심과 이해의 충족(jury's consciences and understanding)이 17세기까지 논의되다가 18세기에 들어서면서 급격하게 발전한 자연과학적 사고의 영향으로 절대적 진실은 인간이 도달할 수 없는 영역으로서 인간이 도달할 수 있는 진실을 높은 확률적 가능성으로서의 경험적 확신으로 보고, 각 재판에 따라 각기 다른 입증의 정도를 인정하면서부터 오늘날과 같은 형태로의 발전이 이루어지게 된 것이다; 설민수, 「민사·형사 재판에서의 입증의 정도에 대한 비교법적·실증적 접근」, 『인권과 정의』 제388호, 2008. 12, 82쪽.

21) 다만, 위 확률은 본격적인 확률론이 발달하기 이전의 개념으로 현재의 개념과 같이 정량적인(quantitative) 것이 아닌 정성적인(qualitative) 것이다; Harold J. Berman & Charles J. Reid, Jr., *The Transformation of English Legal Science: From Hale to Blackstone,* 45 Emory L.J. 437, 1996, pp. 498~500 참조.

22) Harold J. Berman & Charles J. Reid, Jr., *The Transformation of English Legal Science: From Hale to Blackstone*, 45 Emory L.J. 437, 1996, pp. 498~501 참조.

23) 디텔름 클레스제브스키 저, 김성돈 역, 『독일형사소송법』, 성균관대학교출판부, 2012, 213쪽.

가 소송에서 이기기 위하여 증명하여야 할 모든 요소를 말한다. 이들은 민사절차에서는 행위의 원인(인과관계)을 형성하는 요소들을 포함하며, 형사절차에서는 기소된 행위(범죄)를 형성하는 요소들을 포함한다. 그리고 민사·형사절차 모두에서 변호를 위하여 피고인에 의해서 증명되어야 할 모든 사실들을 포함한다. 전형적인 민사사건에서 원고는 피고의 과실에 의해서 야기된 부상에 대한 손해배상을 요구할 수도 있다. 피고가 원고의 배려의무에 복종해야 하는가의 문제는 증거의 문제가 아니라 당사자가 반박할 수 있는가에 관한 법적 문제에 해당한다(불법행위법). 그러나 피고의 보호의무(a duty of care)의 위반여부는 사실의 문제에 해당한다. 만약 피고가 변호에 있어서 공식적으로 과실을 부인하는 경우에는, 원고는 주장된 과실의 어느 하나라도 입증하기 위한 증거를 제출하여야만 할 것이다.

그러나 형사사건에 있어서는 실체법(형법 또는 형사특별법)은 기소된 범죄의 요소를 명시하고 있다. 즉, 공소장이나 기타의 정보 또는 문서는 실체법에 위반되는 사실의 내용을 담고 있다.

2) 중간 요증사실과 최종 요증사실

사실에는 중간 요증사실과 최종 요증사실이 있다. 중간 요증사실이 확인되면 판사는 추론을 통하여 최종 요증사실을 확인하게 된다. 예컨대, 현장에서 발견된 가해자의 지문이 피고인의 지문과 일치한다는 사실이 증거를 통해서 확인되면, 이 지문의 동일성이라는 사실을 통해 피고인이 살인행위를 하였다는 최종 요증사실을 추론하게 된다. 중간 요증사실에서 최종 요증사실로 가는 과정은 사실상 귀납논증이라고 할 수 있다. 또한 자연과학적으로 확립된 인과법칙을 기초로 해서 발생한 역사적 사건 사이의 관련성을 추론하는 것은 일종의 연역논증에 해당한다. 즉, 전제를 추론하여 결론에 이르는 과정이기 때문이다. 최종 요증사실이 확인되면 판사는 처벌법규를 전제로, 그리고 인정된 사실을 소전제로 하여 해석을 통하여 사실이 법규에 포섭되는지의 여부를 판단하게 된다. 이 과정은 사실상 연역논증의 과정이라고 할 수 있다.

재판의 전제가 되는 사실이라 함은 원칙적으로 일정한 법률효과를 발생시키는 요인이 되는 사실, 즉 민사재판에 있어서는 요건사실, 형사재판에 있어서는 구성요건적 사실을 말하는데, 이러한 사실을 주요사실 또는 직접사실이라고 부른다.[24] 이에 대하여 주요사실의 존부를 경험칙을 통하여 간접적으로 추인시키는 사실을 간접사실이라고 한다. 그리고 주요사실을 직접 증명하는 증거를 직접증거라고 하고 이를 간접적으로 증명하는 증거를 간접증거 또는 정황증거라고 한다.

24) 조원철, 「간접증거에 의한 사실의 인정」, 『재판자료』 110집, 법원행정처, 3쪽.

4. 형성적 사실(constitutive facts)과 증명적 사실(evidentiary facts)

한편 사실(facts)은 법적 재판과정에서 다른 역할을 수행한다. 실무적 중요성에 따른 분석적 구별에 의하면 ① 법정에서 직접적으로 증거에 의해서 형성된 사실과 ② 법적으로 중요한 결론에 이르는 과정에서 증거로부터의 추론된 사실이 구별된다.[25] 일반적으로 전자를 형성적 사실이라고 하며, 후자를 증명적 사실이라고 한다. 예컨대, 증인이 강도가 갈색 머리를 가지고 있었다고 증언을 하면, 사실인정자는 갈색 머리를 가진 피고인이 강도를 범했다고 추론할 수 있다. 이때 첫 번째 유형의 사실(강도의 머리색)은 증거에 의해서 직접적으로 주어진 것이지만, 피고인이 유죄라는 사실적 판단은 사실확인자의 추론의 결과에 해당한다.[26]

형사사건에서의 증명적 요소(사실)의 한 예는 기소된 범죄를 범한 피고인의 동기의 존재 또는 부존재이다. 동기는 형사범죄에 대한 이유 또는 설명의 의미에서 반드시 검사에 의해서 증명되어야 하는 범죄의 요소는 아니다. 그렇지만 동기의 존재는 피고인이 기소된 범죄를 범했다는 사실의 가능성을 증가시켜 줄 수는 있다. 만약 증명적 사실이 공식적으로 수용되지 않거나 사법적으로 공지되지 않은 경우에는, 그 사실들은 그 자체로 승인된 형식 안에서 증거에 의해서 증명되어야만 한다. 승인된 증거의 형식은 증인의 증언, 서류 그리고 실제 증거 등이다.

증명적 사실을 제출하는 당사자는 요증사실이 증명적 사실로부터 논리적 추론을 통해서 간접적으로 증명될 수 있을 것이라고 주장하기 위하여 노력한다.

따라서 만약 피고인이 주장하는 범죄에 대한 동기의 존재여부가 쟁점인 경우에는 그 동기를 추측케 하는 증거는 적절한 형식을 통해서 제출될 것이 요구된다. 이 경우에 증명적 사실은 — 그 이름이 암시하는 것처럼 — 증명의 대상인 동시에, 만약 증명된다면 요증사실의 기초가 되는 증거의 의미를 모두 가지게 될 것이다.[27]

5. 글랜빌 윌리엄스(Glanville Williams)에 의한 사실의 유형

글랜빌 윌리엄스(Glanville Williams)는 사실을 네 가지 유형으로 분류하였다.[28]

첫째는 원시적 사실(primary facts)이다. 원초적인(원래의) 또는 가감하지 않은 사실로 불리는 것으로

25) Paul Roberts, Adrian Zuckerman, *Criminal Evidence*, Oxford University Press, 2004, p. 133.
26) *Ibid.*, p. 133.
27) Ian Dennis, *The Law of Evidence*, Sweet & Maxwell, 2007, p. 9.
28) Glanville Williams, *Law and Fact*, Crim, L, R., 1976, pp. 472~532.

서, 세상에 존재하는 사건이나 환경들이다. 그리고 사람들에 의해서 각자의 의미대로 경험되는 것이다. 법적 절차에서 그들의 존재는 그들 스스로 했거나 말한 것으로서, 또는 그들이 직접적으로 그들 스스로의 감각을 가지고 관찰한 것으로서 증인에 의해서 보고된다: 육체적 행동, 자동차의 색상, 사람의 구두 진술 등등. 이러한 의미의 사실 증거의 가치는 당해 증인의 신용성과 신빙성에 좌우된다.

둘째는 추론적 사실(inferential facts)이다. 이것들은 원시적이거나 추론적인 다른 사실로부터 추론되는 사건이나 환경들이다. 범죄현장에서 발견된 지문은 원시적 사실(primary facts)이다. 만약 그 지문들이 피고인이 경찰서에서 제시한 지문과 일치하는 경우에는, 그 지문은 피고인의 지문으로 추론될 수 있다. 만약 지문들이 피해자의 등에서 발견된 칼에 있었다면, 피고인은 칼을 들고 피해자의 방에 들어간 것으로 말할 수 있고 피고인은 피해자를 살인에 필요한 고의를 가지고 찔렀다는 것이 추론될 수 있다. 이러한 추론적 사실의 증거 가치는 추론이 도출되는 사실에 대한 증인의 신용성과 신빙성에 의존한다. 그리고 그러한 사실들로부터 도출될 수 있는 추론의 강도에 의존한다.

셋째는 평가적 사실(evaluate facts)이다.[29] 이들은 법적 기준에 대한 원시적이고 추론적 사실의 비교에 의해서 이루어지는 가치의 판단이다. 피고인의 폭력의 사용이 정당방위로서 합리적인 힘의 사용인가의 여부가 좋은 예이다. 이러한 타입의 법적 기준들은 사실 확인자에게 사실 확인자 스스로의 사회적 기준을 사용하여 필요한 가치판단을 할 것을 요구한다.

넷째는 외연적(지시적인) 사실(denotative facts)이다.[30] 이것들은 원시적 또는 추론적 사실들이 특별한 법적 규정(description)의 범주 안에 있는지의 여부의 판단과 관련된 사실이다. 예컨대 피해자의 부상이 중상해에 해당하는 정도인지의 문제, 또는 사람의 행동이 절도의 목적을 위하여 불법영득 의사를 가지고 있는가의 여부를 말한다.

Ⅲ. 사실인정에서의 정보(증거)의 특성과 사실인정의 현실

1. 정보의 특성

하세머는 법관의 사실인정의 활동을 소송에서 등장하는 다양한 정보(증거)를 토대로 피고인이 행하였다고 말할 수 있는 범죄행위를 재구성하는 장면적 이해(szenisches Verstehen)라고 하였다.[31]

29) 이것은 또한 규범적 사실(normative facts)로 불리기도 한다; D. A. Binder and P. Bergman, *Fact Investigation*, St Paul, 1984, pp. 6~7.

30) 이것은 Hohfeld가 주장한 operative facts와 유사하다; W. N. Hohfeld, *Fundamental Legal Conception as Applied in Judicial Reasoning*, New Haven, 1923, pp. 32~35.

의사소통의 전제인 상징기호들의 통상적인 의미체계를 상실한 사람(정신병 환자)이 자신의 삶의 역사를 재현하는 연극을 보며 그 의미체계를 회복하게 되는 이해를 장면적 이해라고 하고,[32] 장면적 이해는 개념발생사적으로는 심리분석학에서 비롯된다. 그러나 법관의 사실인정에서 펼쳐지는 이해활동은 심리분석적 개념보다는 이야기를 들으면서 과거 사건을 마치 다큐멘터리 영화처럼 재구성하는 이해활동으로 볼 수 있다.

이러한 사실인정 활동, 즉 이해활동은 법관 또는 배심원에게 어떤 종류와 얼마만한 양의 정보(증거)가 어떻게 이용되느냐에 따라 달라진다. 그런데 정보창출은 소송참여인들 사이의 '복잡한 상호작용'에 따라 그 양과 질이 달라지며, 정보이용 또한 '끊임없이 등장하는 무수한 정보에 대한 법관의 선별적 지각메커니즘'에 따라 달라진다.[33] 결국 사실인정은 법관을 포함하여 소송참여인들이 주체와 객체로 분리되지 않은 채 공개된(일반인의 감시와 통제 아래) 법정에서 펼치는 상호작용(Interaktion)과 의사소통(Kommunikation)에 따라 좌우된다.[34]

한편 사실인정의 대상인 정보, 즉 증거는 너무 쉽게 날아가 버리는 속성이 있다.[35] 사실인정의 과정을 마당적 이해로 보는 경우에는 이해대상의 유동성이 특성으로 나타난다. 이 점은 텍스트에 대한 이해와 뚜렷하게 구분된다. 물론 텍스트 배후에는 그 텍스트를 쓴 사람이 있기 마련이지만 그 사람은 텍스트를 이해하는 사람에게는 직접 보이지 않는다. 예컨대 살인사건에서 피해자는 더 이상 이 세상의 사람이 아니다. 다만 그가 어떻게 저항하였는지는 목격자의 진술에 의해서 언어로 확인할 수 있을 뿐이다. 즉, 사실확인자인 법관 또는 배심원은 언어 — 말이든 문장이든 — 만을 대면할 뿐이다. 언어는 그 자체가 시간과 공간에 개방적이다. 또한 대상이 불러일으키는 인상에는 언어관용이나 그에 수반된 감정이 함께 작용하기도 한다. 이런 점에서는 텍스트에 대한 이해도 불확정성이나 유동성을 띠게 된다. 이러한 언어의 본질에서 비롯되는 이해 대상의 유동적 성격은 소송절차에서 과거사실의 존재를 인식하는 경우에도 그대로 적용된다. 법관은 소송에서

---

31) 이해의 개념에 있는 제한은 텍스트(Text)에 고정한 데서 비롯된다. 사안을 이야기할 수 있음이란 텍스트 안에서, 그리고 텍스트를 통하여 이야기할 수 있음이었다. 텍스트를 '말'로 대치하는 것은 이미 오류이다. 하여진 말은 쓰여진 말, 즉 텍스트와는 완전히 다른 이해행위를 요구하고 또 완전히 다른 이해의 조건에 관계한다. 그러므로 이해의 개념이 구성된 사안(hergestellter Fall)에서 사안의 구성(Herstelung)까지 확대되어야 한다면, 그 개념은 절차, 소송, 행위의 연속, 장면(Szene)의 차원을 수용하는 것이어야 한다. 우리는 이것을 장면적 이해라고 부른다; Winfried Hassemer, *Einführung in die Grundlagen des Strafrechts*, C. H. Beck, 1990, p. 123; 이상돈, 『법이론』, 세창출판사, 2005, 248쪽에서 재인용.

32) 이상돈, 『법이론』, 세창출판사, 2005, 249쪽.

33) 위의 책, 249쪽.

34) 주체와 객체로 분리되지 않는 상호작용의 전형은 연극이나 무대 개념보다는 우리나라 마당극의 심미적 체험형식인 '마당' 개념에서 발견할 수 있을 것이라는 견해는 이상돈, 『법이론』, 세창출판사, 2005, 250쪽 참조.

35) 이러한 유동성과 휘발성은 디지털 증거의 경우에는 더욱 분명하게 나타난다.

등장하는 다양하고 수많은 정보(증거)들에 대한 복합적인 평가를 기초로 하여 당사자들의 가설적인 주장사실에 귀속될 수 있는 '언어기호'를 선택한다. 즉, 법관의 사실인정이란 '언어귀속(Sprachzuschreibung)'의 행위(말행위)라고 할 수 있다.[36] 이때 언어기호의 선택 또는 귀속은 물론 이해자가 속한 사회의 일반적인 언어관용이나 법관 개인의 언어적 감수성에 따라 달라진다. 그런 점에서 언어의 유동성에서 비롯되는 이해의 유동성은 텍스트에 대한 이해뿐만 아니라 사실인정의 이해에서도 발생한다고 볼 수 있다.[37]

이러한 정보의 특성을 전제로 할 때 주목해야 할 점들은 다음과 같다.[38]

첫째, 법관의 판단과정에서 태도정보는 어떠한 역할을 하는지에 관한 것이다. 문자정보는 일단 법관에게 인식되고, 심사숙고의 대상이 될 수 있다고 가정할 수 있다. 그런데 당사자나 증인의 다양한 표정이나 태도, 법관과 이들 사이의 상호작용 결과 발생하는 법정의 비문자 정보(법정의 대화분위기)는 그 일부가 인식될 수도 있지만 상당부분은 의식조차 되지 못할 수도 있고, 인식된 정보라도 최종 결정의 단계에는 망각될 수 있다. 태도 정보가 별다른 역할을 하지 않는다면 직접주의의 의미는 상당부분 퇴색할 것이고, 반대로 중요한 역할을 한다면 이들 태도정보의 내용을 인식하고 판단과정에서 반영하는 구조가 규명되어야 할 것이다.[39]

둘째, 법관의 정보선택과 배제는 어떻게 이루어지는지에 관한 것이다. 정보선택과 배제과정에서 경험칙을 포함한 객관적 규범의 역할이 무엇인지, 법관의 경험 등 주관성이 일정한 역할을 한다면, 그것은 긍정적으로 작용하는지, 객관적 규범의 역할과 충돌하는지 아니면 이를 보완하는지 등의 문제이다.

---

36) …… 예를 들면 세계 내의 한 사건을 '잠자는 부인을 죽였음'이라는 언어기호로 나타낼 수 있는가는 단순히 언어논리적 작업이 아니라 실천적 작업이다. 왜냐하면 한 부인의 어떤 신체적인 실제 상태를 '잠자는'이라는 언어로 나타낼 수 있는가하는 문제에서는, 부인의 신체상태와 관계된 무한대의 실제적 데이터에 대한 자연과학적 분석이 중요한 것이 아니라, 일상적으로는 이미 해결된 것처럼 보이지만 실제로는 상황마다 언제나 다시 새롭게 해결되어야 하는 실천적 과제가 중요한 것이기 때문이다. 이 실천적 과제에서는 일정한 신체적 실제 상태를 '잠자는'이라는 언로로 나타내는 것이 당위적인가, 다시 말해 어떤 신체적 실제 상태에 '잠자는'이라는 언어를 귀속해야 마땅한가하는 문제가 대화의 테마가 된다. …… 사태의 서술 '이후에야 비로소'가 아니라 사태 기술 '자체 속에 이미' 실천적 대화는 작동한다. 그렇기 때문에 사실확정(Tatsachenfestellung)과 사안서술(Sachverhaltsbeschreibung)을 엄격히 분리하는 생각, 즉 '언어외적인 사태를 먼저 확정하고 언어적 기술은 그 뒤에 한다는 생각은 의미가 없다. 이러한 초점은 초법률적인 것이다. 즉, 법률가뿐만 아니라 역사가나 사회과학자에게도 마찬가지이다. 사안의 서술(언어 이전의 대상적인 생활상태 그 자체로부터, 질서가 잡히고 해석된 사실인 언어적으로 파악된 사안에로의 이전)은 일종의 실천적인 언어귀속인 것이다. 법에서 사안서술(법적 사안의 구성)의 특수성은 그러한 이전의 모든 과정들이 일반적인 약관이나 관행 및 에토스 등에 의해 각인된다는 점에 있다. 여기서 법률적 관점이란 각각의 법률적 컨텍스트 속에서 세분화되어 합의될 수 있고 그것이 법적 명제이든 원칙이든 간에 법적 대화에서 그 올바름이 심사될 수 있는 그런 관점이다. 그러므로 모든 법률적 사안서술(법적 사안의 구성)은 다차원적이며, 다단계적이며, 선이해에 의해 제약된다; 이상돈, 『법이론』, 세창출판사, 2005, 251쪽.

37) 이상돈, 『법이론』, 세창출판사, 2005, 252쪽.

38) 이용구, 「판단과 논증–배임죄의 고의에 대한 몇 개의 논증 분석」, 한국형사소송법학회 추계학술대회 발표집, 2010, 11쪽.

39) 위의 책, 11쪽.

셋째, 법관의 정보선택과 배제과정에서 개입하는 선이해는 무엇인지에 관한 것이다.[40] 사실인정이란 과거에 존재하였던 객관적 세계의 한 실체를 인식하는(erkennen) 것이라고 말할 수는 없다. 오히려 정확히는 '사실인정이란 소송에서 수집된 정보들을 토대로 과거에 존재하였음을 인정받을 만한 사건을 구성(Herstellung)하는 행위'라고 함이 타당하다.[41] 이러한 사실인정에서는 선이해가 존재한다. 선이해의 작용은 사건을 구성하는 모든 과정에서 이루어진다. 즉, 수집정보의 범위설정, 법정에서 비언어적 정보의 인지의 방향과 범위, 수집 또는 인지된 정보의 진실성(신빙성)에 대한 판단, 진실성이 인정된 정보들 사이의 중요성 편차나 그 연관관계에 대한 판단 등에서 선이해의 작용을 상정할 수 있다. 그런데 이러한 수많은 선이해들은 판단의 배후지식으로 자리 잡고 있으면서, 법관은 그러한 종류의 지식을 그것이 거짓일 수 있다는 것을 의식하지 않은 채 사용하고 있는 것이 현실이다.[42] 모든 지식이 오류의 가능성을 가지면, 또 그렇게 인식되는 한, 배후지식은 엄격한 의미에서 보면 지식이 아니다. 왜냐하면 그것은 비판 가능한 타당성을 주장하면서 발화되는 순간에만 문제시 될 수 있는데, 그러나 그것이 논의의 주제가 되는 순간 그것은 더 이상 생활세계적 배후지식으로 기능하지 않고, 배후지식으로서의 그것의 양태는 산산이 깨어지기 때문이다. 또한 배후지식은 그 자체로서는 반증될 수 없다. 그것이 주제로 떠올라, 가능한 문제화의 소용돌이 속으로 휩쓸려 들어가는 순간, 그것은 분해되어 버리기 때문이다.[43] 갑이 병을 폭행을 하였는지가 요증사실인 경우에 배후지식으로서의 갑의 전과에 대한 인식은 선입견 또는 편견으로 작용할 수 있고, 그러한 작용은 법적 논증의 타당성을 왜곡시킬 수 있기 때문이다. 특히 대법원의 판결문에서는 정보선택과 배제의 과정에 대한 상세한 설명이 없다. 단지 하급심의 정보선택과 배제의 과정에 대한 당부 여부에 대한 판단만이 개략적으로 제시되고 있을 뿐이다. 물론 증거의 취사선택은 전적으로 법관의 자유심증에 맡겨져 있지만 증거의 진실성 여부가 그 이유인지 또는 관련성이 이유인지 등에 대한 상세한 설명이 필요하다. 그러한 설명이 법적 추론과 추정을 통한 법적 논증의 중요한 요소이기 때문이다.

2. 사실인정 과정의 현실

정보의 특성과 관련한 사실인정의 현실을 살펴보는 것은 사실인정 과정의 개선을 위해서 필요하다고 본다.

---

40) 위의 책, 11쪽.
41) 이상돈, 앞의 책, 259쪽.
42) 위르겐 하버마스 저, 한상진·박영도 옮김, 『사실성과 타당성』, 나남, 2007, 53쪽.
43) 위의 책, 54쪽.

우선 정보의 휘발성과 관련해서 소송실무는 그에 대한 대응방안이 전무한 실정이다. 예컨대 2~3주 간격으로 공판기일을 정렬하면 소송에서 인지된 정보는 법관이 취급하는 월 평균 사건수와 기억력의 한계를 고려할 때 많은 부분이 휘발되어 버리고 말 것이다.[44] 특히 이러한 현상은 본격적인 전자소송 시대가 도래함에 따라 더욱 증대할 여지가 많다고 본다. 그러나 우리나라의 형사재판의 평균적 속도는 매우 빠른 편이다. 이것은 간이공판의 높은 회부율, 모두 진술의 생략, 최후진술의 파행적 단축, 그리고 매일 개정할 수 있게 규정하고 있는 특정강력범죄처벌에 관한 법률의 제10조 집중심리주의 등에 의해서 초래된 결과이기도 하다. 지나치게 신속한 재판으로 인해서 피고인의 방어권이 무시되고 오히려 신속재판 원칙의 본래 이념이 외면되고 있는 것이다.

형사재판에서 수집되는 정보의 양과 질은 상호 의존적이다. 따라서 소송참여인들 사이의 상호작용과 의사소통이 매우 위축되어 있는 현실도 사실인정의 합리성을 해치는 근본 원인이 된다.[45] 예를 들면, 수사기록이 제1회 공판기일 이전에(대체로 2~3일 전에) 법원에 넘어가고 판사는 이를 읽고, 피고인의 자백 유무를 다투는 사건의 경우 쟁점을 확인하고 특히 다투는 사건으로서 변호인이 없는 사건에서는 증거조사에 대비하여 피고인이 증거로 함에 동의할 증거와 부동의할 증거를 미리 확인하여 두는 등 재판계획을 수립한 후 피고인의 증거동의를 받는 방식에 의해 그 증거능력을 인정하는 현실을 들 수 있다. 구술주의도 변호인의 최후진술을 변론요지서로 대신하는 현실, 피고인 측으로부터 답변서, 정상관계진술서 등의 서면제출을 받는 관행, 그리고 특히 피고인 측에게 증인신문에 앞서 미리 신문사항을 서면으로 제출 받아 그 서면에 따라서만 신문을 하는 현실은 법관으로 하여금 미리 제출된 서면을 통해 정보를 주로 얻고, 말로 행하는 증인신문에서 등장하는 살아있는 정보(태도증거)의 수집을 게을리하게 만든다.[46]

한편 사실인정자로서의 법관은 사건의 실체파악을 위해서 모든 증거를 심사하고 확인하여야 한다. 즉, 법관은 증거를 통해서만 사실을 확인할 수 있다. 그러나 당사자인 검사와 피고인이 실체발견을 위한 필요한 증거를 신청하지 않거나 제출하지 않는 경우에는 사실상 실체에 대한 접근 자체에 어려움을 겪을 수밖에 없다. 이 점에서 특히 문제되는 것이 '증거의 분리제출'이다. 증거분리제출제도는 단순한 수사기관 내부 보고문서나 수사관의 의견을 밝히는 서류 등 증거능력이 없는 서류까지 포함된 모든 수사기록이 제출될 때 발생하는 불합리 ― 증거능력이 없는 서류

44) 그렇기 때문에 선고기일에 앞서 기억에서 흐릿한 메모와 소송기록을 보고 판결을 내리는 경우가 간과할 수 없을 만큼 많을 것이다; 이상돈, 「사실인정의 이론과 실제」, 『사실인정방법론의 정립』[형사재판편], 재판자료 제110집, 법원도서관, 2006, 17쪽.
45) 이상돈, 「사실인정의 이론과 실제」, 『사실인정방법론의 정립』[형사재판편], 재판자료 제110집, 법원도서관, 2006, 18쪽.
46) 위의 책, 19쪽.

등에 의한 심증형성, 공판절차의 불필요한 장기화 등 — 를 지양하고 검찰이 입증에 사용할 증거만을 제출하도록 함으로써 공판절차에서는 핵심증거에 대한 공방이 실질적으로 이루어져 법관이 공판정에서 직접적인 공방을 통해 형성한 심증만을 바탕으로 공정한 판단을 할 수 있도록 함이 그 취지라고 할 수 있다.[47] 그러나 제도의 취지와는 상관없이 그 시행 과정에서 형성된 관행에 의해 피고인의 방어권에 상당한 지장을 주게 된 면이 있다. 또한 검찰 측이 법관의 부당한 심증형성에 영향을 줄 수 있는 증거를 배제하는 것이 아니라 법관에게 피고인의 유죄인정에 필요한 심증형성에 영향을 줄 수 있는 증거만을 선별하여 제출하는 제도로 이용되고 있음을 부인할 수 없다.[48] 검찰의 관행은 피고인에게 유리한 증거까지 수집할 의무가 있는 검사의 객관의무에 비추어 볼 때 매우 부당한 관행이라고 하지 않을 수 없다. 중립자인 사실판단자로서의 법관에게는 피고인에게 유불리를 떠나서 실체적 진실발견에 필요한 증거가 제출되어야 한다. 따라서 증거분리제출은 경우에 따라서는 법관의 사실 확인 작업에 부정적인 요소로 작용할 수도 있다.

한편 정보의 선별과정과 주관성의 문제점이 실무에서는 철저하게 경계되지 않고 있다. 예컨대, 검사에게 증인신문사항의 제출을 명하지 않음으로써 실질적으로 검찰 측 증인으로부터 더 많은 증거를 수집하는 관행, 판결서에서 증거배척의 사실과 이유를 검사 측에 대해서만 함으로써 유죄에 편향된 인식의 확인과정이 되기 쉽다.[49]

이러한 형사소송 절차에서의 사실 확인에 부정적으로 작용하는 실무현실이 초래된 원인은 근본적으로는 법문화(legal culture)의 차원과 법'체계'(legal system)에서 찾을 수 있다. 우선 사법개혁의 과정에서 검찰과 법원 사이의 계속되는 갈등관계는 증거분리제출제도가 엉뚱한 방향으로 전개되도록 만들었다. 한국인의 한(恨)의 문화와 결합된 법문화는 일단 고소하고 보는 풍토와 '너는 무조건 처벌되어야 한다.'라는 감정적 법인식은 사실 확인이라는 객관적인 논증의 과정을 지극히 감정적이고 감성적인 논증으로 치닫게 했다고 할 수 있다. 또한 사법시스템의 측면에서 볼 때에도 많은 원인을 발견할 수 있다. 예컨대, 사법자원의 용량에 비해 소송업무의 양이 너무 많다는 점이다. 최근의 자료에 의하면 판사들의 업무부담은 지난 30년 동안 50% 가까이 상승한 것으로 추정된다고 한다.[50] 따라서 판사 1인당 사건분담이 늘어남에 따라서 사실 확인의 정밀성과 공정성은 감소할 수밖에 없다. 사법부는 소송업무의 과부하에 대한 해소책으로서 판사의 획기적 증원보다는 소송법

---

47) 한연규, 「검찰 수사기록 공개거부에 대한 법적 고찰」, 법률신문 2009. 9. 21자.

48) 증거분리제출의 시행 초기에 검찰은 증거를 피고인의 유죄입증을 위한 증거만으로 엄격히 해석함으로써 피해자와 피고인 간에 이루어진 합의서나 피고인이 피해변제를 위해 공탁을 한 뒤 수사기관에 제출한 공탁서조차도 증거서류에 첨부하지 않았다; 한연규, 「검찰 수사기록 공개거부에 대한 법적 고찰」, 법률신문 2009. 9. 21자.

49) 이상돈, 「사실인정의 이론과 실제」, 『사실인정방법론의 정립』[형사재판편], 재판자료 제110집, 법원도서관, 2006, 19쪽.

50) 인터넷법률신문 2011. 2. 23자.

규범과 법원의 소송행위에서의 신속성을 강화하는 방향을 택하였다. 그러나 그 결과 적정절차성이 침해되었고, 간이공판의 전면 확대와 이례적으로 높은 간이공판 회부율, 검사의 모두진술 생략이나 변론요지서에 의한 최후진술의 대체, 수사서류를 통째로 제출하게 하는 경향, 증인신문사항을 활용한 공판조서의 작성, 과잉변론의 제한 등의 현상이 나타나게 되었다.[51), 52)]

Ⅳ. 사실인정과 증거법

증거법은 실체법적 권리, 의무와 자유를 시행하고 집행하기 위한 법적 메커니즘을 형성하는 법이다. 증거법의 특별한 기능은 사실 확인의 과정을 통제하고 지시하는 것이다. 허용성에 관한 규정들은 그러한 기능을 가장 명백하게 보여 주고 있다. 예컨대, 국민참여재판에 있어서 판사는 당사자들이 증명의 기준을 충족시키지 못하는 불충분한 증거를 제출하였다고 판단하는 경우에는 반드시 사건을 배심으로부터 철회하여야만 한다.

법적 절차는 목적을 위하여 사실 증명의 과정을 규제하는 데 있고, 증거법의 목적에 대한 보다 실용적인 이해는 법적 절차의 대부분은 재판과 관련되어 있다는 데서 출발한다. 재판의 주요한 역할은 — 풀러(Fuller)가 설명한 것처럼 — 관여 당사자들이 증거의 제출과 합리적 주장을 통해서 결정에 참여하는 것이다. 증거는 적절하고 우호적인 추론을 도출함으로써 재판관에게 특정 당사자의 사실적 다툼(주장)을 지지하게 하기 위하여 재판관을 설득하기 위해 고안된 증거를 의미한다.[53)]

합리적 주장(reasoned arguments)은 합리적으로 운영되는 제도적 장치 안에서 해결되어야 한다는 사상(이념)을 담고 있다. 즉, 심판자(adjudicator)에 대해서는 법률과 사실에 대한 문제를 결정함에 있어서 합리적인 근거에 의해서 분쟁을 판단할 것이 기대된다. 개인적인 편견과 관련성이 없는(부적절한) 이유는 공정한 판단의 근거로 수용될 수 없다. 재판의 공정함은 진실한 사실에 대한 실정법의 정확한 적용에 의해서 달성된다. 이를 위해서 사실(The fact)은 자격 있는 공정한 심판관의 엄격한 증명의 기준과 부담의 적용에 의해서 관련성 있고 신빙성이 있는 증거에 대한 정확한 평가를 통해서 결정되어야 하며, 반드시 타락(부패)과 오류에 대한 적절한 방지책과 재심과 상소를 위한 적절한 규정이 있어야 함을 전제로 한다.

---

51) 이상돈, 「사실인정의 이론과 실제」, 『사실인정방법론의 정립』[형사재판편], 재판자료 제110집, 법원도서관, 2006, 21쪽.
52) 물론 이러한 점은 재판의 신속에 기여한 점은 부인할 수 없다. 그러나 절차의 적법성과 사실확인의 정확성에 대해서는 부정적인 요소로 작용될 여지가 크다.
53) Ian Dennis, *The Law of Evidence*, Sweet & Maxwell, 2007, p. 29.

또한 공정한 재판을 위한 도구로서의 증거법은 증거가 진실을 이끌어 내고 진실이 아닌 것을 폭로하기 위하여 절차적 장치가 규정되어 있어야 하고, 증명의 적절한 부담과 기준이 명확히 특정되어 있어야 한다.

증거에 관한 규정들은 의사결정자의 의지(will)보다는 참여자 다수의 이해에 부합하는 가이드라인의 형태를 취하여야만 한다. 증거법이 결코 증거의 관련성과 가치에 영향을 주는 사실들에 관하여 사실 확인자(발견자)에 대한 교육을 통하여 사실 확인의 정확성과 질을 증대시키려고 해서는 안 된다.[54] 결국 증거법의 목적은 재판의 가장 합리적 모델에 의해서 논리적으로 귀결될 수 있는 자유증명의 원칙에 대한 제한을 명확하게 하는 것이다.

증거법은 이러한 목적을 달성하기 위해서 구체적으로 다음과 같은 내용을 담고 있다.

1. 절차적 공정성

증거법은 절차적 공정성의 최소한의 기준을 증대시키는 것을 목표로 해야 한다는 점에 이견이 없다. 절차적 공정성은 자연적 정의(natural justice)의 원칙으로부터 유래되며 재판의 당사자들은 반대당사자의 주장의 내용에 대한 적절한 이해를 가지고 있어야 하고, 그들 자신의 사건을 제출할 수 있는 합리적 기회 ― 증거에 대하여 접근할 수 있는 합리적 기회를 포함하는 ―, 증인에 대한 반대신문에 대해서 그들에게 불리한 증거에 도전할 수 있는 기회를 가져야 한다는 것 등을 그 내용으로 한다. 결국 재판은 편견 없는 법적 절차 안에서 공개된 법정에서 합리적인 시간 안에 진행되어야 한다는 것이다. 절차적 공정성은 모든 당사자가 문제의 사실에 대한 관련성이 있고 가치 있는 모든 증거를 발견하고 제출하고 테스트하게 함으로써 결정의 공정성을 증진시킬 수 있다는 것을 그 내용으로 한다. 형사재판에서 절차적 공정성은 무기평등을 통해서 나타나야 한다. 절차적 공정성은 소송의 당사자에게 기회균등의 원칙을 포함하고 있다. 그러나 당사자들은 법적 분쟁을 수행하는 자원이나 능력에 있어서 평등하지 않다. 특히 법률전문가인 검사와 피고인은 더욱 그러하다. 따라서 피고인이 법적으로 법률전문가에 의해서 대리되는 것은 본질적으로 고려되고 있다. 효과적인 법적 대리는 일반적으로 당사자들이 은밀한 법적 도움과 조언을 받을 수 있어야만 한다는 것이다. 이 점에서 변호인과 의뢰인 사이의 특권(Attorney-Client Privilege)은 중요한 역할을 한다.

54) *Ibid.*, p. 30.

2. 실수의 방지(Avoidance of error)

어떠한 사법적 판단도 실수의 위험을 수반한다. 가장 합리적인 모델은 원칙적으로 과거의 사건과 현재의 사안의 상태에 대한 진실은 정확하게 증거로부터 추론 가능하다는 근본적인 인식론적인 가정을 만들었다. 그러나 당사자에 의해서 제출된 증거는 불완전할 수 있고 신빙성이 없을 수도 있으며, 부정확하게 평가될 수도 있다는 것을 주목해야만 한다. 따라서 오류가 발생할 수 있다. 만약 잘못된 판단으로 이어질 수 있는 종류의 실수인 경우에는 정의의 실패가 발생할 수 있고 결정의 공정성은 달성되지 않는다. 따라서 증거법의 중요한 목적의 하나는 정의의 실패의 기회를 최소화하기 위해서 사법 과정에서의 그러한 오류의 위험을 배분(분산)하는 것이다. 이러한 목적을 위하여 채택된 가장 명백한 메커니즘은 증명의 부담(burden of proof)과 증명의 기준이다.[55] 형사사건에서 요구되는 증명의 가장 높은 기준 — 합리적 의심을 넘는 믿음 — 은 잘못된 유죄협의의 위험을 줄이기 위해 고안되었다.

3. 증거에 대한 제한

정확한 사실인정을 위해서는 법원의 판단은 사건이 법원에 이전되기 전에 적절하게 수사되고, 법정에서 수집되고 제출된 증거에 따른 사실들에 한정되어야 한다. 또한 비본질적인 소문, 반신반의 또는 모순된 행동에 대한 사실인정자들의 일반적인 적대감으로부터 피고인을 보호함에 의해서 피고인에 대한 증거를 한정하는 것은 무지한 피고인을 잘못된 유죄평결로부터 보호하기 위해서이다.[56]

형사증거법은 이를 위한 다양한 법적 통제방안을 마련하고 있다. 우선 위법수집증거 배제법칙이다. 위법하게 수사기관이 수집한 증거에 대해서는 처음부터 증거능력을 부인함으로써 증거조사의 대상조차 되지 못하게 하는 법칙이다. 이것은 수사기관이 범할 수 있는 고문 등의 불법적 방법에 의한 증거 수집을 방지하는 강력한 장치로 작동하고 있다. 또한 전문법칙도 그러한 방안의 하나로 작동되고 있다. 전문증거(hearsay evidence)는 원칙적으로 증거능력이 인정되지 않으며, 사실인정을 위한 강력한 필요성과 신용성의 요건을 갖춘 경우에만 증거능력을 예외적으로 인정하고 있다. 또한 실체법적으로는 위증죄의 구성요건을 마련함으로써 허위의 증언으로부터 피고인을 보호하고

55) *Ibid.*, p. 34.

56) 동정심 없는 성격 또는 일반적이지 않는 생활패턴이 형사범죄는 아니다. 단지 사실인정자가 피고인에 대해서 노골적인 반대를 취하기 때문에 유죄로 평결되는 것은 정의의 심각한 왜곡이 아닐 수 없다; Paul Roberts, Adrian Zuckerman, *Criminal Evidence*, Oxford University Press, 2004, p. 23.

있다. 또한 피고인에 대한 증거의 평가를 한정하는 것은 피고인의 도덕적 성격에 대한 광범위한 조사로부터 피고인을 보호해야 한다는 최소간섭의 원칙(the principle of minimum intervention)으로 나타난다.[57)]

제2절

전제

Ⅰ. 당사자의 사실 주장과 가설의 설정

법관은 서면에 기재된 언어를 통해서 사건(Sachverhalt)을 처음으로 접하게 된다. 이때 언어는 문장을 형성하며, 문장은 일정한 사실관계에 관한 서술과 그것에 적용될 법령,[58)] 그리고 마지막으로 법원이 선언하기를 희망하는 법적 효과에 관한 부분으로 구성되어 있다.[59)] 그러나 여기에서 제시되는 사실관계는 '있었던 사실'이 아니라 희망하는 법적 효과를 근거 있게 한다고 생각하는 선택된 사실일 뿐이다.[60)]

당사자의 사실적 주장의 기능은 다음과 같다.

첫째, 사실적 주장은 법관에게 사건에 관한 전체적인 윤곽을 흐릿하게나마 형성하게 한다. 의미표명으로서의 사실도 전혀 가공의 것이 아니라 '다듬어지기 전의 사실'로부터 '추출된 사실'을 '해석'한 결과이다. 사실적 주장 자체만으로 '추출된 사실'과 '해석' 자체를 분리하기는 어렵지만 사실적 주장은 이러한 분리를 위한 출발점을 제공하는 것이다.

둘째, 사실적 주장은 잘 된 경우에는 하나의 이야기(storytelling)를 구성한다. 법관은 당사자의 사실적 주장을 읽거나 청취하면서 마치 일상생활 속에서 앞에 앉은 진술자가 이야기를 하는 것을 듣는 것과 같은 상황에 있게 된다.[61)] 이때 법관이 그 이야기가 허구(거짓말)인지, 실화(진실)인지를

57) Paul Roberts, Adrian Zuckerman, *Criminal Evidence*, Oxford University Press, 2004, p. 23.
58) 형사사건에 있어서는 이것은 일반적으로 검사가 작성하는 공소장을 의미한다.
59) 이용구, 「사실인정 과정의 논증」, 『재판실무연구』, 광주지방법원, 2009, 171쪽.
60) 물론 '선택'이 바로 조작이나 왜곡을 의미하는 것은 아니지만, 이는 증명되지 않은 사실관계에 대한 주장일 뿐이다; 이용구, 「사실인정 과정의 논증」, 『재판실무연구』, 광주지방법원, 2009, 171쪽.
61) 이용구, 앞의 책, 171쪽.

판단하지만, 이보다 선행하는 판단은 화자가 믿을 만한 사람인지를 가리는 것이다. 화자에 대한 법관의 개별적 경험과 태도는 이야기 전체의 신빙성 판단에 영향을 미친다.

셋째, 대립하는 당사자의 사실적 주장이 같은 부분은 그들이 경험한 역사적 사실의 공약수가 되고, 이는 법관이 구성하는 새로운 이야기(법관이 실화라고 판단하는 것)의 기초가 된다. 사실적 주장의 다른 부분은 법관이 설정하는 가설(실화라고 판단하기 위한 조건 부분)의 기초가 된다.[62)]

Ⅱ. 정보에 대한 판단

사실관계의 확정과 관련해서는 무엇보다 지나간 역사적인 사실에 대한 각종의 진술이나 각종의 증거물 등이 믿을 만하다. 즉, 신용성 내지 신빙성이 있는가하는 문제와 이러한 진술 내지 증거물들을 어떠한 원칙에 따라 받아들일 것인가라는 문제 및 증인이나 증거물을 어떻게 심리 내지 평가할 것인가의 문제가 다루어져야 한다. 사실관계의 확정을 위해서 가장 바람직한 모습은 판단자가 그 사실을 직접 경험한 경우이지만, 이러한 바람이 실현되기 어려운 구체적인 판단상황에서 법관 또는 배심원은 증인과 증거물이 보여 주는 내용에 의존할 수밖에 없게 된다. 그렇다면 어떠한 증언과 증거물을 사실관계 확정의 자료로 사용할 것인가가 관건이 된다. 이러한 사실관계의 확정에 사용될 수 있는 증언 또는 증거물의 자격을 증거능력이라는 주제로 다루고 있는 형사소송법에 있어서는, 그 표준적인 기준은 논리법칙과 경험칙과 같은 법관의 건전한 상식에 많은 부분 의존하고 있다는 것은 이미 주지의 사실이다.[63)] 사실확인자는 각종의 증거의 관련성과 신빙성을 판단함으로써 사실인정과정을 수행한다.

1. 관련성 판단

법관은 증거능력이 인정되는 증거에 대하여 가장 먼저 요증사실과의 관련성을 판단한다. 허용성과 신용성의 문제는 사실상 증거능력의 전제조건으로서 증거법상 이와 관련된 규정이 존재하고 있다.[64)] 그러나 관련성에 대해서는 이를 제한하는 규정이 없다.[65)] 따라서 이에 대한 논의가 필요하다

62) 이용구, 앞의 책, 173쪽.
63) 김성룡, 『법적 논증의 기초』, 경북대학교출판부, 2006, 261쪽.
64) 전문법칙에 관한 규정, 자백의 증거능력에 관한 규정, 증거동의에 관한 규정, 위법수집증거 배제법칙에 관한 규정 등이 이에 속한다.

고 생각한다. 왜냐하면 실제의 재판과정에서 법관은 명문의 규정이 없지만 사실상으로는 관련성이 있는 증거에 대해서만 평가를 하기 때문이다. 검사와 피고인도 관련성이 있는 증거를 제출하기 때문이다. 소송에서 당사자가 신청하는 증거의 종류는 무수히 많다. 그러나 제한된 절차 안에서 그 증거들을 모두 검토하는 것은 사실상 불가능하다. 당연히 법관은 요증사실과 관련된 증거를 취사선택할 수밖에 없다. 이 점에는 모든 증거를 검토하는 것이 불가능하다는 물리적 요소와 신속한 재판을 위해서는 소송경제적 요소가 반영되어야 함을 의미한다.

관련성에 관한 논의는 우선 관련성의 의미를 밝히는 것이고, 다음으로는 관련성 판단의 기준에 관한 것이다. 재판과정에서 판사는 우선적으로 증거가 재판 안에서 사건과 논리적 관련성을 가지고 있는가를 평가한 후에, 추가적(부가적)으로 증거가 다른 증거의 관점에서 충분히 개연성이 있다는 것, 그리고 부가적인 시간과 고충이 정당화되기 위해서는 그 수용이 필요하다는 것을 확인(인정)하여야만 한다.[66)]

관련성이란 사실인정의 대상이 되는 증거는 요증사실과 일정한 관련성을 가지고 있어야 한다는 것을 말한다. 즉, 관련성은 '요증사실에 대하여 필요 최소한도의 증명력을 가지는 것'을 말한다.[67)] 일반적으로 관련성은 예컨대, 하나의 사실(x)이 다른 사실(y)에 대하여 어떤 관련(bearing)을 가지는 관계를 의미한다.[68)] 형사재판의 착수는 본질적으로 논쟁을 정리하기 위하여 사실의 증명과 관련되어 있으므로, 결국 관련성은 진실과 판단을 형성하기 위한 가능성 척도(기준)에 의해서 결정된다. 간단히 표현한다면, 만약 x가 y를 입증하거나 오류를 입증하는 데(반박하는 데) 기여한다면 x는 y에 대하여 관련성이 있다.[69)]

한편 James Fitzjames Stephen의 고전적인 정의에 따르면 적용된 어떤 두 개의 사실이 서로 관련되어 있다면, 다른 사실과 관련 있는 사실은 다른 사실의 과거, 현재 또는 장래의 현존과 비현존을 증명하거나 가능성을 부여한다.[70)] 이러한 Stephen의 공식은 관련성에 관한 법적 개념의 몇몇 중요한 특징을 포함하고 있다.

첫째, 사실 x의 사실 y에 대한 관련성은 독립적으로 또는 다른 사실과의 관계 안에서 평가될

---

65) 그러나 미국 연방증거규칙(Federal Rules of Evidence) 제401~415조는 관련성에 관하여 규정하고 있다. 이에 따르면 관련성을 갖는 증거라 함은 중요한 사실의 존재에 대한 개연성을 더 높게 또는 낮게 하는 경향을 가지는 증거를 말한다(제401조).

66) 판사들이 재판에서의 엄청난 정보들은 여과하기 위하여 법적 관련성의 개념을 활용할 수 있다는 것은 의심의 여지가 없다. 그리고 그 작업을 통하여 성공적으로 정확한 사실확인 작업을 수행할 수 있게 된다; Paul Roberts, Adrian Zuckerman, *Criminal Evidence*, Oxford University Press, 2004, p. 101.

67) 박혁수, 「개정 형사소송법상 디지털 증거의 증거능력」, 해외연수검사 연구논문, 2009. 7, 55쪽.

68) Paul Roberts, Adrian Zuckerman, *Criminal Evidence*, Oxford University Press, 2004, p. 98.

69) *Ibid.*, p. 98.

70) James Fitzjames Stephen, *A Digest of Law of Evidence*, Stevens, 12th edn., 1948, chapter 1.

수 있다. 만약 증거의 특별한 부분의 관련성이 의심스럽거나 논쟁의 여지가 있는 경우에는 변호인은 증거가 허용되어야만 한다는 것을 판사에게 설득하기 위해서 노력하여야 한다. 즉, 변호사는 사건에 있어서 다른 증거와의 가능성(개연성)의 관련성을 이끌어 내기 위해서 노력하여야만 한다. 또한 사실확인자를 위하여 의미와 중요성의 맥락 안에서 쟁점증거를 구성하기 위해서도 노력해야만 한다.

관련성이론에 의하면 배척된(거절된) 증거라도 판사가 더 설득력 있는 것으로 인정한 다른 대안적 이론 또는 이야기(story)의 부분으로서 제출된 경우에는 허용가능성이 있을 수 있다는 것을 주장할 수도 있다.[71] 예컨대, 달이 그린(green) 치즈로 만들어져 있다는 증인의 주장은 달의 분자구조의 문제에 대해서는 별로 관련성이 없다(따라서 허용되지 않을 것이다). 그러나 증인이 말할 수 있는 능력을 가지고 있거나 영어를 할 수 있다는 것을 증명하는 것에 대해서는 관련성이 있고 따라서 허용될 수 있다.

둘째, 관련성은 관련성의 여부가 문제되며 그 정도는 중요하지 않는다. 사실 x가 사실 y를 증명하기 위해서는, x는 y의 존재를 특별한 규범적 증명의 기준 ― 예컨대, 합리적 의심을 넘는, 또는 개연성의 균형에 기초하는(on the balance of probabilities) ― 에 맞게 확립하여야만 한다. x가 y에 대하여 어떤 정도로든 관계를 가지는 경우에는 관련성이 있는 것으로 판단된다. 따라서 만약 y의 가능성(개연성)이 1000만 분의 1(0.0000001)이라고 하고, x의 증명이 y의 가능성을 아주 적게 1000만 분의 1(0.0000001) 증가시킨다면 ― 결국 가능성이 0.0000002가 된다면, ― x는 y에 대하여 관련성이 있다고 할 수 있다.[72] 관련성은 물질적(육체적) 현존이나 임신과 마찬가지로 배중률(排中律, excluded middle)의 가르침(지침)에 따른다. 즉, 하나는 어떤 방에서 오직 부분적으로는 존재할 수 없다. 다시 말하면, 관련성의 양은 존재하지 않는다. x는 y에 대하여 어떻게 관련되어 있는가(관련성이 있는가)는 단순히 논리적 관점에서 볼 때에는 의미가 없다. 관련성은 개연성의 관계를 표시하는 것이며, 충분한 설득의 관계를 표시하는 것이 아니기 때문이다.

2. 신빙성 판단

법관의 사실인정은 정보, 즉 증거를 근거로 이루어진다. 이때 정보는 증거능력이 있고 법관이 신빙성이 있다고 판단하는 정보이다. 증거능력의 유무에 의한 정보(증거)의 선택과 배제는 법관의

71) 예컨대 항소심은 원심이 배척한 증거를 선택하여 평가할 수도 있다.
72) 보다 상세한 수학적 접근은 Richard O. Lempert, *Modeling Relevance*, 75 Michigan LR 1021, 1977. 참조.

주관적 판단이 아니라 법률에 정형화된 사유들을 기준으로 한 객관적 판단에 의한다. 그러나 변론이나 공판에서 조사된 정보들의 신빙성 판단은 주관적 판단이다. 즉, 법관은 법률에 의해서 증거능력이 인정되는 증거에 대하여 자유심증에 의해서 그 신빙성을 판단한다. 법관은 신빙성 판단을 위해서는 증거의 내용과 논리성과 모순의 여부, 주변 상황과의 관계, 증거제출자의 신용성 등을 종합하여야 한다.[73] 여기서 주관적 판단이라 함은 신빙성의 유무를 판단하는 규칙이 존재하지 않고, 신빙성에 대한 판단에는 법관 개인마다 다양한 선이해가 작용한다는 점을 의미한다.[74]

예컨대 피고인의 과실행위와 피해자의 사망 사이의 인과관계에 대한 항소심과 대법원의 판결을 보자.

> **[항소심 판결]** …… 피해자는 수술 후 약 1주일 정도 경과하여 급성전격성간염의 증상이 진단된 간부전으로 사망하였고 그 원인이 될 만한 다른 질병의 감염이나 마취제 할로테인 이외의 간에 독성을 미칠 만한 약품이 검증되지 아니하였으며 피해자의 증상이 할로테인 간염의 증상과 유사하고 피해자가 위 마취제 할로테인에 과민반응을 일으킬 만한 특이체질이라고 인정할 아무런 자료도 없을뿐더러 앞서 본 바와 같이 피해자에 대하여 실시한 비형간염의 항원 및 항체검사 결과가 그 검사 시기에 모두 발견되지 아니하였다 하여 이것만으로는 피해자가 수술 당시에 비형간염에 의한 간장 장애가 없었다고 볼 자료도 되지 아니하는 이 사건에 있어서…… 피해자가 수술당시에 이미 간장애가 있었고,……

> **[대법원 판결]** …… 과실과 피해자의 사망 간에 인과관계가 있다고 하려면 …… 수술 전에 피해자에 대하여 혈청에 의한 간기능검사를 하였더라면 피해자의 간기능에 이상이 있었다는

73) 대법원 2014. 01. 16. 선고 2013도7101 판결: 원심은, 피고인 1이 검찰 피의자신문 단계에서 공소외 1을 통하여 피고인 2로부터 수령하였다는 돈의 액수가 500만 원이라고 진술하다가 2012. 8. 17.경 그 액수가 5000만 원이라는 취지의 진술서를 작성하여 검찰에 제출한 후 그때부터의 피의자신문 과정에서는 위 진술서와 동일한 내용으로 진술하였는데, 그와 같은 진술 번복의 경위에 임의성을 인정할 수 있고, 그 진술 번복의 경위 등에 관한 피고인 1의 설명, 피고인 2와 피고인 1 사이의 통화내역이나 피고인 1이 피고인 4에게 보낸 문자메시지의 내용, 피고인 1의 현금 인출 내역이나 기타 통화내역 등에 비추어 위 진술의 신빙성을 인정할 수 있다고 판단하였다. 나아가 원심은, 공소외 1이 피고인 2로부터 돈이 든 쇼핑백을 전달 받아 이를 피고인 1에게 전달한 경위 및 상황 등에 관하여 구체적으로 진술하였고, 공소외 1이 금전수수 당일에 촬영한 쇼핑백 사진과 제1심·원심에서 그 쇼핑백에 5000만 원을 넣었을 때의 형상이 크게 차이가 나지 않았던 사정 등을 종합하여 공소외 1의 이 부분 진술의 신빙성을 인정하면서, 피고인 2·1의 판시와 같은 각 범행 사실을 유죄로 인정한 제1심판결을 그대로 유지하였다.

74) 여기서의 선이해의 작용이란, 예를 들면 그 사건에 대한 — 엄밀하게 말하면 그 사건의 주제나 당사자의 주장사실이 일깨우는 — 윤리적 감정, 그 사건이 띠는 사회적 갈등의 합리적 해결을 위한 정책적 결단, 그리고 때로는 정치적 관점이 정보의 신빙성 판단이라는 법관의 이해활동을 — 적지 않은 경우 법관 스스로가 의식하지 못한 채 — 구조적으로 제약함을 뜻한다; 이상돈, 『법이론』, 세창출판사, 2005, 261쪽.

검사결과가 나왔으리라는 점이 증명되어야 할 것이다.…… 그러나 원심이 거시한 증거자료들 만으로는 피해자가 수술 당시에 이미 간 손상이 있었다는 사실을 인정할 수 없고 그 밖에 일건기록에 의하여도 위와 같은 사실을 인정할 아무런 자료가 없다.

이와 같은 항소심 판결과 대법원 판결의 차이는 같은 정보들이 하나의 사실을 입증하는 힘에 대한 판단의 차이이다. 같은 정보로부터 다른 사실을 확신하게 되는 것은 적어도 정보의 신빙성(진실성)에 대한 판단에 법관 개인의 선이해가 작용하기 때문이라고 추측할 수 있다.[75]

선이해의 작용은 신빙성을 인정한 정보들을 하나의 (정보들의) 정합적 체계로, 즉 하나의 사건으로 짜는 이해활동으로 등장한다.[76] 변론이나 공판에서 등장한 많은 정보들은 신빙성을 인정받는 경우에도 서로 모순되거나 불일치할 수도 있다. 그런 경우에는 그 정보들을 그 정보성의 중요성의 정도에 따라 선별하고 선별된 정보들이 모여 하나의 통일적인 이야기(사건)를 형성하도록 배열하는 것, 즉 추론적 작업이 요구된다.

---

75) 이상돈, 『법이론』, 세창출판사, 2005, 265쪽.
76) 위의 책, 261쪽.

제2장

사실인정의 과정

제1절

논증과 추론의 일반론

법적 논증을 위해서는 보편적이고 일반적인 의미의 논리적 규칙들이 고려되어야 하고, 논증이 논리적인 추론의 결과로서 적정하게 재구성될 수 있어야 한다. 따라서 바람직한 법적 논증의 조건도 논리적 규칙을 따르는 것이다.[1] 대법원도 “형사재판에 있어 심증형성은 반드시 직접증거에 의하여 형성되어야만 하는 것은 아니고 간접증거에 의할 수도 있는 것이며, 간접증거는 이를 개별적·고립적으로 평가하여서는 아니 되고 모든 관점에서 빠짐없이 상호 관련시켜 종합적으로 평가하고, 치밀하고 모순 없는 논증을 거쳐야 한다.”라고 하여 사실인정을 포함한 법적 판단의 과정에서의 논증의무를 부여하고 있다.[2] 따라서 이하에서는 논증의 일반적인 내용을 살펴보기로 한다.

Ⅰ. 의의

논증(Argument)이란 어떤 주장과 그 근거가 결합된 진술로서 주장에 대한 근거를 전제라 하고, 전제로부터 도출된 주장을 결론이라고 한다. 또는 전제와 결론 사이의 객관적 관계를 밝혀내는 작업을 의미하기도 한다.[3], [4], [5] 독일의 법적 논증이론에서 사용되는 독일어 Argumentation은 어원상 광의의 ‘증명’을 의미하는 라틴어 argumentatio와 그리스어 πιοτζ에서[6] 유래되었다고 한다. 증명은 이론의 정당화에 한정되지만, 변론행위 등에 등장하는 ‘논거와 반대논거의 연속’으로 이루어

1) 김성룡, 『법적 논증론(I)-발전사와 유형』, 준커뮤니케이션즈, 2009, 34쪽.
2) 대법원 2004. 6. 25. 선고 2004도2221 판결; 2006. 5. 25. 선고 2003도 3945판결; 2009. 3. 12. 선고 2008도 8486 판결 등.
3) 이정일, 『논증과 논쟁』, 이담, 2010, 15쪽.
4) 예를 들면 다음과 같은 진술 ‘그는 할 일이 없는 것 같다. 그렇지 않으면 그가 왜 온종일 텔레비전을 보면서 지내겠는가!’에서 ‘텔레비전은 할 일이 없을 경우에 본다.’와 ‘그는 온종일 텔레비전을 본다.’라는 것은 전제이고, ‘그는 할 일이 없는 것 같다.’는 결론이다; 숙명여대의사소통능력개발센터, 『언어와 논리』, 숙명여자대학교출판부, 2004, 19쪽.
5) 사전적으로는 ‘논증’은 ‘옳고 그름을 이유를 들어 밝힘. 또는 그 근거나 이유’라고 풀이되는 명사이다. 우리말에서는 ‘증명’과 유사하게 사용되지만 ‘증명’이 논증의 의미를 모두 담아낼 수는 없다; 이용구, ‘사실인정 과정의 논증’ , 60쪽.
6) 그리스어인 아포데익시스는 논증(論證) 혹은 증명(證明)을 의미하는 말이다. 논증이란 하나나 그 이상의 명제(命題)를 증거로 들어서 또 다른 진술 하나가 참이라는 것을 주장하는 활동으로, 일반적으로 하나보다 많은 증거와 하나의 결론으로 이루어진다. 논증의 결론은 전제에 비추어 진리가 되는 진술인데, 이때의 전제란 논증에서 증거로 사용되는 진리에서 도출된 진술을 의미한다. 즉, 아포데익시스란 전제에 비추어 결론이 바로 진리라는 것을 증명하는 것을 뜻한다. 직시(直視)의 의미를 지닌 데익시스(deixis)가 상호텍스트들이나 개념들과 때때로 행하는 보다 넓은 의미의 미묘한 표시작용을 의미하기도 한다; [네이버 지식백과] 논증[論證] (문학비평용어사전, 2006. 1. 30, 국학자료원)

지는 '논증'은 어느 주장을 이유를 들어 정당화하는 것이며 바로 주장의 정당화를 위해 요구되는 절차를 지칭하는 것으로 사용된다. 따라서 '논증'의 실질적인 의미는 행위·실천(주장·언명)의 근거(이유)의 제시에 있다.[7]

논증이 성립하려면 최소한 전제와 결론이 있어야 하고 이 관계가 객관적이고 타당해야만 한다. 논증에서는 전제는 항상 결론의 근거가 되기 때문에, 전제는 결론을 '지지하거나' 혹은 '함의한다'.

특히 형사재판에서 변론이나 공판에서 등장한 많은 정보들은 신빙성을 인정받는 경우에도 서로 모순되거나 불일치할 수도 있다. 그런 경우에는 그 정보들을 그 정보성의 중요성의 정도에 따라 선별하고 선별된 정보들이 모여 하나의 통일적인 이야기(사건)를 형성하도록 배열하는 것, 즉 추론적 작업이 요구되는데,[8] 이러한 추론은 바로 논증작업의 한 과정에 속한다.

예컨대, 부검을 통한 사망원인의 인정 내지 추정을 위해서는 단편적인 개별 소견을 종합하여 최종 사인에 관한 판단에 이르는 추론의 과정을 거쳐야 한다. 따라서 부검의가 사체에 대한 부검을 실시한 후 어떤 것을 유력한 사망원인으로 지시한다고 하여 그 밖의 다른 사인이 존재할 가능성을 가볍게 배제하여서는 아니 되고, 특히 형사재판에서 부검의의 소견에 주로 의지하여 유죄의 인정을 하기 위해서는 다른 가능한 사망원인을 모두 배제하기 위한 치밀한 논증의 과정을 거치지 않으면 아니 된다. 더구나 사체에 대한 부검이 사망으로부터 상당한 시간이 경과한 후에 실시되고 그 과정에서 사체의 이동·보관에 따른 훼손·변화 가능성이 있는 경우에는 그 판단에 오류가 포함될 가능성을 전적으로 배제할 수 없다.[9]

텍스트 가운데 논증을 구성하고 있는 것 같지만 사실은 단순히 어떤 사실을 설명하는 글도 많다. 설명은 논증과 달리 이미 알려진 어떤 사실이 왜 발생했는지를 밝히려는 시도이다. 이에 반하여 논증은 어떤 것이 참인지를 기존의 지식에 의거하여 확립하려는 시도이다.[10] 따라서 설명에서는 설명 대상의 참이 논란거리가 아니지만, 논증에서는 설명항(explannas)은 피설명항(explanandum)이 왜 성립하는지를 보여 주고자 한다.[11] 반면에 논증에서 전제(premise)는 주어진 결론(conclusion)이 참임을 옹호하는 역할을 한다. 그러나 논증과 설명을 구분하는 것은 간단치 않다. 앞뒤 문맥을 모르면 어떤 글이 논증을 제시하는지, 설명을 제시하는지 식별하기 어렵거나 아예 불가능한 경우가 있다.

---

7) 이용구, 「사실인정 과정의 논증」, 『재판실무 연구』, 광주지방법원, 2009, 60쪽.
8) 이상돈, 『법이론』, 세창출판사, 2005, 261쪽.
9) 대법원 2012. 6. 28. 선고 2012도231 판결.
10) 이병덕, 『논리적 추론과 증명』, 이제이북스, 2008, 10쪽.
11) 따라서 법적 논증에 있어서도 그 전제인 증거의 진실성, 신용성 등이 중요한 문제가 된다.

예를 들어 “이 차는 시동이 걸리지 않는다.”라는 주장에 대해, 이 주장이 옳은지 그른지가 문제라면 우리는 그 주장을 뒷받침할 만한 이유, 즉 “배터리가 나갔다.”라는 이유를 제시할 수 있다. 그러나 만일 그 차가 시동이 걸리지 않는다는 주장이 참이라는 것을 이미 알고 있다고 해 보자. 그 경우에 배터리에 대한 주장은 그 차가 시동이 걸리지 않는 이유에 대한 설명이 된다.[12)]

논증은 전제와 결론을 그 요소로 함에도 불구하고, 어떤 주장에 대해 논증하는 글에서조차 그 논증이 명시적으로 드러나 보이지 않는 경우가 허다하다. 그 논증이 전제와 결론의 형태를 취하지 않거나 단축 내지 생략되어 표현되기 일쑤이기 때문이다.[13)] 이는 법적 논쟁에 대한 판사의 판결문에서는 더욱 그러하다.

논증은 결론을 증명하기 위한 것으로서 함축적으로든 명시적으로든 항상 전제를 가진다. 이때 전제는 결론이 참이라고 믿을 만한 이유를 제공한다. 논증은 전제가 진리인가 허위인가를 검증하는 것이 아니고 전제와 결론 사이의 관계가 타당한 것인가 그렇지 않는가를 다룬다. 주장의 진위를 검증하는 것은 개별 자연과학에서 한다.[14)]

Ⅱ. 논증의 목적

‘논증한다’는 것은 어떤 결론을 뒷받침하는 일련의 근거나 증거를 제시하는 것을 의미한다. 논증은 단지 특정한 견해의 진술 또는 논쟁에 지나지 않는 것이 아니라, 근거를 제시해서 특정한 견해를 뒷받침하려는 노력이다. 이런 의미에서 논증은 무의미하지 않으며, 사실은 필수적인 것이다. 특히 생활에서 발생하는 수많은 법률분쟁에 있어서는 더욱 필수적이라고 하지 않을 수 없다. 특히 형사재판에 있어 심증형성은 반드시 직접증거에 의하여 형성되어야만 하는 것은 아니고 간접증거에 의할 수도 있으며, 간접증거는 이를 개별적·고립적으로 평가하여서는 아니 되고 모든 관점에서 빠짐없이 상호 관련시켜 종합적으로 평가하고, 치밀하고 모순 없는 논증을 거쳐야 한다.[15)] 이러한 논증을 통해서 일단 근거로 잘 뒷받침된 어떤 결론에 도달한 뒤에는 그 결론을 성명하거나 옹호하는 데 논증을 이용할 수 있다. 훌륭한 논증은 단순히 결론을 반복하는 데 그치지 않고, 대신 다른 사람들이 그들 스스로 판단할 수 있도록 근거와 증거를 제시한다.[16)]

---

12) 숙명여대의사소통능력개발센터, 『언어와 논리』, 숙명여자대학교출판부, 2004, 19쪽.
13) 위의 책, 19쪽.
14) 이정일, 앞의 책, 2010, 15쪽.
15) 대법원 2011. 2. 24. 선고 2010도14262 판결.

논증은 일반적으로 다음을 목적으로 한다.

첫째, 논증을 통해 주장을 정당화한다. 올바른 논증을 사용할 경우 주장이 참임을 입증하는 데 많은 도움을 받을 수 있다. 이러한 논증의 목적은 이론적·과학적인 영역의 것과 효율적인지, 필요한 것인지를 가려야 하는 실용적·실제적인 영역의 것이 있다. 정치적 담화나 광고 문구와 같은 유형의 실용적 담화는 상대방의 믿음과 행동을 이끌어 내고, 기존의 믿음과 행동을 반박하거나 안정시킨다. 실용적 논증이 개인의 확신을 강하게 끌어내는지, 반박하거나 안정화시키는지는 '진리성·진실성'의 기준으로 측정되는 것이 아니라 '효율성'의 기준에 따라 측정되고, 이는 실험적인 방법으로 검증될 수 있다. 이러한 논증을 '화자가 대중에게 영향을 끼치고자 하는 담화작용'이라고 할 수 있다.[17] 진리를 가려야 할 이론적 담화에 관한 논증 중 형식주의라고 할 수 있는 논증은 정밀과학이나 수학 논리, 경험과학의 방법론에 근거한다.[18] 이러한 논증의 예를 들면, '세녹스를 사용하면 차가 노킹 현상을 나타내지만 일반 휘발유를 사용하면 괜찮다. 세녹스와 일반 휘발유 사이에는 분명히 옥탄가의 차이가 있다. 따라서 노킹 현상은 옥탄가의 차이와 관계가 있다.'라는 문장에서 노킹 현상이 옥탄가의 차이와 관계가 있다는 주장은 '우리가 세녹스를 쓰면 자동차가 노킹 현상을 나타내지만 일반 휘발유를 사용하면 괜찮다.'라는 문장을 근거로 제시한다. 이 경우 문장은 주장을 정당화한다.[19]

둘째, 논증을 통해 상대를 설득한다. 논증의 목적은 단순히 자신의 주장을 정당화하는 것을 넘어서 상대를 설득하는 데 있다.

예컨대 다음의 경우는 검사가 논증을 통해서 법관을 설득시키지 못한 경우라고 할 수 있다.

> 피고인이 이 사건이 발생한 당일이나 그 이후에 제3자가 보기에 상당히 의심스러운 태도와 행적을 보이고, 당시 상황에 관한 피고인의 설명에 여러 의문점이 있음은 원심이 지적하는 바와 같다. 그리고 피고인이 제기한 사망원인인 이상 자세에 의한 질식사가 피해자의 사체에 대한 부검결과에 나타난 모든 소견을 완벽하게 설명해 준다고 말할 수 있는 것도 아니다. 그러나 형사재판에서 공소사실에 대한 입증책임이 검사에게 있는 이상 피고인이 위와 같은 의문점을 해소해 주지 못한다고 하여 객관적 증거와 이에 기초한 치밀한 논증의 뒷받침

16) 앤서니 웨스턴 저, 이보경 옮김, 『논증의 기술』, 필맥, 2008, 16쪽.
17) 이들 담화에서 사용되는 논거는 ① 증가하는 힘의 순서 ② 감소하는 힘의 순서 ③ 다른 것은 중간에 남겨 두고 가장 강한 논거로부터 시작하고 가장 강한 것으로 끝나는 네스토리우스식 순서라는 세 가지 순서가 추천된다; 이용구, 「사실인정 과정의 논증」, 『재판실무 연구』, 광주지방법원, 2009, 63쪽.
18) 이용구, 「사실인정 과정의 논증」, 『재판실무 연구』, 광주지방법원, 2009, 63쪽.
19) 숙명여대의사소통능력개발센터, 앞의 책, 21쪽.

> 없이 살인의 공소사실을 유죄로 인정할 수는 없다. 그럼에도 원심은 이 사건의 쟁점인 피해자의 사망이 액사인지 여부와 그 범인이 피고인인지 여부에 관하여 치밀한 검증 없이 앞서 본 여러 의문점이 있는 소견이나 자료들에만 의존하여 피고인이 피해자의 목을 졸라 살해하였다는 이 사건 공소사실이 합리적 의심을 배제할 정도로 증명되었다고 보아 이를 유죄로 인정하였으니, 이러한 원심판결에는 형사재판에서 요구되는 입증의 정도에 관한 법리를 오해하여 필요한 심리를 다하지 아니하거나 논리를 비약하여 사실을 인정함으로써 채증법칙을 위반한 위법이 있다.[20]

또한 자동차 판매원이, "당신도 알겠지만 주중에 조립된 자동차는 주초나 주말에 조립된 자동차보다 불량률이 현저히 낮다. 현재 우리 전시장에 있는 모든 모델의 자동차는 수요일에 생산되었다. 그러므로 당신이 주문할 차보다 이 차 가운데 하나에 문제가 더 적을 것이다."라고 말할 수 있다. 자동차 판매원은 이와 같은 논증을 사용함으로써 소비자에게 자신의 매장에 있는 차를 사도록 설득할 수 있다.

Ⅲ. 논증과 논쟁

논증은 논쟁과는 다르다. 모든 논증은 전제와 결론으로 구성되어 있다. 전제가 결론을 근거짓거나(ground), 필연적으로 보증하거나(guarantee), 필연적으로 함축할 때(implication), 우리는 이런 관계를 논증했다고 한다. 논증은 추론의 필연성을 밝히는 것이다.[21] 이에 반해 논쟁은 사태에 대한 권리싸움을 말한다. 논쟁은 분석하는 것이 아니라 설득을 목적으로 한다. 물론 논증도 광의의 설득의 도구에 해당함은 부인할 수 없다. 그러나 논증이 추구하는 설득력은 논쟁의 그것과 다르다. 어느 누군가는 자기주장에 대해 그것을 정당화할 수 있는 토대를 제공해야만 정당화의 짐(burden of justification)을 충족했다고 할 수 있다. 논쟁은 서로 의견을 달리하는 자들이 어떤 특정한 테마에 대해 자기주장을 상대방에게 관철하려는 것을 목적으로 한다. 논증은 모두에게 구속력이 있지만 논쟁은 어떤 누구를 설득했다고 해서 다른 누구에게도 설득했다는 필연성이 반드시 성립하는 것은 아니다. 이 점에서 논증의 강제하는 구속력과 구별되는 의미에서 논쟁은 설득하는 정도에

---

20) 대법원 2012. 6. 28. 선고 2012도231 판결.
21) 이정일, 『논증과 논쟁』, 이담, 2010, 24쪽.

따라 그 성공여부가 결정될 따름이다.[22), 23)]

법적 논쟁에 있어서 검사, 변호사와 같이 서로 다른 주장을 펴는 사람들은 배심원이나 판사 등을 설득하기 위하여 논리를 전개해 나간다. 이때 상반된 주장을 하는 때에는 일반적으로 사람들은 주장자에 대하여 증거나 증빙자료를 요구하게 된다. 따라서 논쟁에서 주장이란 그것 자체로는 의미가 없고 최소한 한 개 이상의 다른 증거, 증빙자료, 전제 등을 제시할 때 의미가 있다. 가령 '피해자의 살해현장에서 피고인의 혈흔이 발견되었으므로, 나는 피고인이 피해자를 죽였다고 생각한다.'라는 식으로 자기주장의 앞 뒤 논리를 맞춰갈 필요가 있는 것이다. 이때 앞의 문장이 소위 증거, 증빙자료, 전제에 해당하고, 뒤의 문장이 주장의 요지, 즉 결론에 해당한다.

요컨대 주장이란 전제와 결론, 그 사이의 적절한 가교 등을 묶은 한 세트를 말한다. 주장의 방식 가운데 이처럼 전제와 결론, 그 사이의 가교를 묶은 것을 논증이라고 한다.[24)] 결국 논증은 전제와 추론, 결론의 조합이다. 논증은 논리적 추론의 강제를 말한다. 논증이 성립하려면 최소한 전제와 결론으로 구성되어 있지 않으면 안 된다. 그리고 이러한 전제와 결론이 추론이라는 형식으로 객관화되어야 한다. 추론한다는 것은 전제와 결론을 필연적으로 연결하는 것인데 이 연결은 규칙의 강제에 따라야 한다. 이 점에서 논증은 추론의 필연을 다루는 것이다.[25)] 이에 반해 논쟁은 제기된 사태에 대해 의견의 정당화 검증을 목적으로 한다.

또한 논증에서는 맞거나 틀리거나 딱 둘 중의 어느 하나이다. 하지만 논쟁에서는 틀린 논쟁은 없다. 다만 서로 견해를 달리하는 의견만이 있을 뿐이다. 논쟁은 설득의 정도에 따라 좋은 논쟁과 나쁜 논쟁이 판가름 난다. 여기서는 맞고 틀리고의 정답과 오답의 문제가 아니라 누가 더 설득력이 있는가에 대한 정도 충족만이 문제된다. 결국 재판에서 당사자의 주장은 논증이 아니라 논쟁에 해당한다. 그리고 판사는 어느 한 결론의 타당성은 논증하여야 한다. 결국 재판에 있어서 논증은 논쟁을 그 전제로 한다. 논쟁이 없는 논증은 의미가 없다. 논쟁에 대한 결론이 결국 논증의 과정으로 표현되어야 한다.

논쟁이 성립하려면 다음과 같은 과정이 필요하다: ① 쟁점이 되고 있는 논쟁 테마들(예컨대 안락사, 동성애, 계약결혼, 유전자복제, 군가산점, 명예훼손죄에 있어서 허위의 사실인지의 여부,

---

22) 위의 책, 25쪽.
23) 논쟁의 목적은 타자에 대해 자기 견해의 타당성을 가능한 한에서 설득하는 데 있다. 하지만 논쟁이 반드시 설득에 성공한다는 보증은 없다. 논쟁하면 할수록 더 차이를 확인하게 되는 경우도 있다. 그렇기 때문에 우리는 논쟁을 합의에 종속시켜서는 안 된다. 대화를 통해서 합의가 달성될 수도 있지만 경우에 따라서는 대화하면 할수록 그만큼 차이가 더 많이 발견되는 것도 가능하다; 이정일, 『논증과 논쟁』, 이담, 2010, 27쪽.
24) 김희균, 「논증도식을 통해 본 증거분석」, 한국형사소송학회 추계학술대회 발표집, 2010, 90쪽.
25) 이정일, 앞의 책, 83쪽.

특수절도에 있어서의 흉기의 휴대 여부 등) ② 찬성하는 자와 반대하는 자(Pro ↔ Contra) ③ 설득(persuasion) ④ 설득의 성공과 실패

법적 논쟁에 있어서는 법은 '의사소통적 전제조건을 마련하는 틀'로 작용하여야 한다. 법은 사회적 상호행위에 법적 성격을 부여함으로써 사회적 갈등이 발생했을 경우, 공정하고 합리적인 사법절차에 호소할 기회를 제공하는 역할을 하여야 하고, 시민들은 법적 제도를 통해 자신의 권리를 주장하고 항변할 수 있어야 한다.[26)]

Ⅳ. 논증분석과 평가

1. 논증분석

전제가 결론을 근거 짓거나, 전제가 결론을 함축하거나, 결론이 전제로부터 파생되어 나오지 않으면 안 될 때, 이 논증은 필연적이라고 말할 수 있다. 이때 필연적이라는 것은 이런 것 이외에는 어떤 다른 가능성이나 대안들이 불가능한 것을 말한다. 결국 논증은 전제가 추론을 통하여 결론에서 확인되어야 한다. 그러나 대부분의 텍스트에는 논증이 분명하게 드러나지 않는다. 논증자가 불성실하거나 무능해서라기보다는 수사학적으로 너무 뻔해서 일일이 열거하면 글이나 말에 대한 흥미를 떨어트리기 때문에 적절히 생략하는 경우가 있다. 하지만 너무 뻔하다고 생각해서 빠트렸거나 훌륭한 수사법을 구사하기 위해서 누락시켰던 가정이 문제가 될 수 있다.[27)] 논증이 제대로 이해되려면 누락된 전제를 발견할 수 있어야 한다. 즉, 전제와 결론의 관계에서 어떤 경우에는 전제가 생략되거나 함축적으로 숨어 있는 경우가 있다. 따라서 감추어진 전제나 생략된 전제를 찾을 수 있어야 한다.[28)]

> 피고는 원고들의 동의 없이 원고들의 얼굴 사진을 찍고 이를 잡지에 게재하고 배포함으로써 원고들의 초상권을 침해하였고 사치와 과소비 또는 배금주의 풍조 등 사회적으로 부정적으로

---

26) 법이 이러한 역할을 정상적으로 수행해 낼 때, 생활세계의 식민지화를 저지할 수 있기도 하다. 이처럼 법이 정치적, 사법적 참여권을 보장함으로써 의사소통의 그물망으로 형성된 생활세계의 약한 '사회적 통합'을 보다 공고하게 응집된 통합으로 만드는 전환체로 작용할 수 있다면, 법은 생활세계의 고유한 논리를 지키는 방어막 역할을 하면서 체계에다 생활세계의 의사소통적 흐름을 유입시킬 수 있는 매개체 역할을 할 수 있게 된다; 이상돈·홍성수, 『법사회학 -M. Weber, J. Habermas, N. Luhmann의 사회학이론과 법패러다임』, 박영사, 2000, 180쪽.

27) 숙명여대의사소통능력개발센터, 『언어와 논리』, 숙명여자대학교출판부, 2004, 21쪽.

28) 위의 책, 22쪽.

평가받고 있는 문제를 주된 내용으로 하는 기사의 중간에 사진을 삽입하여 원고들의 명예를 훼손하였다. 따라서 피고는 원고들의 정신적 손해를 배상할 책임이 있다.

이 판결문에서 몇 가지 전제가 함축되거나 생략되어 있다. 바로 다음과 같은 내용이다: '누군가의 동의 없이 사진을 찍고 이를 배포하는 것은 초상권을 침해하는 일이다.', '부정적인 기사에 아무 관계없는 누군가의 사진을 싣는다는 것은 그 사람의 명예를 훼손하는 일이다.'

일상 언어 표현에서 제시된 논증이 그렇게 단순하게만 구성되어 있지는 않다. 많은 논증에서 하나의 주 논증이 다른 부차적 논증을 거느리고 있거나 동일한 논증들이 결합하여 또 다른 논증을 지지하는 것처럼 중첩적이고 복잡하게 얽혀 있을 수 있다. 특히 법적 분쟁에 있어서는 더욱 그러하다. 따라서 논증은 작은 단위의 논증으로부터 복합적인 논증으로 분석하는 것이 바람직하다.

이러한 논증분석의 기준은 ① 중요한 결론은 무엇인가 ② 결론에 대한 전제는 무엇이며 전제의 구조는 어떤 것인가 ③ 결론을 위해서 무엇이 가정되는가이다.

이러한 논증을 분석하는 데 있어서는 전제에서 결론으로 분석할 수도 있고, 결론에서 전제로 분석할 수도 있다. 예컨대, 어떤 증거를 전제로 하는 요증사실의 확인이라는 결론에 이를 수도 있고, 어떤 결론(검사의 공소사실)을 놓고 이를 전제를 통하여 분석할 수도 있다. 따라서 법적 분쟁에 있어서는, 범죄의 발생 → 수사 → 공소제기 → 증거조사 → 판결의 과정에서 수많은 작은 전제와 결론이 복합되어 전체적인 큰 전제와 결론을 형성하게 된다. 다만 이러한 전제와 결론, 또는 결론과 전제, 또는 전제-결론-전제의 과정이 추론의 형식을 통하여 매개되어야 한다. 결국 추론을 통한 전제와 결론의 관계가 바로 논증형식인 것이다.

대부분의 논증에서는 하나의 전제가 하나의 결론을 도출하기보다는 여러 개의 전제가 복합적으로 얽혀 결론을 지지한다. 수 개의 정황증거가 결합하여 피고인의 유·무죄의 결론이 도출된다. 특히 자백이 신빙성이 있다는 결론을 도출하기 위해서는 자백의 진술내용 자체가 객관적으로 합리성을 띠고 있는지, 자백의 동기나 이유는 무엇이며, 자백에 이르게 된 경위는 어떠한지, 그리고 자백 외의 정황증거 중 자백과 저촉되거나 모순되는 것은 없는지 등 제반 사정을 고려하여 판단하여야 한다.[29)]

이때 복수의 주장이 단독으로는 어떤 결론의 근거가 되지 못하고 결합된 상태로만 그 결론의 근거가 될 수 있는 경우를 복합논증이라 하고, 복수의 주장이 독립적으로 어떤 결론의 근거가 될 수 있되 각각의 근거에서 도출되는 결론이 하나의 결론일 경우를 합류논증이라고 한다.[30)]

29) 대법원 2013.11.14. 선고 2013도10277 판결.

두 가지 예를 들어보자.

첫 번째 예: [① 갑은 현장에서 체포되었다. ② 갑이 을을 살해했다. ③ 갑은 을을 죽이겠다고 일기장에 기록하였다.]라는 논증에서 보듯이, ①과 ③이 결합하여 하나의 근거를 형성하여 그 근거로부터 하나의 결론이 도출된다. 즉, ①+③ → ②이다.

두 번째 예:[① 아이들 교육을 위해서는 TV가 없는 것이 낫다. ② TV는 가족 간의 대화를 없앨 뿐만 아니라, ③ 아이들을 수동적으로 만들기 때문이다.]라는 논증에서는 결론 ①을 전제 ②와 ③이 각각 독립적으로 지지한다.

복합논증과 합류논증의 구분은 전제가 결론을 지지하는지, 아니면 각기 지지하는지에 달려 있다. 전자가 복합논증, 후자의 경우는 합류논증이다.[31]

2. 논증 평가

어떤 논증이 올바른가, 그렇지 않은가에 대한 평가는 전제와 결론의 관계에서 판단하여야 한다. 즉, 올바른 논증이란 전제가 옳다면 항상 결론이 옳은 논증을 의미한다. 따라서 올바른 논증과 그렇지 못한 논증을 판가름하는 것은 논증 내부의 논리적 구조이다.[32] 논증 분석은 텍스트가 주장하는 것이 무엇인지를 이해할 수 있게 해 주지만, 논증에 대한 평가는 텍스트가 얼마만큼 설득력이 있는지를 보여 준다. 논증에 대한 평가의 기준은 첫째, 전제가 받아들일 만한가, 혹은 명시적인 이유와 감추어진 전제가 신뢰할 만한가, 둘째, 전제가 결론을 지지하는가이다.[33]

① 전제가 받아들일 만한가?

지지되지 않은 주장, 혹은 전제를 받아들일 때는 다음 사항에 주목하여야 한다. 특히 법적 논증에 있어서는 전제인 증거의 신뢰성이 문제된다. 신뢰성이 없는 증거를 전제로 하는 증명은 올바른 논증이라고 할 수 없다. 또한 법적 삼단논법의 대전제인 법률이 모호하거나 불명확한 경우에는 올바른 논증으로 전개될 수 없다.

예컨대 '여자를 보고 흑심을 품은 자는 징역 2년에 처한다.'라는 법률에서 '흑심'이 무엇을 말하는지 불분명하다. 따라서 흑심의 의미를 분명하게 규명한 이후에 비로소 논증과정을 거칠 수 있다. 결국 전제는 분석적 진리, 경험적 관찰 혹은 다른 믿을 만한 주장과 배치되지 않을 경우에만 합리적이다.

30) 숙명여대의사소통능력개발센터, 『언어와 논리』, 숙명여자대학교출판부, 2004, 25쪽.
31) 위의 책, 26쪽.
32) 위의 책, 31쪽.
33) 위의 책, 29쪽.

② 전제가 결론을 지지하는가?

이 문제를 해결하기 위해서는 논증이 타당한지를 따져 보아야 한다.

예컨대 [신은 틀림없이 존재한다. / 왜냐하면 성서가 신은 존재한다고 말하기 때문이다. / 성서는 옳다. / 왜냐하면 성서는 신의 영감에 의해 쓰인 책이기 때문이다.]와 같은 논증의 경우, 신의 존재를 성서에 근거 지우고 성서의 권위를 다시 신의 존재로부터 구하고자 한다. 이러한 논증은 서로 순환되므로 전제가 결론을 지지할 수 없다.

제2절

연역논증과 귀납논증

Ⅰ. 의의 및 구별 기준

1. 의의

전제가 결론을 (적어도 어느 정도) 옹호한다는 주장을 포함하는 논증은 크게 두 가지 종류로 분류된다. 하나는 연역논증(deductive argument)이고, 다른 하나는 귀납논증(inductive argument)이다. 연역논증과 귀납논증 사이의 구별은 전제와 결론 사이에 성립한다고 상정되는 추론적 연결(inferential link)의 강도와 관련되어 있다.[34] 연역논증은 만일 전제가 참이면 반드시 결론도 참이어야 한다는 강한 주장을 포함한다. 반면에 귀납논증은 전제의 참이 결론의 참을 절대적으로 보증한다고 주장하지 않고, 단지 전제의 참이 결론을 받아들일 수 있는 좋은 근거를 제시한다고 주장한다. 따라서 귀납논증에서는 전제가 참이더라도 결론이 거짓으로 판명될 가능성이 있다.

연역논증은 연역추론에 해당하는 것을 말한다. 추론은 전제에 있는 것을 다시 한 번 결론에다 옮겨 놓는 사고(思考)행위인데 이 사고 행위는 규칙의 지배나 강제를 받는다. 형사재판에서 공소사실을 뒷받침하는 과학적 증거방법은 전제로 하는 사실이 모두 진실임이 입증되고 추론의 방법이 과학적으로 정당하여 오류의 가능성이 전혀 없거나 무시할 정도로 극소한 것으로 인정되는 경우에

34) 이병덕, 『논리적 추론과 증명』, 이제이북스, 2008, 15쪽.

는 법관이 사실인정을 하는 데 상당한 정도로 구속력을 가진다.[35)]

따라서 연역의 경우 자의적인 추론은 애초부터 배제되거나 불가능하다. 추론은 행위이지만 논리적 규칙에 의해 지배를 받는다. 누가 어떤 추론을 하든지 관계없이 추론에서는 전제의 내용을 다시 한 번 결론에다 옮겨 놓지 않으면 안 된다는 의미에서 이 과정이 일어나야만 한다. 전제에 있는 내용들을 결론으로 옮겨 놓는 과정에서 추론의 이행은 반드시 그래야만 하는 규칙의 지배를 받게 된다. 하지만 추리나 추정은 규칙의 지배를 받는 것이 아니다.[36)]

연역추론이 논리적 규칙과 강제에 관한 것이라면 귀납은 엄밀한 의미에서 논리적 규칙에 관한 것이 아니다. 연역이 논리적 규칙과 관계한다면 귀납은 경험적 일반화 가능성과 관계한다.[37)]

연역논증(추론)과 귀납논증(추정)의 차이를 구체적으로 보면 다음과 같다.

어떤 사람이 논증을 통해, 전제의 참이 결론의 참을 절대적으로 보증한다고 주장할 수 있다. [모든 민주국가들의 주권은 국민에게 있다. / 대한민국은 민주국가이다. / 그러므로 대한민국의 주권은 국민에게 있다.]라는 논증의 경우, 논증과정은 연역논증(추론)에 해당한다. 왜냐하면 두 전제들이 모두 참이면 결론도 반드시 참이기 때문이다.[38)]

그러나 어떤 사람이 논증을 통해, 전제와 결론 사이의 추론적 연결이 절대적이지는 않지만, 전제의 참이 결론의 참을 믿기 위한 좋은 근거를 제시한다고 주장할 수 있다. [지난 30년간 서울의 연간 강수량은 항상 500mm 이상이었다. / 그러므로 올해 서울의 연간 강수량도 500mm 이상일 것이다.]라는 논증은 예측의 경우이다. 이 논증에서 결론은 전제로부터 연역적으로 도출되지 않는다. 비록 전제가 참일지라도 어떤 이유에서, 예컨대 기상이변에 의해서 올해 서울의 연간 강수량이 500mm 이하일 수 있다. 그렇지만 전제가 결론을 위한 좋은 근거를 제시하는 것은 분명하다. 따라서 이 논증은 귀납논증이다.[39)]

또한 [비가 왔을 때는 언제나 길이 미끄럽다. / 그런데 지금 길이 미끄럽다. / 그러므로 비가 왔음에 틀림없다.]와 같은 논증에서의 결론은 전제로부터 연역적으로 도출되지 않는다. 왜냐하면 길이 미끄러운 이유가 눈이 왔기 때문일 수도 있고, 또는 누군가가 물을 뿌려서 그럴 수도 있기 때문이다. 이런 경우의 논증은 연역논증인가, 아닌가? 위의 논증을 주장하는 사람의 의도가 전제에

---

35) 대법원 2014. 2. 13. 선고 2013도9605 판결.

36) 이정일, 『논증과 논쟁』, 이담, 2010, 38쪽.

37) 이런 의미에서만 귀납추정은 전제와 결론 같은 그런 엄격한 표현들을 사용할 수 없다. 귀납추정은 발견된 사례를 축적해서 그것을 일반화하는 데 기여하는 방식으로 진행시킨다. 지금까지 지지된 사례들을 통해 개연적으로 결론의 신빙성을 높여주는 방식으로 일반화를 진행할 때 우리는 추정을 한다고 말한다; 이정일, 『논증과 논쟁』, 이담, 2010, 38쪽.

38) 이병덕, 『논리적 추론과 증명』, 이제이북스, 2008, 16쪽.

39) 위의 책, 16쪽.

서 결론이 반드시 도출된다는 것이라면, 위의 논증은 연역논증이다. 다시 말하면, 만일 어떤 이가 주어진 논증의 결론이 전제로부터 반드시 도출된다는 주장을 한다면, 비록 그 주장이 잘못되었다 하더라도 그 논증은 연역논증이다. 다만 이러한 경우 주어진 논증은 부당한 연역논증이다.[40)]

연역논증에 대해서는 논증이 타당한지 아닌지의 평가를 할 수 있다. 그러나 귀납논증에서는 전제들이 결론을 절대적으로 보증한다고 주장하지 않고, 단지 전제들이 결론을 받아들일 좋은 근거를 제시한다고 주장한다. 따라서 귀납논증은 타당성 여부로 평가할 수 없다. 그러므로 귀납논증의 경우에는 전제들이 결론을 옹호하는 정도에 따라 '귀납적으로 강한(inductively strong)' 또는 '귀납적으로 약한(inductively weak)'이라는 다소 모호한 표현을 사용하여 논증을 평가해야 한다. 다시 말해, 귀납논증은 다양한 정도의 강함과 약함을 허용한다.[41)]

예컨대, [90%의 학생들은 버스를 타고 통학을 한다. / 철수는 학생이다. / 그러므로 아마도 철수는 버스를 타고 통학을 할 것이다.]라는 논증은 귀납논증이다. 왜냐하면 전제들의 참이 결론의 참을 절대적으로 보증하지 않기 때문이다. 그렇지만 이 논증에 관련된 확률은 90%이다. 따라서 이 논증은 강한 귀납논증이다.

또한, [50%의 고등학생들이 테레사 수녀를 그녀의 인권에 대한 공헌 때문에 존경한다. / 영숙이는 고등학생이다. / 그러므로 아마도 영숙이는 테레사 수녀를 그녀의 인권에 대한 공헌 때문에 존경할 것이다.]라는 논증은 단지 50%의 확률이 관련되어 있기 때문에 약한 귀납논증이다.[42)]

2. 구별 기준

일정한 논증을 연역논증으로 해석하는 것이 바람직한지, 아니면 귀납논증으로 해석하는 것이 바람직한지를 구별하는 것이 경우에 따라서 용이하지 않다. 특히 전제가 생략되거나 복합적인 경우에는 더욱 그러하다. 다만 다음과 같은 기준을 적용하는 것이 바람직하다.

① 우선 전제들과 결론 사이의 추론적 연결의 강도를 통해서 구별할 수 있다. 만일 추론적 연결이 절대적이면 연역논증이고, 그렇지 않으며 귀납논증이다.

② 사용되는 특별한 지시어들에 의거하여 판단할 수 있다. '반드시 …… 이다.'와 같은 표현이 나타나면 연역논증일 가능성이 높으며, 반면에 '아마도 …… 일 것이다.'와 같은 표현이 나타나면 귀납논증일 가능성이 높다.

40) 위의 책, 16쪽.
41) 위의 책, 23쪽.
42) 위의 책, 24쪽.

③ 논증을 제시하는 사람에게 그의 의도가 무엇인지 물어 볼 수 있다. 만일 그가 전제들의 참이 결론의 참을 보증한다는 의도로 논증을 제시한다면, 그 논증은 연역논증이다.[43)]

Ⅱ. 연역논증

1. 연역논증의 타당성

1) 의의

논증은 추론의 타당성과 부당성을 검토하는 것과 관계한다. 즉, 논증의 의미는 추론의 타당성 검증으로 그 의미가 제한된다.[44)]

판단은 맞거나 틀리거나 둘 중의 하나다. 판단은 진리함수적으로 말할 때 참이거나 거짓이라는 이가적(二價的) 진리값을 지닌다. 하지만 추론은 맞거나 틀린 것이 아니라 연결이 제대로 되었는가 아니면 연결이 제대로 되지 않았는가를 통해 타당성과 부당성이 결정될 따름이다. 연역논증은 타당성을 갖추는 데 성공하거나 실패하거나 둘 중의 하나이다. 다시 말해 전제와 결론 사이에 논리적 필연성이 존재하든가, 그렇지 않든가 둘 중의 하나이다. 어느 정도로 논리적인 필연성이 존재한다는 말은 성립할 수 없으며 그렇기 때문에 연역논증이 갖추어야 할 타당성에 있어서 강도(strength)라든가 정도(degree)의 문제란 있을 수 없다.[45)]

타당한 논증과 부당한 논증의 구별은 양립 가능한 연결의 일관성에 있다. 전제와 결론의 연결이 일관성을 상실할 때 이 논증은 부당하다.[46)] 반대로 전제와 결론의 연결이 논리적 일관성을 유지할 때 이 논증은 타당하다.[47)] 논증이 타당성을 유지하기 위해서 전제가 반드시 참이어야 한다는 강제는 없다. 참(truth)은 전제와 결론에 관한 특성이다. 그러나 타당성(validity)은 이런 진술들로 이루어진 논증 과정의 특성이기 때문이다.[48)] 또한 연역논증에서 특기할 만한 점은 논증의 타당성

---

43) 위의 책, 18쪽.

44) 이정일, 앞의 책, 84쪽.

45) 이종권·양영운·홍병선, 『합리적 사고와 논리』, 중앙대학교출판부, 2003, 80쪽.

46) [만일 갑이면, 을이다. / 갑이 아니다. / 그러므로 을이 아니다.]라는 논증에서는 결론은 '그러므로 을이다.'라고 추론해야만 함에도 불구하고 '그러므로 을이 아니다.'라고 추론했기 때문에 논리적 일관성을 유지하지 못했다. 즉, 전제가 참이면 결론도 반드시 참이어야 한다. 그렇지만 이 논증구조는 반례(counterexample)를 허용하고 있다. 이러한 종류의 부당한 논증이 범하는 오류를 일반적으로 전건부정의 오류(the fallacy of denying the antecedent)라고 한다; 이병덕, 『논리적 추론과 증명』, 이제이북스, 2008, 21쪽.

47) 추론이 타당하다는 것은 전제로부터의 결론으로의 이행이 타당한 규칙에 의해 적합하고 논리적 일관성을 유지했다는 것을 뜻한다; 이정일, 『논증과 논쟁』, 이담, 2010, 85쪽.

여부가 오로지 그 논증이 지닌 논증 형식에 의해서만 결정된다는 점이다. 연역논리에서 논증 형식이 매우 중요시 되는 이유가 여기에 있다.[49)]

타당한 논증은 참인 전제로부터는 참인 결론이 필연적으로 도출될 수밖에 없는 추론이며, 거짓인 전제로부터는 결론이 필연적으로 거짓으로 도출되지 않으면 안 된다. 이것은 양립 가능한 논리적 일관성을 유지하기 때문에 타당한 추론이 된다.[50)] 그런데 건전한 논증(sound argument)은 전제가 반드시 참인 경우에만 성립한다. 건전한 논증에서는 어떤 경우에도 전제가 거짓일 수는 절대로 없다. 건전한 논증은 타당하지만 동시에 전제가 참인 것으로 제한된다. 즉, 'A는 건전하다. = A는 유효하며, 그 전제는 모두 진실하다.(A is sound. = A is valid and its premises are all true.)'이다. 반대로 타당한 논증 모두가 건전한 논증과 같은 것은 아니다. 왜냐하면 타당한 논증에서는 거짓 전제도 가능하기 때문이다. 따라서 허위의 증거를 진실한 증거로 제출하였고, 이 증거를 진실로 믿고서 유죄의 선고를 한 경우에 유죄판결 과정의 논증은 타당하다. 그러나 건전하다고는 할 수 없다. 이러한 건전하지 아니한 논증은 상소심이 원심의 사실오인을 지적하는 경우에 나타난다고 할 수 있다. 결국 타당한 논증 중에서 오로지 전제가 참인 경우에만 이 논증은 건전하다고 할 수 있다. 실체적 진실발견을 추구하는 형사소송에서 가장 최선의 논증은 결국 건전한 논증이라고 할 수 있다. 즉, 사실인정자가 참인(진실한) 증거를 전제로 하여 올바른 사실을 인정하는 경우이다.

2) 타당한 논증 사례

논증은 전제로부터 결론이 필연적으로 도출되는 것을 말한다. 타당하다는 것은 전제로부터 결론으로의 이행이 논리적 일관성, 즉 필연성을 유지한다는 것을 말한다. 즉 전제가 참이라면 이것으로부터의 결론 역시 필연적으로 참이 되지 않으면 안 된다. 역으로 전제가 거짓이라면 이것으로부터의 결론 역시 필연적으로 거짓이 되지 않으면 안 된다. 그리고 복잡한 논증구조에서는 타당한 논증이지만 결론이 거짓일 경우, 반드시 전제 가운데 적어도 하나는 거짓이 된다.[51)]

예컨대, ① [만일 피카츄가 진화한다면 라이츄가 될 것이다. / 피카츄는 진화한다. / 따라서 피카츄는 라이츄가 될 것이다.], 또는 ② [만일 탈옥수들이 자수를 하지 않는다면 도주하다가 또 다른 범죄를 저지를 것이다. / 탈옥수들은 자수를 하지 않을 것이다. / 따라서 탈옥수들은 도주하다가 또 다른 범죄를 저지를 것이다.]라는 논증에서 ①과 ②는 서로 다른 주제에 관해

48) 이병덕, 앞의 책, 18쪽.
49) 이종권·양영운·홍병선, 앞의 책, 81쪽.
50) 이정일, 앞의 책, 84쪽.
51) 이종권·양영운·홍병선, 앞의 책, 80쪽.

결론을 내리고 있지만 모두 타당한 논증이라고 할 수 있다. 그런데 이 논증들은 어떤 동일한 이유 때문에 타당한 것으로 보이는데, 그 이유란 구체적으로 다음과 같은 동일한 구조를 지니고 있기 때문이다: ③ [만일 …… 이면 ~ 이다. ~ 이다. 따라서 ~ 이다.]

①과 ②의 논증이 모두 ③의 구조를 지니고 있다는 것은 ③에서 '……'과 '~' 부분에 적당한 언어적 표현, 여기서는 어떤 문장을 대입하게 되면 ①과 ②의 논증이 얻어진다는 뜻이다. 물론 '……'과 '~'이 둘 이상의 장소에 등장하는 경우에는 각 장소에 동일한 문장이 대입되어야 한다.

③에서 '……'과 '~' 부분에 어떤 문장 혹은 진술을 대입하건 항상 타당한 논증이 얻어지게 되어 있다. 이 점이 바로 ①과 ②의 논증이 타당한 논증이 되는 이유라고 말할 수 있다.[52] 연역논증의 타당성 여부가 오로지 그 논증의 형식에만 의존한다는 것은 이러한 의미에서이다. 이 말은 또한 연역논증이 타당하다는 것은 곧 그것과 동일한 형식을 지니는 모든 논증이 타당하다는 것을 뜻한다. 따라서 연역논리에서는 논증보다는 논증 형식에 주목하여 어떤 형식을 지닌 논증들이 타당한가를 연구한다. 이러한 의미에서 연역논리는 순전히 형식 논리라고 할 수 있다.

3) 건전한 논증 사례

건전한 논증은 전제가 반드시 참인 경우를 말한다. 즉, 전제가 참이면서 동시에 전제로부터 참인 결론을 이끌어 낸 이 추론을 건전한 추론(연역논증)이라고 한다. 따라서 전제가 거짓인 것은 건전한 논증에서 애초부터 제외된다.[53]

> 원심 공동피고인 2에 대한 이 사건 공소사실의 요지는 "원심 공동피고인 2가 피고인 1, 제1심 공동피고인 2의 범인도피교사에 따라 2010. 8. 31. 경찰 및 2011. 2. 17. 검찰에서 조사를 받고, 2011. 3. 18. 및 2011. 4. 8. 법원에서 제1심 재판을 받음에 있어 이 사건 휴대전화 문자발송 사기 범행을 자신이 저질렀다는 취지로 허위 자백하였고, 이로써 피고인 1 및 제1심 공동피고인 2를 도피하게 하였다."는 것임을 알 수 있으므로, 원심 공동피고인 2의 위 범행은 2011. 4. 8. 이전에 이미 기수에 이르렀다고 볼 수 있다. 그러나 제1심이 적법하게 채택한 증거들에 의하면, 원심 공동피고인 2는 2011. 5. 23. 진실을 밝히는 내용의 항소이유서를 항소심 법원에 제출하기는 하였으나, 이후 2011. 6. 14. 열린 항소심 공판기일에서는 여전히 위 허위 자백을 유지하는 태도를 취하였고, 2011. 6. 28. 오후 검찰에서 조사를

52) 이종권·양영운·홍병선, 앞의 책, 82쪽.

53) 예컨대 [모든 아이들은 날개를 갖고 있다. / 모든 걸음마쟁이들은 아이들이다. / 그러므로 모든 걸음마쟁이들은 날개를 갖고 있다.]라는 논증은 타당하다. 그렇지만 첫 번째 전제가 거짓이므로, 이 논증은 건전하지 않다.

받으면서 비로소 피고인 1 및 제1심 공동피고인 2가 진범임을 밝혔음을 알 수 있으므로, 원심 공동피고인 2의 범행이 종료된 시점은 2011. 6. 28.이라고 할 것이다. 따라서 원심이 이러한 전제하에, 피고인 2가 2011. 5. 2.경부터 2011. 6. 28. 오전 경까지 그 판시와 같은 행위를 통해 원심 공동피고인 2의 범인도피행위를 방조한 것으로 볼 수 있다고 판단한 것은, 위와 같은 법리에 비추어 정당한 것으로 수긍할 수 있고, 거기에 상고이유의 주장과 같은 범인도피죄의 종범에 관한 법리 등을 오해한 위법이 없다.[54]

이 판결에서 원심의 판결은 참인 전제로부터 결론을 추론한 것이므로 타당하고 건전한 논증에 해당한다.

피고인이 갑 주식회사의 대표자로서 사기나 그 밖의 부정한 행위로써 조세를 포탈하였다고 하여 구 특정범죄 가중처벌 등에 관한 법률(2011. 12. 31. 법률 제11136호로 개정되기 전의 것) 위반(조세)으로 기소되었는데, 수사기관 및 제1심에서 범행을 자백하였다가 원심에 이르러 갑 회사의 실제 대표자는 피고인의 외삼촌인 을이고 피고인은 명의상 대표자로서 직원에 불과한데도 을의 부탁으로 허위자백을 하였다고 주장한 사안에서, 피고인의 수사기관 및 제1심법정 진술은 피고인이 원심에서 제출한 증거들과 상당 부분 모순되는 점 등 제반 사정에 비추어, 을을 대신하여 처벌을 받더라도 초범이라 중한 처벌을 받지 않을 것으로 예상하여 허위 자백하였다는 진술이 전혀 설득력이 없다고 배척하기 어려운데도, 이와 달리 보아 피고인이 제1심에서 한 자백의 신빙성을 인정한 원심판결에 자백의 신빙성에 관한 법리오해의 위법이 있다.[55]

피고인이 자신이 제작한 폭발물을 배낭에 담아 고속버스터미널 등의 물품보관함 안에 넣어두고 폭발하게 함으로써 공안을 문란하게 하였다고 하여 폭발물 사용으로 기소된 사안에서, 피고인이 제작한 물건의 구조, 그것이 설치된 장소 및 폭발 당시의 상황 등에 비추어, 위 물건은 폭발작용 자체에 의하여 공공의 안전을 문란하게 하거나 사람의 생명, 신체 또는 재산을 해할 정도의 성능이 없거나, 사람의 신체 또는 재산을 경미하게 손상시킬 수 있는 정도에 그쳐 사회의 안전과 평온에 직접적이고 구체적인 위험을 초래하여 공공의 안전을

54) 대법원 2012. 8. 30. 선고 2012도6027 판결.
55) 대법원 2013. 11. 14. 선고 2013도10277 판결.

문란하게 하기에는 현저히 부족한 정도의 파괴력과 위험성만을 가진 물건이므로 형법 제172조 제1항에 규정된 '폭발성 있는 물건'에는 해당될 여지가 있으나 이를 형법 제119조 제1항에 규정된 '폭발물'에 해당한다고 볼 수는 없는데도, 위 제작물이 폭발물에 해당한다고 보아 폭발물사용죄가 성립한다고 한 원심판결에 법리오해의 위법이 있다.[56]

그러나 위 두 판결에서 원심의 판결은 참이 아닌 전제로부터 결론을 추론한 것이므로 건전한 논증에 해당하지 않는다. 따라서 원심의 논증은 타당하지 않으며, 건전하지 않다. 또한 이러한 논증은 오류를 범하고 있는데, 이를 '후건 긍정의 오류(the fallacy of affirming the consequent)'라고 한다.[57]

2. 타당한 연역논증의 주요 형식들

타당한 연역논증의 형식 가운데 몇 가지 주요한 형식은 다음과 같다.

1) 조건논증

(1) 의의

[만일 p이면 q이다. / p이다. / 따라서 q이다.]와 같은 논증형식의 문장을 조건문(Conditional Sentence 혹은 단순히 conditional)이라고 한다. '만일 p이면 q이다.'와 같은 형식의 문장은 두 개의 문장 p와 q가 '이면'에 의해 연결된 복합적인 문장으로 볼 수 있는데, 여기에서 '이면'과 같은 표현을 조건을 나타내는 논리적 연결어(logical Connective)라고 한다. 그리고 p에 들어가는 문장을 '전건(前件, antecedent), q에 들어가는 문장을 '후건(後件, consequent)이라고 한다. 예컨대 '성일이가 잘 나가는 배우라면 그는 잘 생긴 외모를 갖고 있을 것이다.'에서 '성일이가 잘 나가는 배우이다.'가 전건이며, '성일이는 잘 생긴 외모를 갖고 있을 것이다.'는 후건이다. 이처럼 '만일 p이면 q이다.'와 같은 조건적인 형식의 문장을 전제의 하나로 포함하는 논증형식을 조건논증형식이라고 한다. 조건 논증의 나머지 전제는 조건문의 전건과 후건, 혹은 그것의 부정으로 이루어진다.

한편 조건논증에서 [p → q / ~q / ~p], [만일 p이면 q이다. / q가 아니다. / p가 아니다.]와 같은 형식을 특히 후건 부정법 또는 단순히 부정법(Modus Tollens)이라고 한다.[58]

---

56) 대법원 2012. 4. 26. 선고 2011도17254 판결.
57) 이병덕, 『논리적 추론과 증명』, 이제이북스, 2008, 22쪽.
58) 이종권·양영운·홍병선, 『합리적 사고와 논리』, 중앙대학교출판부, 2003, 88쪽.

[만일 민규가 용기 있다면, 그 정도의 시련에는 태연했을 것이다. / 민규는 그 정도의 시련에 전혀 태연하지 않았다. / 따라서 민규는 용기가 없었다.]가 부정법의 조건논증에 해당한다.

한편, 조건문 '만일 q가 아니면 p가 아니다.'를 조건문 '만일 p이면 q이다.'의 대우(對偶, contraposition)라고 한다.

이것은 변형된 긍정식이 타당한 한 부정식도 타당한 논증형식이 됨을 알 수 있다.[59)]

(2) 오류

한편 [p이면 q이다. / p가 아니다. / 따라서 q가 아니다.]에서는, 조건문 이외에 다른 전제가 조건문의 전건을 부정하고 결론에서는 조건문의 후건을 부정하는 형태로 되어 있는데, 이러한 논증형식은 부당하다. 이 논증형식이 부당한 이유는 p와 q에 문장을 대입할 때, 전제가 모두 참이 되어도 결론이 항상 참이 되는 것은 아니기 때문이다. 다시 말해 어떤 문장 p와 q에 대해 전제가 모두 참이면서도 결론이 거짓인 경우가 있다는 뜻이다. 그러한 경우를 일반적으로 문제의 논증 형식이 부당함을 보여 주는 반례(counterexample)라고 하며, 그러한 반례를 제시함으로써 어떤 논증형식이 부당함을 증명하는 방법을 반례의 방법(Method of Counterexample)이라고 한다.

반례의 방법이란 논증형식에 적절한 언어적 표현을 대입해서 전제가 모두 참인데도 불구하고 결론이 거짓인 사례를 만들어 냄으로써 문제의 논증 형식이 부당함을 보이는 방법이다. 이러한 반례를 통한 논증의 과정에서 범하는 오류를 일반적으로 전건 부정의 오류(Fallacy of Denying the Antecedent)라고 한다.

예컨대 [만일 소연이가 컴퓨터를 가지고 있다면 민규는 그녀에게 전자우편을 보낼 것이다. / 소연이는 컴퓨터를 가지고 있지 않다. / 따라서 민규는 그녀에게 전자우편을 보내지 않을 것이다.]와 같은 논증에서, 소연이가 컴퓨터를 가지고 있다면 민규가 그녀에게 전자우편을 보낼 것이라는 사실이 소연이가 컴퓨터를 가지고 있지 않을 경우, 그가 전자우편을 보내지 않을 것이라는 것을 의미하지는 않는다. 소연이가 컴퓨터를 가지고 있지 않기 때문에 전자우편을 보내 보았자 받을 수 없다는 것을 알고 있으면서도 민규는 무작정으로, 혹은 학교에 있는 컴퓨터를 이용해서 받을 수 있으리라는 기대하에 전자우편을 보내려고 할 수도 있는 문제이기 때문이다.

또한 [도로가 얼면 우편배달이 늦어진다. / 도로는 얼지 않았다 ./ 따라서 우편배달은 늦어지지 않을 것이다.]라는 논증에서, 물론 도로가 얼어 있다면 우편배달이 늦어지겠지만, 다른 이유 때문에 늦어질 수도 있다. 이 논증은 대안을 간과하고 있다.[60)]

---

59) 위의 책, 89쪽.

원심은, 이 사건 차량의 우측 앞 펜더, 우측 앞·뒤 문짝, 우측 뒷바퀴 휠 하우스 등에 생긴 가로방향의 긁힌 흔적은 차량이 위 방호벽에 충돌하여 압궤되기 전에 발생된 것으로 보이고, 차량 우측 앞 펜더 부분부터 우측 앞 문짝 끝부분까지 찢겨진 손상 부위는 돌출된 물체에 의한 가로방향의 직접적인 접촉 없이는 발생하기 어려워 보이며, 차량의 우측 앞 문짝에 가로방향으로 다소 강하게 두 줄로 긁힌 흔적은 그 높이가 이 사건 철제구조물의 돌출한 두 곳의 높이와 거의 일치해 보이는 등의 사정을 들어 이 사건 차량 우측면의 긁힌 흔적과 손상이 2차 사고 전에 위 방호벽 안쪽 벽면과 이 사건 철제구조물을 충격하여 발생한 것이라고 판단하였다.

그런데 공소외 2와 공소외 1의 제1심 법정진술에 의하면, 이 사건 발생 직후 경찰은 이 사건 차량이 최종 충격 전에 위 방호벽 전방의 옹벽 부분을 스치며 주행하다 조수석 후사경 부분이 위 옹벽에서 튀어나온 황색 알람등을 충격하며 깨졌고 차량 측면 긁힘도 이런 과정에서 옹벽과의 충격으로 인하여 발생한 것으로 이 사건의 경위를 파악한 바 있고, 증거기록 27면에 첨부된 사진에 의하면, 위 방호벽 전방 옹벽 주위에서 깨진 알람등 파편으로 보이는 물체와 이 사건 차량 우측문의 가드가 발견된 사실을 알 수 있다. 그리고 증거기록 177면부터 186면까지 사이에 첨부된 사진들에 의하면, 비록 위 방호벽 전방 옹벽이 바깥쪽으로 기울어져 있으나 차량의 롤링 운동과 피칭 운동 등으로 인하여 이 사건 차량 우측 앞 펜더 부분이 옹벽을 충격할 수 있는 가능성을 전적으로 부정하기는 어려워 보인다. 그렇다면 위에서 본 이 사건 차량의 우측 부위에 발생한 긁힌 흔적과 찢긴 손상만으로는 2차 사고에 선행하여 1차 사고가 발생한 사실이 증명된다고 단정하기 어렵고, 오히려 위와 같은 사정에 비추어 이 사건 차량이 위 방호벽 전방의 옹벽과 알람등에 충돌하는 과정에서 그러한 흔적 등이 발생하였을 가능성을 배제하기도 어려워 보인다.[61]

마찬가지로 이 판결에서도 원심은 대안을 간과함으로써 전건 부정의 오류를 범하였다고 할 수 있다.

한편 [p이면 q이다. / q이다. / 따라서 p이다.]의 논증도 부당한 형식이다. [저 여자가 엄마라면 여자이다. / 여자이다. / 따라서 엄마이다.]의 경우에 여자가 모두 엄마인 것은 아니다. 따라서 타당하지 않은 논증이다. 이와 같이 논증형식에서 조건문 이외에 다른 전제가 그 조건문의 후건을

60) 앤서니 웨스턴 저, 이보경 옮김, 『논증의 기술』, 필맥, 2010, 207쪽.
61) 대법원 2011. 5. 26. 선고 2011도1902 판결.

긍정하고 결론에서는 그 전건을 긍정하는 형태의 오류를 후건 긍정의 오류(fallacy of affirming the consequent)라고 한다.

2) 귀류논증

'p이면 q이다.(p → q)'와 같은 형식의 진술이 단순히 참이라면 문장 p로부터 문장 q를 논리적으로 이끌어 낼 수 있는 것은 아니다. 그러나 p라는 문장으로부터 q라는 진술을 논리적으로 이끌어 낼 수 있다면 'p → q'라는 문장은 필연적으로 참이 된다. 따라서 부정식에 비추어 볼 때, p를 가정한 다음, 그로부터 거짓인 문장, 혹은 한 걸음 더 나아가 모순인 진술을 연역해 내기만 하면 'p가 아니다.'라는 결론을 내릴 수 있을 것이다. 왜냐하면 p로부터 어떤 모순되거나 거짓인 진술 q를 논리적으로 이끌어 내었다면 그것은 p → q가 필연적으로 참이라는 이야기가 되는데 p → q가 참이면서 q가 거짓이라면, 즉 'q가 아니다.'가 참이라면 그 둘로부터 부정식에 의해 q가 아니라는 결론을 내릴 수 있기 때문이다. 또한 거꾸로 'p가 아니다.'라는 것을 가정한 다음, 그로부터 거짓이거나 모순인 진술을 연역해 내기만 하면 p라는 결론을 내려도 좋을 것이다. 'p가 아니다.' 또는 'p이다.'를 증명하는 이러한 방식을 '귀류법(歸謬法, reductio ad absurdum)이라고 한다.[62] 귀류법은 분류상 연역 증명에 속한다. 연역 증명은 필연성을[63] 밝히는 데 있다.

귀류법은 이름 그대로 불합리로, 혹은 모순으로, 혹은 잘못으로 이끌어 가는 논증이다. 어떤 주장, 혹은 그것의 부정을 참인 것으로 받아들이면 불합리한 결론이 귀결된다는 것을 보임으로써 그 주장의 부정, 혹은 그 주장 자체가 참임을 입증하는 증명방식이다. 모든 필연성의 증명은 부정적으로 증명할 때 대안이 없다는 것(deductio ad impossibile)을 보여 주는 방식으로 진행된다. 필연을 부정하면 필연적으로 자기모순에 빠지게 되어 있다. 자기모순에 빠지지 않으려면 우리는 어떠한 경우에도 본래 타당한 것을 부정해서는 안 된다.[64]

귀류법에서 직접 증명되는 것은 결론 자체가 아니라 그것을 부정한 가정으로부터 잘못된 결론이

---

62) 귀류법은 주로 상대방의 주장을 논박하기 위해 많이 사용되는데, 고대 그리스의 엘레아학파의 제논(Zenon)이 자기 스승의 학설을 옹호하기 위해서 광범위하게 사용한 것으로 알려져 있다. 그는 스승인 파르메니데스(Parmenides)의 학설을 부정하는 어떤 가설로부터도 그의 이름으로 알려진 역설, 즉 제논의 역설(Zenon's Paradoxes)이 연역적으로 귀결된다는 것을 보임으로써 그의 스승의 학설을 옹호하려고 했다; 이종권·양영운·홍병선, 『합리적 사고와 논리』, 중앙대학교출판부, 2003, 93쪽.

63) 필연이란 어떤 것이 항상 그렇고 그것과는 다르게 있는 것이 불가능하거나 어떤 경우에도 대안이 없는 것을 말한다. 항상 그래야만 하고 그것과 다르게 있을 수 있는 모든 대안들이 거부되는 것이 필연의 의미다. 대안이 불가능하거나 없기에 우리는 그것을 본래 그렇다고 말하지 않으면 안 된다; 이정일, 『논증과 논쟁』, 이담, 2010, 95쪽.

64) 예컨대 삼각형이 180도가 아니라고 주장하는 자는 필연적으로 자기모순에 빠지게 되어 있다; 이정일, 『논증과 논쟁』, 이담, 2010, 95쪽.

연역적으로 이끌려 나온다는 것이다. 따라서 귀류법과 같은 증명 방식을 간접 증명법(Indirect Proof)이라고도 부른다. 즉 대안을 설정하고 나서 설정된 대안으로부터 내려진 최종결론이 본래의 기본 정의에 위배되는 것을 보이는 증명방식이다.[65), 66)]

> 피고인 1이 응급조치를 실시함에 있어 과실이 있었고 이로 인하여 장○○이 사망하였다는 원심의 판단에 관하여 보건대, 먼저 원심이, 피고인 1이 기도를 제대로 유지하지 아니한 채 인공호흡을 실시하였고 장○○의 신체에서 소생의 기미가 보였는데도 인공호흡을 중단하였다는 사실을 인정하면서 그 인정의 자료로 삼은 장△△, 진○○, 안○○ 등의 진술은 피해자의 가족 또는 인솔교사의 진술로서 그 내용이 명확하지 못하고 주관적인 추측에 불과하여 위와 같은 사실을 인정하기에 부족하다. 또한, 피고인 1에게 응급조치를 제대로 실시하지 아니한 과실이 있고 그로 인하여 장○○이 사망하였다고 인정하려면 <u>적절한 응급조치가 취하여졌더라면 그가 사망하지 아니하였을 것임이 입증되어야 함에도 불구하고</u>, 원심이 장○○의 사망원인과 그 원인에 따라 당시의 상황에서 피고인 1이 취하여야 할 적절한 응급조치가 무엇인지 여부와 피고인 1이 기도를 유지하였거나 구급차가 도착한 이후에도 인공호흡을 계속하였더라면 장○○이 생명을 건질 수 있었다고 인정할 수 있는지의 여부 등에 관하여 심리·판단하지 아니한 채, 피고인 1에게 그 업무상 주의의무를 다하지 아니한 과실이 있고 이로 인하여 장○○이 사망하였다고 판단한 것도 납득하기 어렵다.[67)]

이 판결은 과실범에 있어서 적법한 대체행위가 수행된 경우에도 동일한 결과가 발생하였을 것으로 판단되는 경우에는 객관적 귀속을 부인할 수 있다는 것으로서 귀류법적 논증의 형식을 취하고 있다.

3) 양도논증

양도논증(dilemma)은 양각(兩角)논증, 혹은 양두(兩頭)논증이라고도 불리는데, 하나의 선언문과 두 개의 조건문을 전제로 갖는다.

---

65) 이정일, 『논증과 논쟁』, 이담, 2010, 96쪽.

66) 증명하려는 결론을 부정하는 가정으로부터 거짓이거나 모순된 진술을 연역적으로 이끌어 내는 과정을 '부속연역(sub-deduction)'이라고 한다. 부속연역에서는 타당한 논증 방식을 반복적으로 이용할 수 있다. 귀류법은 타당한 논증형식이지만 실제로 부속연역이 타당하게 이루어지지 않으면 논리적으로 타당한 결론을 내릴 수 없다; 이종권·양영운·홍병선, 『합리적 사고와 논리』, 중앙대학교출판부, 2003, 92쪽.

67) 대법원 2002. 4. 9. 선고 2001도6601 판결.

예컨대, [나는 결혼을 하든가 하지 않든가 둘 중에 하나를 선택해야 한다. / 결혼을 하면 경제적인 수입이 적어서 부인에게 구박을 당할 것이다. / 그러나 결혼을 하지 않으면 외로움으로 고통을 받을 것이다. / 따라서 나는 부인에게 구박을 당하거나 외로움으로 고통을 당할 것이다.]는 양도논증의 전형적인 예에 속한다.[68]

우리가 흔히 일상적으로 사용하는 딜레마는 갈등상황에 빠진 것을 뜻한다.[69] 하지만 양도논법에서의 딜레마는 결과가 나쁜 상황에 처한 것을 말하는 것이 아니라 어떤 특정한 결과에 처할 수밖에 없는 것을 뜻한다.[70] 따라서 양도논증은 상대방이 받아들이기 싫어하는 결론을 승인시키기 위해 흔히 사용된다.[71]

4) 선언적 삼단논증

(1) 의의

삼단논증(syllogism)이란 전제가 두 개인 논증을 총칭해서 말한다.[72] 삼단논증 가운데 대표적인 것이 정언적(categorical) 삼단논증이다. 정언적 삼단논법은 상당히 기본적인 논증 형식으로서 일상생활에서도 빈번히 사용되는데 고대 그리스의 아리스토텔레스에 의해 거의 완벽한 형태로 체계화되었다.[73] 정언적 삼단논증에서 전제는 대전제(major premise)와 소전제(minor premise)로 구성되어 있다. 이 두 개의 전제로부터 결론을 필연적으로 이끌어 내지 않을 수 없다. 논증은 결론이 전제로부터 필연적으로 도출될 수밖에 없다는 것을 보여 주는 것이다. 아리스토텔레스의 삼단논증을 정언적 삼단논증이라고 부르는 이유는 정언진술(Categorical Statement)로 알려진 형태의 문장들이 두 전제와 결론에 일정한 방식으로 배치되고 있기 때문이다.

(2) 정언진술

일반적으로 하나의 진술은 주어와 술어로 이루어진다. 그리고 주어와 술어에는 일반적으로

---

68) 이종권·양영운·홍병선, 『합리적 사고와 논리』, 중앙대학교출판부, 2003, 94쪽.

69) 연합군 포로를 숨겨 준 독일 신부가 검열하는 독일 병사에게 거짓말을 하자니 양심에 위배되고 진실을 말하자니 포로가 죽게 될 때 우리는 이 독일 신부가 딜레마에 빠졌다고 규정한다; 이정일, 『논증과 논쟁』, 이담, 2010, 90쪽.

70) 이정일, 『논증과 논쟁』, 이담, 2010, 90쪽.

71) 예컨대 부인이 박봉의 남편에게 "돈을 많이 벌어 오든가, 잘 생기든가."라고 잔소리를 하는 경우.

72) 현재 사용하고 있는 대부분의 술어 논리는 프레게와 러셀 등의 공헌에 의해서 19세기 말 이후에 비로소 발전된 논리이다. 따라서 그 이전에는 고전 논리학 특히 아리스토텔레스의 삼단논법을 사용하였다. 즉, 술어 논리가 이미 확립된 오늘날은 삼단논법적 추리방식에 더 이상 의존할 필요는 없지만, 이러한 논리가 지난 2000년간 사용되어 왔으므로 이에 대한 이해가 필요하다(이병덕, 『논리적 추론과 증명』, 이제이북스, 2008, 40쪽). 특히 법적 해석에 있어서는 여전히 삼단논법의 형식이 적용되는 경우가 많다.

73) 이종권·양영운·홍병선, 앞의 책, 105쪽.

명사가 들어간다. 그러한 명사들은 일반적으로 여러 개의 대상을 가리킨다. 그와 같은 진술은 보통 주어가 가리키는, 혹은 적용되는 대상들과 술어가 가리키는 대상들 간의 관계를 기술한다. 정언진술은 주어(the subject term)에 의해 지시되는 집합의 전부 또는 일부가 술어(the predicate term)에 의해 지시되는 집합에 의해 포함 또는 배제되어 있음을 주장하는 진술이다.[74)]

(3) 정언적 삼단논증의 구성

정언 삼단논증은 정확히 세 개의 명사들(terms)을 포함하고 있는 세 개의 정언진술로 구성된 연역논증을 말한다.

예컨대 [모든 인간은 죽는다. /모든 철학자는 인간이다. / 따라서 모든 철학자는 죽는다.]와 같은 논증에서 전제와 결론은 모두 정언진술로 이루어져 있고, 논증 전제로는 서로 다른 세 종류의 명사(名辭)인 '인간', '철학자', '죽는다'가 두 번씩 등장하고 있다. 여기서 두 전제가 공유하고 있는 '인간'이 매개명사가 된다. 그리고 다른 두 명사인 '철학자'와 '죽는다'가 전제와 결론에서 한 번씩 등장하고 결론에서는 서로 결합해서 나타나고 있다. 그러므로 '죽는다'가 등장하는 첫 번째 전제가 '대전제'이며, '철학자'를 포함하는 두 번째 전제가 소전제가 된다. 따라서 이 논증구조는 정언삼단논법에 해당한다.[75)]

마찬가지로 [사람을 살해한 자는 살인죄로 처벌된다. / 갑은 사람을 살해하였다. / 따라서 갑은 살인죄로 처벌된다.]도 정언 삼단논증에 해당한다.

Ⅲ. 귀납논증

1. 귀납논증의 의의와 특징

1) 의의

연역논증은 전제가 참이면 결론이 반드시 참이 되는 논증이다. 타당한 연역논증의 전제는 참이기만 하면 결론을 확실히 뒷받침하는 논거가 될 수 있었다. 그러나 그처럼 확실한 논거에

74) 이병덕, 『논리적 추론과 증명』, 이제이북스, 2008, 40쪽.

75) 이처럼 삼단논법이 되기 위해서는 반드시 서로 다른 세 종류의 명사가 두 번씩 논증에 등장해야 하며, 전제가 공유하는 매개명사가 있어야 하고, 종결명사는 결론에서 서로 결합해야 한다는 최소 조건을 만족해야 한다; 이종권·양영운·홍병선, 『합리적 사고와 논리』, 중앙대학교출판부, 113쪽.

의거해서 어떤 주장을 하거나 추론을 하는 경우는 그렇게 많은 것은 아니다.[76] 특히 대부분의 법적 문제에 대한 법적 논증의 경우에는 더욱 그러하다. 일상생활에서는 결론을 확실하게 뒷받침하는 논거보다는 결론이 참이 될 개연성이 상당히 있음을 보장하는 논거에 의존하는 경우가 훨씬 많을 것이다.

예컨대 갑이 피해자 병을 살해하였다는 명확한 직접증거가 없고, 다만 갑의 옷에서 병의 혈액이 채취된 경우에, 갑의 옷에서 채취한 혈액은 갑이 병을 살해하였다는 결론을 확실하게 뒷받침하지는 못한다. 다만 갑이 살해하였을 것이라는 고도의 개연성(probability)이 있음을 추론할 수 있을 뿐이다. 그리고 그 개연성에 의해서 판사는 합리적 의심을 넘는 확신(belief beyond reasonal doubt)을 갖는 경우에는 살인죄의 유죄를 선고할 수 있다.

> 피고인은 이 사건 사고 당시 피해자에 대한 충격사실을 전혀 알지 못하여 다른 사람의 제지에 의하여 비로소 차량을 멈추게 되었고, 자신이 운전한 차량의 운행 속도와 당시 날씨와 도로 상태, 피해자의 위치와 상태 등에 비추어 선행 차량에 의한 사고 가능성 등을 의심하여 일단 경찰관에게 목격자인 것처럼 진술하였을 개연성도 배제할 수 없는 점 등을 종합해 보면, 피고인이 사고현장이나 경찰 조사과정에서 목격자 행세를 하고 피해자의 발견 경위에 관하여 사실과 다르게 진술하였다는 사정만으로는 피고인이 교통사고를 야기한 후 도주의 범의로써 사고현장을 이탈하여 사고를 낸 자가 누구인지 확정될 수 없는 상태를 초래한 것으로까지 보기는 어렵다고 할 것이다.[77]

마찬가지로 이 판결에서 법관은 피고인에게 도주가 아니라 목격자로서의 진술의 개연성에 근거하여 도주의 범의를 부인하고 있다.

엄밀한 의미에서 귀납은 논리적 추론에 관한 것이 아니다. 왜냐하면 귀납은 불완전한 정보를 바탕으로 해서 요구된 과제를 해결하기 위한 도구에 지나지 않기 때문이다.[78]

귀납논증에 있어서는 전제와 결론이 논리적으로 필연적인 연관을 갖는 논증 이외에도 전제와 결론 간의 개연적인 관계가 성립하기 때문에, 전제가 참이더라도 결론이 거짓이 될 가능성이 전혀 없는 것은 아니지만 그럴 가능성이 희박한, 혹은 참일 가능성이 상당히 높은 논증도 고려해야 할 필요성이 있음을 보여 준다.

---

76) 이종권·양영운·홍병선, 앞의 책, 124쪽.
77) 대법원 2013. 12. 26. 선고 2013도9124 판결.
78) 이정일, 앞의 책, 112쪽.

전제와 결론 간에 논리적으로 필연적인 관계가 성립하기 때문에 전제가 모두 참이면 결론이 거짓이 될 수 없는 논증을 타당한 논증이라고 한다. 그러나 이와 대조적으로 **전제가 모두 참이라도 결론이 거짓이 될 가능성이 전혀 없는 것은 아니지만 참일 개연성 혹은 확률(probability, likelihood)이 높은 논증을 올바르다(correct), 혹은 귀납적으로 올바르다**고 한다.[79)]

반대로 전제가 모두 참이어도 결론이 참일 개연성이 높지 않은 논증을 올바르지 않은 논증이라고 한다. 그리고 (귀납적) 올바름을 지향하는 논증을 귀납논증이라고 하고 올바른 논증과 그렇지 않은 논증을 가리는 원리를 탐구하는 논리를 귀납논리라고 한다.

2) 특징

귀납논증은 다음과 같은 특징을 가지고 있다.

① 귀납추정은 경험적으로 발견되거나 축적된 사례를 갖고서 조심스럽게 예측하는 행위를 말한다. 그러나 귀납논증에 있어서 추정은 미래 예측이 아니라 경험적 일반화를 시도하는 것을 말한다.[80)]

② 연역추론이 필연성과 관계한다면 추정은 일반화와 연관되어 있다. 귀납은 연역과 같이 전제로부터 결론을 필연적으로 이끌어 내는 논리적 추론이나 강제가 아니라 다만 경험적 일반화를 목적으로 하는 개연적 추정에 지나지 않는다.[81)] 일반화는 정도나 등급에 관한 것이다. 이때 경험적 일반화의 타당성 여부는 귀납논증에서 전제가 결론에 제공하는 증거력의 강도에 좌우될 것이다. 따라서 귀납논리에서는 전제가 결론을 뒷받침하는 입증력의 등급 내지는 강도에 대한 문제가 제기될 수밖에 없다. 추론은 필연에 관한 것이기 때문에 논리적 강제가 있다. 귀납은 강제가 아니라 신뢰에 관한 것이다. 귀납에서 전제가 설령 모두 참이라고 해도 결론이 참이 될 확률 혹은 개연성이[82)] 높을 따름이지 반드시 참이 된다는 보장은 없다.[83)] 즉, 결론이 거짓일 가능성이 항상 존재한다. 따라서 법적 논증에서 귀납 추정의 결과가 항상 실체적 진실과 일치하지는 않는다. 그것이 재판이 가지는 본질적 한계의 하나이다.

예컨대, [나의 아버지와 어머니는 내가 태어난 이후 지금까지 매일 사이좋게 지내왔다. / 그러므로 오늘도 사이좋게 지낼 것이다.]라는 논증은 강한 귀납논증, 즉 귀납추정에 속한다. 위의 자녀가 한 논증에는 아무런 잘못이 없다. 그것은 부모님의 입장에서는 매우 합리적인 논증이다. 그렇지만

79) 이종권·양영운·홍병선, 앞의 책, 124쪽.
80) 이정일, 『논증과 논쟁』, 이담, 2010, 40쪽.
81) 위의 책, 112쪽.
82) 증거로 제시된 것들이 요구된 것을 받쳐 주는 개연성의 정도가 높으면 높을수록 귀납은 좋은 논증이 된다. 귀납추정은 그렇기 때문에 개연성의 강도에 따라 좋고 나쁨이 결정될 뿐이다; 이정일, 『논증과 논쟁』, 이담, 2010, 42쪽.
83) 이정일, 앞의 책, 41쪽.

오늘이 결혼기념일임에도 불구하고 아버지가 직장생활에 바빠서 기념행사를 잊어버리고 있다고 생각해 보자. 이 경우 좋은 귀납논증임에도 불구하고, 어머니는 뾰로통할 수 있을 것이다. 결국 연역논증은 건전한 경우 그 결론이 항상 참이다. 그렇지만 귀납논증의 경우에는 그것이 아무리 강한 귀납논증일지라도 결론의 참을 절대적으로 보증하지는 못한다.[84] 왜냐하면 전제 속에 포함되어 있지 않는 것들이 결과 속에 얼마든지 새롭게 나타날 수가 있기 때문이다. 이 점에서 귀납은 실패한 연역으로 이해된다.[85]

③ 귀납논증은 진리 확장적인 성격을 지닌다.[86] 새로움이나 예외가 절대로 성립할 수 없다는 점에서 연역논증은 필연적으로 결론이 전제의 타당성을 다시 한 번 확인하는 것에 지나지 않게 된다. 귀납추정이 **진리 확장적 성격**을 지니는 것에 비하여 연역논증은 **진리 확인적 성격**을 가진다. 또한 귀납논증은 새로운 정보가 추가될 경우 그 결론이 바뀔 수 있다는 의미에서 불안정하다.[87]

예컨대 [지금까지 관찰된 10대는 모두 댄스음악을 좋아한다. / 따라서 모든 10대가 댄스음악을 좋아한다.]와 같은 논증의 전제는 지금까지 관찰된 10대에 관한 정보만을 담고 있다. 반면에 결론의 내용에는 지금까지 관찰된 바가 없는 10대에 대한 정보까지도 포함하고 있는데 그것은 전제에는 없는 정보이다. 귀납논증에서는 이른바 귀납적 비약(Inductive Leap)이 이루어지고 있다고[88] 흔히 말하는데 이것은 귀납논증이 지니고 있는 특징과 관련된 것이다.[89]

④ 통계적인 정보를 이용하여 논증하는 경우에는 귀납논증을 사용해야 한다.

예컨대 [<u>모든</u> 까마귀들은 검다. / 그러므로 만일 이 건물 옥상에 까마귀가 있다면, 그 까마귀는 검을 것이다.]라는 논증은 연역논증에 해당한다. 전제가 참이면 결론이 참임을 절대적으로 보증하기 때문이다. 그렇지만 우리는 그 전제의 참을 경험적으로 확립할 방법이 없다. 지금까지 관찰된 모든 까마귀들이 검었더라도 관찰되지 않은 검지 않은 까마귀가 있을 수 있으며, 또한 앞으로 그러한 까마귀가 발견될 가능성이 열려 있다.

그러나 [<u>지금까지 관찰된</u> 모든 까마귀들은 검다. / 그러므로 만일 이 건물 옥상에 까마귀가 있다면, 그 까마귀는 검을 것이다.]라는 논증은 귀납논증에 해당한다. 이 논증에서는 전제의 참이

84) 이병덕, 앞의 책, 25쪽.
85) 이정일, 앞의 책, 41쪽.
86) 연역논증에서와 달리 귀납논증에서는 전제와 결론 사이의 필연적 관계를 포기하는 대신 그 대가로 전제에는 없는 새로운 내용을 결론에서 이끌어 냄으로써 우리의 지식의 범위를 확장시킬 수 있다; 이종권·양영운·홍병선, 『합리적 사고와 논리』, 중앙대학교출판부, 2003, 125쪽.
87) 이병덕, 앞의 책, 26쪽.
88) 이종권·양영운·홍병선, 『합리적 사고와 논리』, 중앙대학교출판부, 2003, 125쪽.
89) 결국 연역추론이 전제에 없는 것은 결론에 나타날 수 없고(예외배제), 결론은 전제의 것을 다시 한 번 확인하는 단순재생산의 구조라면, 귀납추정은 새로움이 발견될 수 있고(필연배제), 새로움을 통한 확장이 가능하기 때문에 새로운 지평이 기대되는 구조라고 할 수 있다; 이정일, 『논증과 논쟁』, 이담, 2010, 115쪽.

결론의 참을 절대적으로 보증하지는 않지만, 전제의 참을 경험적으로 확립할 수 있다. 결국 연역논증에 비해서 귀납논증이 갖는 중요한 장점은 전제의 참을 확립하기가 훨씬 수월하다는 점이며, 이러한 장점은 특히 정보가 통계적인 경우에 더욱 그러하다.

> 피고인에 대한 음주측정은 피고인이 음주한 후 불과 10분도 경과되지 아니한 시기에 피고인으로 하여금 물로 입안을 헹구게 하는 등 구강 내 잔류 알코올 등으로 인한 과다측정을 방지하기 위한 조치를 취하지 않은 상태에서 이루어진 것이므로, 구강 내 잔류 알코올로 인하여 과다측정되었을 가능성을 배제할 수 없어 유죄의 증거로 사용할 수 없고, 또한 경찰은 피고인이 이 사건 사고 후 마신 술에 의한 혈중알코올농도를 추산하기 위하여 위드마크공식을 사용하면서 피고인의 체중과 관련한 위드마크인수로 0.86을 적용하였으나, 기록상 피고인의 신체적 조건 등이 위 수치를 적용하기에 적합하다고 볼 아무런 자료가 없고, 이미 알려진 신빙성 있는 통계자료 중 피고인의 체중과 관련한 위드마크인수로 위 0.86 대신에 이 사건에서 피고인에게 가장 유리한 0.52를 적용하여 피고인이 이 사건 사고 후 마신 술에 의한 혈중알코올농도를 계산해보면 0.077%[={260㎖ × 0.21(참이슬 소주의 알코올도수) × 0.7894g/㎖(알코올의 비중) × 0.7(체내흡수율)}/{75㎏ × 0.52 × 10}]이 되므로, 이 사건 사고 당시 피고인의 혈중알코올농도는 0.032%(=0.109% - 0.077%)에 불과하게 되어, 결국 어느 모로 보나 피고인이 이 사건 사고 당시 혈중알코올농도 0.05% 이상의 주취상태에 있었다고 단정할 수 없고, 달리 이를 인정할 수 있는 어떠한 자료도 보이지 않는다.[90]

이 판결은 통계정보를 이용한 귀납논증을 통해서 피고인의 무죄를 판단한 사례이다.

2. 개연적 확률(일반화)

대부분의 법적 논증은 귀납논증으로서 궁극적으로 개연성과 관련되어 있으며 이 개연성은 결국 확률의 문제라고 할 수 있다.

> 한편 피해자의 사망시각과 관련하여 피고인이 내세우는 시체강직 및 시반형성에 기초한 사망추정시각이나 직장온도측정방법에 따른 사망추정시각은 원심이 적절히 지적하는 바와

90) 대법원 2008. 8. 21. 선고 2008도5531 판결.

> 같이 그 오차범위를 감안할 때 피고인에 의한 이 사건 범행 가능성을 배제하지 못하거나 그 추정의 정확성을 담보하기 위한 조건이 충족되지 아니하므로, 이를 통해 피고인의 현장부재 사실이 증명된다고 보기는 어렵다. 다만 위와 같은 사망시각 추정의 한계에도 불구하고 그 결과에 비추어 피해자가 피고인이 집을 나선 06:41경 이후에 사망하였을 확률적 가능성이 상당함은 부인할 수 없으므로, 나머지 간접사실에 의하여 위 시각 이전에 피해자가 사망하였음을 인정하는 데 신중을 기하여야 할 것이다. 그러나 원심은 피해자의 가족이나 친구 등의 진술을 토대로 피해자의 평소 출근 습관을 인정한 다음, 피해자의 사망 당시 상태를 그에 비추어 보면 피해자가 피고인이 집에서 나가기 전에 사망하였다고 봄이 상당하다고 판단하였다. 그러나 원심이 인정한 피해자의 평소 기상시각이나 출차시각, 샤워와 화장 등 출근준비에 소요되는 시간 등은 피해자의 친동생인 공소외 5가 수사기관에서 한 진술과 일치하지 않는 등 그 객관성이나 엄격한 규칙성이 담보되지 아니하여 피해자의 사망시기를 추정할 수 있는 결정적 요소라고 보기 어려울 뿐만 아니라, 피해자의 평균적 출근시각이 07:30인 점에 비추어 피고인이 집에서 나간 06:41경 이후에 출근준비를 시작하였다고 하여 특별히 이상하다고 보기 어려워서 피고인이 먼저 집을 나선 이후에 피해자가 욕실에서 출근준비를 시작하다가 이 사건 사망에 이르게 되었을 가능성이 여전히 남아 있다.[91]

이 판결은 확률적 개연성 판단에 근거한 귀납논증을 통해서 원심 판단의 오류를 지적한 것이라고 할 수 있다.

결국 귀납논증은 전제로부터 결론이 도출된 개연적 확률에 관한 논리라고 할 수 있다. 귀납은 추론의 타당한 강제가 아니라 지금까지 관찰된 지지사례들이 결론의 신빙성을 높이는 데 기여하는 한에서의 경험적 신뢰를 다룬다.[92] 이것은 논리적 문제라기보다는 경험적 지지의 문제에 속하기 때문에 앎의 확장에 기여한다. 지금까지 발견된 경험적 사례들이 결론의 신빙성을 높이는 데 개연적으로 기여할 수는 있어도 필연적으로 보장할 수는 없다. 그렇기 때문에 연역의 필연성 보증과 구별되는 의미에서 귀납은 개연성 지지로 평가되지 않으면 안 된다.

아리스토텔레스는 개별적인 사례들로부터 일반적인 것으로 이행하는 것을 귀납으로 정의하였다. 관찰된 원소에 대한 정보로부터 그 원소가 속해 있는 집합의 모든 원소에 관한 정보를 이끌어 내고 있다는 점에서 일반화라고 한다. 일반화란 '개별적인 사실들에 근거해서 일반적인 원리나

---

91) 대법원 2012. 6 .28. 선고 2012도231 판결.

92) 이정일, 앞의 책, 112쪽.

법칙 명제와 같은 일반 명제를 끄집어내는 논증 과정'이라고 할 수 있다.[93)]

이때 일반화(generalization)는 정도나 등급하고만 관련이 있을 뿐이다. 지지사례들이 일반화되는 정도를 충족시키면 시킬수록 지지사례들은 일반화에 기여한다고 할 수 있다. 정보가 더 적은 자료들로부터 더 큰 정보를 가진 것으로 이행하는 것이 일반화의 등급이 높아졌다는 의미이다. 법칙(law)은 예외를 허용하지 않는 법칙과 예외를 허용하는 법칙으로 구별된다. 필연은 예외의 부정이기 때문에 예외를 허용하는 법칙은 필연이라고 할 수 없다. 예외를 허용하지 않는 법칙만이 필연적 강제(즉, 모든 해당된 경우들에 무제약적으로 적용)를 행사할 수 있다. 이에 반해 귀납에서의 일반화는 등급의 정도를 말하기 때문에 경향성(tendency)과 연관이 있을 뿐이다.[94)] 귀납은 연역과 같이 전제로부터 결론을 도출하는 것이 아니라 확장과정을 통해 신뢰할 만한 일반화를 추구하는 것에 불과하다. 귀납은 등급의 정도를 통해 일반화의 신뢰를 표시한다.

예컨대, '지금까지 관찰된 경험적 사례들에 따르면, 지능이 낮은 사람들이 범죄인이 되는 경우가 많았다.'와 '앞으로 관찰될 사례들은, 지능이 높은 사람들이 범죄인이 되는 경우도 있을 것이다.' 중에서, 후자의 관찰 결과는 지능과 범죄율에 대한 지금까지의 사례와는 반대되는 관찰의 결과이다. 하지만 후자의 관찰 결과가 앞으로도 통용된다는 어떤 논리적 보장도 없다. 다만 지금까지 관찰된 사례들과 전혀 다른 것이 새롭게 관찰되었다고 말할 수 있을 뿐이다. 즉, 틈(leap)이 발생한 것이다. 따라서 귀납에서는 전제와 결론이라는 용어를 사용하는 것이 적절하지 않다.

지금까지 경험적으로 관찰된 사례들에 따르면, 로스쿨에서 상위권 학점을 받는 학생은 상당수가 법학사 출신이라고 말할 수 있다. 하지만 그렇다고 해서 다음에도 반드시 법학사 출신이 상위권을 차지하여야만 한다는 논리적 강제는 없다. 다음번에 관찰될 사례에서는 지금까지의 관찰결과와는 달리 얼마든지 비법학사 출신이 상위권을 차지하는 경우가 발생할 수 있다. 법학사 출신이 상위권이라는 것은 경험적으로 부인할 수 없는 명백한 사실이다. 그러나 비법학사 출신이 상위권을 차지하는 경우가 이것과 모순된다고 말할 수는 없다. 우리는 로스쿨 학생의 상위권의 몇 퍼센트는 법학사이고, 몇 퍼센트는 비법학사 출신이라고 말할 수 있을 뿐이다. **법학사 출신과 비법학사 출신이 각각 어느 정도를 점유하고 있는가를 결정하는 것은 경험적 관찰에 의존하는 것이지 논리적 강제에 의존하는 것은 아니기 때문이다. 이 점에서 귀납은 추정(permutation)을 하는 것이지 추론(inference)을 하는 것이 아니다.**[95)]

---

93) 이런 이유로 일반화를 부분을 보고 전체를 파악한다고 일컫기도 한다; 이종권·양영운·홍병선, 『합리적 사고와 논리』, 중앙대학교출판부, 2003, 128쪽.

94) 이정일, 『논증과 논쟁』, 이담, 2010, 113쪽.

95) 위의 책, 115쪽.

보다 구체적으로 본다면 귀납에서는 지금까지 관찰된 사례들에 대해 언급하면서 앞으로 관찰될 사례들에 대해서는 지금까지와 전혀 다른 것이 관찰될 수 있는 가능성을 열어둔다. **즉, 귀납에서는 필연이 배제된다면, 연역에서는 예외가 배제된다.**

연역적 사고는 확률적으로 말하면 전부(全部, p=1) 아니면 전무(全無, p=0)인 사고다. 연역의 타당성에는 처음부터 정도(degree)는 성립하지 않는다. 이에 반해 귀납추정은 전부 아니면 전무를 배제하고 확률적으로 표현할 때 항상 전무와 전부 사이(0<p<1)에 있다.[96] 귀납추정은 항상 불완전한 것이며 어떤 경우에도 연역과 같이 그런 필연성을 주장할 수 없다고 말하지 않으면 안 된다. 그렇기 때문에 귀납은 실패한 연역으로 규정된다.

지금까지 관찰된 사례들이 타당하다고 해서 앞으로 관찰될 사례들이 타당해야만 한다는 논리적 강제가 귀납에서는 성립할 수 없다. 앞으로 관찰될 사례들은 지금까지의 경험적 관찰과는 전혀 다른 종류의 것이 될 수 있기에 귀납추정에서는 논리적 강제를 행사할 수 없다. 귀납에서는 어떤 경우에도 전칭(全稱)이라는 표현을 사용할 수 없다. 귀납에서의 개연성(확률, probability)은 지지 정도에 관한 것이기에 논리적 필연성을 필연적으로 배제하지 않을 수 없다.

> 피고인은 자신을 추격하는 경찰관들을 피하여 도망하다가 넘어졌는데, 당시는 새벽 02:20경으로 상당히 어두웠던 심야였고 경찰관들도 정복이 아닌 사복을 입고 있었던 사실, 자신을 추격하는 차량(일반 승용차였던 것으로 보인다)을 피하려다 넘어진 피고인은 주변에 고성으로 '경찰을 불러달라'고 요청하여 지나가던 택시기사도 이 소리를 듣고 정차하였던 사실 등을 알 수 있고 여기에 피고인은 원심 법정에 이르기까지 일관하여 이 사건 경찰관들을 소위 '퍽치기'를 하려는 자들로 오인하였던 것이라고 진술하고 있는 사정 등을 종합하면, 피고인은 당시 경찰관들을 치한이나 강도로 오인함으로써 이 사건 공무집행 자체 내지 그 적법성이나 자신의 경찰관들에 대한 유형력 행사의 위법성 등에 관하여 착오를 일으켰을 가능성을 배제하기 어려우므로, 원심으로서는 당시 피고인이 자신이 처한 상황을 어떻게 인식하였는지, 피고인에게 착오가 인정된다면 그러한 착오에 정당한 사유가 존재하는지 여부 등에 관하여 면밀히 심리한 다음 범죄성립이 조각될 수 있는지 여부를 신중히 판단하여야 한다는 점을 덧붙여 지적하여 둔다.

96) 위의 책, 116쪽.

이 판결은 원심이 피고인이 착오를 일으켰을 가능성을 배제한 점에 있어서 오류가 있었음을 지적하고 있다.[97]

또한 예컨대, [지금까지 관찰된 사례에 의하면 미국에서 범죄인의 상당수가 흑인이었다. / 앞으로 관찰될 사례에서는 백인이 흑인보다 범죄율이 높을 것이다.]의 경우에, 흑인이 백인에 비하여 범죄율이 상대적으로 높다. 즉, 확률이 높다는 것이지 필연적으로 범죄율이 높아야 하는 것은 아니다. 결국 개연성은 정도 충족의 문제에 속하지 논리적 필연성이라는 강제가 절대로 아니다. 결국 귀납은 해당 개별 사례들을 하나하나 축적해서 이것을 바탕으로 해서 일반화를 시도하는 것을 말한다.[98]

3. 귀납논증의 형식

1) 의의

연역논증과 달리 귀납논증에서는 그 올바름이 오직 그것이 지닌 형식에 의해서만 결정되지는 않는다. 귀납논증에서는 그 결론의 신빙성을 결정하는 요소가 논증형식이 아닌 다른 사항도 있기 때문에 그 올바름을 따지기 위해서는 형식 이외에 다른 사항도 고려되어야 한다는 것이다. 이것이 연역논증과 귀납논증 사이의 중요한 차이를 이룬다.

2) 매거적 귀납논증(Induction by Enumeration)

(1) 의의

매거적 귀납논증은 귀납논증 중에서도 가장 단순하고 기본적인 형태의 논증이라고 할 수 있다. 예를 들면, [지금까지 관찰된 성공한 가수들은 모두 훌륭한 춤 솜씨를 지니고 있다. / 따라서 성공한 가수들은 모두 훌륭한 춤 솜씨를 지니고 있을 것이다.]와 같은 논증이다.

매거적 귀납이란 어떤 부류에 속하는 일부 원소에 대해 관찰된 결과를 전제로 하여 그 부류 전체에 관한 결론을 이끌어 내는 논증 유형이다.[99] 위의 논증에서 전제는 '성공한 가수' 가운데 일부 가수를 관찰한 결과로 얻은 정보만을 담고 있는 반면, 결론에서는 그 내용을 '성공한 가수'

---

97) 대법원 2014. 2. 27. 선고 2011도13999 판결.

98) 연역에 있어서 사례는 아무런 중요한 역할을 하지 못한다. 이에 반해 귀납에서는 사례들 하나하나가 중요한 지지역할을 한다. 연역에서의 사례는 이미 타당한 것을 다시 한 번 확인하는 것에 불과하다. 이에 반해 귀납에서의 사례는 그 사례들 하나하나가 요구된 일반화를 충족하는 요인으로 중요하게 기여한다; 이정일, 『논증과 논쟁』, 이담, 2010, 119쪽.

99) 이종권·양영운·홍병선, 『합리적 사고와 논리』, 중앙대학교출판부, 2003, 128쪽.

집합에 속하는 모든 사람에 대해 적용하고 있다. 매거를 통한 일반화는 말 그대로 자료들 하나하나를 열거함으로써 이것을 일반화의 축적 정도로 계산하는 것이다. 이러한 논증에서는 결론이 전제보다 더 일반적인 주장이다. 이를 귀납적 일반화(Inductive Generalization)라고 한다.[100)]

이때의 일반화는 실제로 관찰된 대상만이 아닌 그 이상의 것에 관한 정보를 포함하고 있는 진술로서 관찰된 대상과 아직 관찰되지 않은 대상 모두를 망라한 규칙 또는 법칙으로 나간다. 따라서 일반화는 비록 그것이 근거하고 있는 관찰된 내용들이 참이라고 하더라도 관찰되지 않은 대상에 관해 언급하고 있는 내용이 참이 아닐 수도 있다. 이 점이 바로 귀납적 비약에 해당하는 것으로서 귀납논증의 전형적인 문제점으로 지적되는 부분이다. 매거적 귀납의 전제에서 낱낱의 관찰문장을 아무리 많이 제시하더라도, 그것이 결론이 참이라는 개연성만을 증대시킬 뿐 결론에서 이끌어 내는 법칙문장과 같은 전칭문장이 참임을 확실하게 보증할 수 없다. 매거적 논증에서 논리적 비약이 이루어지고 있다는 것은 이러한 의미에서이다.

형사사건에서 다양한 정황증거를 통해서 어떤 결론에 이르는 경우에 다양한 증거들에 대한 분석을 통해서 특정 범죄 실행의 개연성 여부를 판단하게 된다. 그렇지만 그 증거를 통한 결론이 반드시 참이라는 것은 확실하게 보증되지 않는다. 즉, 일반화는 단지 그 확률을 상대적으로 높인다는 의미이지 그 자체가 반드시 진실이라는 것을 의미하는 것은 아니다.[101)]

귀납적 일반화에는 두 가지 유형이 있다. 하나는 결론이 주어 집합의 모든 원소들에 관한 것이다. 예를 들면, [지금까지 관찰된 까마귀들은 검다. / 그러므로 모든 까마귀들은 검다.]에서, 관찰된 사실을 전제로 하여 아직 관찰되지 않은 까마귀들을 포함한 모든 까마귀들에 관한 결론을 이끌어 낸다. 이러한 경우를 보편적 귀납적 일반화(universal inductive Generalization)라고 부른다. 다른 하나는 결론이 주어 집합의 모든 원소들이 아니라, 일부 원소들에 관한 경우이다. 예컨대 [5000명을 표본으로 한 연구에 의하면, 68%의 유권자들이 헌법 개정에 반대했다. / 그러므로 68%의 유권자들이 헌법 개정에 반대한다.]와 같은 경우이다. 이 경우에 결론은 모든 유권자들이 아니라 68%의 유권자들이 헌법 개정에 반대한다는 주장이다. 이런 경우를 통계적 귀납적 일반화(statistical inductive Generalization)라고 한다.[102)]

---

100) 위의 책, 129쪽.

101) 예컨대 오전 8시 30분에 공원에서 살인사건이 발생했고, 유력한 용의자인 갑은 대부분 8시 30분에 현장에 서 운동을 한다. 따라서 갑이 범인이라고 결론을 내리는 것은 진실이라기보다는 그럴 가능성이 높다는 의미로 보아야 한다.

102) 이병덕, 『논리적 추론과 증명』, 이제이북스, 2008, 274쪽.

(2) 오류[103)]

가. 불충분한 통계의 오류(Fallacy of insufficient Statistics)

사례를 모아서 일반화를 시도하는 것이 귀납이 추구하는 바이다. 하지만 일반화 등급을 위해서는 해당된 사례들이 충분히 제시될 수 있어야만 한다. 일반화를 신뢰하거나 보증할 정도의 충분한 자료들이 축적되지 않은 상태에서 일반화를 시도하면 이것은 어김없이 증거불충분의 위험에 노출되지 않을 수 없다. 특히 형사사건에서 단지 피고인의 자백만이 존재하고 다른 증거가 없는 경우에 유죄 선고를 하는 것이 그 단적인 예라고 할 수 있다. 일반화를 보증할 정도의 자료가 축적되지 않은 상태에서 귀납적 일반화를 시도한다면 이것은 지나친 비약을 감행하는 것이다.[104)] 증거 불충분은 충분하지 못한 몇몇 사례들을 토대로 해서 성급하게 일반화를 시도할 때 발생한다. 예컨대, 검사가 충분한 직접증거 없이 단지 목격자 진술에만 의존하여 구속영장을 신청하거나 공소를 제기하는 경우에 구속영장이 발부되지 않거나 유죄판결이 선고되지 않는 경우라고 할 수 있다. 이것은 불충분한 자료들을 토대로 결론으로 비약하는 위험 때문에 반드시 피해야 한다. 이런 오류는 증거불충분이 결론으로 너무 비약해 버리는 위험을 떠안기 때문에 신뢰할 수가 없게 된다.

예컨대 살인사건에서, 갑이 병을 저주하면서 총을 구입하는 것을 보았다는 정의 진술, 갑이 군대에서 사격으로 포상을 받았다는 진술, 갑이 자주 총을 겨누는 시늉을 하는 것을 보았다는 진술, 단지 이 세 개의 진술만 가지고 검사가 갑을 살인혐의로 공소를 제기한 경우에, 판사는 다른 증거가 없이 단지 이 세 개의 진술만으로 사실을 인정하는 데 있어서 가장 큰 어려움은 증거의 수가 너무 적다는 것을 지적할 것이다. 일단 표본의 개수가 너무 적다는 데 문제가 있는 것이다. 즉, 불충분한 사례들을 모아서 이것으로부터 일정한 결론을 내린다면 바람직한 추정이 될 수 없다. 왜냐하면 관찰된 사례들의 수가 너무 적기 때문에 이러한 불충분성으로부터 갑에 대한 살인행위의 유무에 대한 확률적 추정을 내릴 수 없기 때문이다. 관찰결과가 보다 신뢰할 수 있는 것이 되려면 경험적 관찰의 대상을 더 늘려야 한다. 위의 경우에 더 많은 정황증거 또는 직접증거가 필요하게 된다.[105)]

신뢰도는 이 오차의 범위가 줄어들수록 좋다. 오차범위를 줄이는 추정이 가능하려면 일차적으로

---

103) 오류는 논증에서의 실수를 말한다. 오류적 논증은 옳은 것처럼 보일 수도 있다. 그러나 엄밀한 조사에 의해서 옳지 않다는 것이 밝혀진다; Neal Ramee, *Logic and Legal Reasoning*, http://www.unc.edu/~ramckinn/Documents/NealRameeGuide.pdf; p. 2.

104) 이정일, 『논증과 논쟁』, 이담, 2010, 120쪽.

105) 귀납추정에서는 오차를 배제할 수는 없지만 오차의 범위를 줄일 수는 있다. 신뢰도는 이 오차의 범위가 줄어들수록 좋다; 이정일, 『논증과 논쟁』, 이담, 2010, 121쪽.

가능한 표본이 되는 관찰의 수가 충분히 확보될 수 있어야 한다. 프로이트가 주장하는 것과 같이 오이디푸스 콤플렉스나 엘렉트라 콤플렉스는 그 결론의 신빙성을 지지할 만한 경험적 사례들의 제시가 지나치게 불충분하게 제시되고 있다. 이러한 심리가설을 신뢰할 만한 것으로 받아들이기 위해서는 임상사례들의 충분한 사례제시를 먼저 검토해 보아야 한다. 예컨대, 왼손잡이의 경우에 도박의 확률이 높다는 것에 근거해서 피고인의 도박사실을 인정하기 위해서는 보다 많은 왼손잡이 도박전과자들의 표본이 필요할 것이다.

표본으로 추출된 임상사례들이 충분하다면 이 자료들을 토대로 일반화를 시도한 확률적 결과가 어느 정도 신뢰할 수 있는지를 개별사례들과의 비교를 통해 재검증할 수 있어야만 할 것이다.[106)]

나. 편향된 통계의 오류(Fallacy of biased Statistics)

현실적으로 모든 자료들을 다 검증할 수 없고 또 그럴 필요성이 없는 경우에 몇 가지 표본을 추출해서 이것으로부터 일반화된 경향성을 충족하고자 한다. 모집단으로부터 표본을 추출하는 것은 사안별로 다를 수 있다. 하지만 우리는 일정한 샘플을 추려서 이것으로부터 전체를 추정할 수는 있다. 그러나 이 경우에 표본이 다양해야 함은 물론 일정한 대표성을 갖추어야 한다. 관찰하는 표본이 단지 수가 많은 것만으로 올바른 매거적 귀납이 이루어지기 위한 대표성을 갖추게 되는 것은 아니다. 귀납적 일반화를 위해 선택된 표본은 집단을 대표할 수 있는 표본이어야 한다.[107)] 표본이 대표성을 갖기 위해서는 충분한 다양성을 갖고 있어야 하며, 또한 표본의 크기가 충분해야 한다. 충분하지 못한 크기의 표본으로부터 결론을 이끌어 내면 성급한 일반화의 오류를 범할 수 있다. 반면 충분한 다양성을 갖지 못한 표본으로부터 결론을 이끌어 내는 경우에는 '편향된 통계의 오류'에 빠질 수 있다. 만약 한쪽으로 편향된(치우친) 자료나 표본으로부터 결론을 이끌어 낸다면 그 결론 역시 한쪽으로 치우신 결론이 될 것이기 때문에, 그러한 표본이나 자료에 의거하여 매거적 귀납을 하면 올바른 귀납이 이루어질 수 없다.[108), 109)]

예컨대 [최근 개최된 여론조사에서 여론조사에 참여한 90% 이상의 여성들이 성범죄자에게 전자발찌를 착용시키는 데 대해서 찬성한 것으로 나타났다. 따라서 최근 대다수의 사람들은 전자발찌 착용을 찬성하는 것 같다.]라는 여론조사는 여성만을 표본으로 한 조사이다. 여성들은

106) 이정일, 앞의 책, 122쪽.
107) 이병덕, 앞의 책, 277쪽.
108) 이종권·양영운·홍병선, 앞의 책, 131쪽.
109) 일부의 사람들이 최근에 막걸리를 좋아한다고 해서 모든 애주가들이 막걸리를 선호하는 것은 아니다. 막걸리를 즐겨 마시는 사람들이 모든 애주가를 대표하는 것은 아니기 때문이다.

남성들에 비해서 성범죄자에 대한 전자발찌의 착용을 포함한 강력한 조치를 원할 개연성이 높다. 따라서 위의 표본조사는 대표성을 가질 수 없는 편향된 표본에 기반을 둔 조사라고 볼 수 있다.

> 원심이 인과관계를 인정하는 근거로 삼은 미국 국립과학원 보고서는 베트남전에 참전하였다가 고엽제에 노출되어 여러 질병에 걸렸다고 주장하는 미국 참전군인들에 대하여 보훈정책적 목적에서 보상과 지원의 근거를 마련하기 위하여 제정된 1991년 고엽제법(Agent Orange Act of 1991, Public Law 102-4)에 따라 미국 연방의회와 보훈처에 관련 자료를 제출하기 위하여 작성된 것이다. 위 보고서는 고엽제 노출과 이 사건 비특이성 질환 사이에 연관성이 있다는 점, 즉 고엽제 노출과 이 사건 비특이성 질환의 발병 위험의 증가 사이에 통계학적 연관성(statistical association)이 있다는 점만을 나타낼 뿐, 양자 사이에 인과관계(causation)가 존재함을 나타내는 것은 아니라는 점을 명확히 하고 있다. 나아가 여기서 말하는 통계학적 연관성은 일반적인 인구군에서 고엽제 노출과 그 결과 사이의 연관성을 나타내는 것일 뿐, 어느 개인이 걸린 질환이 고엽제 노출과 연관되어 있을 가능성이나 고엽제 노출로 인하여 유발될 가능성이 있음을 나타내는 것이 아니라는 점도 밝히고 있다. 또한 위 보고서는 베트남전에 참전한 우리나라 군인이나 미군을 특정 집단으로 설정한 후 다른 일반 집단과 대조하여 직접 역학조사를 실시한 것이 아니라, 주로 산업적·환경적으로 다이옥신에 노출된 인구군을 상대로 한 기존의 논문들을 바탕으로 그 역학적 연구성과를 분석하여 고엽제 노출과 이 사건 비특이성 질환 사이에 통계학적 연관성이 있음을 인정한 것에 불과하다. 이러한 까닭에 위 보고서는 이 사건 비특이성 질환이 베트남전 참전군인들에게서 발병한 비율이 고엽제에 노출되지 아니한 일반 사람들에게서 발병한 비율보다 더 높은지 여부 및 높으면 얼마나 더 높은지를 규명할 수 없고, 고엽제 노출로 인하여 이 사건 비특이성 질환의 발병 위험이 얼마나 증가하는지를 밝힐 수 없다고 하고 있다. 그렇다면 단지 고엽제 노출과 이 사건 비특이성 질환 사이에 통계학적 연관성이 있다는 사정과 베트남전에 참전하였던 관련 선정자들이 이 사건 비특이성 질환에 걸렸다는 사정만으로는 관련 선정자들 개개인의 이 사건 비특이성 질환이 베트남전 당시 살포된 고엽제에 노출됨으로 인하여 생긴 것이라고 인정할 만한 개연성이 있다고 할 수 없다.[110]

110) 대법원 2013. 7. 12. 선고 2006다17539 판결.

또한 위의 판결은 일반적인 인구군에서 고엽제 노출과 그 결과 사이의 연관성을 나타내는 통계를 어느 개인이 걸린 질환이 고엽제 노출과 연관되어 있을 가능성이나 고엽제 노출로 인하여 유발될 가능성에 잘못 적용한 오류가 있음을 지적한 판결이라고 할 수 있다.

다. 성급한 일반화의 오류(Fallacy of hasty Generalization)

귀납에서 언제나 조심해야 할 것은 일반화의 등급에 속하는 것과 일반화되지 않는 것과의 냉정한 분리이다. 귀납은 결핍된 연역이기 때문에 언제나 '비약과 틈 그리고 예외'가 있기 마련이다.[111] 하지만 일반화는 법칙의 사례포괄적인 보편성은 아니다. 귀납에서의 일반화는 경향적 통계만을 의미한다. 그렇기 때문에 성급한 일반화에서는 해당되지 않는 것도 마치 해당되는 것처럼 말하려는 유혹에 빠지는 것을 경계해야 한다. 성급한 일반화의 오류는 논증자가 너무 빨리 특별한 사실적 관찰에 기초를 둔 광범위한 또는 일반적인 원칙을 형성하기 위하여 이동하는 경우에 발생한다.[112]

이러한 성급한 일반화의 오류는 특히 법적 분쟁에 있어서도 자주 등장한다. 예를 들면 다음의 판결문에서도 원심의 사실인정에 있어서의 오류를 지적하고 있는데 이는 다름 아닌 성급한 일반화의 오류에 해당한다고 볼 수 있다.

> 근로조건이 산업환경에 따라 해마다 변동하는 기능공의 일실수입을 월급여액 통계가 아닌 그 1일 노임에 관한 통계사실에 기초하여 평가하는 경우에는, 그 가동일수에 관하여도 법원에 현저한 사실을 포함한 각종 통계자료 등에 나타난 월평균 근로일수와 직종별 근로조건 등 여러 사정들을 감안하고 그 밖의 적절한 자료들을 보태어 합리적인 사실인정을 하여야 한다(대법원 1999. 6. 22. 선고 99다12093 판결 등 참조). 원심은 배전활선전공인 원고가 매월 22일씩 가동할 수 있음을 경험칙에 의하여 인정하고 이에 기하여 원고의 일실수입을 산정하였다. 그러나 배전활선전공은 고압전류가 흐르는 상태에서 작업을 하기 때문에 고도의 근력과 주의력이 필요하고 다른 직종에 비하여 위험도가 상당히 높은 점, 통상 일용직 배전활선전공의 경우 월 근무기간이 부정기적이고, 사선배전공사에 비하여 활선배전공사를 하는 경우가 많다고 보기 어려운 점, 우천 시 등 기후가 나쁜 때에는 작업이 곤란하여 작업일수의 충분한 확보가 어려운 점, 이러한 이유 등으로 다른 직종에 비하여 임금이 상당히 고액인 점, 노동부

---

111) 이정일, 앞의 책, 125쪽.
112) Neal Ramee, *Logic and Legal Reasoning*, p. 9.

> 발간 1984년분부터 1990년분까지의 옥외근로자직종별임금조사보고서 통계자료에 의하면 건설업체 전규모·통근 일용 옥외 근로자인 전기공의 7년간 월평균 근로일수는 20.8일에 불과한 점, 오늘날 우리의 경제가 선진화되고 레저산업이 발달되어 근로자들도 종전처럼 일과 수입에만 매여 있지 않고 생활의 여유를 즐기려는 추세인 점 등에 비추어 보면 경험칙에 의하여 원고와 같은 일용 배전활선전공의 월 가동일수가 22일이라고 인정하기는 어렵다고 할 것이다. 따라서 원고와 같은 일정한 기능을 가진 육체노동자의 월 가동일수가 며칠인가에 관하여는 노동부에서 공간하는 임금구조기본통계조사보고서나 위에서 본 옥외근로자직종별 임금조사보고서 등 통계자료에 나타난 월 근로일수와 직종별 근로조건 등 여러 사정들을 감안하고 여기에 그 밖의 적절한 자료들을 보태어 월 가동일수에 대한 합리적인 사실인정을 하여야 할 것이다. 그럼에도 원심은 원고의 월간 가동일수에 관하여 위와 같은 합리적인 사실인정의 과정을 거치지 아니한 채 경험칙을 내세워 월 22일로 인정하였으니, 원심판결에는 경험칙에 관한 법리를 오해하여 판결에 영향을 미친 위법이 있다. 따라서 이를 지적하는 상고이유 주장은 이유 있다.[113)]

이러한 성급한 일반화의 오류를 피하기 위해서는 전체 중에서 해당하는 것들과 해당되지 않는 것들을 명백하게 분류할 수 있어야 한다. 해당된 것들을 해당되지 않는다고 추정해서도 안 되듯이 해당하지 않는 것을 해당한다고 추정해서도 안 된다.[114)]

한편 귀납적 일반화가 적은 사례들에 의거했다고 반드시 성급한 일반화의 오류를 범하는 것은 아니다. 예컨대, [10밀리그램의 화학물질 X를 네 마리의 실험용 쥐에 주사했다. 그리고 2분 안에 네 마리의 쥐가 모두 경련을 일으키며 죽었다. 아마도 이 정도의 화학 물질 X는 보통의 쥐에게는 치사량인 것 같다.]와 같은 논증에서 귀납적 일반화는 단지 네 마리의 쥐의 사례에 의거하고 있지만, 네 마리 쥐 모두가 2분 안에 경련을 일으키며 죽었다는 사실은 화학물질 X를 투여함과 쥐들의 죽음 사이에 모종의 인과관계가 성립함을 시사한다. 만일 그러한 인과관계가 성립한다면 이것은 다른 쥐들에게도 적용될 것이다. 두 사건들 사이에 적극적인 상관관계가 성립한다는 사실을 양자 사이에 인과관계가 성립한다는 좋은 증거일 수 있다. 따라서 위의 경우에서와 같이 두 사건들 사이의 상관관계로부터 인과관계를 추론하는 논증은 때때로 합리적인 논증일 수 있다.[115)]

---

113) 대법원 2013. 9. 26. 선고 2012다60602 판결.

114) 이정일, 앞의 책, 125쪽.

115) 그러나 상관관계 자체가 인과관계를 결정적으로 보여 주는 것은 아니다. 따라서 두 사건들 사이의 상관관계만을

라. 과학적 증거방법과 오류

공소사실을 뒷받침하는 과학적 증거방법은 전제로 하는 사실이 모두 진실임이 입증되고 추론의 방법이 과학적으로 정당하여 오류의 가능성이 전혀 없거나 무시할 정도로 극소한 것으로 인정되는 경우라야 법관이 사실인정을 하는 데 상당한 정도로 구속력을 가진다. 이를 위하여 그 증거방법이 전문적인 지식·기술·경험을 가진 감정인에 의하여 공인된 표준 검사기법으로 분석을 거쳐 법원에 제출된 것이어야 할 뿐만 아니라 채취·보관·분석 등 모든 과정에서 자료의 동일성이 인정되고 인위적인 조작·훼손·첨가가 없었음이 담보되어야 한다(대법원 2011. 5. 26. 선고 2011도1902 판결 등 참조). 어떠한 과학적 분석기법을 사용하여 제출된 것으로서 공소사실을 뒷받침하는 1차적 증거방법 자체에 오류가 발생할 가능성이 내포되어 있고, 그와 동일한 분석기법에 의하여 제출된 2차적 증거방법이 공소사실과 배치되는 소극적 사실을 뒷받침하고 있는 경우, 법원은 각 증거방법에 따른 분석 대상물과 분석 주체, 분석 절차와 방법 등의 동일 여부, 내포된 오류가능성의 정도, 달라진 분석결과가 일정한 방향성을 가지는지 여부, 상반된 분석결과가 나타난 이유의 합리성 유무 등에 관하여 면밀한 심리를 거쳐 각 증거방법의 증명력을 판단하여야 한다. 이때 각 분석결과 사이의 차이점이 합리적인 의심 없이 해명될 수 있고 1차적 증거방법에 따른 결과의 오류가능성이 무시할 정도로 극소하다는 점이 검증된다면 공소사실을 뒷받침하는 1차적 증거방법만을 취신하더라도 그것이 자유심증주의의 한계를 벗어났다고 할 수는 없을 것이나, 그에 이르지 못한 경우라면 그 중 공소사실을 뒷받침하는 증거방법만을 섣불리 취신하거나 이와 상반되는 증거방법의 증명력을 가볍게 배척하여서는 아니 된다.[116]

3) 통계적 삼단논증

매거적 귀납추리와 그 통계형식은 통계적 삼단논법을 구성하는 데 사용된다. 매거적 귀납추정은 최종 결과와 경험적 일반화로 정식화된다.[117] 경험적 일반화가 형성되면 우리는 이것을 개별적인 것들에 적용할 수 있다. 물론 이 적용은 통계적 적용이다. 즉 매거적 귀납은 일반적으로 '모든 F 가운데 r%가 G이다.'와 같은 형식의 진술을 이끌어 내기 위한 논증이다. 그런데 일단 그러한 진술을 얻은 다음에는 그것을 기초로 하여 삼단논법과 비슷한 형식의 논증을 전개할 수 있다.

예컨대, [거짓말탐지기의 검사 결과에 대하여 사실적 관련성을 가진 증거로서 증거능력을 인정할

근거로 해서 양자 사이의 인과관계를 추론할 경우 오류가 발생할 수 있다; 이병덕, 『논리적 추론과 증명』, 이제이북스, 2008, 277쪽.

116) 대법원 2014. 2. 13. 선고 2013도9605 판결.

117) 이정일, 앞의 책, 126쪽.

수 있으려면, 첫째로 거짓말을 하면 반드시 일정한 심리상태의 변동이 일어나고, 둘째로 그 심리상태의 변동은 반드시 일정한 생리적 반응을 일으키며, 셋째로 그 생리적 반응에 의하여 피검사자의 말이 거짓인지 아닌지가 정확히 판정될 수 있다는 세 가지 전제요건이 충족되어야 할 것이다.][118]는 '거짓말을 하면 일정한 심리상태의 변동이 일어나고, 그 심리상태의 변동은 반드시 일정한 생리적 반응을 일으킨다.'라는 전제는 경험적 일반화에서 추출한 전제라고 할 수 있다.

통계적 삼단논법은 전체 중에서 몇 퍼센트에 해당하는지를 먼저 제시해야만 한다. 이것은 전체 중에서 몇 퍼센트가 해당하는지를 확인하는 것이다. 확률적으로 이것은 전체집단(분모) 중에서 해당된 경우들(분자)을 경향적으로 통계화하는 것을 말한다. 통계적 확률은 모집단 중에서 차지하는 비율이 항상 0보다 크고 1보다 작아야만 한다. 왜냐하면 1이나 0이 되는 것은 연역에서만 가능하기 때문이다. 귀납적 통계에서는 $0 < p < 1$이 성립한다.[119] 이때 p가 1에 가까울수록 강하다고 말하고 0에 가까울수록 약한 것이라고 추정한다. 그러나 통계는 경향성을 파악하는 데 도움을 줄 수 있을 뿐이다. 예컨대 의학보고를 통해서 흡연자의 약 26%가 폐암에 걸린 확률이 있다는 것을 안다는 것은 일상생활에 도움이 될 수는 있지만, 반드시 그러하다고 단정할 수는 없다. 일반적인 통계 수치와 실제의 개별적인 사례를 비교하는 것은 또 다른 차원의 검증을 필요로 하고 요구하기 때문이다.[120]

4) 유비논증

유비논증(analogy)은 유추법이라고도 하는데, 두 가지 서로 다른 대상들의 유형에 대한 비교에 근거를 두고 출발한다. 즉, 서로 다른 두 대상 혹은 현상이 몇 가지 점에서 서로 공유하는 성질이나 상태를 지니고 있다는 점에서 출발하여, 한 대상이 추가로 다른 속성을 지니고 있을 경우 유비 혹은 유추에 의해서 또 다른 대상도 마찬가지의 속성을 지니고 있을 것이라고 미루어 추론하는 것이다.[121]

[X와 Y는 많은 점에서 유사하다. 즉, X와 Y는 a, b, c 등의 속성을 공유한다. X는 추가로 z라는 속성을 갖고 있다. 그러므로 Y도 z라는 속성을 갖고 있을 것이다.]에서 만일 X와 Y가 많은 점에서 유사하면, 이들이 그 밖의 다른 점에도 유사할 개연성이 높다. 그렇지만 양자는 동일한 것이 아니기 때문에 Y가 z라는 속성을 갖고 있을 필요는 없다. 따라서 유비논증은 귀납논증

118) 대법원 2005. 5. 26. 선고 2005도130 판결.
119) 이정일, 『논증과 논쟁』, 이담, 2010, 126쪽.
120) 위의 책, 128쪽.
121) 이종권·양영운·홍병선, 『합리적 사고와 논리』, 중앙대학교출판부, 2003, 135쪽.

의 일종이다.[122]

유비논증은 구체적으로 다음과 같이 전개된다. 첫째, 서로 다른 두 종류의 대상이 충분히 많은 수의 성질 혹은 속성을 공유하고 있다는 사실을 먼저 확인한다. 둘째, 두 번째 대상이 갖고 있는지 여부가 아직 확인되지 않은, 추가적인 또 다른 속성을 첫 번째 대상이 갖고 있음을 확인한다. 셋째, 이런 사실로부터 유비에 의해 두 번째 대상이 첫 번째 대상과 많은 수의 성질 혹은 속성을 공유한다는 점에서 서로 비슷하므로 추가적인 다른 속성에 관해서도 비슷하다는 결론을 이끌어 낸다. 넷째, 마지막으로 두 번째 대상도 첫 번째 대상이 지닌 것으로 밝혀진 추가적인 속성을 지닐 것이라고 추측한다.[123]

이러한 유비논증은 동일수법의 범행이 발견된 경우에 동일 전과자를 대상으로 범행유무를 확인하는 경우에 적용될 수 있다. 그러나 법적 해석에 있어서, 특히 형법의 해석에 있어서는 원칙적으로 금지된다. 피고인에게 불리하게 가벌성이 확장되기 때문이다. 물론 유리한 유추해석은 가능할 것이다.

5) 인과논증

(1) 의의

일반적으로 하나의 사건이 어떤 다른 사건을 일으킨 원인이라면 후자의 사건은 전자의 사건의 결과(effect)가 된다. 이처럼 인과관계(Causal Relation)란 두 개의 사건 사이에 성립하는 관계를 말한다. 사건을 지칭하는 데 '4·19혁명'과 같은 역사적 사건처럼 고유명사를 사용하여 지칭하는 경우도 있지만 '지구 평균 온도의 이례적 상승 현상'처럼 그 사건의 특징을 기술하는 용어를 사용하는 것이 일반적이다.[124] 법적 논증에서는 발생한 사건은 일반적으로 역사적 사건이다. 그러한 역사적 사건이 대부분 요증사실이 되며 역사적 사건의 존재여부를 증거를 통하여 추정하거나 추론하게 된다.

> 폭행치사죄는 결과적 가중범으로서 폭행과 사망의 결과 사이에 인과관계가 있는 외에 사망의 결과에 대한 예견가능성, 즉 과실이 있어야 하고, 이러한 예견가능성의 유무는 폭행의 정도와

---

122) 이병덕, 『논리적 추론과 증명』, 이제이북스, 2008, 282쪽.

123) 이종권·양영운·홍병선, 앞의 책, 136쪽.

124) 이때 그 용어가 적용되는 사건들은 많이 있을 수 있지만 인과관계를 기술하는 문장에서 그것은 그 용어가 적용되는 수많은 사건 가운데 특정한 사건을 가리킬 것이다; 이종권·양영운·홍병선, 『합리적 사고와 논리』, 중앙대학교 출판부, 2003, 145쪽.

피해자의 대응상태 등 구체적 상황을 살펴서 엄격하게 가려야 한다(대법원 1990. 9. 25. 선고 90도1596 판결 등 참조).

원심판결 이유에 의하면 원심은, 비록 피고인의 폭행과 피해자의 사망 간에 인과관계는 인정되지만 판시와 같은 폭행의 부위와 정도, 피고인과 피해자의 관계, 피해자의 건강상태 등 제반 사정을 고려하여 볼 때 피고인이 폭행 당시 피해자가 사망할 것이라고 예견할 수 없었다는 이유로 피고인에 대한 공소사실 중 폭행치사의 점은 범죄의 증명이 없는 경우로서 무죄라고 판단하였는바, 원심이 들고 있는 제반 사정을 위 법리에 비추어 보면 원심의 위와 같은 판단은 옳은 것으로서 수긍할 수 있고, 거기에 상고이유 주장과 같은 폭행치사죄의 성립 내지 예견가능성에 관한 법리를 오해한 위법 등이 없다.[125)]

또한 위와 같이 형사사건 판결문에서, 역사적 사건으로서의 원인사건과 결과사건의 관련성을 확인하는 것이 인과관계이다. 일반적으로 피고인 측은 인과관계가 인정되지 않는다는 것을 논증하려고 할 것이고, 검사 측은 인과관계가 인정된다는 점을 논증하기 위해서 노력한다.

피고인은 위 범행을 교사하기는 하였으나 피교사자인 공소외인이 범죄의 실행에 착수하기 전에 범행을 중지시켰고, 그 이후의 공소외인의 실행행위는 공소외인의 독자적 판단하에 이루어진 단독 범행이므로 피고인의 교사는 공소외인의 공갈행위와 인과관계가 인정되지 않고, 또 피고인은 공범관계에서 이탈한 것이라고 주장한 데 대하여, 원심은 피고인의 교사행위로 인하여 공소외인이 범행의 결의를 가지게 되었고, 그 후 공갈의 실행행위에 착수하여 피해자로부터 500만 원을 교부받음으로써 범행이 기수에 이르렀으므로 피고인의 교사행위와 공소외인의 범행 결의 및 실행행위 사이에 인과관계가 인정되고, 또 피고인이 전화로 범행을 만류하는 취지의 말을 한 것만으로는 피고인의 교사행위와 공소외인의 실행행위 사이에 인과관계가 단절되었다거나 피고인이 공범관계에서 이탈한 것으로 볼 수 없다고 하여, 피고인을 유죄로 판단한 제1심판결을 그대로 유지하였다. 원심이 인정한 위와 같은 사실관계 등에 의하면, 피고인은 공소외인으로 하여금 이 사건 공갈 범죄의 실행을 결의하게 하였고, 피고인의 교사에 의하여 범죄 실행을 결의하게 된 공소외인이 그 실행행위에 나아가기 전에 피고인으로부터 범행을 만류하는 전화를 받기는 하였으나 이를 명시적으로 거절함으로써 여전히 피고인의 교사 내용과 같은 범죄 실행의 결의를 그대로 유지하였으며, 그 결의에 따라 실제로

125) 대법원 2010. 5. 27. 선고 2010도2680 판결.

> 피해자를 공갈하였음을 알 수 있다. 이를 앞서 본 법리에 비추어 보면, 피고인의 교사행위와 공소외인의 공갈행위 사이에는 상당 인과관계가 인정된다 할 것이고, 피고인의 만류행위가 있었지만 공소외인이 이를 명시적으로 거절하고 당초와 같은 범죄 실행의 결의를 그대로 유지한 것으로 보이는 이상, 피고인이 공범관계에서 이탈한 것으로 볼 수도 없다.[126)]

위의 판결에서 피고인 측은 피고인의 교사행위와 정범의 실행행위 사이의 인과관계가 단절되었기 때문에 공범관계로부터 이탈되었다고 주장하고 있다. 그러나 재판부는 피고인 측의 인과논증을 받아들이지 않고 있다.

인과논증이란 개별적인 두 사건 간의 인과관계를 기술하는 진술이 아닌 인과법칙을 결론으로 확립하기 위한 논증이다. 여러 분야의 과학자들이 가장 심혈을 기울여 추구하는 것 가운데 하나는 해당분야에서 성립하는 법칙을 확립하는 것이다. 그러한 법칙 가운데서도 가장 중요한 것이 인과법칙이다. 그리고 이러한 인과법칙은 대체로 두 개의 사건 사이, 또는 두 종류의 사건 사이에 존재하는 어떤 상관관계(correlation),[127)] 즉 규칙적인 연관을 본질로 한다. 하나의 인과법칙을 보다 일반적인 다른 인과법칙들로부터 얻을 수도 있다. 예를 들어 뉴턴의 만유인력의 법칙으로부터 지구상에서의 물체의 낙하에 관한 법칙을 이끌어 낼 수도 있다. 이러한 추론과정은 연역논증의 형식을 띠게 된다. 그러나 모든 인과법칙을 이처럼 연역 추론에 의해 얻을 수는 없다. 연역 추론에 의해 보다 일반적인 인과법칙으로 계속 거슬러 올라가다 보면 더 이상 연역 추론으로는 얻을 수 없는 인과법칙이 도달할 것이다. 이와 같은 인과법칙은 상위의 인과법칙이 아닌 개별적인 사건에 대한 관찰로부터 얻을 수밖에 없을 것이다. 이러한 개별적 관찰로부터 인과법칙을 추론하면 '귀납적 비약'과 같은 내용상의 비약을 하지 않을 수 없다. 왜냐하면 법칙은 일반적인 성격을 지니기 때문에 그것을 기술하는 문장은 어떤 것이건 전칭의 형태를 띠지 않을 수 없기 때문이다. 따라서 근본적인 인과논증은 귀납논증이 되지 않을 수 없다.[128)]

(2) 인과논증과 인과적 오류

어떤 특정한 사건이 다른 사건의 원인이라는 주장은 항상 어떤 인과법칙의 존재를 함축한다. 인과법칙은 이러이러한 사건이 일어나는 상황에서는 '언제나' 어디서나 일정불변하게 특정한 종류의 사건이 수반되어 일어남을 주장한다.[129)]

---

126) 대법원 2012. 11. 15. 선고 2012도7407 판결.
127) 이병덕, 앞의 책, 94쪽.
128) 이종권·양영운·홍병선, 『합리적 사고와 논리』, 중앙대학교출판부, 2003, 147쪽.

그러나 인과법칙은 경험에 의거해야만 발견 혹은 인식할 수 있다고 생각해야 한다. 그러한 의미에서 인과법칙은 후험적(a posteriori)으로 인식이 가능하다. 그런데 우리가 지각할 수 있는 것은 개별사건들뿐이다. 더 나아가 어떤 유형에 속한 사건들에 수반되어 일어났다는 사실도 경험적으로 인식할 수는 있다. 그러나 우리가 확립하려는 인과법칙은 특정한 종류의 사건들이 과거나 미래에 다른 특정한 유형의 사건에 수반되어 일어난다는 일반적인 내용을 담고 있다. 따라서 개별적인 사건들 혹은 사건들 간의 관계에 관한 관찰로부터 일반적인 내용을 담고 있는 인과법칙을 추론해 내는 인과논증은 귀납논리적 성격을 지닐 수밖에 없다.

인과논증의 오류는 특히 형사재판에 있어서 직접증거는 없고 정황증거만이 존재하는 경우에 정황증거와 요증사실의 관련성을 입증하는 경우에 흔히 빠지기 쉬운 오류에 속한다.

가. 우연한 사건과 원인의 혼동

원인은 일반적으로 결과보다 앞서 일어나게 마련이다. 그러나 어떤 사건이 다른 사건보다 앞서 일어났다고 해서 전자가 후자의 원인이 되는 것은 아니다. 즉, 우연한 동시발생과 시간적 연속은 인과관계를 확립시키지 않는다.[130] 그럼에도 불구하고 단지 시간적으로 선후 관계에 있는 것에 불과한 것을 그 이상으로 인과관계가 성립하는 것으로 착각하는 경우가 많이 있다. 이러한 오류는 대부분 A가 B에 선행해서 발생하였다는 것 때문에 A가 B의 원인이라고 판단하는 경우에 발생한다.[131] 이러한 착각의 결과로 우연적인 시간상의 선후관계를 인과관계라고 주장할 때 범하게 되는 오류를 '우연과 원인을 혼동하는 오류' 또는 '원인 오판의 오류(Fallacy of false cause)'[132] 또는 '거짓 원인의 오류'라고 한다. 이러한 오류는 특히 미신적인 믿음에서 많이 발견된다.

> 원심은 그 판시와 같은 사실을 인정한 다음, 원고의 남편인 망 소외 1(이하 '망인'이라고 한다)이 업무로 인하여 정신적 부담과 스트레스를 받아 우울증을 앓고 있었음을 인정하면서도 그것이 평균적인 근로자로서 감수·극복하기 어려울 정도의 과중한 업무상 스트레스로 인한 것이었고 나아가 그 우울증으로 인하여 심신상실 내지 정신착란 상태 또는 정상적인 인식능력이나 행위선택능력, 정신적 억제력이 현저히 저하된 정신장애 상태에 빠져 자살에 이르게 된 것이라고 보기 어려우므로 망인의 사망이 업무상 재해에 해당하는 것으로 볼 수 없다고

---

129) 위의 책, 156쪽.
130) 이병덕, 앞의 책, 278쪽.
131) Neal Ramee, *Logic and Legal Reasoning*, p. 7.
132) 이종권·양영운·홍병선, 앞의 책, 158쪽.

판단하였다. 그러나 이러한 사실관계에 나타난 바와 같이 망인이 담당하던 주된 업무는 민원인들로부터 심한 항의와 욕설을 듣기도 하는 민원상담 내지 민원처리 업무로서 그 업무의 양을 떠나 스트레스를 많이 받을 수밖에 없는 업무인 점, 더구나 남에게 싫은 소리를 하지 못하는 여린 성격으로서 과거에도 민원 업무로 인한 스트레스로 정신과 치료를 받은 적이 있는 망인이 2007. 9. 1. 보직의 변경으로 다시 민원 업무를 맡게 됨으로써 그 스트레스가 더욱 컸을 것으로 보일 뿐만 아니라, 경기침체, 다수의 입주프로젝트 진행, 여직원 퇴사 등으로 망인의 업무가 가중되면서 망인이 우울, 불안, 불면증, 자살충동, 체중감소 등을 겪다가 업무상 스트레스로 인한 '중등도의 우울성 에피소드'라는 정신질환이 발병되어 2달 가까이 정신과 치료를 받은 점, 망인은 업무수행에 따른 스트레스로 인하여 업무수행이 불가능하다며 두 차례에 걸쳐 사직의사를 표명하기까지 한 점, 망인이 업무 이외의 다른 요인으로 인해 우울증에 걸렸다거나 자살에 이르게 된 것이라고 볼 만한 자료가 없는 점 등의 사정을 앞서 본 법리에 비추어 살펴보면, 망인은 업무상의 과로나 스트레스로 인하여 우울증이 발생하였다고 봄이 상당하고, 2001년 발생한 우울증이 이 사건 자살 당시까지 지속되었다고 볼 자료가 없는 이상 약 7년 전의 우울증 병력만으로 망인의 업무상 스트레스와 이 사건 우울증 사이의 인과관계를 부정할 수는 없다. 또한 상관의 만류로 사직서가 반려되고 1달간의 휴가 후 망인은 다시 업무에 복귀하는 것에 대하여 중압감을 갖고 있었고, 복귀 후 강등으로 받아들일 만한 보직변경을 확인하고는 정신적 충격을 받은 것으로 보이는 점, 보직변경을 확인한 날 망인은 상관에게 횡설수설을 하기도 하고, 사무실에서 하루 종일 멍하니 모니터만 바라보고 있다가 동료로부터 퇴근을 권유 받기도 하는 등 이상행동을 보인 점, 망인은 같은 날 저녁 사무실을 나갔다가 다시 들어와서는 밤늦게까지 혼자 사무실에서 있으면서 가족들의 전화도 받지 않은 채 새벽에 사무실에서 투신하여 자살한 점 등 망인이 자살에 이르게 된 전후 경위, 자살 전에 보인 망인의 행동, 자살시간, 장소와 방법의 선택, 망인이 유서를 남기지 아니하였던 점 등의 여러 사정에다가 의학상 우울증의 일반적인 증세로서 의욕상실, 자신감 저하, 불면증, 식욕감퇴, 불안 등 이외에 자살사고 유발이 포함되어 있고 심한 우울증이 있는 사람은 15% 정도가 자살에 의해 사망한다고 알려져 있는 점을 보태어 보면, 망인은 자살 직전 심야에 혼자 사무실에 있으면서 우울증의 심화로 정신병적 증상이 발현됨으로써 정상적인 인식능력이나 행위선택능력, 정신적 억제력이 현저히 저하된 상태에서 자살에 이르게 된 것이라고 추단할 여지가 충분히 있어 보인다.[133)]

133) 대법원 2011. 6. 9. 선고 2011두3944 판결.

이 판결에서 원심은 업무상 스트레스와 우울증은 자살의 원인이 아니라 우연한 개인적 사건에 불과하다고 판단하였다. 다시 말해 우울증과 자살은 시간적으로만 하나가 다른 것에 앞섰을 뿐 그들 사이에 아무 인과관계도 발견할 수 없는 사건들로서, 우연한 시간상의 계기(succession)를 인과관계의 결과로 착각한 것에 불과하다는 입장이다.[134] 그러나 상고심은 원고가 주장한 업무상 스트레스와 우울증이 바로 자살의 원인이라고 지적하고 있다.

또한 [피고인은 범죄가 발생된 시간 이후에 바로 그 주를 떠났다. / 따라서 피고인은 명백하게 그 범죄의 계획과 실행에 이런저런 식으로 관련되어 있다.]와 같은 사례에서 범행에 대한 보다 상세한 수사 없이 피고인이 단지 범행 이후에 그 도시를 떠났다는 것만으로 인과관계가 있다고 가정하는 경우이다. 그러나 범행 시간 직후에 그 도시를 떠나는 사람은 많다. 그렇다면 그들 모두를 범인이라고 할 수 있는가?[135]

나. 원인과 공통 원인의 혼동

우연한 사건과 원인을 혼동하는 오류는 시간상의 계기를 인과관계의 결과로 착각하는 데서 빚어지는 것이지만, 원인과 공통 원인을 혼동하는 오류는 사건 C가 일어날 때마다 사건 E가 일어나는 항상적 연결성을 인과관계의 결과로 착각한 데서 나타나는 오류이다. 사건 C가 일어날 때마다 사건 E가 일어나게 마련이다. 그러나 사건 C가 일어날 때마다 사건 E가 일어난다고 해서 C가 E의 원인이라고 단정할 수는 없다.[136] 예를 들어 C와 E의 공통적인 원인 D를 찾는다고 하자. 이 경우에도 C와 E가 연결되어 일어날 수 있다. 즉, 사건 C와 E 사이에 항상적인 연결성이 있다고 해도 그것이 두 사건 사이에 성립하는 인과관계가 아닌 그 둘의 공통적인 원인의 존재 때문일 수 있다는 것이다. 이 두 경우를 잘 구분하지 않고 공통원인의 존재로 인한 항상적 연결성을 인과관계로 말미암은 것으로 착각하면 인과적 오류를 범하게 된다. 이러한 오류를 원인과 공통 원인을 혼동하는 오류라고 한다.

예컨대, 태풍이 몰려오면 항상 기압은 내려간다. 이 경우 태풍이 기압을 내려가게 한 원인이라고 생각할 수 있다. 그러나 이 두 사건은 모두 열대성 저기압이 발생했기 때문에 생겨난 결과로서 그 둘 사이에는 아무 인과적 관련성이 없다고 해야 할 것이다.

---

134) 이종권·양영운·홍병선, 앞의 책, 158쪽.
135) Neal Ramee, *op. cit.*, p. 8.
136) 이종권·양영운·홍병선, 앞의 책, 159쪽.

다. 원인과 결과의 혼동

원인은 일반적으로 시간상 결과에 앞선다. 따라서 원인과 결과를 혼동하는 일은 없다고 생각할 수 있는데 인과 관련이 복잡하게 얽혀 있을 경우에는 쉽게 구분하기가 어려워 결과를 원인으로 혼동하는 경우가 있게 된다. 이처럼 결과를 원인으로 착각함으로써 범하게 되는 오류를 '원인과 결과의 혼동의 오류'라고 한다. [성공적인 기업의 이사들은 2억 원 이상의 연봉을 받는다. 따라서 박길수 이사를 성공적인 이사가 되게 하는 최선의 방법은 그의 연봉을 적어도 2억 원 이상으로 올리는 것이다.][137]의 경우, 기업 이사들로서 성공했기 때문에 많은 연봉을 받는 것이지, 그 반대는 아니다. 즉, 원인과 결과를 혼동하고 있는 것이다.

제3절

법적 논증

Ⅰ. 의의

논증이란 일정한 집단이나 공동체에서 문제되고 있는 특정한 문제나 쟁점의 해결과 관련하여 일정한 대화주체가 다른 주체들을 상대로 하여 자신의 의견이나 주장이 정당함을 내세우면서 이러한 주장의 정당성을 적절한, 또는 합리적인 논거들을 제시함으로써 근거 지우는 언어행위라고 할 수 있다.[138]

법적 논증은 실천적인 문제들, 즉 무엇을 해야 하고 하지 말아야 하는지가 그 대상이 되며, 이러한 문제들은 정당성의 요청(Richtigkeitanspruch)하에서 논의된다.[139] 따라서 법적 논증은 현행법에의 구속을 전제로 한 상태에서 일정한 실천적인 문제들을 대상으로 하여 정당성 요청을 띠고 이루어지는 참여자들(넓게는, 참여할 자격이 있는 자들) 사이의 일련의 근거제시적 언어행위라고

---

137) 이병덕, 앞의 책, 279쪽.

138) 변종필, 「판결의 논증구조-대법원 2004. 11. 18, 선고 2004도5074 전원합의체판결을 예시로 하여」, 법관세미나 발표자료, 1쪽.

139) 이용구, 「판단과 논증-배임죄의 고의에 대한 몇 개의 논증분석」, 한국형사소송법학회 추계학술대회 발표집, 2010. 10, 5쪽.

정의될 수 있다.[140)]

법적 논증은 만약 우리가 법을 이해하려고 한다면, 그것은 다른 한편으로는 법관이 어떻게 사건을 결정하거나 하여야만 하는 것인가의 문제라고 할 수 있다.[141)] 그리고 법을 이해한다면 우리는 그들의 활동을 정당화하거나 지도하는 데 법이 사용될 수 있는 것을 알 수 있을 것이다.[142)]

법적 논증은 법적 분쟁을 대상으로 한다. 법적 논증은 사실인정의 과정을 통하여 법적 결론에 이르게 되는 과정으로서 사실성과 타당성을 규명하는 작업이라고 할 수 있다. 즉, 사실인정의 과정에서는 그 사실의 진위라는 사실성의 문제에 도달하게 되고, 그러한 사실성은 타당성이 있는 증거를 전제로 한다. 또한 증거 그 자체도 하나의 사실이라고 본다면 증거는 사실성과 타당성을 모두 충족할 때만이 사실인정의 전제로 사용될 수 있다. 근본적으로는 이러한 법적 논증에서의 사실성과 타당성의 요구는 법의 본질론에 기초한다고 할 수 있다. 법이 사실성과 타당성의 사회적 매개범주로서의[143)] 본질을 가지기 때문이다.

Ⅱ. 의사소통 과정으로서의 법적 논증

법은 의사소통의 과정인 동시에 '의사소통적 전제조건을 마련하는 틀'로서 작용한다.[144)] 우선 법은 사회적 상호행위에 법적 성격을 부여함으로써 사회적 갈등이 발생했을 경우, 공정하고 합리적인 사법절차에 호소할 기회를 제공하는 역할을 한다. 시민들은 이러한 법적 제도를 통해 자신의 권리를 주장하고 항변할 수 있다.

법적 논증과정은 법적 언어 소통의 과정이며, 이 과정은 상호이해를 전제로 한다. 그리고 공동체의 구성원 상호주관적으로 공유된 생활세계 내부에서 세계 속의 그 무엇에 관하여 상호이해에 도달한다. 참된 진술 속에서 서술될 수 있는 것이 '현실적인 것'인데, 여기서 '참이다'라는 말은

---

140) 변종필, 위의 책, 2쪽.

141) *Interpretation and Coherence in Legal Reasoning*, Stanford Encyclopedia of Philosophy; http://plato.stanford.edu/entries/legal-reas-interpret/: 2011. 3. 9 방문.

142) 최근의 법철학의 역사는 법적 논증은 법적 시스템의 하나인 재판제도에 대해서 배타적인 활동인가, 법에 관한 모든 논증이 법적 논증으로 간주되는가 — 누구에 의해서 또는 어디에서 시행되는가에 관계없이 — , 법적 논증은 법관에 의해서 그리고 법정에서 이루어질 때만 특별한 성격을 가지는 것인가, 최소한 법률의 독자적인 또는 구별되는 논증의 방법이 있는 것인가, 아니면 인간 활동의 다른 영역에서의 논증과 마찬가지인가 등의 문제에 대한 수많은 문답들과 관련되어 있다.

143) 위르겐 하버마스 저, 한상진·박영도 옮김, 『사실성과 타당성』, 나남, 2007, 27쪽.

144) 이상돈·홍성수, 『법사회학-M. Weber, J. Habermas, N. Luhmann의 사회학 이론과 법패러다임』, 박영사, 2000, 179쪽.

다시 일자(一者)가 하나의 단어적 명제를 제시할 때 타자(他者)를 향해 함께 제기하는 타당성 주장을 참조하여 설명된다. 화자(話者)는 자신이 제시한 명제의 단어적 의미를 통하여 그 명제에 대한 비판가능한 타당성 주장을 함께 제기한다. 즉 목격자 갑이 "병이 정을 폭행하는 것을 보았다." 라는 진술을 하는 경우에 갑의 주장 안에는 참(진실성)과 타당성을 함께 주장하는 것이다. 그러나 어느 누구도 해석되지 않은 타당성 조건에 직접 접근할 수 있는 가능성은 갖지 못하기 때문에 '타당성(Gültigkeit)'은 인식론적으로 '우리에게 입증된 타당성(Geltung)'으로 이해되어야 한다.[145] 즉, 사실확인자로서 법관이 타임머신을 타고 폭행여부를 직접 확인할 수 없기 때문에 그 타당성은 형사절차상 입증의 과정을 거친 타당성이다. 한 논자가 제기한 진리주장이 정당하려면, 그는 가능한 모든 반대자의 반론으로부터 그 진리주장을 근거에 의거하여 방어할 수 있어야 한다. 그리고 궁극적으로는 해석공동체 전체의 동의를 얻을 수 있어야 한다. 그리고 그 타당성의 현실적 주장은 언제나 지금 여기에서, 즉 특정한 맥락 속에서 제기되고 또 그 속에서 행위상의 실제적인 결과를 동반하면서 수락되거나 기각된다.[146]

법을 통한 의사소통행위이론은 사실성과 타당성의 긴장을 이미 자신의 중심개념 속에 수용한다. 법적 논증의 과정도 다름 아닌 언어로 표현되는 의사소통적 행위이며, 이 의사소통적 행위개념에 의해 상호 이해지향적으로 사용되는 언어의 발화수반적 결속 에너지가 행위조정의 중요한 기능을 담당하게 된다.[147] 법적 논증이 언어를 통한 논리적 행위이기 때문에 언어에 내재하는 사실성과 타당성의 긴장에 의하여 영향을 받게 된다. 특히 증거의 다수를 차지하는 진술증거의 경우에 그 긴장 관계는 더욱 강하게 나타난다.

예컨대 '이 공은 붉다.'라는 문장이 붉은 공이라는 하나의 사물에 대한 개별적 표상만을 표현하는 것은 아니다. 오히려 그 문장은 그 공이 붉다는 사실에 대한 서술이다. 다시 말해서 이것은 명제 p를 단어적 양식으로 발화할 때 화자는 자신의 긍정적 판단이나 수긍을 통해 하나의 대상의 실존을 지시하는 것이 아니라, 그것에 상응하는 하나의 사태의 존립을 지시하는 것이다. 명제 p를 확장하여 다음 문장을 만들어 보자: '공이라는 대상이 적어도 하나 있으며, 그것이 붉다는 말이 타당하다.' 여기서 명제 p의 진리타당성은 — 그것에 상응하는 — 사태나 상황의 존립 내지 사실임(Der-Fall-sein)을 한 대상의 현존이나 실존에 유비시켜 이해할 수 없다는 것을 금방 확인할 수 있다. 진리적인 존재(veritative Sein)를 실존과 혼동해서는 안 되는 것이다.[148]

145) 위르겐 하버마스 저, 한상진·박영도 옮김, 『사실성과 타당성』, 나남, 2007, 43쪽.
146) 위의 책, 51쪽.
147) 위의 책, 36쪽.
148) E. Tugendhat, *Einführung in die sprachanalytische Philosophie*, Frankfurt/Main, 1976, 35ff; 위르겐 하버마스

Ⅲ. 법적 논증의 조건

사실성과 타당성을 모두 갖춘 법적 논증이 되기 위해서는 첫째, 의사소통의 과정이 순조롭게 진행될 수 있는 상황이 전제되어야 한다. 사실성과 타당성 사이의 폭발적인 긴장 때문에 항상 위험에 처하는 합의형성 과정으로부터 어떻게 사회질서가 발생할 수 있는가하는 문제가 여기서 준거점을 형성한다.[149] 의사소통의 과정으로서의 법적 논증의 과정에서는 상호이해 메커니즘 자체에 내장되어 있으면서 항존하는 의견차이의 위험이 나타난다.[150] 그리고 둘째, 법적 논증의 기본적 출발점 또는 법적 논증의 모범 또는 표본으로서 보편적이고 일반적인 의미의 논리적 규칙들이 고려될 수밖에 없다. 논증이 논리적인 추론의 결과로서 적정하게 재구성될 수 있어야 한다. 따라서 바람직한 법적 논증의 조건도 논리적 규칙을 따르는 것이다. 판결의 근거 지음은 판결의 과정과 결과가 논리적인 관점에 따라 합리적으로 재구성(도출)될 수 있을 때에만 합리적이라고 할 것이다. 즉, 논리적인 판결만이 합리적일 수 있기 때문이다. 셋째, 법적 논증은 흔히 일반적인 실용적 대화(der allgemeine praktische Diskurs)의 특수사례로 규정된다. 즉, 법적 논증이 취하는 관점은 법적 논증이 소송참가자, 나아가 공동체와의 대화이고, 법적 논증은 필수적으로 공동체의 동의를 필요로 하며, 논증의 방향은 설득과 공동체의 동의를 목표로 한다. 따라서 대화참여자들의 동의가 법적 논증의 또 하나의 조건이 될 수 있다.[151]

Ⅳ. 법적 논증의 특성

1. 법학방법론과 법적 논증

법적 논증이론의 개념정의는 이 이론의 생성원인만큼이나 복잡하다. 그것은 법적 논증이론이 하나의 특정된 학설을 의미하는 것이 아니라, 오히려 법철학의 한 부분영역을 의미하기 때문이다. 또한 법적 논증이론은 전통적인 법학방법론을 극복하는 데서 출발하고 있기 때문에 법학방법론과 법적 논증에서의 논증의 의미를 구별하는 것은 법적 논증의 개념과 그 테두리를 보다 명확히

저, 한상진·박영도 옮김, 『사실성과 타당성』, 나남, 2007, 41쪽에서 재인용.

149) 위르겐 하버마스 저, 한상진·박영도 옮김, 앞의 책, 52쪽.

150) 검사의 증거제출에 맞서서 피고인은 사실을 부인하는 증거를 제출하게 된다.

151) 김성룡, 『법적 논증론(I)-발전사와 유형』, 준커뮤니케이션즈, 2009, 37쪽.

하는 데 이바지한다.

물론 법적 결정주의 입장에서도 판결을 근거 짓는 것이 아무런 의미가 없는 것은 아니다. 철저히 포섭이데올로기의 관점을 취하더라도 법학이 단순한 계시종교에 그치는 것은 아니다. 그렇지 않다면 법학은 입법자나 법률이 내려놓은 결정을 마치 신의 계시처럼 여기고, 법관에게는 그저 이를 인식할 수 있는 능력을 구사하는 것만을 허용하게 될 것이다.[152] 하지만 포섭이데올로기의 입장에서 볼 때 판결을 근거 짓는 것은 논증과는 다른 의미를 갖는다. 즉, (정당한) 결정이 법률을 통해 이미 법관에게 주어져 있다고 여긴다면, 결정에 대한 근거 설정은 단지 법관의 판결이 입법자의 결정을 그대로 재현했음을 입증하면 된다. 이 경우 근거설정의 과제는 사안이 입법자의 결정에 해당하는 것임을 증명하는 것이다. 사안이 그에 해당한다는 점을 입증하는 데에는 단순히 문제된 사안을 인식하기 위한 방법, 다시 말해 실제하는 대상을 인식하는 방법을 제시하는 것으로 충분하다. 따라서 법관의 결정을 인식으로 이해하는 법학이 필요로 하는 것은 법적 방법이지, 법적 논증이 아니다.[153]

즉, 전래적인 법학방법론이 취하고 있는 법의 적용과정이란 법적 삼단논법(juristischer Syllogismus)이다. 그리고 이것은 대전제인 법규범과 소전제인 생활사태, 그리고 이 둘 간의 포섭에 의한 결론인 판결로 구성되어 있다. 이와 같이 법적 결정을 법률에 의해 미리 결정된 것으로 파악하기 때문에, 법관의 법획득 과정도 입법자가 이미 예정해 놓은 법적 기준을 단순히 재생산해 내는 절차로서 이해하게 된다. 따라서 전통적인 법학방법론의 궁극적인 관심은 — 그 명칭 그대로 — 법을 올바로 인식하는 것에 관한 여러 방법들을 제시하는 데에 있으며, 바로 이런 이유에서 법의 해석기준, 법 획득의 이론 등이 그 중심테마로 자리 잡게 된다. 이렇듯 법학방법론은 법의 적용을 법관의 법인식 행위로 파악하기 때문에, 판결을 근거 짓는다는 것은 곧 법관이 입법자가 마련해 놓은 법의 의미를 인식해 가는 과정을 그대로 제시한다는 의미만을 지닐 뿐이다.[154]

이에 반해 법 획득에 대한 인식비판적 이론의 관점은 법적 방법(정당한 인식에 이르기 위한 방법)과 법적 논증이 원칙적으로 다르다는 입장을 견지한다. 이 구별에 따르면 기존의 법학방법론이 결정론적인 입장에서 법관의 법에 대한 인식(Erkenntnis)의 문제에 중점을 두었다면, 법적 논증은 어떠한 방법을 통해서건 일단 발견된 판결에 대한 정당화의 문제와 관련을 가진다. 즉, 판결을 창출해내는 것이 아니라, 창출된 판결을 설득력 있게 논거를 제시하여 설명(Darstellung)하는

152) 울프리드 노이만 지음, 윤재왕 역, 『법과 논증이론』, 세창출판사, 2009, 5쪽.
153) 위의 책, 5쪽.
154) 김영환, 『법철학의 근본문제』, 홍문사, 2006, 310쪽.

것이 법적 논증의 본질이다.[155] 법적 논증이론은 상이한 접근방법에 따른 다양한 이론구상들로 발전하였지만 공통적인 특징은 판결의 정당성의 근거를 추구한다는 것이다.[156] 법적 논증이론은 애당초 법의 획득과정부터 달리 이해한다. 즉, 법적 결정의 정당성은 이에 대한 법적 논거들의 설득력에 의해 좌우되므로, 판결과정이란 법관이 단순히 법률의 의미를 발견해 가는 절차 이상의 것을 의미한다. 법관은 당사자에 대해 자신의 결정에 관한 근거를 제시함으로써 그 판결을 정당화시켜야 하므로, 법의 발견이란 곧 논증을 통한 정당화를 의미한다.[157] 이와 같이 법적 논증이론은 판결과정을 법적 논거에 의한 정당화 절차로 파악하기 때문에, 이에 따라 법의 적용 및 법관의 역할도 달리 규정하고 있다. 법의 적용이란 단순히 입법자가 구상했던 법문의 의미를 재인식하는 데에 그치는 것이 아니라, 오히려 해당 사례에 적합한 구체적인 논거를 법을 통해 창출하는 것을 의미한다. 또한 법관의 역할도 단지 수동적으로 법률의 의미를 확인하는 것을 넘어서서 이를 당사자에게 정당화시키는 데까지 확장된다. 요컨대 종래의 법학방법론이 올바른 법인식의 과정에 주목하면서 (법)발견과정을 목표로 한다면, 법적 논증은 판결의 정당화 문제를 전면에 내세우면서 정당화 과정을 목표로 한다.[158] 법적 논증은 그 전제인 법규범의 정당화에서부터, 법규범의 구체적인 적용대상인 사실관계의 확정에 대한 정당화, 그리고 그러한 사실관계의 전제인 법규범의 적용에 대한 정당화라는 모든 요구를 충족시킬 수 있을 때 가장 건전하고 바람직한 논증으로 인정될 수 있다.[159]

법관의 결정이 전적으로 인식적 활동(kognitiver Akt), 즉 이미 주어져 있는 법 상태에 대한 단순한 인식만이 아니라는 통찰은 필연적으로 논증에 참여하는 사람들 및 결정의 영향을 받는 사람들 사이의 합의(Konsens)를 더 중시하는 결과를 낳는다.[160] 이에 따라서 소송의 참여자는 단순히

155) 하지만 기존의 법학방법론이라고 하여 법의 인식결과물인 판결과 관련하여 전혀 근거 지음(Begründung)의 문제가 제기되지 않는다는 것은 아니다. 비록 그러한 근거 지음이 극단적으로는 "이 판결은 이러이러한 방식으로 '입법자의 결단은 이것이다.'라고 인식하는 것이다."라는 형태라고 하더라도 논증이라는 외관을 보여 주는 것이 가능하기는 할 것이기 때문이다. 하지만 결국은 "어떠한 방법으로 그렇게 인식하였는가?"에 대한 근거만이 제시됨으로써 판결에 대한 근거 지음은 끝나게 될 것이다. 이러한 구조 속에서 판결을 정당화하는 의미의 논증이라는 것은 거의 관심의 대상이 될 수 없을 것임은 자명하다. 이에 반해 판결의 정당화에 맞추어진 법적 논증이론이 현실적·실천적 요구에 보다 가까이 다가설 수 있다면, 그것은 법적 논증이론이 법학방법론보다는 현실적·실천적인 논증이어야 한다는 것을 뜻하는 것이다; 김성룡, 『법적 논증론(Ⅰ)-발전사와 유형』, 준커뮤니케이션즈, 2009, 16쪽.

156) 울프리드 노이만 지음, 윤재왕 역, 앞의 책, 1986, 2쪽.

157) 김영환, 『법철학의 근본문제』, 홍문사, 2006, 312쪽.

158) 물론 법적 논증이론과 법학방법론의 인식관심이 다르다고 해서 이 둘의 개념이 언제나 명백히 구분되는 것은 아니다. 왜냐하면 아무리 법적 논증이론이라 할지라도 그 논증의 범위는 언제나 법문의 가능한 의미 안에 있기 때문이며, 반면 법학방법론도 궁극적으로는 해당 사태에 맞는 올바른 법적 논거를 찾는 것을 목표로 하고 있기 때문이다; 김영환, 『법철학의 근본문제』, 홍문사, 2006, 312쪽.

159) 김성룡, 앞의 책, 21쪽.

160) 법적 논증이론에서는 합리성과 합의의 관계를 둘러싼 이러한 문제가 여기저기에서 상이한 형태로 등장한다. 단순

수동적인 재판을 받는 자를 넘어서서 법관의 사실 확인 작업과 법 판단 작용에 함께 참여하는 자로 격상된다. 따라서 사실인정은 법관을 포함하여 소송 참여인들이 주체(Subjekt)와 객체(Objekt)로 분리되지 않은 채 공개된 법정에서 펼치는 상호작용과 의사소통에 따라 좌우된다.[161]

예컨대 형사소송의 구조에 있어서 과거의 규문주의 시대에서는 진실의 발견자는 오직 법관 한 사람이었다. 따라서 소송참여자라는 개념이 존재하지 않았고, 피고인은 단지 수사와 재판 그리고 형 집행의 객체에 불과하였다. 그러나 근대 이후의 탄핵주의 소송구조가 자리 잡으면서 소송참여자는 법관뿐만 아니라, 소추 측인 검사와 피고인으로 늘어났다. 그리고 당사자주의 형사소송에서는 법관보다는 오히려 소송의 당사자인 피고인과 검사가 진실발견의 주도적인 역할을 수행하기에 이르렀다.

2. 규범적 전제(법률)에의 구속

법적 논증은 원칙적으로 규범적 전제(법률)에 구속된다. 즉, 법적 연역으로서의 결정론적인 입장이건, 판결에 대한 정당화라는 논증론의 입장이건 양자 모두 법규범에 구속된다고 하는 점에서는 차이가 없다.[162] 만약 어떠한 판사가 법규정에 합치되는 합법적인 판결이 아니라, 사안에 합당한 개별정의에 충실한 판결을 창출하고자 할 때에도 법규범의 한계를 넘어설 수 없다는 점에서는[163] 양자가 동일한 구속을 받고 있다고 할 것이다.

만약 법적 논증이 엄격히 법에 구속되어 이루어져야 한다면, 종국적으로 법률이 제시하고 있는 것을 아주 올바르게 이해하는 방법론의 하나에 불과할 것이고, 이는 결국 법학방법론의 아류에 불과할 것이다. 이에 반해서 법관의 판결이 단지 법률을 통해 결정지어진 것만은 아니라는 의미로 이해한다면, 즉 법률이 이미 정하고 있는 척도나 기준뿐만이 아니라 정당하고 이성적인 판단이라는 법관 고유의 기준에 따라서도 이루어져야 할 판결로 이해한다면, 법적 논증은 그 독자적인 가치를 가지게 될 것이다. 환언하면 법적 논증이 법(률)의 구속하에서 단순한 법(률)의 내용의 확인이 아닌 정당화의 방법론이라면 법률 내에서의 척도나 기준뿐만 아니라 이를 넘어선 어떠한 기준이 논증의 잣대로 작용하고 있다는 것은 분명하다.

한 사실상의 합의와 이성적인 합의의 구별이라든가 '설득하는(überredend)' 논증과 '확신을 갖게 만드는(überzeugend)' 논증을 구별하는 시도 등이 그러한 예에 속한다; 울프리드 노이만 지음, 윤재왕 역, 『법과 논증이론』, 세창출판사, 13쪽.

161) 이상돈, 『법이론』, 세창출판사, 2005, 250쪽.

162) 김성룡, 앞의 책, 18쪽.

163) Neumann, JA, S.6; 김성룡, 『법적 논증론(I)-발전사와 유형』, 준커뮤니케이션즈, 2009, 18쪽에서 재인용.

3. 판결의 근거 지음

판결의 근거 지음은 법적 논증론의 핵심내용인 동시에 과정 그 자체라고 할 수 있다. 법적 논증이론은 판결을 찾아내는 절차와 관련되는 것이 아니라, 어떻게든 발견된 판결의 정당화와 관련되는 것이다. 즉, 판결의 창출이 관건이 아니라, 어떠한 과정과 방법에 의해서건 창출된 법관의 판결을 '설명' 또는 '이유를 들어 서술·기술'하는 것이 관건이라는 것이다. 자연과학에서는 하나의 주장의 진실성을 증명하는 것이 문제되지만, 법학에 있어서는 판결의 올바름 또는 하나의 도그마적인 이론에 대한 판결의 정당성의 근거 지음이 문제되는 것이다.[164] 하나의 주장의 진실여부가 객관적으로 증명될 수 있는 한, 그 생성 시의 주변 상황, 주장을 만들게 된 동기들이 그 진실성을 부인하게 할 수는 없는 것이다. 그러나 자연과학적인 이론의 발생에 대해서는 심리학자나, 일대기를 집필하는 사람이나, 사회과학자들이 흥미를 가질 수는 있지만, 그 이론의 분과학 자체에 있어서는 별 의미가 없는 것이다. 이에 반해서 판결의 근거 지음은 그 영역이 다르다. 만약 판결의 정당화가 사실상, 즉 실제의 판결의 동기와 일치하지 않는다는 확정은, 그 판결에 대해서도 그 근거 지음에 대해서도, 필수적인 것은 아니지만, 불신을 줄 수 있는 경향을 가지고 있는 것이다. 증명의 객관성(die Objektivität des Beweises)이 이루어질 수 없는 곳에서는 논증하는 자(Argumentierende)가 진실한지가 아주 중요하고도 특별한 의미를 가지는 것이다.[165]

그러나 이처럼 합리적 논증을 통해 판결을 근거 지어야 한다는 요청은 설득이나 겉치레에 불과한 논증, 단정적인 주장만을 내세우는 논증으로부터 합리적 논증을 구별할 수 있음을 전제로 한다. 이러한 전제는 규범적 논증이론의 핵심문제에 속한다. 그렇기 때문에 규범적 논증이론에서는 합리적인 논증의 표본, 기준 혹은 척도의 발전이 종극적인 관심사가 되고 따라서 그러한 기준을 밝히는 데 주력하게 된다.

그러나 기준으로 논리규칙이 고려되는 것은 너무나도 당연한 일이다. 하나의 논증이 논리적 추론관계로 적절히 재구성될 수 있는 한, "이 논증은 합리적이다."라고 말할 수 있다. 현재의 법이론 가운데 몇몇 경향들은 이 최소한의 논리적 요건을 더 강화하여, 단순함축(Implikation)을 일반함축(Äquivalenz)으로, 즉 충분조건을 필요조건으로 대체한다. 다시 말해 판결에 대한 근거설정은 논리적 추론연관으로 적절히 재구성될 수 있을 때에만 합리적이라고 한다.[166]

---

164) 김성룡, 『법적 논증론(I)-발전사와 유형』, 준커뮤니케이션즈, 2009, 23쪽.

165) 예컨대 형사재판에서 법관 등에 대한 제척사유를 정하고 있는 제도의 의미를 다시 한 번 생각해 볼 수 있을 것이다; 김성룡, 『법적 논증론(I)-발전사와 유형』, 준커뮤니케이션즈, 2009, 25쪽.

166) 울프리드 노이만 저, 윤재왕 역, 앞의 책, 16쪽.

물론 논증의 연역적 구조는 논증의 형식적 합리성을 보장하는 데 불과하며, 이마저도 단지 제한된 의미에서만 그러하다. 사실 결정이 연역적으로 추론 가능해야 한다는 요청은 언제나 간단히 충족시킬 수 있다. 모든 명제는 아무런 문제없이 논리적 추론연관 속에 집어넣을 수 있기 때문이다. 따라서 논증의 합리성에 대한 요청이 공허한 것이 되지 않으려면, 논증의 전제들이 갖는 구조 또한 특정한 요건을 갖추어야 한다.

전제들의 논리적 구조와 관련해서는 적어도 전제들 중 하나가 논리적인 보편문·전체문의 성격을 가져야 한다는 점이다. 이 점은 기존의 논리법칙에 대한 추가적인 조건으로 요구되고 있다.[167) 이러한 요구는 '보편화 가능성 원칙' 또는 '일반화 가능성원칙(Universalsierbarkeitsprinzip)'에 의해서 근거 지어질 수 있다고 설명되는데, 쉽게 말하자면 '무엇이 구체적인 사례에 타당한가는 그 사례와 함께 (모든) 본질적인 점들에 있어서 일치하는 모든 다른 사례에도 타당해야만 하는 것이다.'라는 의미이다. 이러한 제한으로써 판결은 하나의 보편적인 법칙(규율)에 맞춰졌다는 것이 보장된다. 하지만 하나의 전제가 전체문의 성격을 띠고 있다는 것만으로는 그것이 법률의 원칙에 맞추어져 있다는 것이 보장되는 것은 아니다.[168)]

바로 이러한 문제 때문에 논리적 추론연관에서 보편적(전칭) 전제는 법률 텍스트 자체가 아니라, 법률 텍스트를 해석한 문장이어야 한다고 요구하기도 한다. 이러한 요구는 '논증과 논리'라는 주제에서 논증과 언어의 관계로 관심을 돌리게 만든다.[169)]

Ⅴ. 법적 논증의 범위

법이론(Legal Theory)의 영역에서 '법적 논증'이라는 주제는 전통적인 관점에서 본다면, Twining의 적절한 설명처럼, 판결에 있어서 '무엇이 법인가', 혹은 '법은 무엇인가'라는 물음에 대한 논증에 관한 규범적 분과학 정도의 제한된 의미를 가진다.[170)] 하지만 법적 논증의 영역은 점점 확장되어 현재는 다음과 같은 8가지 정도의 특징을 포함하는 문제영역으로 이해되고 있다.

① 법적 논증이 주로 행하여지는 — 즉, 법적 논의의 마당적 이해의 결론이나 그 형성과정 및

167) 김성룡, 앞의 책, 35쪽.
168) 다시 말해 그 일반적인 전제는 법률과 무관한 보편문으로 족한 것이 아니라, 특정 법조문의 조항을 기술하고 있어야만 하는 것이다; 김성룡, 『법적 논증론(I)-발전사와 유형』, 준커뮤니케이션즈, 2009, 35쪽.
169) 울프리드 노이만 저, 윤재왕 역, 앞의 책, 17쪽.
170) 김성룡, 앞의 책, 44쪽.

근거를 언어화해야 하는 의무 — 장소는 변론조서나 공판조서의 작성과 판결서(특히 판결이유)의 경우이다.[171] 그러나 최근에 와서는 단순히 판결에 있어서 법관의 논증만을 대상으로 하는 것이 아니라, 다수의 다른 관계자들의 관련 활동도 법적 논증의 영역으로 도입되고 있다.[172] ② 판결이라는 것은 단순히 무엇이 법인가에 대한 결정만이 아니라, 사실문제, 절차와 제재문제(制裁問題) 등에 관한 결정을 포함한다. 즉, 전통적인 물음에 대해 답하는 것을 넘어, 이제는 세부적이고 체계적인 문제들에 대해서도 논거제시를 통한 증명이 요구되고 있고, 이러한 문제도 법적 논증의 범위로 포섭되고 있다. ③ 아직 그리 풍부한 정도는 아니지만 기타의 다른 법적 영역으로 그 범위가 확대되어 가고 있다. 즉, 경찰의 수사 활동, 조정, 중재, 기소여부의 결정, 특정사건의 조사와 같은 영역에서의 논증에 관한 문헌들도 점점 더 많아지고 있다. ④ 법적 논증에 관한 논의 안에는 논증과 설득, 논리학과 수사학, 서술과 논증, 나아가 심리학과 의사결정의 논리학 사이의 관계처럼 혼란스럽고 불분명한 관계들이 존재하고 있다. ⑤ 최근 국민참여재판의 활성화로 인하여 법관에 의한 사실인정뿐만 아니라 배심원의 평의과정에서의 사실인정의 과정도 주목을 받고 있다. 따라서 배심원의 평의과정에 대한 법심리학의 실증적인 연구도 넓은 의미에서의 법적 논증의 한 영역으로 자리 잡고 있다.[173] 또한 적지 않은 이론가들이 구체적인 판결 사안을 대상으로 한 경험적인 연구를 진행하고 있다. 즉, 구체적인 사안에 대한 판결이 도출되는 과정에서 법관, 변호인, 증인 그리고 법률개정론자 등이 실제적인 토론과 행등들을 분석하는 연구가 행해지고 있다. 여기서는 특히 수사학, 문학이론, 사회학, 화법(speech)이론 등과 같은 분과학들에서 가져온 관점들이 적용되곤 한다. ⑥ 법률가들의 논증을 법적 논증에 관한 논의에서 나타나는 다양한 논증유형들 중 어느 하나의 실천적인 논증의 모델에 포섭시킬 수 있는지, 즉 어느 논증론의 하부유형으로 구분할 수 있을 것인가의 문제도 제기된다. 규범적으로 접근되어야 할 것인지, 경험적인 논증유형으로 파악되어야 할 것인지에 대한 의견차이도 여전히 해소되지 못한 상태이다. ⑦ 특히 최근의 인공지능 연구와 같은 첨단 기술분야의 연구성과를 반영하는 논의가 태동되고 있다. ⑧ 논증의 합리적 모델과 의사결정 혹은 판단도출에 있어서 합리적인 기준을 찾고자 하는 노력들에 대해서는 이미 그 자체에 대해 회의적인 시각들이 비판적인 의문을 제기하는 상황이 변함없이 지속되고 있는 실정이다.[174]

---

171) 이상돈, 『법이론』, 세창출판사, 2005, 271쪽.

172) 변호인이 자신의 고객에게 소송의 전망이나 경과를 설명하거나, 이론가가 법 그 자체를 비판하거나, 무엇이 법이어야 하는지를 언급하는 등 법의 해석과 적용에 관하여도 다수인이 논증에 참여한다는 것이고 이에 대한 분석과 평가도 법적 논증의 대상이 되고 있다; 김성룡, 『법적 논증론(Ⅰ)-발전사와 유형』, 준커뮤니케이션즈, 2009. 44쪽.

173) 한편 최근의 배심원의 사실인정에 관한 연구는 박재현, 『배심제와 법심리학』, 오래, 2010, 226쪽 이하 참조.

174) 김성룡, 『법적 논증론(Ⅰ)-발전사와 유형』, 준커뮤니케이션즈, 2009. 45쪽.

제4절

유추적 법적 논증과 연역적 법적 논증

사실인정을 위한 법적 논증에 있어서 논증의 결과가 '상식적이다.' 또는 '핵심을 잘 지적하고 있다.'는 정도로는 충분하지 않다.[175] 법적 논증은 반드시 법률문제에 대한 전개가 원래의 논리에 관련되어 있음을 보여 주어야만 한다. 이러한 법적 논증에는 두 개의 원칙적인 형태가 있다. 하나는 유추적(analogical)이고, 다른 하나는 연역적(deductive)인 것이다.[176] 이러한 형태들은 주요한 실질적 기능을 수행한다. 즉, 수많은 법적 자료들을 조합하는 수단으로서 본질적인 기능을 가진다. 역사적으로 볼 때 보통법 국가에서의 법적 논증은 유추적 논증을, 실정법 국가에서의 법적 논증은 연역적 논증을 원칙으로 한다. 이러한 법적 논증의 형식들은 논증을 위한 적절한 출발점을 확정하고, 관련성 있는 자료들을 정리하고, 문제점을 공식화하는 데 도움을 줄 수 있지만, 법적 주장의 건전성을 보증할 수는 없다.

Ⅰ. 유추적 법적 논증

1. 의의

판례법 국가에 있어서 대부분의 법률문제는 보통법 또는 입법부나 행정부에 의해서 제정된 실정법에 의해서 판결이 이루어진다. 보통법은 법관이 각각의 사건에 기초하여 그들의 권한 내에서 결정을 통해서 만들어진 법률이다. 그리고 계약법, 불법행위법 그리고 재산법 등은 광의의 보통법에 속한다.[177] 선례와 유추에 의한 논증은 특별히 보통법 법체계의 국가에서 발견되는 논증의 중심형식이다.[178]

175) Neal Ramee, *Logic and Legal Reasoning*, http://www.unc.edu/~ramckinn/Documents/NealRameeGuide.pdf; 2011. 6. 20. 14:43 방문.

176) Steven J. Burton, *An Introduction to Law and Legal Reasoning*, Aspen Publishers, 2007, p. 25.

177) 명문의 규정이 있는 것은 아니지만, 사실 우리와 같은 실정법 국가에서도 선례구속의 원칙은 사실상 중요한 판결의 원칙으로 자리 잡고 있다. 그래서 우리 대법원은 종전의 법적 견해를 변경하는 경우에는 일반적으로 전원합의체 판결을 통하여 판례를 변경한다.

178) *Precedent and Analogy in Legal Reasoning*, http://plato.stanford.edu/entries/legal-reas-prec/2011. 6. 20. 17:51 방문.

보통법의 중심사상은 선례구속성의 원칙(the principle of stare decisis)이다. 적절한 사건에서 한 번 결정된 법률의 핵심은 동일한 쟁점을 포함하고 있는 다른 사건에서 법률의 변화를 정당화시키는 무엇인가가 없는 한 재논의 되어서는 안 된다는 원칙이다. 선례구속성의 원칙은 이전에 결정된 사건을 후의 사건의 결정을 위한 기준(authorities)으로 취급하는 보통법의 선판례의 원칙을 의미한다. 선판례의 원칙하에서의 논증은 주로 유추적이다. 선판례의 원칙은 기본적으로 같은 사건은 같게 결정되어야 한다는 정의의 요구에 근거한 원칙이다.[179)]

유추적 논증은 인간의 일상적인 비법률적인 상황 안에서도 마찬가지로 나타난다. 예컨대, 어머니가 큰아들(6세)에게 밤 9시까지 잠자지 않고 있는 것을 허락하였다면, 둘째아들(3세)은 형과 자신은 모두 어린이이므로 자신을 형과 동일하게 취급해 주기를 요구할 수 있다. 그런데 어머니가 둘째아들의 요구를 거절한 경우에는 두 아들 사이에는 본질적인 차이가 있어서 동일하게 취급해서는 안 된다는 생각을 했기 때문일 것이다.

여기에서 유추적인 주장을 하기 위해서는 3단계의 작업이 필요하다.

첫째는 무엇을 논증할 것인가부터 기본 쟁점 상황을 확정하여야 한다(형의 취침시간).

둘째는 그러한 사실적인 관점들이 기본 쟁점 상황과 문제 상황(동생의 취침시간) 사이에 비슷하거나(similar), 유사하거나(analogous), 그리고 다르거나(different), 유사성이 없는(disanalogous) 사실적인 관점들을 비교하여야 한다.

셋째, 사실적인 유사성 또는 차이점이 상황 아래서 어느 쪽이 더 중요한지를 판단해야 한다. 따라서 만약 어린이라는 관점이 나이에 비해서 더 중요하다면, 동생의 취침시간도 당연히 밤 9시여야 한다고 유사성을 주장할 것이다. 그러나 만약 나이가 더 중요하다면, 동생에게는 보다 이른 시각의 취침이 정당화될 수 있다고 비유사성을 주장할 것이다.

사람, 행동 또는 물건은 모든 관점에서 볼 때 동일한 것은 존재하지 않는다. 사람들, 행동들, 물건들이 각각 동일하다는 주장은 그들이 똑같다는 주장은 아니다. 만약 똑같다면(If identical), 그들은 서로 다르지 않으며 절대로 비교되거나 대조될 수 없다.[180)]

마찬가지로 어떠한 사람들, 행동들, 물건들이 각각 모든 사실적 관점에서 다르지는 않다. 만약 모든 관점에서 다르다면, 그들은 모두 사람들, 행동들, 물건들이 아니다. 그들을 서로 비교하고

---

179) H. L., A. Hart는 이렇게 지적하고 있다: 동일한 사건은 유사하게, 다른 사건은 다르게 취급하는 것(Treat like cases alike and different cases different.)은 정의의 핵심요소이다. 그것은 그 자체로는 불완전하며, 보완될 때까지는 어떠한 결정적인 안내를 수행할 수 없다. 유사성과 차이점의 관련성이 확립될 때까지는 '동일한 사건은 유사하게'는 텅 빈 형태로 남아 있을 수밖에 없다. 그것을 채우기 위해서는 우리는 사건들이 언제 동일하게 간주될 수 있는 것인가, 그리고 차이점들이 어떠한 관련성이 있는지를 알아야만 한다.

180) Steven J. Burton, *An Introduction to Law and Legal Reasoning*, Aspen Publishers, 2007, p. 26.

대조하는 것은 의미가 없다. 따라서 유추적(유비적) 논증은 두 상황 사이에서의 유사성과 차이점 모두에 대한 세심한 고려(주의)를 요구한다. 결정적인 것은 유사성과 차이점 중 어느 것이 더 중요한가를 판단하는 것이다.[181)]

한편 유추적 논증은 맥락에 강하게 의존한다. 그것은 형과 동생이 같은가, 또는 다른가를 추상적으로 묻는 것은 어리석은 일이다. 중요한 동일성 또는 비동일성은 취침시간이 쟁점이 되는 경우와 같이 오직 구체적인 맥락에서만 의미를 가진다.

연령상 3년의 차이라는 사실을 전제로 한다면, 두 형제는 3살과 6살에서의 취침시간은 다를 수밖에 없다. 그리고 성탄 선물의 배분에 있어서도 다를 수 있다.

2. 유추적 법적 논증(Analogical Legal Reasoning)

유추적 법적 논증은 근본적으로는 유사한 상황에서의 유추적 논증과 다르지 않다. 하지만 법적 논증은 보다 공식적(formal)이고, 엄격하고(rigorous), 표현에 있어서 통일적(uniform)이다.[182)] 즉, 기초점(a base point) 또는 중요한 사실적 유사성 혹은 차이점으로 삼을 수 있는 것은 법률에 의해서 제한되어 있다. 좋은 유추적 법적 논증은 믿을 만한 기본점들을 확인하는 잘 인정되고 있는 규칙들, 유사성과 차이점 사이의 엄격한 고려를 장려하는 단어와 방법, 그리고 결정된 문제를 정리(형성)하기 위한 표현의 공식들로 구성된다. 보통법 체계에서는 전형적으로 다섯 단계를 거치는 판결을 통해서 사법적 결정이 존재한다. 즉 ① 사건의 사실의 열거 ② 법적 문제점의 확인 ③ 그 문제에 대한 적절한 논증 ④ 법원에 제출된 문제를 해결하기 위한 적용 ⑤ 그 사건에 대한 결과이다.[183)]

유추논증은 차이점이 중요하다면 동일한 사건은 동일하게, 그리고 다른 사건은 다르게 결정되어야만 한다는 원칙에 의해서 지배되고 있다. 논증의 이러한 형식은 3단계의 검토를 요구한다: ① 권위 있는 출발점 또는 선례의 확인 ② 선례와 당해 사건 사이의 사실적 유사성과 차이점의 확인 ③ 사실적인 유사성과 차이점에서 더 중요한 것의 판단, 그리고 선례를 따라야 하는지 구별하여야 하는지를 판단한다.

---

181) *Ibid.*, p. 27.
182) *Ibid.*, p. 27.
183) *Precedent and Analogy in Legal Reasoning,* http://plato.stanford.edu/entries/legal-reas-prec/2011. 6. 20. 17:51 방문. p. 5.

1) 선례(판례, Precedents)

선례는 법원 또는 법적 결정자가 당해 사건 안에서 행하는 법률에 대한 결정이다. 유추적 법적 논증에 있어서의 첫 번째 단계는 선례를 통해서 믿을 만한 비유점(출발점, a base point)을 확정하는 것이다. 법에서 선례구속의 원칙은 유사한 사법권에서 과거에 상급최고법원(the highest court)에 의해서 결정된 사건에 대해서 출발점으로서의 특별한 지위를 인정해 주고 있다. 과거 상급법원에 의해서 결정된 사건들은 개별 사법권 안에서 미래의 사건을 결정하기 위한 가장 권위 있는 선례들이다.[184) 한편 다른 사건들도 비록 그 중요성이 덜하지만 설득력 있는 기초점을 제공해 줄 수는 있다. 또한 우리는 어떠한 법원의 판결이라도(외국의 판결도) 유추적 주장(analogical argument)을 위한 기초점으로 사용할 수 있다. 만약 사건이 구속력이 있는 선례가 아닌 경우에라도, 법원이 확신을 가지는 데 필요한 논증의 자료가 될 수 있을 것이다.[185)]

한편 보통법 국가에서 상급심이 문제되는 사건에서 그 스스로의 선례를 파기하는 것은 가능하다. 번복하는 사건은 법률의 변경을 가져오면서(making a change in the law) 파기되는 사건을 대신하여 장래의 사건에 대해서 새로운 권위 있는 기초점의 역할을 수행하게 된다. 그러나 이러한 번복(파기, overruling)은 일반적인 현상은 아니다.

2) 사실적 유사성과 차이점

유추적 논증에서의 두 번째 단계는 출발점적 상황과 문제 상황(당해 상황) 사이에서의 사실적 유사성과 차이점을 확인하는 것이다. 유추에 의한 법적 논증은 유사성과 차이점의 관계에 엄밀한 주의를 강조하기 위해서 용어(어휘, vocaburary)와 수사(rhetoric)를 사용한다. 논쟁의 여지가 있는 사건에서는, 당해 사건과 유사할 것 같지만 차이점을 보이는 많은 선례들이 있을 수 있다. 사건에서의 사실(fact)에 대한 엄격한 분석에 의해서 사실적 유사성과 차이점의 많은 요소들을 확인하여야만 한다. 이러한 경우에는 비교와 대조의 모든 가능한 요소들을 확인한 이후에 비로소 차이점과 유사점 중 어느 것이 더 중요한 것인지의 여부를 잘 판단할 수 있다.[186)]

선례에서의 사실이 당해 사건에서의 사실들과 매우 유사해서 동일한 결과가 요구되는 경우에(선판결이 번복되지 않는 한) 판사는 선례(선판결)를 따른다고 말한다. 판사는 선판결에서의 사실들이

---

184) 선례는 특별한 법적 중요성을 가지고 있는 법원의 결정을 말한다. 그 중요성은 단지 이론적일 뿐만 아니라 실질적이고, 법률내용을 넘어서는 권위 있는 것으로 간주되는 법원의 결정 안에 존재한다; *Precedent and Analogy in Legal Reasoning,* http://plato.stanford.edu/entries/legal-reas-prec/2011. 6. 20: 17:51 방문.

185) Steven J. Burton, *An Introduction to Law and Legal Reasoning,* Aspen Publishers, 2007, p. 28.

186) *Ibid.*, p. 29.

매우 달라서 다른 결과가 요구되는 경우에는 선례와 당해 사건을 구별한다. 유사한(like) 사안이 유사하게 판단되어야만 한다는 사상은 ― 만약 차이점이 더욱 중요하다고 판단되는 경우에는 ― 유사하지 않는 사건은 유사하지 않게 판단되어야 한다는 것을 암시한다.[187)] 선례구속성의 원칙(the principle of stare decisis)은 판사에게 유사한 선례에 따를 때 요구되는 것만큼 유사하지 아니한 선례를 구별할 것을 요구하고 있다.

원칙적으로 선례의 원칙은 판사가 선례를 다음과 같은 세 개의 방법 중의 하나로 취급할 것을 요구하고 있다. 즉, 판사는 선례를 따를 수도(follow) 있고, 구별할 수도(distinguish) 있고, 번복할 수도(overrule) 있다.

판사는 관련되는 선례를 무시해서는 안 된다. 이러한 일은 가끔 나타날 수 있고 판사를 비판하는 이유가 되기도 한다. 그들의 주장에서 변호인들도 개별적인 권위 있는 선례(relevant authoritive precedent)에 따라야 한다고, 또는 구별되어야 한다고, 또는 번복되어야 한다고 판사와 유사하게 주장하여야만 한다.[188)] 만약 관련되는, 그러나 환영받지 못하는 권위 있는 선례를 무시하는 경우에는 법적 주장들은 심각하게 상처를 받는다.

선례가 준수되거나 구별되어야 하는지는 부분적으로 당해 사건의 사실들(facts)과 관련해서 선례의 사실들에 대한 세심한 분석에 의존한다. 판결에서의 사실들(the facts)은 또한 상급법원에 항소되거나 항소되었던 법적 쟁점을 확인하는 데 필수적인 것으로서 하급법원에서의 법적 절차의 설명(기술)을 포함한다. 항소심에서 법적 문제의 중요한 것은 공판판사가 사건의 사실적 상황 아래서 어떤 특별한 결정을 함에 있어서 오류를 범했는가의 여부를 포함한다.[189)]

유추에 의해서 작업을 할 때, 우리는 당해사건의 사실들을 법정에서 증명하는 데 사용하기 위해서 종합하여야 한다. 그리고 사실들을 상세한 부분까지 이해할 수 있을 때까지 분석하여야 한다. 이때 사실에 대한 완벽한 인식은 아주 중요하다. 특별한 사실의 존재 또는 부존재는 중요성의 관점에서 볼 때 선례가 유사한 것으로, 혹은 유사하지 않은 것으로 결정될 때 핵심(요점)이 될 수 있다. 법적 분석의 초기 단계에서는 어떤 사실이 중요한 것인지 알 수 없다. 따라서 우선 표면적으로 유사한 선례를 찾아내고 그리고 그 사실들을 분석한다.[190)] 그리고 비록 사법적 관점에서 정리된 사실들이 일반적으로 이러한 목적을 위해서 충분하더라도 다시 사실에 대한 확실한 이해가 요구된다. 판사는 보다 중요한 것이 무엇인가를 결정하기 이전에 선례와 당해

---

187) *Ibid.*, p. 29.

188) *Ibid.*, p. 30.

189) 이를테면 하급심이 사실오인을 하였는지의 여부를 상급심은 판단해야만 한다.

190) Steven J. Burton, *An Introduction to Law and Legal Reasoning,* Aspen Publishers, 2007, p. 30.

사건 사이의 모든 유사성과 차이점에 관하여 당사자로부터 듣기를 원할 것이다. 사실들에 대한 이해가 된 이후에야 비로소 개별 선례와 당해 사건 사이의 사실적 유사성과 차별성을 정리할 수 있다.[191]

3) 중요성 판단

유추적 논증의 세 번째 단계는 선례와 당해 사건 사이의 사실적 유사성과 차이점 중에서 더 중요한 것이 무엇인가를 결정하는 것이다. 법률에서는 유추적 논증은 선례가 존중되어야만 하는지 혹은 구별되어야만 하는지에 관한 판단을 요구한다. 일반적인 시민과 달리 법률사건에서 법관은 어떠한 이유에 대한 중요성 판단을 타인에게 돌릴 수는 없다. 판사의 의무는 법률에 따른 의문을 해결하는 것이다.[192]

보통법에서의 사실판단에 있어서 적용될 규칙은 판사가 보통법에 의해서 지배되는 사건에서 판사 자신의 의견이 선언된 규칙들이다.

보통법 규칙은 일반적으로 '…… 할 때, 그러면 ……'의 형식을 취한다.

예컨대 [사실 a, b 그리고 c가 현재 존재하지만, d는 존재하지 않는다면, 그러면 피고는 원고에게 야기된 손해를 배상하게 될 것이다.]와 같은 법적 규칙은 사실 a, b 그리고 c가 d의 부재와 함께 할 때 피고의 책임으로 나타날 것이라는 것을 알려 주고 있다. 이때 '…… 할 때'의 구절은 법원이 '그러면 ……' 구절 안에 언급되어 있는 법적 결과를 명령할 것을 요구한다.

이러한 규칙은 두 가지 기능을 수행하여야 한다.

첫째, 이 규칙들은 중요한 사실들이 제출되었을 때 사건에 앞서서 법적으로 중요한 사실과 요구되는 법적 결과를 확정하여야 한다. 예컨대 '어떤 사람이 유언 없이 사망한 경우에는 언제라도 그의 재산은 장남의 소유가 될 것이다.'라는 규칙이 정해져 있다고 가정한다. 이때 어떤 사람의 유언 없는 사망은 가능한 사실이 될 수 있을 것이다. 이 경우의 법적 결과는 그의 재산이 장남에게 이전되는 것일 수 있다.

둘째, 사건의 구체화에 앞서서 중요성의 판단이 요구된다. 위의 예에서, 오직 하나의 중요한 사실은 어떤 사람이 유언 없이 사망했다는 것이다. 이런 사건에서 판사는 어떤 다른 사실이 다른 법적 결과를 정당화할 만큼 중요하다는 것을 결정하는 데 자유롭지 않다.

191) *Ibid.*, p. 31.
192) *Ibid.*, p. 31.

4) 사례 검토

지금부터 유사성과 차이점에 관한 사례를 들어보자.

예컨대 C는 다섯 마리의 말(horse)의 원래의 소유자이며, A의 절친한 친구이다. 각각의 말들은 절취 또는 사기에 의해서 A에게 넘어간다. C는 자신의 말들을 A, 또는 A에게 말들을 취득한 누구로부터 돌려받기 위해서 법원의 도움을 구하였다.

이를 요약하면 다음과 같다.

사건 1 : C → A는 말을 절취함. → H는 선의로 구입함.

사건 2 : C → A는 기망으로 말을 구입함.

사건 3 : C → A는 기망으로 말을 구입함. → H는 선의로 구입함.

사건 4 : C → A는 기망으로 말을 구입함. → H가 구입함.
H는 사기 소송의 피고가 됨.

사건 5 : C → A는 기망으로 말을 구입함. → H는 선의로 구입함. → B가 구입함.
B는 사기의 소문을 들었음.

사건 1: A는 C의 말들을 훔쳤다. 그리고 그것을 H에게 팔았다. 그런데 H는 그 말을 A가 C로부터 훔쳤다는 것을 몰랐으며, 그것을 알 어떤 이유도 없었다. C는 H를 상대로 말의 반환을 요구하는 소송을 제기하였고 C는 승소하였다.

이 사건에서 법원은 스스로 일반적인 규칙을 선언할 수 있다: 재산을 소유하지 않은 판매인으로부터 재물을 구입한 어떤 사람은 소유권을 획득할 수 없고 반드시 그 재산을 정당한 소유자에게 반환하여야만 한다. 법원은 그 규칙을 당해 사건의 사실에도 적용할 수 있다: H는 말을 A — 말을 소유할 수 없는 도둑 — 로부터 구입하였다. 논리적으로 이것은 다음과 같은 결론을 도출한다: H는 A로부터 말의 소유권을 취득할 수 없었다. A는 반드시 말을 C에게 반환하여야만 한다.

사건 2: A는 C의 말을 구입하였다. 이때 다른 사람의 서명을 위조한 수표를 지불하였다. C는 그 수표가 위조된 것을 몰랐다. 말을 A에게 인도한 후에, C는 사기라는 것을 알게 되었고, 말의 반환을 요구하는 소송을 제기하였고 승소하였다.

이 사건에서 법원은 다른 일반 규칙을 선언할 수도 있다. 기망을 통한 구입으로 재산의 점유권(possession)을 획득한 사람은 소유권을 획득할 수 없으며 반드시 그 재산을 정당한 소유자에게 반환하여야 한다. 이 규칙을 적용하면, A는 위조수표를 이용한 구매를 통하여 말의 점유권을 획득하였다. 결론은 A는 말의 소유권을 획득하지 못하였으며 반드시 말을 C에게 반환하여야만 한다.

사건 3: 사실(facts)은 사건 2와 유사하다. 다만 A가 말을 H에게 판 것을 제외한다면. H는 A가 그 말을 C에게서 구입한 것을 알았다. 그러나 H는 A가 위조수표로 지불했다는 것을 몰랐으며 그것을 알 수 있는 이유도 없었다. C는 H를 상대로 말의 반환을 청구하는 소송을 제기하였다. H가 승소하였다.

만약 선례에서 언급된 규칙이 미래의 사건에서의 결론을 결정하는 법이었다면, 이제 사건 3은 다른 방향으로 전개될 수도 있을 것이다. 사건 1과 사건 2에서 적용된 규칙의 결합은 C의 승소를 요구하는 것처럼 보일 수도 있다. 사건 2는 기망의 방법으로 재산을 점유한 사람은 소유권을 획득하지 못한다고 선언하고 있다. 사건 1은 재산의 소유권(ownership)이 없는 사람은 소유권을 제3자에게 양도할 수 없다고 선언하고 있다. 사건 3에서 A는 사건 2에서의 규칙에 따라 말의 소유권을 획득하지 못하였다. H에게 유리한 판결에 의하면 법원은 사건 1에서의 규칙을 무시하는 것처럼 보인다. H는 A가 위조수표인 것을 몰랐을 때 말을 소유하는 판결이다.

사건 3에서 법원은 세 개의 사건 모두에 적용될 수 있는 새로운 규칙을 만들고 선언하였다. 예컨대 재산의 소유자는 그의 점유를 다른 사람의 불법행위에 의해서 상실하고, 불법행위가 절도인 경우에는 범죄자로부터 혹은 제3의 구입자로부터 재산을 회복하기 위해서 노력하는 경우에는 점유할 권리를 가진다는 것을 선언할 수 있다.[193] 그러나 이것은 사건 1과는 많은 변화를 보이고 있다.

또한 이 새로운 규칙은 선례에서 선언된 규칙에 기초한 사건 3에서의 결과를 정당화화지 못할 수도 있다. 결국 중요성 판단 — 사건 3에서의 H의 무지는 앞의 두 사례와는 다른 결과를 요구하는 중요한 사실 — 은 이전의 판결에서 언급된 규칙에 의해서가 아니라 사건 3에서 법원에 의해서 새롭게 만들어진 것이다.

사건 4: 사실(facts)은 사건 3과 유사하다. H가 A가 C에 대해서 사기하는 것을 도왔다는 것을 제외한다면. C는 말의 반환을 청구하는 소송을 H를 상대로 제기하였다.

사건 5: 사실은 사건 3과 유사하다. 다만 H가 A로부터 말을 구입한 후에 그 말을 팔았고 그리고 B에게 인도하였다는 점을 제외하고. 한편 B는 A에 의해서 C에 대한 사기 소문을 들었었다. C는 B를 상대로 말의 회복을 청구하는 소송을 제기하였다.

193) *Ibid.*, p. 35.

법원은 사건 3을 판단하기 위해서 사건 1의 규칙을 수정하였다. 법원은 사건 4에 적용하기 위해서 사건 3의 규칙을 유사하게 수정할 수 있다. 그리고 사건 5에서도 마찬가지이다. 결국 보통법의 절차는 선례에서 선언된 규칙을 단순히 따라가는 것이 아니다. Edward H. Levi가 지적하였던 것처럼, "규칙은 규칙이 적용되어 가면서 변화한다."[194] 더 중요한 것은, 규칙들은 제반 사실들을 비교하면서 제정되고 그것을 적용하는 과정에서 생겨난다.[195]

유추적 형식은 보통법에서의 법적 논증의 중요한 측면을 차지한다. A와 C의 사례는 법률에서 유추적 형식이 법률적 사고의 합리성에 기여하면서 결정을 위한 문제에 용어와 프레임(틀)을 어떻게 제공하는지를 보여 준다.[196]

예컨대 사건 5에서 판사는 사기의 소문을 듣고서도 사기로 점유를 취득한 사람으로부터 말을 구입한 무지한 매수인으로부터 말을 구입한 사람이, 기망의 방법으로 말을 구입하거나(사건 2) 말을 훔친 사람과 더 닮은 것인지(사건 1), 혹은 사기를 모르거나 사기를 인지할 이유가 없는 사람이 사기에 의해서 점유를 취득한 사람으로부터 말을 구입한 경우와 더 닮은 것인지(사건 3) — 즉 더 유사한 것인지 — 를 판단하여야만 한다.

사건 5에서 사건들 사이에서의 유추와 반유추를 분석하면서 유추의 형태 안에서 제기된 법적 문제에 대답할 수 있는 법적 주장을 기대할 수 있다.

하지만 법원이 사건 1과 사건 3에서 사기와 절도 사이의 차이가 다른 결과를 요구하는 중요한 차이라는 것을 판단하게 하는 것은 무엇인가?

사기와 절도는 일정한 면에서는 유사하다. 두 범죄는 법률의 눈으로는 모두 불법이다.[197] 하지만 두 범죄는 다른 관점에서는 다르다. 보통법에서는 사기(fraud)는 민사적으로 불법이지만, 형벌로 처벌되지 않는다. 하지만 절도는 민사적으로도 불법인 동시에 형벌에 의한 처벌이 가능하다. 법원은 최소한 2차 매수인이 무지한 경우에는 종종 유사성보다 더 중요한 것으로 차이점을 고려한다.

유사하게 C는 모든 사건에서 불법행위의 피해자이다. 선례는 다른 관점에서 볼 때 사건 5와 다르다. 하지만 불법행위의 소문을 들었고 그리고 전적으로 순진한(무지한) 구입자로부터 말을 구입하였던 사람을 포함한 어느 누구도 원소유자(original owner)에 의한 소송에서 이길 수 없기 때문이다.[198]

194) Edward H, Levi, *An Introduction to Legal Reasoning 3–4*, 1948.
195) Steven J. Burton, *op. cit.*, p. 36.
196) Steven J. Burton, *op. cit.*, p. 39.
197) Steven J. Burton, *op. cit.*, p. 39.
198) Steven J. Burton, *op. cit.*, p. 40.

5) 법원의 판결(Holding)

법원의 판결은[199] 일반적으로 두 가지 의미에서 사용되고 있다. 넓은 의미에서의 판결은 일반적 용어로서 그 사실적 관점을 의미한다. 혼동을 줄이기 위해서 이것을 판결(ruling)이라고 하자. 좁은 의미의 판결(holding)은 앞으로의 사건에서 유추에 의한 논증을 위한 기초점으로서, 보다 개별적이고 이해하기 힘들다.

판결(holding)은 선례 사건에서 중요한 특별한 사실들을 정리(요약)한다. 그리고 그러한 사건에 밀착되어 있는 법적 결과를 선언한다. 중요한 사실들은 선례와 당해 사건 사이의 중요한 유사성 또는 차이점의 요소가 될 것 같은 사실들이다. 예컨대 사건 1에서의 판결(holding)은 절도의 피해자인 재산의 소유자는, 비록 제3자가 도품을 구입한 것이라는 것을 모르거나 알 수 있는 합리적인 이유를 가지지 않는 경우에도 도범으로부터 그 물건을 구입한 제3자로부터 재산의 점유를 회복할 수 있다는 것이다.[200]

만약 사기의 피해자가 C였다면, 동일한 결과가 나올 것인가? 사건 3은 이를 인정하지 않는다. 그래서 사건 1에서의 법률은 절도를 포함한 사건에 한정되어야 한다.

따라서 사건 1에서의 판결(holding)에 대한 의심을 버림이 없이 사건 3에서 법원은 적절하게 사기범행의 피해자인 재산의 소유자는 재산을 사기 사실을 알지 못하였거나 알 수 있는 이유가 없는 제3자가 사기의 행위자로부터 재물을 구입한 경우에는 그 제3자로부터 재산의 점유를 회복할 수 없다는 것이다.[201] 따라서 사기와 절도 사이의 차이점이 차별되는 결과를 요구하는 중요한 차이점이라는 것을 보여 주고 있다.

유사하게 사건 4에서 법원은 원래의 소유자에 대하여 사기를 하는 데 도움을 준 구입자는 사건 3에서의 구입자와 같지 않다는 것을 유지하고 있다. 따라서 법원은 소유자는 사기를 몰랐거나 아는 데 합리적인 이유가 없는 제3자로부터 재산의 점유를 회복할 수 없다는 판결만을 유지할 수 있다.

한편 사건 4는 소유자가 사기행위자를 상대로 소송을 제기한 점에서 사건 2와 보다 유사하다. 또한 소유자가 사기에 가담하지 아니한 두 번째 구매자를 상대로 소송을 제기하였다는 점에서 사건 3과 유사하다.

---

199) Holding: The 'holding' is a court's determination of a matter of law based on the issue presented in the particular case. In other words: under 'this' law, with 'these' facts, 'this' result. See Ratio decidendi.(법원의 결정)

200) Steven J. Burton, *op. cit.*, p. 38.

201) Steven J. Burton, *op. cit.*, p. 38.

6) 법원의 미공개 결정(obiter dicta)

선례에서 선언된 보통법 규칙들은 넓은 의미에서 규범이다. 사건에서 결정될 필요가 없는 법률의 요점에 대한 언급을 'obiter dicta'[202]라고 한다. obiter dicta는 라틴어로서 '그런데 말이야.'라는 의미이다. 이것은 법원의 의견에 포함되어 있지만 판사가 법원의 결정의 형식을 취할 필요가 없는 것을 말한다. 따라서 obiter dicta를[203] 포함하는 법원의 의견이 있더라도, 보통법상의 선례구속의 원칙하에서 obiter dicta를 구성하는 언급은 구속력이 없다. 비록 영국에서는 강한 설득력을 가지지만.

또한 판사가 자신의 판결을 설명하면서 가설적인 사실을 제공하거나 또는 어떻게 그러한 법률을 사실에 적용하였는가를 설명하는 경우에도 obiter dicta가 나타날 수 있다.

법원이 결정을 함에 있어서 경우에 따라서는 이전 사건에서의 의견에서 발견된 obiter dicta를 인용할 수도 있다.[204] obiter dicta로 인용된 문장은 다음 사건이 실제로 무엇을 결정하는가, 그리고 법원이 어떻게 그 인용된 문장을 취급하는가에 따라서 법원의 결정의 한 부분이 될 수도 있다.

obiter dicta는 실제로는 큰 영향력을 가질 수도 있다. 대표적인 예로서 미국 연방대법원에서의 Santa Clara County v. Southern Pacific Railroad 사건이다. 이 사건에서 연방대법원장 Morrison R. Waite의 언급은 법인(juristic persons)도 14차 수정헌법하에서 보호 받을 권리가 있다는 원칙을 형성하게 되었다.

경우에 따라서 반대견해의 주장이나 논증도 obiter dicta를 형성할 수 있다.

Ⅱ. 연역적 법적 논증

유추적 형식은 분석을 위한 틀을 제공하고, 논증의 출발점을 확정하고, 법적 문제를 정리함으로써 법적 사고의 합리성에 중요한 기여를 한다. 하지만 어떠한 사실이 더 중요한 것인가를 판단하는 것은 과제로 남는다. 따라서 이러한 유추논증의 한계를 극복하기 위해서 연역적(추론적) 법적 논증을 검토할 수 있다. 연역적(추론적) 법적 논증도 역시 중요성 판단을 요구한다.[205]

202) 판결에서 제시된 재판관의 의견 중에서 판결이유에 들어가지 않는 부분을 말한다.
203) 사법적 견해를 함축하는 언급이다. 그러나 사건의 결정에 있어서 본질적인 것은 아니며 따라서 선례에 해당하지 않는다(비록 그것이 설득력이 있는 것으로 간주되는 경우라도); http://en.wikipedia.org/wiki/Obiter_dictum; 2011. 5. 19. 11:45 방문.
204) http://en.wikipedia.org/wiki/Obiter_dictum; 2011. 5. 19. 11:45 방문.
205) Steven J. Burton, *op. cit.*, p. 41.

연역적 법적 논증은 많은 점에서 유추적 법적 논증과 다르다.

첫째, 논증은 사건이 아니라 규칙에서 출발한다. 규칙(법률)은 규칙(법률)에 의해서 지배된 사건 이전에 제정된다. 연역적 법적 논증형식은 실정법으로부터의 논증과 가장 밀접하게 연관되어 있으며, 일반 규칙을 그 출발점으로 한다.[206] 이러한 규칙들은 다양한 공식적 법적 문서 — 예컨대 헌법, 법률, 법조문, 규칙, 기타의 법적 명령 등 — 에서 발견된다. 이러한 법률들은 의회, 입법부 또는 행정기관 등 법률을 만드는 권한을 가진 사람들의 그룹에 의해서 제정되고 출판된다.

둘째, 입법적 우위의 원칙(the principle of legislative supremacy)은 판사에게 입법부의 부차적 역할을 할 것을 요구한다. 결국 실정 법률의 권위적인 선언은 법률입안자들이 수정하거나 이의를 제기할 때까지는 정적(static)인 상태를 유지한다. 법원(法院)은 실정 법률을 수정할 권한을 가지지 않으며, 불확정적인 보통법에 대하여 우위의 권위를 가지는 실정 법률을 무시(ignore)해서도 안 된다.

셋째, 제정규칙의 정적인 상태는 법적 논증의 중심을 해석의 문제로 강하게 집중시키게 한다. 즉, 사법적 작업의 주된 내용은 규칙에 의해서 정해진 사건의 유형에 따라 당해사건을 분류하는 것이 된다.

넷째, 연역적 법적 논증의 형식은 논리 필연적으로 결론을 보증한다(promise).

이러한 연역적 형식의 법적 주장은 다수의 의미 있는 기능을 수행한다.[207] 법적 규칙들은 법관이 도달하고자 하는 결론을 특정화하는 정밀한 분류작업을 통해서 법률 시스템 안에서 법의 정형성을 수립한다. 규칙(법률)은 최소한 논쟁의 출발점과 종착점을 형성하고, 법적 문제를 제기하고, 법적 과정을 위한 일반적인 언어(용어)를 만든다. 판사들은 규칙에 의해서 권위가 부여된 경우에만 해결책을 제시할 의무를 가진다. 따라서 원고와 검사가 그들의 주장을 정당화하기 위한 법적 규칙을 인용할 부담을 가지게 된다.[208]

1. 연역적 형식

유추적 논증과 마찬가지로 연역논증도 일상의 비법률적인 상황의 다양성 안에서 많이 발견할 수 있다.

예컨대, 교사가 시험에서 90% 혹은 더 많은 문제를 정확하게 답한 모든 학생들은 A를 받게

206) Steven J. Burton, *op. cit.*, p. 43.
207) Steven J. Burton, *op. cit.*, p. 44.
208) Steven J. Burton, *op. cit.*, p. 44.

된다고 선언하였다. 만약 철수가 92%를 정확하게 답하였다면 그는 A를 받을 권리가 있다고 해야만 한다. 또한 만약 90% 미만을 맞은 경우에는 A를 받을 권리가 없다고 해야만 한다.

논리가들은 이러한 논증형식을 삼단논법(syllogism)이라고 한다. 삼단논법에서의 3단계는 유추적 논증에서의 3단계와 구별된다. 삼단논법은 대전제, 소전제 그리고 결론의 요소로 구성되며, 다음의 단계를 거치는 논증이다.

첫째, 사실적 상황에서 본다면, 주요 전제(major premise)를 확인해야만 한다(예컨대 90%, 혹은 그 이상을 얻은 학생은 A를 받는다). 법적 삼단논법에 있어서 대전제는 일반적으로 법률의 규정이다.[209)]

둘째, 소전제(minor premise)를 대전제의 언어 안에서 공식화해야 한다(예컨대 철수는 90% 이상을 얻었다). 일반적으로 소전제는 특별한 사람 또는 물건 또는 특별한 사람의 집단 또는 물건의 집단에 관한 사실적 주장이며, 법적 논증에서는 일반적으로 사실의 상태(statement of fact)를 말한다.[210)]

셋째, 결론을 추론해야만 한다(예컨대 철수는 A를 받게 될 것이다). 결론은 소전제 안에서의 특별한 상태와 대전제 안에서의 일반적인 것과 연결되어 있으며, 일반적 규칙이 어떻게 사실에 직접적으로 적용되는가를 보여 준다. 법적 논증에서 이 과정은 법률이 사실에 적용되는 것으로 표현된다.[211)]

유추적 논증에 있어서의 결론은 판사의 문제이다. 반면에 연역적 결론은 논리적으로 전제로부터 나온다. 물론 그 결론을 선언하는 것은 판사이지만.

친숙한 예를 들어 보자.

대전제: 모든 사람은 죽는다.

소전제: 소크라테스는 사람이다.

결론: 소크라테스는 죽는다.

결정적으로 삼단논법은 전제가 참일 때에 결론이 반드시 옳은 경우에만 유효하다.[212)] 오직 미치거나 어리석은 일부 사람만이 소크라테스가 죽는다는 것을 거부할 수 있을 것이다. 삼단논법은

---

209) Neal Ramee, *Logic and Legal Reasoning,* p. 1.
210) *Ibid.*, p. 1.
211) *Ibid.*, p. 1.
212) Steven J. Burton, *An Introduction to Law and Legal Reasoning*, Aspen Publishers, 2007, p. 45.

사실에 있어서 전제들이 옳고 유효한 경우에만 건전하다. 유효한 삼단논법은 전제의 진리를 결론으로 이전시킨다.[213] 전제가 옳지 않은 경우에는 결론은 단지 우연의 일치의 경우에만 옳을 것이다.

적절하게 사용된다면, 연역적 논증은 아주 유용한 논증의 형식에 해당한다. 오히려 유추논증에 비하여 강력하게. 그러나 연역형식은 매우 쉽게 오용될 수도 있다.

대전제: 발은 39인치이다.

소전제: 수잔은 발을 가지고 있다.

결론: 수잔은 39인치이다.

위의 예에서 결론은 명백하게 틀린 것이다. 대전제는 참이 아니며, 추론은 유효하지 않다. 왜냐하면 발(foot)의 의미가 대전제와 소전제에서 다르기 때문이다.

이러한 삼단논법적 논증과정은 대부분의 판결문에서도 발견할 수 있다.

[부산지방법원 2009. 4. 17. 선고 2009고단377 판결]

【전 문】

【피 고 인】피고인

【검 사】최○○

【변 호 인】변호사 이○○

【주 문】

피고인은 무죄.

【이 유】

1. 인정사실

검사가 제출한 증거들에 의하면, 다음과 같은 사실이 인정된다.

가. 피고인은 2007. 10. 2.경 ○○수협 조합장보궐선거에 당선되어 2007. 10. 4.경부터 ○○수협의 조합장으로 근무하고 있는 자로서 공개경쟁채용 또는 제한경쟁채용의 방식으로 직원을 임용할 권한을 가진 자이다.

나. ○○수협은 애초 조합원 자녀 5명, 일반직원 5명, 경매사 2명 합계 12명을 채용하기로 하고, 기획과의 주관 하에 2008. 2. 초순경 시험공고를 한 후 같은 해 3. 16. 객관식 시험을

213) *Ibid.*, p. 45.

시행한 뒤 면접을 거쳐 같은 해 3. 28.경 최종합격자를 결정하였다.

다. 피고인은 2008. 2. 12. 09:30경 ○○ 서구 ○○동(이하지번 생략)에 있는 ○○수협 3층 조합장실에서 '2008년도 신규직원 채용'과 관련하여 보고를 하러 온 검사실장 공소외 6에게 "□□어촌계장 공소외 7의 딸 공소외 1과 ◎◎어촌계장 공소외 8의 딸 공소외 2가 응시할 것인데, 잘 살펴서 합격을 시켜라, 점수가 안 되어도 어찌하겠나, 선거 때 도와주고 했는데 그때 내가 약속을 했다."라는 취지로 지시하였다.

라. 2008. 3. 16. 시행된 객관식 시험에서 공소외 1과 공소외 2의 점수는 커트라인에 미치지 못하였고, 이에 공소외 13은 피고인에게 "점수가 너무 떨어져서 안 된다."는 취지로 보고하였으나, 피고인은 "살펴봐라, 살펴보고 합격을 시켜라."라고 재차 지시하였다.

마. 이에 공소외 13은 ○○수협 기획과장 공소외 9와 의논한 뒤 채점직원들인 기획과 대리 공소외 10, 11, 기획계장 공소외 12에게 피고인의 지시를 설명하였고, 공소외 9, 11, 12, 10은 공소외 2, 1의 답안지(OMR카드 답안지)를 확인하여 공소외 2의 필기시험 점수가 28점, 공소외 1의 점수가 46점으로 합격선에 미달하자 답안지를 교체하여 면접대상자에 포함시키기로 하였다.

바. 공소외 10과 공소외 11은 2008. 3. 16. 23:00경 ○○수협 서고 맞은편 회의실에서 각 공소외 1과 공소외 2의 답안지를 커트라인을 넘어서는 50점이 되도록 다시 작성하고, 그 다음날 아침 시험 및 채점감독관인 총무과장 공소외 14의 확인도장을 받았다.

사. 피고인은 면접이 끝난 후인 2008. 3. 25.경 조합원 자녀 2명과 일반직원 13명을 추가로 채용할 것을 지시하였고, 이에 따라 위 공소외 1과 공소외 2를 비롯하여 1차 시험을 합격한 조합원 자녀는 면접을 거쳐 전부 합격되었다.

2. 판단

형법 제314조 제1항 소정의 위계에 의한 업무방해죄에 있어서의 '위계'라 함은 행위자의 행위목적을 달성하기 위하여 상대방에게 오인·착각 또는 부지를 일으키게 하여 이를 이용하는 것을 말하는바(대법원 2007. 12. 27. 선고 2005도6404 판결 참조), 위에서 인정한 사실관계에 비추어 보면, ○○수협의 신규직원 채용시험업무 담당자들인 기획과장 공소외 9, 채점직원들인 기획과 대리 공소외 10, 11, 기획계장 공소외 12가 공소외 1과 공소외 2의 답안지를 교체함으로써 ○○수협 채용시험에 합격시킨 것은 검사실장 공소외 6을 통한 피고인의 부정한 지시에 따른 결과일 뿐이지 피고인의 행위에 의해 위 시험업무 담당자들이 오인·착각 또는 부지를 일으킨 결과가 아니고, 이와 같이 신규직원 채용권한을 갖고 있는 피고인이 위 시험업무 담당자들을 교사하고, 위 시험업무 담당자들이 모두 공모 내지 양해하여 위와 같은 부정한 행위를 하였다면 법인인 ㅇㅇ수협에게 위 신규직원 채용업무와 관련하여 오인·착각 또는 부지를 일으키게 하였다고 볼 수는 없다. 그렇다면 이 사건에서는 피고인의 위 시험업무담당자들에 대한 부정한 지시나 이에 따른 업무 담당자들의 부정행위로 말미암아 ㅇㅇ수협의 신규직원 채용업무와 관련하여 오인·착각 또는 부지를 일으킨 상대방이 있다고 할 수 없으므로, 피고인 등의 위 부정행위가 곧 위계에 의한 업무방해죄에 있어서의 '위계'에 해당한다고 할 수 없다.

따라서 이 사건 공소사실은 범죄의 증명이 없는 경우에 해당하므로 형사소송법 제325조 후단에 의하여 무죄를 선고한다.

판사 박ㅇㅇ

위의 판결문에서 대전제, 소전제, 결론은 다음과 같다.

① 대전제: 형법 제314조 제1항(위계에 의한 업무방해죄)에서 '위계'라 함은 행위자의 행위목적을 달성하기 위하여 상대방에게 오인·착각 또는 부지를 일으키게 하여 이를 이용하는 것을 말한다.

② 소전제: 피고인은 2007. 10. 2.경 ㅇㅇ수협 조합장보궐선거에 당선되어 2007. 10. 4.경부터 ㅇㅇ수협의 조합장으로 근무하고 있는 자로서 공개경쟁채용 또는 제한경쟁채용의 방식으로 직원을 임용할 권한을 가진 자이다. …… 그 다음날 아침 시험 및 채점감독관인 총무과장 공소외 14의 확인도장을 받았다.

피고인은 면접이 끝난 후인 2008. 3. 25.경 조합원 자녀 2명과 일반직원 13명을 추가로 채용할 것을 지시하였고, 이에 따라 위 공소외 1과 공소외 2를 비롯하여 1차 시험을 합격한 조합원 자녀는 면접을 거쳐 전부 합격되었다.

③ 결론: 이 사건에서는 피고인의 위 시험업무담당자들에 대한 부정한 지시나 이에 따른 업무 담당자들의 부정행위로 말미암아 ㅇㅇ수협의 신규직원 채용업무와 관련하여 오인·착각 또는 부지를 일으킨 상대방이 있다고 할 수 없으므로, 피고인 등의 위 부정행위가 곧 위계에 의한 업무방해죄에 있어서의 '위계'에 해당한다고 할 수 없다.

이러한 삼단논법은 얼핏 보기에는 논리적인 것 같지만, 그 전제들이 좋고 그 전제들 사이의 논리적 관계가 좋은 경우에만 건전할 수 있다. 연역적 논증에서의 핵심 문제는 다음과 같다. ① 권위 있는 대전제를 확인하는 것 ② 믿을 수 있는(truthful) 소전제를 공식화하는 일 ③ 건전한 결론을 이끌어 내는 일 등이다.[214)]

2. 연역적 법적 논증

연역적 법적 논증은 유추논증에 비해서는 형식적이고 엄격하다. 일반적으로 법률이 상호 모순되는 경우에는 새로운 법률이 구법률(舊法律)을 지도한다. 그럼에도 불구하고 중요한 문제는 전제들을 채택하고 전제들 사이의 적절한 관계를 설정하는 데 있다. 또한 유추논증에서 요구되는 것처럼 중요성 판단의 문제가 제기될 수 있다.

1) 대전제(법적 규칙)의 확인

정상적인 연역논증에 있어서 첫 번째 단계는 관련된 대전제를 확인하는 작업이다. 마찬가지로 연역적 법적 논증에 있어서도 사건을 직접 다스리는(govern) 법적 규칙을 확인하는 일이다.[215]

법률사무소에서 고객과의 최초의 면담에서 법률가에게 제시되는 사건을 가정해 보자. 법률가는 우선 관련 법규를 검토할 수 있을 것이다. 하지만 적용할 수 있는 규칙에 대한 조사 이전에 사실에 관한 논의가 선행됨을 주의하여야 한다. 이러한 사실들은 전체적으로 일반적이고 비전문적인 용어로 진술되고 무엇이 일어났는가에 대한 충분한 설명을 줄 뿐이다.[216]

적용 가능한 규칙을 찾아낸 다음에, 법률가는 결론을 연역적으로 논증하고, 적합한 소전제를 공식화하기 위해서 보다 상세한 부가적인 사실을 조사하여야만 한다.[217]

예컨대, 농부 F는 그의 작은 가족이 경영하는 조지아 지방의 과수원에서 복숭아를 재배하고 있다고 가정하자. 그는 애틀랜타 지역에서 생산품을 유통하는 바이어인 A와 계약하였다. 농부와 A는 5월 28일 과수원에서 만났다. 과일을 검사한 후, 그들은 7월에 농부가 A에게 농부의 농장에서 일주일에 200박스의 복숭아를 박스당 40.25달러에 3주간 판매하기로 합의하였다.

그들은 서면계약서 없이 악수를 하고 헤어졌다. 그해 6월 3일 조지아 지방에 심한 비바람이 불고 홍수가 발생하였다. 그 결과 복숭아 열매가 많은 손실을 입었다. 복숭아의 수확 감소를 생각한다면, 가격이 당연히 오를 수 있는 상황이었다. A는 6월 10일 농부에게 서명이 든 편지를 보냈다. 그 내용은 자신에게 7월 3주간 박스당 40.25달러에 판매하기로 한 합의를 상기시키는 것이었다. 그러나 농부는 대답을 하지 않았다. 7월이 되자 F는 그의 모든 복숭아를 B에게 50.75달러에 판매하였다.

---

214) *Ibid.*, p. 46.

215) *Ibid.*, p. 47.

216) 형사사건에 있어서 피해자가 수사기관에 고소하는 경우의 사실은 비법률적 용어로 이루어진 사실들이다. 예: “갑이 나를 발로 찼다.”

217) Steven J. Burton, *op. cit.*, p. 47.

A는 그의 변호사를 만난다. 그리고 그는 농부에게 그 계약을 이행하도록 하는 소송을 원하고 있다. 이때 소송을 할 만큼의 가치가 있는지의 여부를 판단하기 위해서 변호사는 법원이 이 사건에 대하여 어떤 입장을 취할 것인가를 예견할 필요가 있다. 이것은 UCC(Uniform Commercial Code)로 알려진 법률에 의해서 다루어지는 상업적 거래이다. UCC를 고려하는 경우에, 변호사는 그와 관련된 다수의 법률조항들을 발견할 수 있다. 이 때 이 조문들은 A의 사건에 적용될 수 있을 것인가?

변호사는 이 조항은 상품의 거래에 적용한다는 규정을 발견할 수 있을 것이다(2-105). 연역적인 형식에서 변호사는 이 규정의 의미 안에서 복숭아가 상품(goods)인가의 여부를 확인할 것이다. 이것은 복잡한 법률문제는 아니다. 왜냐하면 제2조에서 상품은 이동할 수 있는 모든 것을 의미하고, 재배 중인(성장 중인) 작물(crops)도 포함한다고 규정하고 있다. 따라서 A의 사건에서 복숭아도 성장 중인 작물에 해당하고 따라서 제2조의 상품에 해당한다. 즉, 적용이 된다.

변호사는 상품의 판매를 포함하는 상업적 거래의 유형에 대한 조사로 범위를 좁혔다. 그리고 UCC 제2조를 적용하였다. 그는 부동산 거래, 주식거래, 서비스 제공 등 다른 상업적 거래에 적용되는 많은 규정들을 배제하였다.

A의 변호사는 UCC 제2조를 통하여 그의 문제의 더 좁은 범위에 대해서도 읽게 될 것이다. 하지만 그는 2-201(1)항을 읽으면서, 상품의 판매에 대한 계약의 유형은 효력을 갖기 위해서는 서면이어야 한다는 것을 발견하고는 실망할 수 있을 것이다. 따라서 A와 농부의 계약은 A에게는 억울하겠지만 집행력이 없는 계약의 유형에 해당할 것이라고 추측할 수 있다. 이 계약은 500달러 이상의 거래에 해당한다. 농부는 어떠한 유형의 서면에도 사인을 하지 않았다. 하지만 이것은 다소 성급한 결론이다: 이 규칙은 다른 규정이 없는 경우에 적용되기 때문이다(2-201).

2-201의 후단은 비록 500달러의 상품판매이거나 또는 그 이상으로서 어떠한 서면이 없는 경우에도 집행이 가능하다는 규정이다. 그러나 이 규칙은 꽤 복잡한 것으로서, 서명의 확인을 받은 어떤 사람은 즉시 확인을 거절하여야만 하거나 또는 계약의 집행을 막기 위해서 2-201(1)항을 사용하는 것을 막아야 한다.

이 규칙은 A의 사건에도 적용될 수 있다. A는 농부에게 계약을 상기시키는 편지를 보냈다. 그러나 농부는 대답하지 않았다. A의 변호사는 대전제(major premise)로 2-201(1)항을 사용할 수 있을 것이다. 그리고 대전제를 충족시키는 각각의 요소에 대한 사실들이 확실하다는 것을 소전제로 공식화 할 수 있을 것이다. 만약 그렇게 한다면 그는 A의 사건이 2-201(1)에 의해서 집행이 불가능한 사건이 아니라 2-201(2)의해서 집행이 가능한 계약의 유형에 해당한다고 주장할 수 있다.[218]

이를 위해서는 A의 변호사는 A와 농부의 계약이 상인 사이의 계약이고, A의 편지가 서면의 확인이었다는 것 또는 농부가 편지를 합리적인 시간 안에 받았다는 것 등을 법원에 보여 주어야만 한다. 반면에 농부의 변호사는 A와 농부의 계약이 상인 사이의 계약이 아니고, A의 편지가 서면의 확인이 아니었으며, 농부가 합리적인 기간 내에 그 편지를 받지 못하였다는 것 등을 입증함으로서 A측의 집행을 막을 수 있다는 것을 알고 있다.

판사도 또한 2-201(2)이 이 사건에 적합한지를 판단하기 위하여 몇몇의 문제점을 발견해야만 한다는 것을 잘 알고 있다.

2) 사실 확인

연역적 법적 논증의 두 번째 단계는 유효한 결론으로 이끌어 줄 추론(inference)을 허용하는 방식으로 사실들을 확인하는 작업이다.

여기에서 상당히 복잡한 문제와 직면하게 된다: 어떤 사건에서라도 사실은 다양한 용어로 표현될 수 있다. 농부의 복숭아가 재배 중인 작물에 명백하게 해당하는 것처럼 어떤 가능한 표현은 거의 불편함이 없이 권위적인 규칙의 용어에 합치할 것이다. 따라서 상품은 UCC 제2조에서의 용어의 의미의 범위 내에 있게 된다.

하지만 다른 사실들은 단지 어색하게 또는 암시적으로만 규칙에 적합할 것이다. 위의 사건을 예로 들어서 다소 광범위하게 대전제를 구성한다면 다음과 같을 것이다.

> **대전제**: 상인 사이의 상품의 판매에 관한 계약은 합리적인 시간 내에 확인의 서면이 작성되고 송부되고, 그것을 받은 당사자가 그 내용을 알 수 있는 이유가 있었고, 거절의 의사표시가 편지가 도달한 날로부터 10일 이내에 표시되지 않은 경우에는, UCC 2-201(1)의 조건은 수취인에 대하여 충족된 것이다.

사실의 적시는 농부는 6월 10일의 A의 편지에 대하여 답장하지 않았다고 밝히고 있다. 만약 A의 편지가 계약의 확인을 위한 서면이었다고 가정한다면, 그것은 보낸 자에게 충분하고, 농부에 의해서 합리적인 시간 내에 접수된 것이다. 그리고 농부는 그 내용을 이행할 수 있는 이유가 존재하는 것이다.

그리고 대전제는 지금 다음과 같이 공식화될 수 있을 것이다.

---

218) Steven J. Burton, *op. cit.*, p. 47.

대전제: 계약이 상인 사이에서 이루어진 경우라면, 2-201(1)의 요건은 수령자에 대해서 충족된다.

이 전제로부터 사건을 연역적으로 논증하기 위해서는, A의 변호사는 반드시 두 개의 가능한 소전제를 공식화하여야만 한다: A와 농부의 계약이 상인 사이에 이루어졌는지 또는 아닌지를.

대전제가 주어진다면, 어떠한 소전제도 유효한 결론에 대한 추론을 허용하지 않는다. 왜냐하면 두 개의 가능한 소전제는 서로 모순되고, 단지 두 결론 중의 하나만이 가능하기 때문이다: 즉, 농부에 대하여 2-201(1)의 요건이 충족되거나 그렇지 않거나 A는 만약 첫 번째 소전제가 사실의 문제로서 진실로 밝혀지는 경우에만 승소할 것이다.

대전제: 계약이 상인 사이에서 이루어진 경우라면, 2-201(1)의 요건은 수령자에 대해서 충족된다.

소전제: A와 농부의 계약은 상인 사이에 체결되었다.

결론: 2-201(1)의 요건은 농부에 대하여 충족된다.

대전제: 계약이 상인 사이에서 이루어진 경우라면, 2-201(1)의 요건은 수령자에 대해서 충족된다.

소전제: A와 농부의 계약은 상인 사이에 체결되지 않았다.

결론: 2-201(1)의 요건은 농부에 대하여 충족되지 않는다.

결국 어떤 소전제가 옳은 것인가? A의 변호사는 어느 한쪽이 진실이라고 말할 수 있다. 그는 그의 의뢰인에게 유리한 어느 하나를 선택하게 할 수 있다. 하지만 이것은 단지 논리적으로 가능한 소전제를 확인하는 것이며, 그 반대의 소전제와 결론 또한 논리적으로 가능하다. 따라서 단지 그들 중 하나가 옳다고 말하는 것은 비록 그의 논리가 유효하다고 하더라도 모든 사람을 설득할 수는 없다.

실무적으로 A의 변호사는 재판에서 증명될 수 있는 사실에 기초한 건전한(합리적) 주장을 구성하지 않는 한 판사 또는 농부의 변호인을 설득하지 않을 것이다.

문제는 A와 농부의 계약이 실제로 상인 사이에서 체결되었는가의 여부이다. 사실의 두 개의 설명 중 어느 것이 적절한가? 어떤 사실(fact)이 결정과 관련되어 있는가? 사건의 사실들은 규칙의 언어 내에서 미리 포장되지 않는다. 규칙은 그 적용을 위한 범주를 포함하고 있지 않다. 따라서 규칙에 대한 해석이 요구되는 것이다.[219)]

3) 중요성 판단(The judgement of importance)

사건에서 어떤 주장이 연역적으로 옳은 것인가를 판단하기 위한 규칙과 정의를 완전하게 이해(해석)한 다음에, 법률가는 당해 사건을 유형화하기 위하여 중요성을 판단하여야 한다.[220)]

좁은 의미에서 해석은 법적 규칙 안에 존재하는 단어 또는 단어의 결합인 언어적 상징에 대하여 의미를 부여하는 지적인 작업(과정)이다.[221)] 언어에 고유한 일반적인 문제는 필수적으로 해석의 문제를 야기한다. 단지 소수의 단어만이 오직 하나의 의미만을 갖고 있기 때문에 세상에서 확실히 어떤 객체와 관련될 수 있다. 그러나 대부분의 단어들은 명확성이 부족한 경우가 많다. 즉 단어들은 둘 또는 그 이상의 의미들을 가질 수 있다.[222)] 그러한 단어들을 보통 애매하다(ambiguous)고 하며, 경계선 없이 하나에서 다른 것으로 계속하여 변화되는 의미를 가질 수도 있다. 명확성의 결여는 문장의 애매함(sentence ambiguity)으로 직결된다. 이런 세 가지 형태의 불명확한 의미는 법적 규칙에 대한 해석을 요구한다.

일상생활에서 우리는 일반적으로 단어의 의미를 그 정의로서(라고) 생각한다. 법률용어의 법적 정의는 쉬운 사건에서 유용할 수 있다. 하지만 정의를 통한 해석은 종종 규칙에 대한 해석의 문제를 단어의 정의에 대한 해석의 문제로 변화시키고, 또한 정의에 대한 해석의 문제를 정의의 정의에 대한 해석의 문제의 하나로 변화시킨다.[223)] 마지막으로 사용가능한 정의가 발견된 경우에도 거기에는 여전히 애매함과 모호성이 존재하고 있다.

정의(definition)는 중요한 관점에서 본다면 규칙과 같은 것이다. 정의는 그 자체로서 해석을 요구한다. 왜냐하면 정의도 언어의 문제로부터 어려움을 가지고 있기 때문이다. 위의 사건에서 상인을 ‘어떤 종류의 상품을 거래하는 자(deals in goods of the kind)’라고 정의한다면, 이때 어떤 종류의 상품이라는 구절은 복숭아 또는 과일, 생산품 또는 식량을 가리킬 수 있다. 하지만 이 구절은 애매하다. 더 나아가서 농부는 복숭아 거래를 하였다고 볼 수도 있고, 거래하지 않았다고 볼 수도 있기 때문이다. 거래(deals)라는 단어 역시 애매하다. 왜냐하면 얼마나 그리고 어떤 유형의

---

219) Steven J. Burton, *An Introduction to Law and Legal Reasoning*, Aspen Publishers, 2007. p. 52.
220) *Ibid.*, p. 55.
221) *Ibid.*, p. 52.
222) *Ibid.*, p. 52.
223) *Ibid.*, p. 52.

사업활동(business activity)이 농부를 거래자(dealer)로 만들었는지 알려져 있지 않기 때문이다. 농부의 사업 수준은 소비자로부터(상인이 아닌) A와 같은 중간상인에 이르기까지 다양하기 때문이다. 또한 상인 간(between merchants)이라는 구절은 어떠한 거래에 있어서 양 당사자가 모두 상인의 기술 또는 인식에 대하여 책임을 가지고 있다는 관점을 의미하지만, 양당사자가 모두 상인일 때에는 단순하지 않다. 이것은 문장의 애매성으로 인하여 어려움이 발생한다. 만약 확실하게 어떤 종류의 상품거래를 하는 자는 상인의 인식과 기술에 대하여 책임이 있을 수도 있고 그렇지 않을 수도 있기 때문이다.

4) 기타의 문제들

한편 성문의 규칙이 그 역할을 수행하는 것을 돕기 위해서 연역적 법적 논증은 정의(定義)뿐만 아니라 다른 많은 요소들을 필요로 한다. 그러나 오직 규칙의 언어만이 승인되고 그 언어는 우리에게 분석의 출발점을 던져줄 뿐이다.[224)]

다수의 다른 유형의 지침들은 성문법규의 해석에 도움이 될 수 있다. 아마도 법률들은 전체적으로 일관성 있는 의미를 주기 위해서 규정 사이의 모순을 피하면서 읽혀져야 한다.[225)] 또한 의회에서의 토론, 위원회의 보고서 등을 포함한 입법적인 역사도 고려되어야만 할 것이다. 또한 법률은 제정 당시의 역사적, 경제적 그리고 사회적 환경의 관점을 고려하여 해석되어야 할 것이다.[226)]

이러한 모든 요소들은 종종 좋은 법적 논증에 있어서 유용하다. 하지만 이러한 광범위한 요소들의 고려는 종종 상당한 장애로 작용할 수도 있다.[227)] 즉 고려하여야 할 많은 요소들 어느 하나도 우리가 불명확한 법적 규칙에서 건전한 결론을 이끌어 내기 위한 연역적 논증을 허용하는 소전제를 공식화하기 위해서 필요한 특별성을 제공하지 않는다.

규칙은 사건과 대조를 이루면서 존재한다. 실정 법률의 언어는 규칙에 의해서 다루어지는 사건이 구체화되기 전에 공표되고, 추상적인 유형으로 표현된다. 상황의 언급은 사건의 유형을 지적할 뿐이며, 어떠한 사건의 특별한 요소를 지적하는 것은 아니다.[228)] 예컨대, '상인'이라는 단어는 특별한 사실을 적시하는 것은 아니며, 사건의 유형을 가리킬 뿐이다.

추상적인 유형과 사건과의 관계는 추론의 문제를 남긴다. 예컨대, 농부가 특별히 상인으로서

---

224) *Ibid.*, p. 55.
225) *Ibid.*, p. 56.
226) *Ibid.*, p. 56.
227) 우리는 무엇을 하기 전에 모든 것을 생각해야 한다는 말을 자주 듣는다. 그러나 이것은 우리가 아무것도 하지 못한다는 의미로 작용할 수도 있음을 상기하여야 한다.
228) Steven J. Burton, *op. cit.*, p. 57.

책임을 지는 사람의 부류에 해당하는가의 문제를 결정해야 하는 것이다. 그리고 그 관계는 논증의 과정을 통해서 추론되어야만 한다. 대법관 홈즈가 오래 전에 말한 것처럼, 일반적인 전제는 구체적인 사건을 결정하지 않는다.[229]

한편 사건(선례)으로부터의 유추적 법적 논증과 마찬가지로 규칙으로부터의 연역적 법적 논증도 그 남용의 위험성이 있음을 주의하여야 한다.

3. 유추적 논증과 연역적 논증의 결합

원래 유추적 법적 논증은 보통법의 특성이고, 연역적 법적 논증은 실정 법률의 특징이다. 그러나 법관들은 보통법을 연역적으로 사용하기도 하고, 선례를 유추적 법적 논증을 통해서 실정 법률에 적용하기도 한다.[230]

> 형법 제314조 제1항 소정의 위계에 의한 업무방해죄에 있어서의 '위계'라 함은 행위자의 행위목적을 달성하기 위하여 상대방에게 오인·착각 또는 부지를 일으키게 하여 이를 이용하는 것을 말하는바(대법원 2007. 12. 27. 선고 2005도6404 판결 참조), 위에서 인정한 사실관계에 비추어 보면, ○○수협의 신규직원 채용시험업무 담당자들인 기획과장 공소외 9, 채점직원들인 기획과 대리 공소외 10, 11, 기획계장 공소외 12가 공소외 1과 공소외 2의 답안지를 교체함으로써 ○○수협 채용시험에 합격시킨 것은 검사실장 공소외 6을 통한 피고인의 부정한 지시에 따른 결과일 뿐이지 피고인의 행위에 의해 위 시험업무 담당자들이 오인·착각 또는 부지를 일으킨 결과가 아니고, 이와 같이 신규직원 채용권한을 갖고 있는 피고인이 위 시험업무 담당자들을 교사하고, 위 시험업무 담당자들이 모두 공모 내지 양해하여 위와 같은 부정한 행위를 하였다면 법인인 ○○수협에게 위 신규직원 채용업무와 관련하여 오인·착각 또는 부지를 일으키게 하였다고 볼 수는 없다. 그렇다면 이 사건에서는 피고인의 위 시험업무담당자들에 대한 부정한 지시나 이에 따른 업무 담당자들의 부정행위로 말미암아 ○○수협의 신규직원 채용업무와 관련하여 오인·착각 또는 부지를 일으킨 상대방이 있다고 할 수 없으므로, 피고인 등의 위 부정행위가 곧 위계에 의한 업무방해죄에 있어서의 '위계'에 해당한다고 할 수 없다. 따라서 이 사건 공소사실은 범죄의 증명이 없는 경우에 해당하므로 형사소송법

---

229) Lochner v. New York, 198 U.S. 45, 76(Holmes, J., dissenting).
230) Steven J. Burton, *op. cit.*, p. 59.

제325조 후단에 의하여 무죄를 선고한다.[231)]

이 판결에서 법관은 '형법 제314조 제1항'이라는 실정법률을 연역적으로 사용함과 동시에 '대법원 2007. 12. 27. 선고 2005도6404 판결'이라는 선례(판례)를 유추 적용하여 결론을 제시하고 있다고 할 수 있다.

이 두 논증 형식의 결합은 유용한 기능을 제공한다. 만약 보통법의 문제를 통해서 작업을 하는 경우에, 유추는 점차적으로 다수의 선례가 증가하는 만큼 광범위하게 증가하지는 않는다. 보통법의 규칙은 경제적으로 선례를 정리하는 것을 허용한다.

실정 법률을 통해서 사건을 해결하고자 하는 경우에도, 논증자는 유추적 형식으로 시작할 수 있고, 중요성의 판단에 도달할 수 있다. 그리고 보통법을 사용하여 연역적인 형식으로 이동할 수도 있다.[232)]

231) 부산지방법원 2009. 4. 17. 선고 2009고단377 판결.
232) Steven J. Burton, *op. cit,* p. 59.

제3장

형사절차상 사실인정

제1절

의의

형법의 적정한 적용에 의하여 구체적 법률관계를 형성하고 확정하는 것을 목표로 하는 형사재판은 사실관계의 정확한 파악을 전제로 하며, 이러한 사실관계의 확정이 형사재판에 있어서 가장 중요하다고 할 수 있다. 그러나 사실관계를 확정하는 형사사건에서 다툼이 되는 것은 법령의 해석, 소송절차 등 여러 가지가 있을 수 있으나 실제 재판에서 압도적으로 쟁점이 되는 사항은 사실의 존부, 즉 사실인정이라고 할 수 있다. 사실을 판단함에 있어서 법령의 해석만을 가지고 다투는 사건은 극히 적으며, 설령 법령의 해석이나 소송절차 등의 문제로 다투는 경우라 하더라도, 그 기초사실의 존부가 우선적으로 문제가 되는 것이 많이 발생한다.[1] 그러나 사실인정의 문제는 소송절차에서 쉽게 해결되는 문제가 아니다. 그것은 사실인정이라는 작업이 과거에 발생한 사건의 증거로부터 어떤 사실이 존재하는지 혹은 존재하지 않는지를 현재화(現在化)하는 작업이기 때문이다. 즉, 과거를 현재의 눈으로 확인하여야 하는 것으로서 과거의 흔적이 남아 있는 경우도 있지만, 상당수의 범죄의 경우에는 과거의 흔적이 존재하지 않거나 존재하였더라도 시간의 경과로 희미해지기 때문이다. 또한 과거의 흔적도 직접적인 흔적보다는 간접적인 흔적 — 이른바 정황증거, 간접증거 — 들이 대부분이기 때문이다. 특히 흔적이 인간의 기억 속에 존재하다가 언어의 형태로 법정이나 수사기관에 표현되는 경우에는 기억의 변화 그리고 언어적 표현의 다의성 또는 애매성 등으로 인하여 오류가 포함되기 쉬우며 또한 의식적으로 허위의 표현을 할 수도 있기 때문이다.[2]

이러한 사실인정에서의 문제는 민사소송에서도 마찬가지이다. 2010년 5월에 개최된 한국민사소송법학회 세미나에서 성남지원의 구회근 부장판사는 '1·2심 사실인정이 달라진 사건의 원인분석'이라는 주제로 발표하면서 다음과 같은 내용의 주장을 하였다.

① 1·2심에 계속 중인 민사사건의 상당수는 사실인정 문제가 쟁점이 된 것들이고 일본의 경우는 90%가 사실인정이 문제가 되는 것이라고 한다. 그러나 애석하게도 우리나라 법관들은 재판에서의

1) 뿐만 아니라, 범죄사실의 존부나 피고인이 범인이라는 점에 다툼이 없는 사건이라고 하더라도 피고인에게 어느 정도의 양형을 부과할 것인지의 문제와 관련해서도 양형의 기초가 되는 사실에 대한 다툼이 발생될 수밖에 없다; 박종선, 「강간죄의 적정한 사실인정 정립에 관한 연구」, 『법학논총』 제26집 제3호, 67쪽.

2) 이러한 점이 동일한 사실인정임에도 불구하고 민사재판의 경우와 매우 다른 점이다. 민사사건은 추후 발생될 분쟁에 대비하여 서면으로 공증화하기도 하고, 혹은 증인을 세우기도 하므로 누가, 언제, 무슨 행위를 하였는가에 대한 증거나 흔적을 명확히 남기는 경우들이 적지 않다; 石井一正, 『刑事事實認定入門』, 2008, 20~21쪽; 박종선, 「강간죄의 적정한 사실인정 정립에 관한 연구」, 『법학논총』 제26집 제3호, 69쪽에서 재인용.

'사실인정'에 관해 체계적으로 교육을 받지 못하고 있을 뿐 아니라, 사실인정에 관한 이론서나 실제 사례를 분석한 자료도 빈약한 실정이어서 보완이 시급하다.

② 판사들은 여러 가지 증거를 통해 도출한 결론에 따라 마지막에 사태파악을 하는 일반인과 달리 먼저 가설과 결론을 세운 다음, 그것이 사실인지 확인하는 순으로 사고를 진행하고 있는 것으로 알려졌다.[3)]

③ 판사들마다 사실인정 여부가 다른 것은 수많은 증거 중에서 신빙성 있는 증거자료를 추출해 내고 그로부터 인정되는 주요사실, 간접사실들을 기초로 요건사실의 인정여부를 판단하는 것이 법관의 재량에 맡겨져 있기 때문이며, 1·2심의 사실인정이 달라지는 가장 큰 이유는 아마도 '변론전체의 취지', '증거의 종합'에 의한 사실인정, 증거의 증명력 판단과정에서 생기는 것 같다.

④ 자유심증주의는 법관의 능력이나 인격에 신뢰를 두고, 서증이나 증언 등의 증거능력이나 증거의 증명력 판단을 법관의 합리적인 재량에 맡기는 이념이다. 그러나 법관의 경우 그 인식능력의 부족과 한계, 직업적인 타성과 보수성 등으로 인해 기대와는 달리 잘못된 사실인정을 할 가능성이 얼마든지 있다.

⑤ 실무상 서증, 증언 등 직접증거에 의해 주요사실을 인정하는 경우보다 간접증거에 의해 주요사실을 인정하는 경우가 더 많은 것으로 알려지고 있다. 특히 민법 126조 표현대리에서의 '정당한 사유', 민법 750조 불법행위요건으로의 '과실', '인과관계', 민법 840조 이혼사유 중 '혼인을 계속하기 어려운 중대한 사유' 등은 직접증거가 존재하기 어렵기 때문에 판사의 논리칙, 경험칙이 중요한 역할을 하게 된다.

⑥ 재판과정에서 법관들에 의해 활용되고 있는 경험칙들 중 상당부분은 제대로 된 검증을 거칠 수 있는 과정이 마련돼 있지 않아 심각하다.

⑦ 독일의 한 교수는 이런 경험법칙의 문제점과 관련해 법관은 검증되지 않은 자신의 생활경험에 근거해 사실관계를 판단하면서도 오히려 사회학자들이 경험과학적으로 이미 증명하여 재판에 충분히 활용할 수 있는 이론들은 무시하고 있다며 비판한 바 있다.

결국 모든 소송에 있어서 사실인정은 법률적용의 전제로서 전체로서의 소송의 승패를 결정짓는 요소이며 판결의 정당성을 위한 첫 출발점이다. 사실인정의 오인이 민사소송에 있어서는 회복의 가능성이 있다고도 할 수 있지만, 형사소송에서는 진범이 아닌 자에게 유죄를 인정하고 사형이 선고되고 집행되었다면, 침해된 생명은 그 회복이 불가능하다. 따라서 사실인정의 중요성은 민사소송에서보다 형벌 부과를 결정하는 절차인 형사소송에서는 더욱 중요하다고 하지 않을 수 없다.[4)]

3) http://www.lawtimes.co.kr/LawNews/News/NewsContents.aspx?kind=AA&serial=52798&page=1 ; 2011. 3. 11. 방문.

어떻게 하면 올바른 사실인정을 할 수 있는가의 문제는 형사재판에 있어서 매우 중요한 과제일 뿐만 아니라, 형사재판에 관여하는 자의 끊임없는 관심사라고 할 수 있다. 특히 사실인정에 대하여 최종적인 책임을 지는 법관에게는 상당히 어려운 문제로 작용할 것이다.[5] 이러한 어려움은 정도의 차이는 있을 수 있겠으나, 수사에 종사하는 경찰관과 공소를 제기할 것인지 하지 않을 것인지를 판단하여야 하는 검사에게도 해당된다. 왜냐하면 수사나 공소에 있어서도 적정한 사실인정이 필요하고 그것에 의하여 사건의 귀추가 정해지기 때문이다.[6]

이에 따라 본 장에서는 앞서의 논의를 바탕으로 하여 ① 법관의 사실인정의 실제구조는 어떤 모습인가. 즉 사실인정의 과정에서 법관의 마음에서 일어나는 일은 무엇인가. 직관과 법적 논증은 어떤 관계에 있는가. ② 법관의 판단에 영향을 미치는 요소는 무엇인가. 논리칙과 경험칙인가. 법관 개인의 가치관과 선이해는 법관의 판단에 어떠한 영향을 미치는가. ③ 사실인정의 과정에서 논증, 특히 법적 논증은 사실인정의 합리화를 위하여 필요한 것인가, 법적 논증이 사실인정의 합리화에 기여할 수 있을 것인가 등을 중점적으로 살펴보기로 한다.

인식론적 측면에서 볼 때 형사재판에 진실은 '발견'되는 것이 아니라 '구성'된다고 할 수 있다. 즉, 형사소송에서의 진실규명 또는 사실 확정은 객관세계에 존재하는 실체에 대한 인식의 과정이 아니라 정형화된 절차 내에서 무수히 많은 정보들을 토대로 사건을 재구성하는 작업이다.[7] 그러나 진실발견은 단순한 법률적 이론이 아니라 심리학적·사회학적 연구가 필요한 영역임에도 불구하고, 최근까지 법률가들은 사실 확인을 위한 집중적인 연구보다는 오히려 법률적용에 관한 연구에만 전적으로 매달려 왔다고 해도 과언이 아니다.[8]

형사소송에 있어서 사실인정은 직접증거가 없는 경우에는 많은 어려움이 있다. 특히 이러한 어려움은 행위의 객관적 요소가 아닌 주관적 요소라고 할 수 있는 고의 등의 인정에 있어서는

4) 형사소송법 제307조는 '사실의 인정은 증거에 의하여야 한다.'라고 규정하여 증거재판주의를 선언하고 있으며, 이것은 오늘날 모든 재판절차에 있어서 적용되는 자명한 원리이다. 그러나 사실인정의 역사를 회고해 보면 그렇지도 않다는 것이 나타난다. 형사재판의 역사는 신탁(神託)재판의 시대(고대부터 중세까지)부터 규문재판의 시대(중세 말부터 프랑스혁명까지)를 거쳐, 근대적 형사재판의 시대(프랑스혁명 이후)에 이른다. 이러한 사실인정의 역사는 신의 의사[神判]에 의하여 유무죄가 결정되는 것으로 '비(非)'증거재판주의였다고 할 수 있다. 또한 증거재판주의는 형사절차뿐만 아니라 다른 소송절차에서도 요구되는 원칙이다. 그런데 사인(私人) 간의 이해관계에 관한 분쟁해결을 목적으로 하는 민사소송에 있어서는 분쟁의 대상이 되고 있는 사실을 증명함에 있어서 형식적 진실을 발견하는 것으로 족하다. 따라서 민사소송법은 증거재판주의를 적극적으로 명시하기보다는 '법원에서 당사자가 자백한 사실과 현저한 사실은 증명을 요하지 아니한다.'라고 규정함으로써(민사소송법 제288조 본문) 증거재판주의를 소극적으로 규정하고 있다; 신동운, 『신형사소송법』, 법문사, 2008, 865쪽.

5) 박종선, 「강간죄의 적정한 사실인정 정립에 관한 연구」, 『법학논총』 제26집 제3호, 68쪽.

6) 위의 책, 69쪽.

7) 변종필, 「형사소송에서 법관의 지위와 역할-지위론, 구조론 및 목적론의 연계구조와 관련하여」, 『형사정책연구』 제13권 제4호, 2002, 15쪽.

8) 박종선, 앞의 책, 73쪽.

가중된다. 즉, 사람의 의식 외부에 존재하는 객관적 사실은 사람의 오관에 의하여 지각될 수 있기 때문에 그 사실을 인정할 수 있는 경우는 물론이고 설사 직접증거가 없는 경우라도 간접증거에 의한 추론이 실제 존재하는 사실(이른바 실체적 진실)에 접근할 개연성이 더 크다. 그러나 고의와 같은 주관적 요소는 사실인정의 대상 자체가 외부에서는 확인할 수 없는 것이기 때문에 추론의 결과가 실제 존재하는 사실에 부합하는지를 판단할 객관적 기준은 없다. 이 경우 추론의 당부에 대한 판단기준은 '일반적으로 합의된 기준'일 수밖에 없다.[9)]

물론 구성요건적 사실이 주로 기술적 구성요건으로 이루어졌고, 행위가 일상적인 내용에서 벗어나는 작위를 내용으로 하는 범죄유형의 경우에는 객관적 구성요건적 사실과 객관적 상황에 대한 인식이 별다른 의문 없이 고의를 인정할 수 있는 경우도 있지만, 그렇지 않은 경우에는 고의에 대한 증명의 어려움을 덜기 위해 미리 고의인정에 필요한 판단요소와 기준, 이러한 기준이 적용될 수 있는 간접사실의 유형과 내용을 확정해 두는 방식이 사용된다. 하지만 고의인정에 필요한 판단기준이 규범적으로 확정된다고 하더라도 그 기준의 적용과정에서는 불가피하게 의미 있는 사실의 선택 또는 고의를 징표하는 간접사실의 관련성을 바라보는 관점의 충돌이 일어날 수밖에 없다.[10)]

또한 동일한 사실관계에 관하여 형사재판에서 확정된 사실판단이 민사재판에서 갖는 증명력에 관한 판례를 보면 "원래 민사재판에 있어서는 형사재판의 사실인정에 구속을 받는 것이 아니라고 하더라도 동일한 사실관계에 관하여 이미 확정된 형사판결이 유죄로 인정한 사실은 유력한 증거자료가 되므로 민사재판에서 제출된 다른 증거들에 비추어 형사재판의 사실판단을 채용하기 어렵다고 인정되는 특별한 사정이 없는 한 그와 반대되는 사실을 인정할 수 없다."라고 하였다.[11)]

---

9) 이러한 기준으로 대표적인 것은 장물범의 고의 인정에 관한 영미법의 '지식(인식)증명의 이론' 및 '의사(고의)증명의 이론'이다. 지식증명의 이론은 특정한 행위(물품의 소지·취득)를 한 자가 그 경험으로부터 특정한 경고나 지식을 얻었다면, 그 후에 유사한 행위를 함에 있어서 그 경고나 지식이 그 사람의 행동에 작용하였을 것이라고 추론하는 것이다. 예를 들면, 피고인이 문제된 사안 이전에 특정인으로부터 장물을 고의로 매수하였다는 사실은 피고인이 종전에 취득한 장물과 같은 피해 장소의 물건을 다시 취득한 경우에 피고인의 장물에 대한 고의를 추정할 수 있도록 한다. 이와 같은 유사행위의 요건으로는 물건을 준 사람의 동일성 혹은 물건의 유사성이 필요하다. 의사증명의 이론은 유사한 결과가 반복해서 발생하였다는 사정이 있다면, 우연성을 부정하여 고의(악의)를 증명한다는 추론이다. 예를 들면 장물을 여러 차례 매수한 행위는 그것이 단순히 우연한 것이 아니라 고의에 의한 것으로 추정된다. 유사행위의 입증은 위와 같은 지식 또는 의사 어느 것에 대해서는 허용되지만, 의사증명에 의한 고의 인정은 유사행위가 반복되는 만큼 강해지고, 1개의 유사행위로는 거의 무의미하기 때문에 유사행위가 1개 밖에 없는 경우에는 지식증명의 이론에 의하여 허용 여부를 결정하고, 여러개의 유사행위가 있는 경우에는 의사증명의 이론에 의하여 이를 결정하는 것이 타당하다고 한다; 足立勝義, 「英美刑事訴訟に於ける情況證據」, 『司法硏究報告書』 제5집 제4호, 212쪽; 이용구, 「판단과 논증-배임죄의 고의에 대한 몇 개의 논증 분석」, 한국형사소송법학회 추계학술대회 발표집, 2010, 8쪽에서 재인용.

10) 이용구, 「판단과 논증-배임죄의 고의에 대한 몇 개의 논증 분석」, 한국형사소송법학회 추계학술대회 발표집, 2010, 9쪽.

11) 대법원 1997. 9. 30. 선고 97다24276 판결, 1996. 5. 28. 선고 96다9621 판결.

다만 "민사재판에 있어서 이와 관련된 다른 민·형사사건 등의 확정판결에서 인정된 사실은 특별한 사정이 없는 한 유력한 증거자료가 되는 것이나, '당해 민사재판에서 제출된 다른 증거내용에 비추어 관련 민·형사사건의 확정판결에서의 사실판단을 그대로 채용하기 어렵다고 인정될 경우'에는 이를 배척할 수 있고, 이 경우에 그 배척하는 구체적인 이유를 일일이 설시할 필요는 없다."라고 하였다.[12)]

결국 사실판단은 동일한 사안의 경우에도 관찰자와 판단자에 따라서 그 사실관계가 달라질 수 있다는 의미이다. 이러한 점은 사실인정의 복잡성과 어려움을 보여 주는 것이라고 하지 않을 수 없다.

제2절

사실인정의 한계

Ⅰ. 사실문제와 법률문제의 구별

형사절차상 사실인정은 사실의 문제와 법률의 문제의 구별을 전제로 한다. 사실과 법률의 구별은 과거의 사건에 대한 문제(questions about past events)와 그 법적 결과에 대답하는 문제(questions addressing their legal consequences) 사이의 본질적인 구별을 추구하는 의미를 가지고 있다. 이때 형사절차는 무엇이 진실한 논쟁사실인가를 발견하고, 문제의 행동이 적절하게 합당한 법적 결과(평가)를 작동시키게 하는 도구적 기능을 제공한다.[13)]

흔히 재판은 법률을 대전제로 하고 사실을 소전제로 하는 삼단논법의 적용에 의해서 이루어진다고 한다. 이를 법률적 삼단논법이라고 하는데, 전통적인 삼단논법에서 사실인정과 법률해석 내지 적용은 서로 관계함이 없이 독립적으로 이루어지는 작업으로 보아 왔다.[14)] 그러나 법해석학에서는 법률의 의미는 사실인정에 앞서 확정적으로 주어져 있지 않고 사실인정에 의하여 비로소 구체적으로 형성되는 것임을 밝혀 주었다.[15)] 법해석학은 소송에서 확정된 사실과 법률규범 사이의 관계를

12) 대법원 2000. 2. 25. 선고 99다55472 판결, 1997. 3. 14. 선고 95다49370 판결, 2002. 2. 26. 선고 99다67079 판결.
13) Paul Roberts/Adrian Zuckerman, *Criminal Evidence,* p. 132.
14) 조원철, 「간접증거에 의한 사실의 인정」, 『재판자료』 제110집, 법원행정처, 4쪽.

연역적 관계나 귀납적 관계로 환원시키지 않고 서로 연역적이며 동시에 귀납적인 관계, 즉 상호적 수렴관계로 바라보는 데 있다. 즉, 법률의 의미는 그 법률이 적용될 사실의 확정에 의하여 비로소 구체화되지만, 다른 한편으로 법률이 적용될 사실의 인정은 법률에 담긴 규범적 관점에 의하여 이루어진다는 것이다. 이러한 사실인정과 법률 규범 사이의 상호 수렴적 관계 파악은 20세기 일반 해석학의 영향을 받은 것으로 볼 수 있다. 20세기 중반의 분석적 해석학은 텍스트의 이해를 위하여 3가지 유형의 해석학적 순환론을 주장하였다.[16] 이에 따르면 첫 번째 유형은 선이해와 텍스트 사이의 관계에 해당하는 것으로서, 선이해(Vorständnis)는 해석자가 해석해야할 텍스트에 다가설 때 '사전에 가지고 접근하는 가설 내지 가정'을 말한다.[17] 이러한 가설의 내용은 그 해석자에게 삶의 과정에서 각인된 내용들과 직업적인 경험에 의해 결정된다. 이때 순환성이라는 것은 규범(문장)과 해석적인 가정 또는 해석자의 가정 사이의 상호작용이 일어난다는 것이다. 달리 말해 한편으로 규범문장은 해석(자)의 가설이 없이는 전혀 문제 있는 것으로도 느껴질 수 없다는 것이고, 다른 한편으로는 해석의 가정 내지 선이해는 규범문장을 기초로 하여 법적인 방법론의 규칙을 통해서 심사되어져야만 하는 것이라는 의미의 순환성이다. 하지만 해석학적 순환론은 무엇을 버리고 무엇을 취해야 하는가에 대해서 사실상 아무런 척도도 제시해 주지 않는다는 추측을 해 볼 수 있다. 따라서 해석학적 순환론 혹은 선이해의 순환성은 해석자 스스로의 자기성찰의 요구, 즉 스스로 엄격하게 자기를 성찰하라고 하는 요구(공준)와 상응한다고 할 수 있다.[18] 결국 법적 해석에 있어서 해석되어야 할 법문과 해석자의 선이해 사이에 나타나는 순환성에 대한 해석학에서의 지적은, 적어도 해석자에게 이러한 문제를 자기 비판적으로 성찰하라는 요구(das Postulat der Reflexion)로 볼 수 있다는 것이다.

두 번째 해석학적 순환의 유형은 부분과 전체 사이의 관계에 연관된 것이다.[19] 하나의 규범의 이해는 한편으로 그 개별규범이 속하는 전체규범(체계)의 이해를 전제로 한다. 다른 한편으로 하나의 규범체계의 이해는 그 규범체계에 속하는 개별적인 규범의 (선)이해 없이는 제대로, 혹은 완전하게 이해될 수 없다고 보아야 한다는 것이다. 결국 단일성 내지 일체성과 정합성 내지 통일성(Kohärenz)을 어떻게 창출할 것인가의 문제와 관련을 가진 것이다. 이러한 과제는 소위 체계적인

15) 일반적으로 법률의 문제와 사실의 문제의 구별은 배심재판에서 중요한 실무적 함의를 가지고 있다; Paul Roberts/Adrian Zuckerman, *Criminal Evidence*, p. 132.
16) 김성룡, 『법적 논증의 기초』, 경북대학교출판부, 2006, 61쪽.
17) 이러한 가설 내지 가정이라는 것은 현재 판단을 필요로 하는 법적인 문제의 올바른 해결에 관한 해석자의 추정 내지는 기대를 표현하는 것이다; 김성룡, 『법적 논증의 기초』, 경북대학교출판부, 2006, 61쪽.
18) Alexy, *Juristische Interpretation*, S. 75~76; 김성룡, 『법적 논증의 기초』, 경북대학교출판부, 2006, 62쪽에서 재인용.
19) 김성룡, 앞의 책, 62쪽.

해석의 과제라고 하겠다. 이러한 순환성의 배후에 놓여 있는 공준(요구)을 소위 정합성(das Postulat der Kohärenz)이라고 한다. 이는 해석자가 항상 부분과 전체의 관련성에 대한 통찰을 놓쳐서는 안 된다는 요구이다.

세 번째 유형은 규범과 사실 간의 관계에 해당한다. 규범은 추상적이고도 보편적이나, 그러한 규범이 적용될 사태 내지 사실(관계)들은 구체적이고 개별적인 것이다.[20] 규범들은 사실상 그리 많은 표지들을 함유하고 있지는 않지만, 구체적인 사태들은 헤아릴 수 없이 무한정한 표지들을 잠재적으로 함유하고 있는 것이다. 이러한 경우의 순환성이라는 것은 한편으로는 사실관계는 규범(들)의 구성요건(들)의 표지에 의해 기술되나, 다른 한편으로는 사실관계들의 구체적인 다양한 표지들은 가장 먼저 눈에 띄는 규범을 적용하게 하는 것이 아니라 하나의 다른 규범을 적용하게 하는 계기를 줄 수 있다는 것이다. 즉, 현실의 구체적인 사안이 가지는 특징은 기존의 추상적인 하나의 규범(구성요건)의 어떠한 표지를 더욱 구체화하거나 비판하거나, 또는 그 구성요건에 하나의 새로운 표지를 추가하는 규범을 창출·적용하게 하는 동인을 제공할 수도 있다는 것이다. 이러한 세 번째의 순환성의 배후에는 완전성의 공준 내지 완전성의 요구(das Postulat der Vollständigkeit)가 자리 잡고 있다.[21]

법해석학적 차원에서의 사실과 규범의 상호관계는 결국 사실과 규범 모두에 사실판단과 법판단자의 주관적 가치판단이 내재한다는 것을 의미한다. 이것은 순수한 사실판단의 경우에도 가치판단이 내재되는 경우가 상당수 있지만, 고의나 과실과 같은 주관적 사실이나 정당한 이유와 같은 가치 내재적 요건사실의 경우에는 더욱 두드러진다. 이것은 두 가지 의미를 시사한다. 하나는 사실판단의 경우에도 가치판단이 내재되기 때문에, 사실문제를 그 자체로서 가치의 속성을 지닌 법률문제와 구별하기가 쉽지 않다는 것이다. 또한 사실판단의 경우에도 판단자의 주관에 의해서 판단의 결과가 달라질 수 있다는 것이다. 상급심의 하급심에 대한 사실오인을 지적하는 것은 아주 대표적인 예에 속한다.

특히 이러한 문제는 살인죄에 있어서의 살의, 강간죄에[22] 있어서의 피해자의 승낙 및 피해자의

---

20) 김성룡, 앞의 책, 62쪽.

21) 이러한 순환성은 엥기쉬의 공식, 즉 '시선의 드나듦(hin und her wandern des Blickes)'이라는 공식이 아주 잘 설명해 주고 있다. 이는 해석이 가지는 창조성의 속성을 표현하는 것이기도 하고, 규범은 항상 구체적인 사실을 통해 그 의미가 구체화 내지 확정된다는 것을 의미하는 것이기도 하다; 김성룡, 『법적 논증의 기초』, 경북대학교출판부, 2006, 63쪽.

22) 강간사건의 사실을 판단함에 있어서는 일찌감치 17세기 후반부터 그 증거의 곤란에 대해 다투어지는 최대의 사안이었다. 왜냐하면, 강간사건의 경우에는 범죄흔적이 발견되기 어려우며, 또한 사건의 성격상 범죄가 은밀하게 행해지기 때문에 증거를 확보한다거나, 목격자를 발견한다거나, 또는 강간이 일어났다는 것을 과학적으로 증명하기란 현실적으로 매우 어려운 사안이기 때문이다. 또한 17세기 후반 영국의 법관 매튜 헤일(Matthew Hale)은 '증거상

항거를 현저하게 곤란하게 하는 유형력의 행사의 유무 등에 대한 판단에서 매번 심각하게 드러난다.[23] 또한 강간사건의 경우에 사실인정은 진술에 대폭 의존할 수밖에 없으며, 그에 의한 사실판단의 평가 또한 미묘하고도 어려운 것일 수밖에 없기 때문에 적정한 사실인정의 어려움이 따르기 마련이다. 따라서 증명력의 평가 역시 미묘하고도 어려운 부분으로 사실인정을 곤란하게 하는 원인이라 할 수 있다.[24]

예컨대 다음 두 개의 판결은 사실문제와 법률문제의 중복성과 복잡성을 대변하고 있다.

> 성전환증을 가진 사람의 경우에도 남성 또는 여성 중 어느 한쪽의 성염색체를 보유하고 있고 그 염색체와 일치하는 생식기와 성기가 형성·발달되어 출생하지만, 출생 당시에는 아직 그 사람의 정신적·사회적인 의미에서의 성을 인지할 수 없으므로, 사회통념상 그 출생 당시에는 생물학적인 신체적 성징에 따라 법률적인 성이 평가된다. 그러나 출생 후의 성장에 따라 일관되게 출생 당시의 생물학적인 성에 대한 불일치감 및 위화감·혐오감을 갖고 반대의 성에 귀속감을 느끼면서 반대의 성으로서의 역할을 수행하며 성기를 포함한 신체 외관 역시 반대의 성으로서 형성하기를 강력히 원하여, 정신과적으로 성전환증의 진단을 받고 상당기간 정신과적 치료나 호르몬치료 등을 실시하여도 여전히 위 증세가 치유되지 않고 반대의 성에 대한 정신적·사회적 적응이 이루어짐에 따라, 일반적인 의학적 기준에 의하여 성전환수술을 받고 반대 성으로서의 외부 성기를 비롯한 신체를 갖추고, 나아가 전환된 신체에 따른 성을 가진 사람으로서 만족감을 느끼며 공고한 성정체성의 인식 아래 그 성에 맞춘 의복, 두발 등의 외관을 하고 성관계 등 개인적인 영역 및 직업 등 사회적인 영역에서 모두 전환된 성으로서의 역할을 수행함으로써 주위 사람들로부터도 그 성으로서 인식되고 있으며, 전환된 성을 그 사람의 성이라고 보더라도 다른 사람들과의 신분관계에 중대한 변동을 초래하거나 사회에 부정적인 영향을 주지 아니하여 사회적으로 허용된다고 볼 수 있다면, 이러한 여러 사정을 종합적으로 고려하여 사람의 성에 대한 평가 기준에 비추어 사회통념상 신체적으로 전환된 성을 갖추고 있다고 인정될 수 있는 경우가 있다.

곤란을 일으키는 것 가운데 최대의 곤란을 가져오는 범죄는 두 가지 종류인바, 그것은 바로 강간과 마녀이다. 이들 범죄에서는 많은 경우에 사실은 유죄라고 해도 그것을 증명하기에 충분한 증거가 거의 발견되지 않을 수도 있고, 반면에 사실은 억울함에도 많은 경우에 유죄의 가능성이 높다는 추정을 받아 누명을 쓸 수도 있다.'라고 설명하였다(Matthew Hale, *Historia Placitorum Coronae*, vol.2; *The History of the pleas of the crown,* London, 2004, p. 289.); 박종선, 「강간죄의 적정한 사실인정 정립에 관한 연구」, 『법학논총』 제26집 제3호, 69쪽.

23) 조원철, 앞의 책, 4쪽.

24) 박종선, 앞의 책, 69쪽.

이와 같은 성전환자는 출생 시와는 달리 전환된 성이 법률적으로도 그 성전환자의 성이라고 평가받을 수 있다. 따라서 성전환자를 여성으로 인식하여 강간한 사안에서, 피해자가 성장기부터 남성에 대한 불일치감과 여성으로의 성귀속감을 나타냈고, 성전환 수술로 인하여 여성으로서의 신체와 외관을 갖추었으며, 수술 이후 30여 년간 개인적·사회적으로 여성으로서의 생활을 영위해 가고 있는 점 등을 고려할 때, 사회통념상 여성으로 평가되는 성전환자로서 강간죄의 객체인 '부녀'에 해당한다.[25)]

형법 제297조는 '폭행 또는 협박으로 부녀를 강간한 자'라고 하여 객체를 부녀에 한정하고 있고 위 규정에서 부녀라 함은 성년이든 미성년이든, 기혼이든 미혼이든 불문하며 곧 여자를 가리키는 것이다. 무릇 사람에 있어서 남자, 여자라는 성(性)의 분화는 정자와 난자가 수정된 후 태아의 형성 초기에 성염색체의 구성(정상적인 경우 남성은 xy, 여성은 xx)에 의하여 이루어지고, 발생과정이 진행됨에 따라 각 성염색체의 구성에 맞추어 내부생식기인 고환 또는 난소 등의 해당 성선(性腺)이 형성되고, 이어서 호르몬의 분비와 함께 음경 또는 질, 음순 등의 외부성기가 발달하며, 출생 후에는 타고난 성선과 외부성기 및 교육 등에 의하여 심리적, 정신적인 성이 형성되는 것이다. 그러므로 형법 제297조에서 말하는 부녀, 즉 여자에

25) 대법원 2009. 9. 10. 선고 2009도3580 판결: 원심이 유지한 제1심판결의 이유에 의하면, 남성으로 태어난 피해자는 성장기부터 남성에 대한 불일치감과 여성으로서의 귀속감을 나타내면서 따돌림을 당하였고, 사춘기에 이르러 여성으로서의 분명한 성정체성이 형성되기 시작하면서 이를 감당하지 못하여 집을 떠나게 된 사실, 피해자는 24세이던 1974년경 성전환수술을 결심하고 정신과 병원에서 정밀진단과 심리치료, 관찰을 거쳐 성전환증이라는 확진을 받은 다음, 성형외과에서 남성의 성기와 음낭을 제거하고 여성의 질 등 외부성기를 형성하는 수술을 받고 이후 상당기간 호르몬 요법의 시술을 받았으며, 2차로 일본 오사카 현 이마사토에 있는 한 성형외과병원에서 가슴형성수술을 받은 바 있고, 3차로는 1998. 2. 부산에 있는 (명칭 생략) 성형외과에서, 2000년경에 이르러 태국의 한 병원에서 각 가슴보강수술과 질확장술을 받은 사실, 피해자는 남성 또는 여성으로서 자녀를 출산한 경험이 없고 생식기능 또한 존재하지 아니하나, 성전환수술 후 여성으로서의 성생활에 전혀 지장이 없으며, 특히 피해자의 사정을 이해하는 남성과 과거 10여 년간 동거하며 지속적으로 성관계를 영위함에 아무런 문제가 없었고, 성적 만족도 또한 이상이 없는 사실, 피해자는 여성으로서의 신체와 외관을 갖추고 있을 뿐만 아니라 여성으로서의 성적 정체성도 확고하고 자신이 여성임에 만족하고 있으며, 피해자의 가족들과도 가출 후 10년이 지나면서부터 소식을 주고받으며 관계가 유지되어 왔고, 현재 살아 있는 가족들이 피해자의 처지와 사정을 잘 이해하여 관계가 개선된 사실, 피해자는 성전환수술 후 30여 년간 여성 무용수로서 국내와 국외를 오가며 활동하여 왔는데, 피해자가 국내에 거주할 때는 주로 부산시 소재 일정 지역에 30년 가까이 주거를 정하여 살면서 주민들과는 여성으로서 오랜 세월 동안 친분을 유지하여 온 사실을 알 수 있는바, 위와 같은 사정을 종합하여 보면, 피해자는 성장기부터 남성에 대한 불일치감과 여성으로의 귀속감을 나타내었고, 성인이 된 후 의사의 진단 아래 성전환수술을 받아 여성의 외부 성기와 신체 외관을 갖추었고, 수술 이후 30여 년간 여성으로 살아오면서 현재도 여성으로서의 성정체성이 확고하여 남성으로 재전환할 가능성이 현저히 낮고, 개인생활이나 사회생활에서도 여성으로 인식되어, 결국 사회통념상 여성으로 평가되는 성전환자에 해당한다고 봄이 상당하고, 이 사건 피고인도 피해자를 여성으로 인식하여 강간범행을 저질렀다. 따라서, 위와 같은 제반사정을 고려하여 성전환자인 이 사건 피해자를 법률상 여성으로 보고 강간죄의 객체가 된다고 한 제1심판결을 유지한 원심의 판단은 적법하고, 거기에 강간죄의 객체인 부녀의 해석에 관한 법리오해의 위법이 없다.

해당하는지 여부도 위 발생학적인 성인 성염색체의 구성을 기본적인 요소로 하여 성선, 외부성기를 비롯한 신체의 외관은 물론이고 심리적, 정신적인 성, 그리고 사회생활에서 수행하는 주관적, 개인적인 성역할(성전환의 경우에는 그 전후를 포함하여) 및 이에 대한 일반인의 평가나 태도 등 모든 요소를 종합적으로 고려하여 사회통념에 따라 결정하여야 한다. 피고인이 어릴 때부터 정신적으로 여성에의 성귀속감을 느껴 왔고 성전환 수술로 인하여 남성으로서의 내·외부성기의 특징을 더 이상 보이지 않게 되었으며 남성으로서의 성격도 대부분 상실하여 외견상 여성으로서의 체형을 갖추고 성격도 여성화되어 개인적으로 여성으로서의 생활을 영위해 가고 있다 할지라도, 기본적인 요소인 성염색체의 구성이나 본래의 내·외부성기의 구조, 정상적인 남자로서 생활한 기간, 성전환 수술을 한 경위, 시기 및 수술 후에도 여성으로서의 생식능력은 없는 점, 그리고 이에 대한 사회 일반인의 평가와 태도 등 여러 요소를 종합적으로 고려하여 보면 사회통념상 여자로 볼 수는 없다.[26]

전자의 판결에서는 성전환여성을 강간죄의 객체인 부녀인 '사실'로 인정하였다. 그러나 후자의 판결에서는 부녀인 '사실'을 인정하지 않았다. 두 판결은 사실판단에 있어서 차이를 보여 준다. 그러나 동시에 그러한 사실판단에 투입된 규범적 판단에 있어서의 차이가 결국은 사실의 차이로 결론이 났다. **즉, 사실에 대한 규범적 판단의 변화가 결국은 사실의 변화로 나타난 것이다**. 이 점은 사실판단의 상대성과 판단자의 주관성 개입의 여지를 잘 보여 주고 있는 것이다. 결국 사실인정

26) 대법원 1996. 6. 11. 선고 96도791 판결: 그런데, 원심판결 이유와 기록에 의하면, 위 피해자은 1958. 8. 3.생이고 남성으로서의 성기구조를 갖춘 남자로 태어나 남자 중학교까지 졸업하였으나 어릴 때부터 여자옷을 즐겨 입거나 고무줄놀이와 같이 여자가 주로 하는 놀이를 즐겨하는 등 여성으로서의 생활을 동경하고 여성으로서의 성에 귀속감을 느낀 나머지 1989년경부터 수년 간 여장남자로서의 행세를 하여 오다가 1991년과 1992년 일본에 있는 병원에서 자신의 음경과 고환을 제거하고 그 곳에 질(膣)을 만들어 넣는 방법으로 여성으로의 성전환 수술을 받음으로써 여성으로서의 질 구조를 갖추고 있고 유방이 발달하는 등 외관상으로는 여성적인 신체구조를 갖추게 되어 보통의 여자와 같이 남자와 성생활을 할 수 있으며 성적쾌감까지 느끼고 있으나 여성의 내부성기인 난소와 자궁이 없기 때문에 임신 및 출산은 불가능한 상태라는 것이다. 그리고 위 피해자는 본래 남성으로서, 달리 여성의 성염색체 구조를 갖추고 있다거나, 성염색체는 남자이면서 생식선의 분화가 비정상적으로 되어 고환과 난소를 겸비한 진성반음양, 또는 고환이나 난소의 발육이 불완전한 가성반음양이라고는 인정되지 아니한다. 그렇다면 위 피해자가 비록 어릴 때부터 정신적으로 여성에의 성귀속감을 느껴 왔고 위의 성전환 수술로 인하여 남성으로서의 내·외부성기의 특징을 더 이상 보이지 않게 되었으며 남성으로서의 성격도 대부분 상실하여 외견상 여성으로서의 체형을 갖추고 성격도 여성화되어 개인적으로 여성으로서의 생활을 영위해 가고 있다 할지라도, 기본적인 요소인 성염색체의 구성이나 본래의 내·외부성기의 구조, 정상적인 남자로서 생활한 기간, 성전환 수술을 한 경위, 시기 및 수술 후에도 여성으로서의 생식능력은 없는 점, 그리고 이에 대한 사회 일반인의 평가와 태도 등 여러 요소를 종합적으로 고려하여 보면 위 피해자를 사회통념상 여자로 볼 수는 없다 할 것이다. 원심판결은 그 이유 설시에서 강간죄의 보호법익 등에 관하여 선뜻 납득할 수 없는 근거들을 내세우는 등 흠이 없지 아니하나, 위와 같은 취지에서 판단한 결론은 정당한 것으로 수긍이 가고 거기에 상고이유로 내세운 바와 같은 부녀의 개념이나 강간죄의 법리를 오해한 위법이 있다 할 수 없다.

과 규범적 법률문제의 구별의 어려움을 의미하는 것이다. 이러한 어려움은 사실인정과 법적 논증 사이의 엄격한 구별이 형사절차에서 실제로 일어난 것을 지나치게 단순화하게 한다. 이러한 문제점은 근본적으로는 사실의 기술적 영역(記述的 領域, descriptive realm)을 사실의 규범적 영역으로부터 차단하는 확실한 경계가 없기 때문이다.[27)]

Ⅱ. 법관의 태도와 사실인정

규범적 또는 가치 내재적 판단과는 본질적으로 분리되기 어려운 사실의 인정에 있어서 과연 법관들은 얼마나 자신의 개인적이고 주관적인 가치관이나 세계관, 정치관, 이데올로기, 성향, 정서 등으로부터 벗어나 사실인정을 할 수 있는지, 개인적인 것은 아니라 하더라도 사회를 지배하는 다수 세력이나 집단, 계층의 가치관이나 이데올로기에서 얼마나 벗어나 사실인정에 임할 수 있는지에 대하여 의문을 떨쳐버릴 수 없다. 혹시라도 사실인정의 단계에서 이미 사실상 법률해석을 함으로써 법률해석에 따른 부담을 손쉽게 덜어버리는 유혹에 빠지지는 않았는지 한번 진지하게 돌아보아야 하는 것은 아닐까 한다.

따라서 법관의 행동형식에 대한 고찰은 의미가 있다고 본다. 법관의 사법적 행동에 관한 이론은 법관의 결정을 설명하는 데 그 목표가 있다.[28)] 이러한 이론들은 태도이론, 전략적 이론, 사회학적 이론, 심리학적 이론, 경제학적 이론, 조직론적 이론, 실용이론, 현상학적 이론, 법률가 이론 등이다.

태도이론에 의하면 법관의 결정은 그들이 사건에 가져오는 정치적 선호(성향)에 의해서 가장 잘 설명된다고 한다. 이 이론을 시험하기 위한 연구의 대부분은 판사의 정치적 성향을 그를 지명한 대통령의 소속 정당으로부터 추론한다. 미국에 있어서는 특별히 연방판사나 대법관의 경우가 그러하다.[29)] 그의 사법적 철학을 그를 지명한 대통령의 이데올로기로 향하고자 하는 법관은 국민의 선택을 약화시키기보다는 확대시킨다는 의미에서 민주적 법관으로 생각될 수도 있다.

법관의 사법적 행위에 대한 전략적 이론 — 또는 적극적 법정치이론(法政治理論)으로 불리기도 하는 — 은 법관은 만약 그들이 다른 법관, 입법자 그리고 일반국민들이 그들을 어떻게 판단하는가에 대하여 걱정할 필요가 없다면, 그들이 하고자 하는 대로 언제나 투표하는 것을 가정한다.[30)]

27) Paul Roberts, Adrian Zuckerman, *Criminal Evidence*, Oxford University Press, 2004, p. 133.
28) Richard A. Posner, *How Judges think*, Harvard University Press, 2008, p. 19.
29) *Ibid*., p. 20.
30) *Ibid*., p. 29.

한편 전략적 이론가들의 일부는 경제학자이거나 정치학자들이다. 이들은 정치를 이익집단 사이의 투쟁 모델로 간주하고 이를 분석하기 위해서 게임이론을 사용하는 사람들이다. 이 이론에 따르면 법관이 수행하기를 원하는 무엇이든지 명령체계 안에 있는 다른 사람에게 상당한 정도로 의존한다고 한다.

사회학적 이론은 소그룹의 역동성, 특히 항소법원의 법관들의 분석에 그 중심을 두는 이론이다. 이 이론은 태도이론과 결합되어 전략이론의 적용이나 확장에 사용된다. 이 이론은 합의부의 구성이 결과에 영향을 준다는 것을 강조한다.[31] 또한 비슷한 경우로서 성차별사건에 있어서 합의부가 모두 남자로 구성된 경우에는 여성 법관이 포함된 합의부와는 다르게 판단한다고 보았다.

심리학적 접근은 해당 국가의 법률시스템의 불확실성, 근본적인 성격을 해결하기 위한 전략에 중심을 둔다. 이러한 접근은 불확실성에 대한 반응을 구체화함에 있어서 선이해(선개념, preconception)의 근원과 중요성을 강조한다.

경제적 이론은 법관을 합리적이고 자기 이익적인 유용성의 옹호자로 취급한다.[32] 사법적 유용성 기능의 논쟁은 임금, 여가, 권력, 권위, 평판, 자기존중, 사람들이 일에서 찾고자 하는 만족 등을 포함한다. 전략적 이론의 많은 부분, 그리고 법 판단의 사회학적 이론도 경제적 이론의 아래에 포섭될 수 있다. 사법적 유용성 기능에서의 여가 성향(Leisure preference)은 법관이 소송경제를 강조하는 것을 설명하는 데 도움을 줄 수 있다.[33]

실용주의 이론은 공리주의 이론과 닮았으며, 현대의 상업사회에 있어서 복지 경제와도 관련되어 있다.

현상학적 이론은 실용주의 이론으로부터 법률가 이론에 도입된 이론이다. 심리학이 근본적으로 인간 마음의 무의식적 과정을 연구함에 비하여, 현상학은 우선 인간의 의식 ― 경험 ― 에 집중한다. 경험은 인간의 의식적 마인드 자체를 표현하기 때문이다. 이에 따라서 현상학적 이론은 일부 법관들이 그들의 감정을 표출한다는 점에 관심을 둔다.

법률가 이론은 법관의 행위이론 중 적극적인 이론으로 간주된다. 그 이론은 보다 일반적으로 규범적 이론에 속하며, 사법적 판단은 법률에 의해서 결정됨을 강조한다.[34]

---

31) 이 이론에 따르면 특히 민주당 또는 공화당 성향의 법관이 다수를 점하는 합의부의 경우는 합의부 전원이 민주당이거나 공화당 성향의 법관인 경우와는 다르게 결정하는 경향이라고 한다; Richard A. Posner, *How Judges think*, Harvard University Press, 2008, p. 31.

32) Richard A. Posner, *op. cit.*, p. 35.

33) 그러나 경제적 이론은 두 가지의 어려움을 극복해야만 한다. 하나는 심리학적 요소의 무시이고, 다른 하나는 직업활동의 자극과 한계를 확인하는 어려움이다; Richard A. Posner, *How Judges think*, Harvard University Press, 2008, p. 37.

34) Richard A. Posner, *op. cit.*, p. 41.

이러한 법관의 태도에 관한 이론들은 사실인정에 있어서도 그대로 적용될 수 있다고 본다. 물론 법관의 태도는 법률적용에 있어서 차이가 나겠지만, 사실인정의 경우, 특히 사실문제인지 법률문제인지가 불분명한 영역에 있어서는 법관의 가치관·성향 등에 따라서 사실인정의 여부와 범위가 달라질 수 있다. 따라서 법관의 태도는 사실인정의 또 하나의 한계로 작용함을 부인할 수 없다.

Ⅲ. 언어와 사실인정

재판의 전제되는 사실은 실험을 통하여 재현할 수 있는 과학적 사실이 아니라 과거의 지나간 사실, 즉 역사적 사실이다. 사물과 현상에 대한 사람의 인식은 제1차적으로는 감각기관을 통한 지각에서 비롯되는데, 법관으로서는 재판의 전제가 된 주요사실을 직접 경험할 수 없기 때문에 피고인의 자백이나 범죄 현장을 직접 목격한 증인의 증언을 통하여 이를 간접적으로 경험할 수밖에 없다.

그런데 이때 그 경험의 정확성 여부가 사실인정과 관련하여 중요한 기준이 된다. 우선 경험자의 관찰의 정확성, 그리고 기억 체계에서의 기억의 정확성, 그리고 기억을 타인에게 전달하는 과정에서의 전달의 정확성이 관건이 된다.

관찰의 정확성은 목격자가 유일한 경우에는 사실인정에 결정적인 변수가 된다. 우리 각자는 기억을 가지고 있다. 인간은 정보의 처리장치로 특징지어진다. 즉, 인간의 기억은 정보처리시스템(information processing system)이라고 할 수 있다.[35] 그리고 인간의 기억시스템은 3개의 주요한 저장단계로 이루어져 있다. 첫 번째 단계에서 현재의 자극에 따라, 자극에 관한 특정 양의 정보가 시스템 안에 등록되거나 들어가게 된다(감각등록, Sensory Register). 정보는 다섯 개의 감각의 하나 또는 그 이상에 의해서 시스템에 들어가고, 그리고 감각의 형태로 간략하게 파악된다(예컨대, 어떤 소리는 청각의 형태 안에서 파악된다). 따라서 각 감각마다 감각등록이 있게 되며, 정보는 감각등록 안에서 단지 약간의 기간 동안만 머무를 수 있다. 정보의 머무름의 시간이 길수록, 정보는 완전히 사라질 때까지 더욱 약화된다.[36] 이러한 점차적인 약화를 쇠약(decay)이라고 한다. 자극에 대한 정보가 감각등록 안에 있는 동안에, 그리고 다음 단계의 저장구조 — 단기기억 —

35) Roberta L. Klatzky, *Human Memory-Structures and Processes*, W. H. Freeman and Company, 1980, p. 6.
36) *Ibid.*, p. 7.

로 넘어가기 전에는 시스템의 중요한 요소는 활동을 계속한다. 그리고 인식의 형태를 가지게 되며, 감각등록 안에서의 정보와 이전에 획득한 지식 사이의 접촉으로 연결되는 복잡한 과정으로 존재한다. 이때 그 감각적 관점이 어떤 식으로든지 의미 있는 개념과 동일시될 때, 우리는 이것이 인식되었다고 말한다. 즉, 패턴인식(pattern recognition)을 갖추었다고 할 수 있다. 패턴인식은[37] 자극이 다른 단계의 저장 시스템으로 넘어갈 수 있는 암호화의 수단이다. 이 새로운 단계는 짧은 기간 기억(Short-term memory: STM)이다. 감각등록과 달리 STM은 정보를 있는 그대로 감각의 형태로 저장하지 않는다.[38]

인간의 기억은 놀랄 만큼 복잡하며, 심리학자들은 그 복잡성을 인정하는 수준에 머물러 있다. 기억의 정확성은 사람에 따라서 편차가 많다. 우리는 오전의 사건을 오후에 기억하지 못하는 경우도 허다하다. 또한 STM과 감각등록의 다른 차이는 정보가 저장되어 있는 기간의 차이다. 시각적 등록 안에서의 어떤 정보는 보다 빨리 사라진다. 그러나 STM 안에서의 정보는 리허설(rehearsal)로 불리는 유지과정에 의해서 불확실하게나마 유지된다, 이 리허설은 정보를 몇 번이고 반복해서 STM을 통해서 재생시킨다. 이 과정은 물질을 계속적으로 새롭게 함으로써, 쇠퇴(decay)가 완전히 수행되는 것을 방지한다.[39]

기억시스템의 세 번째 저장 구조는 장기기억(long-term memory: LTM)이다. 이것은 본질적으로 세상의 지식을 영구적으로 저장하는 곳이다. LTM은 두 가지의 과정 안에서 이루어진다. 첫째는 자극이 인식되고 STM으로 진입한 후에, 자극은 LTM 안에서 영구적으로 저장될 수 있다. 두 번째는 LTM 안에 저장된 지식은 자극을 인식하는 과정에서 결정적인 역할을 한다. 이 지식은 자극과 결합하여 이미 알려진 패턴으로 인식하게 된다.[40]

---

37) 패턴인식(pattern recognition)은 인지과학(cognitive science)과 인공지능(artificial intelligence) 분야에 속하는 문제 중 하나다. 인지과학은 심리학, 컴퓨터 과학, 인공지능, 신경생물학과 언어학, 철학을 이용하여 지능과 인식의 문제를 다루는 포괄적인 학제적 과학 분야를 말하며, 인공지능은 인간의 학습능력과 추론능력을 인공적으로 모델링하여 외부 대상을 지각하는 능력, 나아가 자연언어와 같은 구문적 패턴까지 이해하는 능력 등을 컴퓨터 프로그램으로 구현하는 기술을 말한다. 인공지능에 관한 연구는 현재 지능형 시스템(intelligence system)이라는 인공지능에 기반한 정보 시스템 분야로까지 발전하고 있다. 정보화 시대에 쉽게 얻을 수 있는 수많은 데이터를 적절히 가공하는 것은 물론 정보의 표현과 처리에도 지능형 시스템을 적용하고 있으며 금융, 제조, 스포츠, 서비스 분야 등의 비정보기술 부문에까지 널리 이용되고 있다. 패턴인식은 공학적 접근법을 이용하여 인공지능의 실제 구현 문제인 감지된 대상을 인식하는 문제를 주로 다룬다. 패턴인식을 여러 방식으로 정의할 수 있겠지만 '계산이 가능한 기계적인 장치(컴퓨터)가 어떠한 대상을 인식하는 문제를 다루는 인공지능의 한 분야'라고 정의한다; http://www.hanbit.co.kr/web/sample/4103/sample.pdf: 2014. 4. 21. 14:50 방문.

38) 문자 A는 어떤 시각적 자극으로 저장되는 것이 아니라, 문자로서 저장된다; Roberta L. Klatzky, *Human Memory-Structures and Processes*, W. H. Freeman and Company, 1980, p. 8.

39) 한편 시간적 한계에 덧붙여서 어떤 정보는 리허설 없이도 저장될 수 있다. 이러한 점은 memory-span 또는 immediate-memory task라고 불린다; Roberta L. Klatzky, *Human Memory-Structures and Processes*, W. H. Freeman and Company, 1980, p. 8.

이처럼 우리 인간의 기억은 복잡한 과정을 통해 획득되고 또한 저장되고 소멸한다.

그리고 이러한 기억은 기억 그 자체가 아니라 바로 언어(문자를 포함한)의 형태로 타인에게 전달된다. 즉, 비언어적 인식이란 애당초 불가능하다. 사실이란 존재하는 그 자체가 아니다.[41] 왜냐하면 사실이란 언어에 의하여 매개되는 한도 내에서만 우리의 지각으로 의식되고 타인과 그 지각의 내용을 함께 나눠 가질 수 있기 때문이다. 다시 말해 언어의 매개 없이는 어떠한 지각도 인식의 형태로 전환되지 못한다. 언어의 옷을 벗어 던진 사태는 설령 우리 몸의 감각기관의 유기체적 작용을 통해 지각된다 할지라도 우리 의식의 사유작용을 통해 인식되지 못한다. 이런 의미에서 우리는 인식에서 언어라는 감옥에 갇혀 있다고 말할 수 있다.[42]

따라서 언어 자체, 언어 사용방법의 복잡성과 애매성 그리고 주관성에 의해서 사실인정은 많은 한계를 가질 수밖에 없다. 즉, 사실을 직접 경험한 사람들도 모두 감각기관에 저장된 기억을 언어라는 매개체를 통하여 전달할 수밖에 없는데[43] 언어는 그 본질상 추상적이고 애매성을 가지고 있는 표현수단이다. 현실에서 발생하는 수많은 사실들이 이를 경험한 사람들에게 인식되고 또 타인에게 전달될 때에는 각각의 구체적이고도 세세한 내용이나 차이들이 사상되어 버리고 마는 것이다. 개인이 경험한 사실의 다양성이 언어의 획일성에 의해서 무시될 수도 있는 것이다.[44] 이것은 일상적인 용어뿐만 아니라 법률용어에 있어서도 마찬가지이다.[45]

법률언어가 그것에 의해 나타낼 수 있는 대상을 그 자체로서, 혹은 글자의 논리적인 언어적 뜻풀이(법률해석)를 통하여 '완전하고' '분명하게' 지시해 줄 수 있다는 독트린은 언어의 '통시적 모호성'과 '공시적 모호성' 때문에 유지될 수 없다. 통시적 모호성(diachronische Vagheit)이란 언어가 시간의 흐름이라는 지평 속에서 우리 삶의 다양한 전개가능성 때문에 모호할 수밖에 없는 것을 말한다.[46] 즉 법률개념은 시간의 흐름 속에서는 언제나 '구멍난(porös)' 개념이라고 볼 수 있다.

---

40) Roberta L. Klatzky, *Human Memory-Structures and Processes*, W. H. Freeman and Company, 1980, p. 9.

41) Patzig, *Sprache und Logik*, 1970, S. 43; 이상돈, 『법이론』, 세창출판사, 2005, 65쪽에서 재인용.

42) 이상돈, 『법이론』, 세창출판사, 2005, 65쪽.

43) 물론 과학기술의 발전으로 인하여 기억이 기억의 형태로 타인에게 전달되는 경우가 아니라면.

44) 예컨대 강간사건에서 여자가 당황한 얼굴이었다는 목격자의 기억은 "여자가 겁을 먹은 얼굴이었다."는 언어로 표현될 수도 있는 것이다. 특히 검사가 "피해자는 그 당시 겁을 잔뜩 먹고 있는 얼굴이었지요?"라고 증인에게 질문을 하는 경우에 증인은 대부분 "예."라고 대답할 것이다. 비록 자신의 기억은 "겁을 먹었다기보다는 다소 당황한 것처럼 보였다."라는 경우에도.

45) 조원철, 「간접증거에 의한 사실의 인정」, 『재판자료』 110집, 법원행정처, 5쪽.

46) 예를 들면 문서(구형법 제225조)는 복사기술이 발달하기 이전 시대에 법률언어가 되었는데 1995년 형법개정이 있기 전까지는 문서의 복사물에 대해서도 문서 개념을 사용할 수 있는지에 관해 문서라는 법률개념을 이루는 확실한 대답도 마련해 놓지 못하고 있었다. 이런 언어의 특성은 전문적인 일상 언어에서도 마찬가지이다. 예컨대, 자동차에서 쿠페라는 개념은 대강 문이 2개이고 지붕에서 리어부분에 유려하게 경사진 곡선으로 내려간 형태의 차를 가리킨다. 하지만 벤츠회사가 새로 내놓은 문이 4개이지만 다른 요소는 쿠페의 전형을 더욱 강하게 가진 차(CLS)를 두고 쿠페스타일의 차로 볼지 아니면 세단으로 볼지는, 쿠페라는 개념이 존재론적으로 정해 주는 것은 아니다; 이상돈,

공시적 모호성(synchronische Vagheit)이란 삶의 역동적 변화에 맞물려 돌아가는 언어의 실제를 일정한 시간 축에 고정시켜 놓고 — 공시적(空時的)으로 — 과학적 분석의 메스를 들이대어 그 정태적인 모습을 살펴보는 경우에도, 언어에는 언제나 일정한 모호성이 존재하는 것을 말한다. 이러한 공시적 모호성은 규범적 법률언어와 서술적 법률언어, 가치충전필요개념, 일반 조항적 언어의 경우에 더욱 두드러진다.[47]

우리 일상생활에서도 흔히 사용하는 '음란'이라는 용어가 대표적인 예라고 할 수 있다. 음란은 소위 규범적 가치판단이 필요한 규범적 구성요건요소에 해당한다. 따라서 법관의 개인적인 가치관이나 예술관에 따라서 음란한 행위를 한 사실의 여부가 달라진다. 그리고 법관의 판단은 바로 피고인의 유무죄와 직결된다.

> 원심이 적법하게 채택한 증거들에 의하여 인정한 범죄사실, 즉 위 공소외 2는 <u>웃옷을 벗고 브래지어만 착용한 채 남자 손님으로 하여금 가슴을 만지도록 한 점, 공소외 1은 치마를 허벅지가 다 드러나도록 걷어 올리고 가슴이 보일 정도로 민소매 티셔츠의 끈을 어깨 밑으로 내리고 있었던 점</u>, 기타 그 일시와 장소, 노출 부위와 정도, 노출 동기와 경위 등 구체적 사정 등에 비추어 보면 위 공소외 1, 2는 남자 손님들의 <u>성욕을 자극하여 성적 흥분을 유발하고 정상적인 성적 수치심을 해하였다고 봄이 상당하다</u>. 따라서 피고인의 위 법리오해 주장도 받아들일 수가 없다.[48]

> 구 풍속영업의 규제에 관한 법률(2007. 1. 3. 법률 제8175호로 개정되기 전의 것, 이하 같다) 제3조 제1호에서 규정하고 있는 '음란행위'라 함은 성욕을 자극하거나 흥분 또는 만족시키는 행위로서 일반인의 정상적인 성적 수치심을 해치고 선량한 성적 도의관념에 반하는 것을 의미하는바(대법원 2004. 1. 29. 선고 2001도6554 판결, 대법원 2005. 1. 28. 선고 2004도8523 판결 등 참조), '음란'이라는 개념이 사회와 시대적 변화에 따라 변동하는 상대적이고도 유동적인 것이며, 음란성에 관한 논의는 자연스럽게 형성·발전되어 온 사회 일반의 성적 도덕관념이

『법이론』, 세창출판사, 2005, 55쪽.

47) 많은 법이론가들은 이러한 모호성이 있는 법률언어의 유형들 사이에는 그 모호성의 정도에서 차등이 있는 것으로 생각한다. 즉, 서술적 언어 → 규범적 언어 → 가치충전필요개념 → 일반 조항이라는 서열 순으로 보호성이 증대한다고 본다. 만약 그러한 서열화가 가능한 것이라며, 입법자가 가능한 한 일반 조항 쪽의 언어보다는 서술적 언어 쪽의 언어로써 법률을 제정할수록 법률적 삼단논법은 더욱 철저하게 유지될 수 있을 것이다; 이상돈, 『법이론』, 세창출판사, 2005, 57쪽.

48) 대구지방법원 2006. 4. 20. 선고 2005노4362 판결.

나 윤리관념 및 문화적 사조와 직결되고 아울러 개인의 사생활이나 행복추구권 및 다양성과도 깊이 연관되는 문제로서 국가형벌권이 지나치게 적극적으로 개입하기에 적절한 분야가 아니라는 점 등에 비추어 볼 때, 풍속영업을 영위하는 장소에서 이루어진 행위가 형사처벌의 대상이 되는 '음란행위'에 해당한다고 하려면 당해 풍속영업의 종류, 허가받은 영업의 형태, 이용자의 연령 제한이나 장소의 공개 여부, 신체노출로 인한 음란행위에서는 그 시간과 장소, 노출 부위와 방법 및 정도, 그 동기와 경위 등을 종합적으로 고려하여, 그것이 단순히 일반인에게 부끄러운 느낌이나 불쾌감을 준다는 정도를 넘어서서 사회적으로 유해한 영향을 끼칠 위험성이 있다고 평가할 수 있을 정도로 노골적인 방법에 의하여 성적 부위를 노출하거나 성적 행위를 표현한 것으로서, 사회 평균인의 입장에서 성욕을 자극하여 성적 흥분을 유발하고 정상적인 성적 수치심을 해하였다고 평가될 수 있어야 한다.

원심은 제1심이 채택한 증거를 근거로, 피고인이 운영한 이 사건 유흥주점에서 종업원인 공소외 1은 웃옷을 벗고 브래지어만 착용한 채 남자 손님으로 하여금 가슴을 만지도록 하고, 다른 종업원인 공소외 2는 치마를 허벅지가 다 드러나도록 걷어 올리고 가슴이 보일 정도로 어깨끈을 밑으로 내린 사실을 인정한 다음 공소외 1 등의 위와 같은 행위가 음란행위에 해당한다고 판단하였다. <u>그러나 위 채택한 증거에 의하더라도, 단속 당시 공소외 1 등의 옷차림이 원심이 인정한 사실과 같은 상태였던 점은 인정되지만, 공소외 1이 스스로 손님으로 하여금 가슴을 만지도록 한 것이 아니라 손님이 공소외 1의 상의를 벗긴 후 브래지어 속으로 손을 넣으려고만 하였던 사실을 알 수 있는바, 여기에다가 이 사건 업소가 유흥주점영업 허가를 받은 곳이어서 여자 접대부로 하여금 손님과 함께 술을 마시거나 노래 또는 춤으로 손님의 유흥을 돋우게 하는 것이 허용되어 있고, 유흥주점에는 청소년의 출입이나 고용이 금지되어 있는 사정까지 함께 참작하여, 이 사건 음란 여부를 앞서 본 법리에 비추어 전체적으로 관찰·평가해 보면, 앞서 본 바와 같은 공소외 1 등의 행위와 노출 정도가 다른 일반인에게 부끄러운 느낌이나 불쾌감을 주는 것은 사실이라 할지라도 이를 넘어서서 형사법상 규제의 대상으로 삼을 만큼, 사회적으로 유해한 영향을 끼칠 위험성이 있다고 평가할 수 있을 정도로 노골적인 방법에 의하여 성적 부위를 노출하거나 성적 행위를 표현한 것이라고 단정하기에는 부족하다고 할 것이다</u>.

그렇다면 피고인이 이 사건 행위의 음란성을 다투고 있는 이 사건에서, 원심으로서는 이 사건 행위가 과연 앞서 본 바와 같은 음란행위에 해당하는지를 더 살펴보았어야 할 것임에도 불구하고, 원심이 이에 이르지 아니한 채 그 판시와 같은 이유만으로 음란행위에 해당한다고 단정해 버린 것은, 구 풍속영업의 규제에 관한 법률 제3조 제1호 소정의 음란행위에 관한 법리를 오해한 잘못을 저지른 것이어서 그대로 유지될 수 없다.[49]

거의 동일한 사실에 대한 평가가 재판부에 따라서 확연하게 달라진 판결이라고 할 수 있다. 즉, 사실인정과 법률판단이 결합된 경우에 규범적 판단이 판단자의 개인에 의해서 좌우될 수 있다는 것을 보여 주고 있다. 이것은 근본적으로는 음란이라는 용어가 가지는 추상성과 애매성에서 출발한다고 보아야 할 것이다.

또한 최근에는 반드시 음란과 같은 규범적 구성요건요소가 아닌 경우에도 그 사실인정의 여부를 판단하기 위해서 개념을 정의해야 하는 경우도 많다.

영화 및 비디오물의 진흥에 관한 법률(이하 '영화등진흥법'이라 한다)은 비공연성, 높은 유통성, 복제용이성 및 접근용이성 등 영화나 음반 등과 다른 '비디오물'의 특성을 고려하여, 유해한 비디오물의 공개나 유통으로 인한 악영향을 사전에 차단하기 위하여 등급분류제를 규정하고 있는 점, 영화등진흥법 제2조, 제50조 제1항, 같은 법 시행령 제23조 등의 규정은 영화나 방송프로그램이 비디오물과는 다른 형태의 매체물이라는 것을 전제로 하고 있는 점, 영화등진흥법 제65조 및 같은 법 시행령 제27조, 같은 법 시행규칙 제25조 등은 테이프나 디스크 등의 매체에 저장된 상태로 유통되는 영상물과 인터넷 등의 정보통신망을 이용하여 시청에 제공되는 영상물만을 그 대상으로 하고 있는 점, 영상물등급분류제도와 유사한 목적으로 청소년유해매체물을 규정하고 있는 청소년보호법 제7조도 규제의 대상이 되는 매체물을 '비디오물', '음반', '영화', '방송프로그램' 등으로 나누어 규정하고 있는 점, 방송프로그램에 대해서는 방송법이 별도로 등급분류 등에 관한 규정을 두고 있는 점 등의 여러 사정을 종합하면, 전기통신설비를 이용하여 시청에 제공되는 텔레비전방송 프로그램은 영화등진흥법 제2조 제12호 소정의 '비디오물'에 해당하지 아니한다. 위 법리에 비추어 보면, 피고인이 위성방송수신기 등을 이용하여 숙박업소의 손님들을 상대로 시청에 제공한 이 사건 방송프로그램이 영화등진흥법에 의한 등급분류를 받아야 하는 비디오물에 해당한다고 보아 이 부분 공소사실을 유죄로 인정한 원심의 조치는 비디오물의 개념에 관한 법리를 오해한 것으로 위법하다. 나아가 상상적 경합범의 관계에 있는 수죄 중 일부만이 유죄로 인정된 경우와 그 전부가 유죄로 인정된 경우와는 형법 제51조에 규정된 양형의 조건이 달라 선고형을 정함에 있어서

49) 대법원 2009. 2. 26. 선고 2006도3119 판결.

> 차이가 있을 수 있으므로, 위와 같은 원심판단의 위법은 판결 결과에 영향을 미친 것으로 볼 수 있다(대법원 1980. 12. 9. 선고 80도384 전원합의체 판결, 대법원 2009. 1. 30. 선고 2008도10560 판결 등 참조). 이 점을 지적하는 상고이유의 주장은 이유 있다.[50)]

이 판결은 비디오물이라는 물체에 대한 정의의 문제로서 결국은 비디오라는 언어사용의 범위에 관한 문제인 것이다.

또한 민법 제103조의 '선량한 풍속', 형법 제168조의 '공공의 위험', 제16조의 '정당한 이유' 등의 문언들도 법관의 가치판단이 해석을 통하여 보충될 때만이 그 의미를 구체화할 수 있는 경우로서 법률용어의 다의성과 모호성을 보여 준다고 할 수 있다. 물론 모든 법률문장을 일상생활의 용어로 규정한다면 이러한 문제점을 피할 수 있다. 그러나 법률문장은 수많은 인간사회의 위반행위들을 담아낼 수 있어야 하기 때문에 본래적으로 추상성과 애매성을 가질 수밖에 없다. 따라서 다양한 범죄현상을 포함하는 구성요건의 경우에 일반조항(Generalklausel)이나 가치보충이 필요한 개념(wertausfüllungsbedürftige Begriff)의 사용이 불가피한 경우도 있다.

대법원도 "일반적으로 법규는 그 규정의 문언에 표현력의 한계가 있을 뿐만 아니라 그 성질상 어느 정도의 추상성을 가지는 것은 불가피하고, 형법 제243조, 제244조에서 규정하는 '음란'은 평가적, 정서적 판단을 요하는 규범적 구성요건 요소이고, '음란'이란 개념이 일반 보통인의 성욕을 자극하여 성적흥분을 유발하고 정상적인 성적 수치심을 해하여 성적 도의관념에 반하는 것이라고 풀이되고 있음은 앞서 본 바와 같으므로 이를 불명확하다고 볼 수는 없다."라고 판시하고 있다.[51)]

그러나 형벌법규의 추상성과 문언적 한계에도 불구하고 입법자는 가능한 최소한의 명확성을 구비하도록 노력하여야 한다. 즉, 추상적 개념보다는 구체적 개념, 불확정개념보다는 확정개념, 전문용어보다는 일상용어, 규범적 용어보다는 사실적(혹은 기술적) 용어들을 사용하는 것이 바람직하다.[52)] 또한 통상의 해석방법에 의하더라도 당해 처벌법규의 보호법익과 그에 의하여 금지되는 행위 및 처벌의 종류와 정도를 누구나 알 수 있도록 규정되어 있어야 한다.[53)] 입법자에게 보다 명확한 구체화의 가능성이 있었음에도 불구하고 이를 하지 않았다면 명확성의 원칙에 반한다고 할 것이다.

이러한 언어의 본질에서 비롯되는 이해 대상의 유동적 성격은 소송절차에서 과거사실의 존재를

---

50) 대법원 2010. 7. 15. 선고 2009도4545 판결.
51) 대법원 1995. 6. 16. 선고 94도2413 판결.
52) 오영근, 『형법총론』, 박영사, 2009, 3/19.
53) 위의 책, 3/19.

인식하는 경우에도 그대로 타당하다. 소송에서 법관은 등장하는 다양하고 수많은 정보(증거)들에 대한 복합적인 평가를 기초로 하여 당사자들의 가설적인 주장사실에 귀속될 수 있는 '언어기호'를 선택한다. 즉, 법관의 사실인정이란 '언어귀속(Sprachzuschreibung)'의 행위(말행위)이다.[54]

사실인정에 있어서의 언어적 한계는 특히 수사기관이 작성한 각종의 조서에서도 잘 나타난다. 일반적으로 수사기관이 피고인이나 참고인들을 상대로 신문 내지 조사를 한 결과를 조서로 작성함에 있어서 피의자 등의 생생한 진술을 그대로 기재하는 것이 아니라 이를 정연한 내용으로 정리하여 작성하게 된다. 따라서 원진술의 미묘한 뉘앙스가 사상되고 진실에로의 길이 차단될 위험이 발생한다.[55] 특히 조서 작성 시 법률용어들이 많이 사용되는데, 그 결과 피의자 등이 경험한 사실이 진술 그대로 기록되어야 할 조서가 실질에 있어서는 조사자의 규범적, 가치적 판단결과가 혼재된 일종의 수사보고서 내지 의견서처럼 변질된 채 마치 피의자 등이 그와 같은 수사기관의 판단 자체를 시인한 것처럼 보이게 된다.[56] 이러한 현상은 현재 우리가 사용하는 법률용어의 대부분이 한자어 또는 일본의 법제도를 그대로 채용한 경우가 많아 일반인들이 그 법률용어의 의미를 잘 이해하지 못하거나 혼동하여 사용하는 데서도 그 이유를 발견할 수 있다.

예컨대 형사사건의 경우 범죄가 발생하면 수사기관, 즉 검찰이나 경찰에서 범인을 체포한 뒤 경찰에서 1차적인 조사를 끝내고 사건을 검찰로 보낸다. 그 후에 검사는 사건을 법원으로 보내 재판에 부칠 것인지, 사건을 종결시킬지를 결정하게 된다. 검사가 재판에 부치는 것을 기소라고 하고, 수사를 종결하는 것을 불기소처분이라 한다. 이러한 기소, 또는 불기소처분은 수사의 종결로서 경찰은 할 수 없고 오직 검사만이 할 수 있다. 형사사건의 경우에는 개인과 국가 간의 재판이다 보니 그냥 재판이 아니라 공판이라고 하는 것이고 또한 기소하는 것을 그냥 소를 제기하는 것이 아닌 '공소를 제기한다.'라고 하는 것이다.

이 경우에 검사가 사건을 기소하지 않고 사건을 종결시키는 불기소 처분은 일정한 사유가 존재하여야 하는데 불기소 사유에는 다음과 같은 것이 있다. 일단 좁은 의미의 불기소 사유로는 '혐의 없음.', '죄가 안 됨.', '공소권 없음'이 있다. '혐의 없음'이란 알리바이가 존재한다거나 증거가 불충분하여 피의자가 범죄를 저질렀다는 심증이 부족하다는 등의 사유가 있을 시 범죄혐의를 특정 짓기 어려울 때 내리는 처분이다. '죄가 안 됨'이란 언뜻 범죄에 해당하는 듯한 모습을 가지고 있으나, 정당방위 또는 긴급피난의 상황이 존재하였거나 어린아이나, 정신병자의 범죄행위로 처벌할 수 없는 이유가 있을 때 내리는 결정이다. '공소권 없음'이란 말 그대로 공소를 제기할 수

54) 이상돈, 앞의 책, 251쪽.
55) 조원철, 「간접증거에 의한 사실의 인정」, 『재판자료』 110집, 법원행정처, 6쪽.
56) 위의 책, 6쪽.

있는 권한이 없는 경우로 공소시효가 완성되었거나, 이미 그 범죄에 대한 판결이 확정 또는 사면이 내려졌다거나 형이 폐지된 경우에 내리는 결정이다.

이러한 의미를 가지고 있는 법률용어를 전문가인 검사는 별 생각 없이 자유롭게 사용할 수 있지만, 상대방인 피의자의 입장에서는 전문용어에 대한 의미 파악이 곤란한 경우가 허다하다. 즉, 수사단계에서 피의자 또는 피해자의 있는 그대로의 진술을 토대로 사실인정이 이루어지는 것이 아니라 피의자 또는 피해자의 진술을 법률용어를 사용한 조서의 형태로 정리하고, 그리고 이에 대한 법적 판단이 이루어지는 것이다.

따라서 여기에서는 두 가지의 문제점이 발생된다. 하나는 조서작성제도의 역기능으로, 조서에 담기는 내용이 사실상 법정 밖에서 이미 확정되어 있다는 데서 출발한다.[57] 최종적인 사실판단자인 법관이 사실을 100% 판단하는 것이 아니라 결국은 법관은 이미 법률용어로 채색된, 그리고 수사기관의 판단이 내재되어 있는 사실을 기초로 법관 고유의 사실판단을 한다는 것이다. 예컨대, 피의자에게는 중요한 진술을 했음에도 불구하고 검사가 이를 무시하고 공소제기를 한 경우에, 법관은 원칙적으로 불고불리의 원칙과 공소장일본주의 원칙에 따라서 검사가 이미 정해준 범위 안에서만 사실을 인정할 수밖에 없게 된다. 따라서 최종 사실 인정자인 법관은 왜곡된(이미 상당부분이 결정된) 사실을 그대로 확인하는 역할만 수행하는 것에 불과할 수도 있다.[58]

다른 하나는 조서에 사용된 법률용어로 인해서 이미 많은 부분의 선이해가 존재하는 채로 사실판단에 임하게 된다는 점이다.

> 【범죄사실】 피고인은, 1. 누구든지 등급분류를 받지 아니한 비디오물을 시청에 제공하거나 이를 위하여 진열·보관하여서는 아니 됨에도 불구하고,
>
> 2007. 2. 21. 18:00경 경기 양평군 서종면 (상세주소 생략) 소재 피고인이 운영하는 ○○○ 모텔에서, 등급분류를 받지 아니한 음란영화인 속칭 '포르노' 비디오물을 공소외 1 주식회사로부터 위성으로 수신 받은 후 이를 성명불상의 손님들로 하여금 관람하도록 하여 등급분류를 받지 아니한 비디오물을 시청에 제공하고,

---

57) 구조적 왜곡을 가져오지 않고, 원래의 기능인 마당적 이해에 대한 논증이 되기 위해서는 조서에는 변론이나 공판기일에 법정에서 수집한 정보만을 담아야 한다는 원칙이 준수되어야 한다; 이상돈, 『법이론』, 세창출판사, 2005, 278쪽.

58) 이러한 조서재판의 문제점을 극복하기 위하여 구두변론주의, 공판중심주의가 강조되기도 한다. 특히 구두변론주의는 서면이 아니라 당사자의 진술, 주장이나 입증자료를 기초로 재판하는 것을 말한다. 과거의 규문절차 또는 과거의 우리 형사절차의 실무에서도 사실상 구두에 의한 진술도 서면의 형식으로 전환되어 심리를 행하는 서면심리주의가 이루어졌다. 따라서 공판절차는 형식적인 절차가 되고 피고인에 대한 심증은 이미 형성된 채로 재판이 진행되었다. 그 결과 '서면에 기재된 것만이 진실이고 서면에 기재되지 아니한 것은 현실세계에 존재하지 않는다.'라는 법언이 통할 정도로 극단적인 조서 의존 현상이 초래되었다(신동운, 『신형사소송법』, 법문사, 2008, 644쪽).

2. 풍속영업소에서 음란한 영화·비디오물 등을 관람·열람하게 하거나 이를 목적으로 진열·보관하여서는 아니 됨에도 불구하고,

같은 일시·장소에서 풍속영업소인 위 모텔에서 위와 같은 방법으로 음란한 비디오물을 성명불상의 손님들로 하여금 관람하게 하여 풍속영업을 영위하는 자가 준수하여야 할 준수사항을 위반하였다.[59]

【증거의 요지】

1. 피고인의 일부 법정진술

1. 피고인 및 공소외 2에 대한 각 경찰 피의자신문조서

1. 각 범죄인지보고

1. 각 수사보고

1. 공중위생관리법 등 위반업소 적발통보, 단속경위서, 풍속영업소 단속보고서

1. 영업신고증사본

1. 단속현장사진

위의 판결문에 있어서 범죄사실(즉 사실의 인정)은 하단의 증거를 기초로 이루어 진 것이다(증거재판주의). 그런데 증거에서 [피고인 및 공소외 2에 대한 각 경찰 피의자신문조서, 각 범죄인지보고, 각 수사보고]는 조서의 형태를 가진 증거들이다. 결국 조서가 증거의 상당부분을 차지하며, 그리고 법관은 조서로부터 상당한 심증을 형성하였다는 것을 추정할 수 있다.

한편 이러한 상황은 비단 수사기관이 작성한 조서뿐만 아니라 공판정에서 작성한 조서의 경우에도 나타날 수 있다. 물론 이러한 조서는 절차형성행위의 진행경과를 명확히 기재하여 후일의 분쟁에 대비할 수 있고, 구두변론에 의하여 행해지는 실체형성행위의 내용을 서면에 기재, 고정화시켜 후일의 심리자료로 사용함으로써 심리의 효율성과 소송경제를 제고할 수 있다는 장점을 가지고 있다.[60] 그러나 수사단계에서의 조서와 마찬가지로 조서에는 조서작성자의 판단이 개입되고 또한 법률용어가 사용됨으로써 있는 그대로의 사실 확인에 중대한 장애를 줄 수도 있다. 물론 형사소송법은 소송경제라는 현실적 요청과 실체적 진실발견의 이념을 조화하기 위하여 원칙적으로 법관의 조서만을 유죄인정의 증거로 사용할 수 있도록 하고(법 제311조), 법관 이외의 기관이 작성한 조서는 엄격한 요건 하에 예외적으로 증거능력을 인정하고 있다(법 제312조 이하).

59) 수원지방법원 여주지원 2008. 9. 4. 선고 2007고정215 판결.
60) 신동운, 『신형사소송법』, 법문사, 2008, 558쪽.

그러나 서면 — 특히 조서 — 에 따른 사실인정의 경우에 법관은 대개 미리 제출된 증인신문사항(서면)만을 쳐다보고 그로 인하여 변호인이 신문할 때 증인이 보이는 태도, 표정 등 살아 있는 정보를 섬세하게 지각하지 않게 된다.[61] 또한 증언내용을 증인을 신청한 당사자가 구성한 증인신문사항에서 사실상 거의 예측할 수 있고, 따라서 법관은 증인신문 이전에 이미 그 증언내용을 제3의 매체인 증인신문사항(서면)에서 지각하게 된다. 이러한 현실 속에서 증인신문에 있어 지켜져야 할 형사소송법상의 법원칙인 구술주의와 직접주의는 사실상 침해된다. 또한 증인신문사항(서면)은 증인의 증언내용을 정리하게 쉽게 '예/아니요'의 형태로 대답할 수 있도록 구성되기 때문에 상호신문제도(법 제161조의 2)의 본래기능은 위축될 수밖에 없다.

한편 현행 형사소송법상 공판조서에는 '공소사실의 진술 또는 그를 변경하는 서면의 낭독, 피고인에게 그 권리를 보호함에 필요한 진술의 기회를 준 사실과 그 진술한 사실, 피고인·증인·감정인·통역인 또는 번역인의 진술 및 증언, 감정인·통역인 또는 번역인이 선서를 하지 아니한 때에는 그 사유, 변론의 요지, 재판장이 기재를 명한 사항 또는 소송관계인의 청구에 의하여 기재를 허가한 사항, 피고인 또는 변호인에게 최종 진술할 기회를 준 사실과 그 진술한 사실' 등과 같이 사실인정에 중요한 기초자료들을 기록하도록 규정하고 있다(형사소송법 제51조).

이러한 공판조서는 법관이 직접 작성하는 것이 아니라 공판에 참여한 법원사무관 등이 작성한다. 당연히 진술을 있는 그대로 작성하는 것이 아니라 요약된 형태의 언어로 작성하게 된다. 따라서 원진술자의 의미가 그대로 전달되지 않을 가능성이 높다.[62] 나아가서 형사소송법은 이러한 공판조서에 대하여 절대적 증명력을 부여하고 있다. 법관은 심증형성에 의문이 가는 경우에도 그 조서의 내용을 사실상 인정하지 않을 수 없다. 공판기일의 소송절차로서 공판조서에 기재된 것은 그 조서만으로 증명한다(제56조). 이를 공판조서의 배타적 증명력이라고 한다. 공판조서란 공판기일의 소송절차를 기재한 조서로서 일반적으로 공판기일의 소송절차가 법정(法定)된 방식에 따라서 적법하게 행하여졌는지 여부를 인증하기 위하여 법원사무관 등이 공판기일의 소송절차의 경과를 기재한 조서를 말한다.[63] 재판장과 공판에 참여한 법원사무관 등은 공판조서에 기명날인 또는

61) 이상돈, 『법이론』, 세창출판사, 2005, 277쪽.

62) 물론 형사소송법은 조서 기재의 정확성을 담보하기 위한 규정을 두고 있다. 공판조서 작성의 정확성은 내부적으로 공판조서의 정리 단계에서 재판장이 기명날인 또는 서명을 하는 과정에서 일차적으로 통제되지만, 형사소송법은 이에 머무르지 않고 이해관계인에게 적극적으로 법원에 대하여 공판조서의 정확한 기재를 요구할 수 있는 권리를 부여하고 있다. 이에 따르면 검사, 피고인 또는 변호인은 공판조서의 기재에 대하여 변경을 청구하거나 이의를 제기할 수 있고(법 제54조 3항), 청구나 이의가 있는 때에는 그 취지와 이에 대한 재판장의 의견을 기재한 조서를 당해 공판조서에 첨부하여야 한다(동조 4항). 한편 피고인은 공판조서의 열람 또는 등사를 청구할 수 있으며(제55조 1항), 피고인이 공판조서를 읽지 못하는 때에는 공판조서의 낭독을 청구할 수 있다(동조 2항). 만약 피고인의 공판조서 낭독 청구에 응하지 아니한 때에는 그 공판조서를 유죄의 증거로 할 수 없다(동조 3항).

서명하여야 한다(제53조). 재판장이 공판조서에 서명·날인하는 이유는 공판조서의 정확성을 기하기 위함이다.[64] 공판조서는 기본 되는 공판조서와 증인심문조서 등의 심문조서 그리고 증거목록의 세 가지로 분류된다. 이러한 공판조서만으로써 증명한다는 것은 공판조서의 기재가 명백한 오기인 경우를 제외하고는 공판기일의 소송절차로서 공판조서에 기재된 것은 조서만으로써 증명하여야 하고, 그 증명력은 공판조서 이외의 자료에 의한 반증이 허용되지 않는 절대적인 것이라는 의미이다.[65] 이와 같은 공판조서가 가지는 배타적 증명력의 인정은 자유심증주의에 대한 제한 내지는 예외로서 작용한다.[66] 한편 대법원은 이러한 공판조서의 절대적 증명력의 인정은 헌법에 위반하지 않는다는 입장이다.

공판조서에 배타적 증명력을 인정하는 취지는 공판조서는 심리의 공개, 공판조서의 열람·녹취, 공판조서의 정확성에 대한 이의진술 등 공판조서의 정확성을 담보하는 제도적 장치들이 마련되어 있고, 성립의 진정이 인정될 뿐만 아니라, 법원이 작성한 조서로서 객관적 신용성이 높기 때문이다.[67] 또한 공판기일에 있어서의 소송절차에 법령위반이 있었는지를 상소심에서 심판하는 경우에 원심의 법관이나 법원사무관 등을 증인으로 신문한다면 절차의 번잡성과 함께 법원의 사무처리에 커다란 지장을 초래할 수 있다. 이것은 법관의 재판업무와 법원의 사법행정업무에 중대한 혼란을 야기할 수도 있다. 이에 따라서 공판조서에 대하여 사전에 그 정확성을 보장하고 상소심의 판단자료를 공판조서에 한정하여 상소심에서의 심사의 편의를 도모하고[68] 형사사법의 업무수행기능 자체를 유지하기 위함에 있다.[69]

그러나 구조적으로 볼 때 공판조서에 배타적 증명력을 인정한 것은 법관의 사실인정의 완벽성을 전제로 한다. 구체적으로는 공판조서의 기재가 참여자의 진술 또는 주장이 정확히 기록되었다는 것을 전제로 한다. 공판조서라는 서면 역시 법률용어의 사용으로 인한 사실인정의 왜곡의 가능성이 존재할 수 있으며, 조서 자체가 사실인정의 한계를 고스란히 담고 있는 정보가 아닐 수 없다.

결국 사실인정은 어떤 형태로든 언어를 사용한 증거를 기초로 하는 한 일정한 한계가 존재한다는 것을 인정하지 않을 수 없다고 본다. 합리적인 사실인정은 법률용어, 법적 절차를 포함한 법이

63) 신동운, 『신형사소송법』, 법문사, 2008, 1115쪽.
64) 임동규, 『형사소송법』, 법문사, 2009, 579쪽.
65) 대법원 2005. 12. 22. 2005도6557.
66) 엄밀한 의미에서 보면, 공판조서의 배타적 증명력을 인정한 형사소송법 제56조는 소송경제적 관점에서 마련된 특칙이며, 피고사건에 대한 유죄판결의 심증형성에 신중을 기하기 위하여 고안된 통상적인 자유심증주의의 제한원리들과 다소 성질을 달리한다는 점에 주의할 필요가 있다는 견해는 신동운, 『신형사소송법』, 법문사, 2008, 1116쪽 참조.
67) 신양균, 『형사소송법』, 화산미디어, 2009, 889쪽.
68) 이재상, 『신형사소송법』, 박영사, 2010, 44/1.
69) 배종대·이상돈·정승환, 『신형사소송법』, 홍문사, 2009, 63/3.

‘의사소통적 전제조건을 마련하는 틀’로서 작용할 때이다. 법이 그러한 틀로 작용할 때에, 법은 사회적 상호행위에 법적 성격을 부여함으로써 사회적 갈등이 발생했을 경우, 공정하고 합리적인 사법절차에 호소할 기회를 제공하는 역할을 한다.[70] 시민들은 법적 제도를 통해 자신의 권리를 주장하고 항변할 수 있다. 즉, 서면에 의해서 짜인 사실인정이 아니라 합리적인 소통공간에서 자신의 범죄사실을 주장 또는 부인할 수 있고, 법관은 그러한 소통의 장에서 왜곡됨이 없이 의사소통적 행위로서의[71] 합리적인 사실인정의 업무를 수행할 수 있다. 또한 논증이란 일상적 행위에 있어서 자명한 것으로서 전제되어 있던 타당성 요구를 명료화하고 주제화하는 것이고, 합의란 모든 사람이 어떤 진술의 타당성을 논증의 힘에 의하여 자율적으로 승인하는 것이다.[72] 사실인정을 법적 논증의 한 과정으로 볼 때, 합리적 논증과정을 통한 사실인정이 가능하기 위해서는 의사소통 행위자의 배후에 존재하며 상호이해 과정에 공통적으로 존재하는 문화적 맥락과 자원이 필요하다. 이러한 의미에서 서면을 통한 사실인정은 언어적 한계에서 유래되는 의사소통적 한계를 가지고 있는 것이다.

Ⅳ. 사실의 왜곡 가능성

사실인정의 한계로 작용할 수 있는 것은 형사절차에서의 사실의 왜곡 가능성이다.

법적 절차와 인식의 사회학에 관하여 이론가들은 최근 두 개의 주요한 비판을 제기하였다. 하나는 사실확인자가 사건을 결정하기 위해서 필요한 재구성을 시도하기 전에 법적 절차에서 당사자에 의해서 사건의 사실을 어느 범위까지 적극적으로 형성할 것인가 또는 재구성할 것인가에 관련된 것이다.[73] 이러한 관점에서 볼 때, 사실들(facts)은 공정한 조사자가 발견할 수 있는 독립적이고 정적인(static) 품질을 가진 것이 아니라, 오히려 사실들은 사회적으로 우연적인 것이어서 다이내

70) 이상돈·홍성수, 『법사회학-M. Weber, J. Habermas, N. Luhmann의 사회학이론과 법패러다임』, 박영사, 2000, 179쪽.

71) 의사소통적 행위란 서로 대화하는 행위를 의미하며, 말하는 사람과 듣는 사람은 이러한 대화를 통해 상호이해(Verstandigung)라는 인격적 관계에 들어서게 된다. 이때의 목표는 오직 상호적인 대화를 통한 이해의 도달이며, 성취나 도구적 목적은 배제된다. 하버마스는 ‘의사소통적 행위’를 통해 지배로부터 자유로운 상태에서 서로의 주장을 근거 지으며 규범적 합의를 해 나가는 상황을 하나의 이상상태로 상정하고, 이러한 ‘의사소통적 행위’를 통하여 논증에 의한 합의가 가능하기 위해서는 ‘생활세계(Lebenswelt)’라는 지평이 필요하다고 하였다; 이상돈·홍성수, 『법사회학-M. Weber, J. Habermas, N. Luhmann의 사회학이론과 법패러다임』, 박영사, 2000, 113쪽.

72) 이상돈·홍성수, 앞의 책, 113쪽.

73) Ian Dennis, *The Law of Evidence*, Sweet & Maxwell, 2007, p. 119.

믹하고 의존적인 품질을 가진다. 또한 재판 이전의 형사수사 절차에서의 법사회학적 연구(Socio-legal research)는 사실은 절차의 참가자들에 의해서 조작될 수 있다는 것을 강조하고 있다.[74)]

이러한 과정의 가장 명백한 예의 하나는 피의자에 대한 신문에서 나타난다. McConville, Sanders, Leng은 신문(interrogation)은 혐의자(피의자)가 이미 가지고 있는 사실적 정보를 털어놓게 하는데 사용될 뿐만 아니라, 질문의 형식과 방법에 의해서 제작(생산)되어지는 자백의 형식 안에 사실을 집어넣게 되는 것이라고 주장한다.

이러한 방법으로 고의와 같은 주관적 요소에 대한 증거를 획득하는 것은 일반적이다. 혐의자(피의자)는 그가 특별한 행위를 할 때에 누군가에 대한 상해를 야기할 위험을 의식하고 있었음에 틀림없다는 것을 수용하도록 유도될 수 있다. 더욱 심각한 신문의 모습은 피의자로부터의 무죄의 정보를 무시하거나 억누르기 위하여 신문이 행해질 수 있다는 것이다. 이것은 특히 경찰관이 혐의자가 유죄라고 추측하고, 또한 신문의 유일한 목적은 자백을 이끌어 내는 것이라고 가정하고 있다면 그 위험성이 강하게 나타난다. 자백에 상당하지 않는 피의자의 해명(설명)은 경찰관에게는 특별한 흥미를 주지 못할 것이다. 결국 인터뷰의 기록이 사실에 관한 피의자로부터의 정보의 여과과정으로 작용할 수 있고, 실제의 모습을 오도할 수 있는 위험성이 존재한다.

이러한 사실 왜곡의 위험성은 공판 단계에서도 나타날 수 있다. 변호인이 증인을 신문할 때, 그들은 증인이 알고 있는 것을 자유롭게 보고하도록 허용하는 공개된 질문을 선호하지 않는다. 이것은 변호인들이 증인에게 우호적인 증거를 부여할 기회를 주거나 또는 그 신문을 수행하는 당사자에게 적극적으로 손해를 주는 무엇인가를 말하는 것을 원하지 않기 때문이다. 따라서 질문은 종종 질문자에 의해서 제출된 사실에 부합하는 짧고 분명한 대답을 얻기 위해서 이루어진다. 이러한 증인신문의 방식 때문에 증인은 자발적으로 진술할 용기를 잃게 될 것이다.[75)] 또한 증인은 그들의 대답을 변호인의 질문에 의해서 부과된 틀(framework)에 맞출 것을 요구받게 될 것이다. 이러한 방식으로 다시 여과되고 왜곡된 사실이 사실확인자에게 그대로 제출될 것이다.

이러한 현실에서 진실 그 자체의 개념과 증인에 의해서 제출된 사실로부터의 추론에 의해서 발견될 수 있는 객관적인 실제가 어느 정도까지 일치하는가에 대한 인식론적 의문이 제기되기도

---

74) McConville, Sanders, Leng은 다음과 같이 언급하였다: 형사사법절차의 각 지점에서 '무엇이 일어났는가'는 해석, 추가, 공제, 선택 그리고 재구성의 과정이다. 이 과정은 계속적인 과정이다. 사건의 형성은 단지 증거의 해석과 선택이 아니라 그것의 창조이다; M. McConville, A. Sanders and R. Leng, *The Case for the Prosecution*, London, 1991, p. 12.

75) 예컨대 증인이 무엇인가를 설명하려고 하면, 신문자는 "'예', '아니요'만 말하세요."하고 몰아세우는 경우를 공판정에서 종종 보게 된다.

한다. 특히 이러한 회의적인 경향은 일부의 포스트모던학자와 페미니스트 작가들의 철학적 비판에서 강하게 나타나고 있다.[76] 이에 따르면 진실은 객관적 실체(존재, objective existence)를 가지지 않는다. 즉, 진실은 해석의 법적 과정에 의해서 형성되며, 요증사실의 존재를 결정하기 위해 공식적으로 사용된 과정의 결과를 표현하는 것 이상이 아니라고 한다.[77]

제3절

법적 사실인정의 과정

Ⅰ. 사실인정 과정의 일반론

사실인정자는 증거를 기초로 하여 사실을 인정하게 된다. 따라서 모든 증거가 대상이 될 수 있지만, 어떤 증거에 의하여 사실을 인정할 것인가는 전적으로 사실인정자(법관 또는 배심원)에게 달려 있다. 따라서 지나간 역사적인 사실에 대한 각종의 진술이나 각종의 증거물 등이 믿을 만한가, 즉 신용성 내지 신빙성이 있는가하는 문제와 이러한 진술 내지 증거물들을 어떠한 원칙에 따라 받아들일 것인가라는 문제 및 증인이나 증거물을[78] 어떻게 심리 내지 평가할 것인가의 문제가 다루어져야 한다.[79]

사실관계의 확정을 위한 가장 바람직한 모습은 판단자가 그 사실을 직접 경험한 경우이다. 그러나 이러한 바람이 실현되기 어려운 구체적인 판단상황에서 법관은 증인과 증거물이 보여주는 내용에 의존할 수밖에 없게 된다. 그렇다면 어떠한 증언과 증거물을 사실관계 확정의 자료로 사용할 것인가가 문제가 된다. 이러한 사실관계의 확정에 사용될 수 있는 증언 또는 증거물의 자격을 형사소송법에서는 증거능력의 자격이라는 주제로 규정하고 있으며, 사실인정의 전제가 되는 증거는 일단 증거능력이 있는 증거를 대상으로 한다. 결국 법관의 사실인정은 증거능력이

76) 전형적인 것은 P. Smith in *Feminist Jurisprudence*, Oxford, 1993, p. 212.

77) Ian Dennis, *op. cit.*, p. 121.

78) 각 소송법 분야에서 증거법 부분에 자리 잡고 있는 사실관계 확정의 문제는 일반적으로 오감으로 직접 체험할 수 있는 증거, 증인의 증언, 각 당사자의 진술, 전문 감정인의 의견이나 감정서, 각종 공증문서 등을 통해 이루어진다. 이를 소위 전통적인 5개의 증거방법이라고 한다; 김성룡, 『법적 논증의 기초』, 경북대학교출판부, 2006, 262쪽.

79) 김성룡, 『법적 논증의 기초』, 경북대학교출판부, 2006, 261쪽.

있는 증거에 대한 분석과 증명력의 부여, 그리고 증거 상호간의 논리적 연관성 등을 통해서 사실인정 여부에 대한 결론에 이르게 된다. 물론 이 과정에서 증거와 요증사실 사이의 추론과 추정, 그리고 인정된 사실과 다른 사실과의 사이에도 추론과 추정이 필요하며, 이러한 전체적 과정을 광의의 법적 논증의 과정이라고 할 수 있다.

이러한 사실인정에 논증이 필요한 이유는 다음과 같이 정리할 수 있다.[80)]

① 법관의 사실확정이 참인지를 판단할 수 있는 척도는 존재하지 않고, 그것은 소송에 관련된 모든 사람들로부터 타당하다고 승인될 수밖에 없다. 즉, 법관의 사실인정이 주관적 성격을 벗어나 객관적 합리성을 띠기 위해서는 그 사실인정을 접하는 모든 사람들이 인정된 사실에 이르는 과정을 상호주관적으로 이해할 수 있어야 한다. 이 정당화는 당사자나 상급심의 관계에서 뿐만 아니라 법관 자신의 사실인정 과정에서도 이루어져야 한다.

② 판결의 주문이 증거에 의한 사실인정과 법률에 의한 포섭과정을 거쳤다는 형식적 합법성만으로 판결의 정당성을 획득할 수 없다. 사실인정과정과 포섭과정에서 일어나는 선이해의 작용을 고려하면 양자 모두 법관의 주관적 자의에 의한 것일 위험은 상존한다. 법관의 선이해가 자의로 흐를 위험에 대한 대책은 논증을 통해 사실인정의 합리성과 법해석의 정당성을 확인하는 것뿐이다.[81)]

물론 이러한 논증의 과정은 직접증거와 간접증거 — 또는 정황증거 — 의 경우가 일반적으로 동일하다. 그러나 실제의 사건에서 사실인정의 전제가 되는 정보는 간접증거인 경우가 대부분이다.[82)]

다음의 판결문은[83)] 사실인정과 법적 논증의 과정과 방법을 잘 보여 주고 있다.

【이유】

1. 유죄부분에 대하여

이 부분에 대하여는 상고장이나 상고이유서에 아무런 상고이유의 기재가 없다.

2. 무죄부분에 대하여

가. 공소사실의 요지: 피고인은 자동차운전면허를 받지 아니하고, 2002. 11. 6. (차량등록번호 생략) 승합차량(이하 '가해차량'이라 한다)을 운전하여 익산시 어양동 소재 레포츠 공원 앞 교차로에 이르러 전방주시의무를 게을리한 과실로 신호대기로 정지하고 있던 피해자 안○○ 운전의 전북 ○○로64○○호 승용차 뒤 범퍼 부분을 들이받아 피해자로 하여금 2주간의

80) 이용구, 「사실인정 과정의 논증」, 『재판실무 연구』, 광주지방법원, 2009, 188쪽.
81) 위의 책, 188쪽.
82) 간접증거에 있어서의 사실인정의 문제는 후술하기로 한다.
83) 대법원 2004. 6. 25. 선고 2004도2221 판결.

치료를 요하는 뇌진탕상 등을 입게 함과 동시에 피해차량 뒤 범퍼 등을 3,166,702원 상당의 수리비가 들도록 손괴하고도 피해자를 구호하는 등의 조치를 취하지 아니하고 도주하였다.

나. 원심의 판단: 원심은, 원심 증인 피해자 안○○은 이 사건 사고 직후 가해차량에서 내려 도망하는 운전자를 보지 못하였다고 진술하고 있어 그의 진술로는 피고인이 가해차량의 운전자라는 점을 입증하기에는 부족하고, 제1심 증인 공소외 1은 피고인의 초등학교 1년 선배로서 피고인과 연락을 자주 하였고, 가해차량에서 발견된 휴대폰의 수신번호와 일치하는 호프집을 경영하고 있었다고 진술하고 있으나, 한편 이 사건 사고 발생 이전인 2002. 추석 연휴 이후부터 피고인과의 연락이 끊긴 이래 이 사건 당일에도 피고인으로부터 전화를 받은 일이 없다는 취지로 진술하고 있어, 그 진술만으로 피고인이 가해차량의 운전자라고 인정하기에 부족하고, 수원지방검찰청 안산지청 검찰주사보 함○○ 작성의 2003. 7. 9.자 수사보고(2003형제21000호 수사기록 2책 1권 27면 이하), 익산경찰서 경장 조○○ 작성의 2002. 11. 6.자 수사보고(같은 수사기록 2책 2권 17면 이하)의 각 기재는, 이 사건 사고 발생 당시 가해차량에서 가해자 것으로 추정되는 남자용 지갑을 발견하였는데, 그 안에 다른 물품은 없고 단지 피고인 명의로 발부된 범칙금납부통고서가 있었으며, 지갑과 함께 가해차량 내에서 발견된 휴대폰에는 비록 피고인이 가입명의자는 아니나 사고가 발생하기 약 5~6시간 전인 2002. 11. 6. 01:30경에 피고인의 선배, 친구 등의 발신번호가 담겨져 있다는 내용으로서, 이에 의하면 피고인이 지갑, 휴대폰의 소유자로서 가해차량의 운전자였다고 의심할 여지는 있으나, 범칙금납부통고서는 사고 발생일로부터 약 3개월 전인 2002. 8. 19.에 발급된 점, 지갑에서 범칙금납부통고서 외에 신분증이나 기타 가해자의 신원을 짐작할 수 있는 아무런 물건도 없었고, 피고인은 2002. 9.경까지 가해차량을 운전하고 다니다가 그 무렵 도난당하였다고 진술하는바, 피고인이 범칙금납부통고서만 들어 있는 지갑을 가해차량에 놓아둔 뒤 이를 도난당하였을 가능성도 배제할 수 없는 점, 휴대폰의 가입명의자는 공소외 2로서 피고인과 평소 아는 사이였던 점, 통화시간이 극히 짧아 실질적으로 어떤 대화를 나누었다고 볼 수 없었던 점 등을 고려하여 보면, 이 부분 공소사실을 유죄로 인정하는 데 필요한 합리적인 의심을 뒤집을 정도의 증명력을 가졌다고 볼 수 없으며, 그 외에 달리 이 부분 공소사실을 인정할 만한 증거가 없다고 판단하여 피고인에 대하여 무죄를 선고한 제1심의 조치가 정당하다고 판단하였다.

다. 이 법원의 판단

(1) 자유심증주의를 규정한 형사소송법 제308조가 증거의 증명력을 법관의 자유판단에 의하

도록 한 것은 그것이 실체적 진실발견에 적합하기 때문이라 할 것이므로, 증거판단에 관한 전권을 가지고 있는 사실심 법관은 사실인정에 있어 공판절차에서 획득된 인식과 조사된 증거를 남김 없이 고려하여야 한다. 형사재판에 있어 심증형성은 반드시 직접증거에 의하여 형성되어야만 하는 것은 아니고 간접증거에 의할 수도 있는 것이며, 간접증거는 이를 개별적 · 고립적으로 평가하여서는 아니 되고 모든 관점에서 빠짐없이 상호 관련시켜 종합적으로 평가하고, 치밀하고 모순 없는 논증을 거쳐야 한다. 증거의 증명력은 법관의 자유판단에 맡겨져 있으나 그 판단은 논리와 경험칙에 합치하여야 하고, 형사재판에 있어서 유죄로 인정하기 위한 심증형성의 정도는 합리적인 의심을 할 여지가 없을 정도여야 하나, 이는 모든 가능한 의심을 배제할 정도에 이를 것까지 요구하는 것은 아니며, 증명력이 있는 것으로 인정되는 증거를 합리적인 근거가 없는 의심을 일으켜 이를 배척하는 것은 자유심증주의의 한계를 벗어나는 것으로 허용될 수 없다 할 것인바(대법원 1994. 9. 13. 선고 94도1335 판결 등 참조), 여기에서 말하는 합리적 의심이라 함은 모든 의문, 불신을 포함하는 것이 아니라 논리와 경험칙에 기하여 요증사실과 양립할 수 없는 사실의 개연성에 대한 합리성 있는 의문을 의미하는 것으로서(대법원 1997. 7. 25. 선고 97도974 판결 참조), 피고인에게 유리한 정황을 사실인정과 관련하여 파악한 이성적 추론에 그 근거를 두어야 하는 것이므로 단순히 관념적인 의심이나 추상적인 가능성에 기초한 의심은 합리적 의심에 포함된다고 할 수 없다.

(2) 원심판결 이유 및 기록에 의하면, 피고인은 2001. 11. 12.경 그 처인 공소외 3 명의로 가해차량을 할부로 구입한 사실, 피고인은 2002. 9. 추석 무렵(2002. 9. 21.이 그 해 추석이었다.) 익산시 금마면 소재 ○○이발관 앞에서 열쇠를 꽂아둔 채 주차하여 둔 가해차량을 도난당하여 이 사건 사고 당시는 자신이 가해차량을 운전하지 아니하였다고 변소한 사실, 피고인은 가해차량을 도난당하였으나 도난신고는 하지 아니하였다고 진술한 사실, 이 사건 사고 발생 직후 가해차량에서 피고인의 소유인 지갑이 발견되었는데 그 안에 다른 물품은 없었으나 음주소란으로 인하여 피고인 명의로 발부된 2002. 8. 19.자 범칙금납부통고서(경범죄)가 들어 있었는데 범칙자인 피고인의 전화번호가 (전화번호 생략)로 기재되어 있는 사실, 지갑과 함께 가해차량 내에서 발견된 휴대폰(전화번호 생략)은 그 가입자가 피고인과 평소 아는 사람인 공소외 2로 되어 있으나, 그 휴대폰의 최근 발신번호에 의하면, 2002. 10. 15. 시간 불상경부터 사고 발생 약 4시간 30분 이전인 2002. 11. 6. 01:32까지 사이에 차례로 피고인이 평소 자주 다니던 ○○이발관 전화(전화번호 생략)로 1회, 피고인의 친구인 공소외 4의 집

전화(전화번호 생략)와 휴대폰(전화번호 생략)으로 각 1회, 피고인의 선배로 평소 교류가 있던 공소외 1이 운영하는 호프집 전화(전화번호 생략)로 2회, 공소외 1의 핸드폰(전화번호 생략)으로 5회 등 10회에 걸쳐 각 전화를 건 것으로 되어 있는 사실, 피고인은 2002년도까지 휴대폰을 사용하기는 하였으나 공소외 2 명의의 휴대폰은 자신이 사용하던 것이 아니라고 변소하면서, 휴대폰을 자주 분실하였기 때문에 이 사건 사고 당시 사용하던 휴대폰을 포함한 자신이 사용하던 휴대폰 번호를 전혀 기억하지 못한다고 진술한 사실을 알 수 있다.

공소외 2 명의로 가입된 휴대폰에서 이 사건 사고 직전 피고인의 선배 및 친구 3인의 전화로 10회의 통화시도가 있은 점(그 중 기록상 통화시간이 나와 있는 2회는 그 통화시간에 비추어 실제 통화는 이루어지지 아니한 것으로 보이고, 나머지 8번 중에는 실제 통화가 이루어진 것이 있을 것으로 추정되기는 하나, 통화시간이 나와 있지 아니하여 실제 통화 여부를 가리는 것은 불가능하다.), 그러한 통화내역이 저장된 휴대폰이 피고인 소유의 가해차량 내에서 발견되었다는 점, 피고인이 이 사건 사고 발생 당시 다른 휴대폰을 사용하였다면 그 휴대폰 번호를 밝힘으로써 간단히 자신의 무고함을 입증할 수 있을 것임에도 불과 8개월 가량 이전에 사용하였던 휴대폰 전화번호를 기억하지 못한다고 하는 피고인의 변소가 경험칙에 반한다는 점 등에 비추어 볼 때 가해차량에서 발견된 공소외 2 명의의 휴대폰의 실제 가입자 및 사용자는 피고인이라고 봄이 상당하다.

그리고 피고인이 매수한 지 1년이 되지 않은 가해차량을 도난당하였다고 하면서도 그 도난신고를 하지 아니하였다는 것은 피고인이 벌금 미납으로 지명수배가 되어 있었다는 사정을 감안하더라도 피고인의 어려운 경제사정과 차량 도난신고는 반드시 도난당한 자 본인이 할 필요는 없다는 점과 위와 같은 통화내역이 저장된 휴대폰이 가해차량 내에서 발견된 점 등에 비추어 납득이 가지 아니하고, 가해차량 내 피고인의 지갑에서 발견된 범칙금납부통고서가 이 사건 사고 발생일부터 약 3개월 이전에 발급된 것이기는 하나 피고인의 변소대로 2002. 9. 21.경 가해차량을 도난당한 것이 사실이라면, 절취자가 피고인 명의의 범칙금납부통고서가 든 지갑을 가해차량 내에 그대로 방치한 상태에서 운행할 리가 없어 보인다는 점 등의 사정을 종합하면, 가해차량을 도난당하였다는 피고인의 변소는 그 신빙성이 극히 의심스럽다.

이와 같은 사정을 종합적으로 고려하여 보면, 피고인이 이 사건 사고 당시 가해차량 내에 있었다고 추론함이 상당하고, 그 당시 가해차량 안에 두 사람 이상이 탑승하고 있었다는 등의 특별한 사정이 없는 한 피고인이 가해차량을 운전하다가 이 사건 사고를 일으켰다고 보아야 할 것이다.

원심이 증명력을 배척하는 사유로 든 근거 중, 피고인이 범칙금납부통고서만 들어 있는 지갑을 가해차량에 놓아둔 채 이를 도난당하였을 가능성도 배제할 수 없다는 점은, 도난 변소의 합리성 및 공소외 2 명의의 휴대폰의 실제 사용자를 도외시한 비합리적 의심에 불과하고, 통화내역의 통화시간이 극히 짧아 실질적으로 어떤 대화를 나누었다고 볼 수 없었다는 점은 일부 통화에만 타당한 것일 뿐만 아니라 휴대폰의 실제 사용자를 가리는 데 있어 통화를 시도하였다는 점이 중요한 것이지 실제 통화가 이루어졌는가하는 점은 큰 의미가 없다는 점을 간과한 것이다.

(3) 결국, 이 부분 공소사실에 대한 범죄의 증명이 없다고 한 원심의 판단은, 공판에서 획득된 인식과 조사된 증거를 남김 없이 고려하지 아니하였고, 이를 모든 관점에서 상호 관련시켜 종합적으로 평가하지 아니하였을 뿐만 아니라 <u>치밀한 논증을 거치지 아니하였으며</u>, <u>증거의 증명력을 판단함에 있어 경험칙과 논리법칙에 어긋나는 판단을 함으로써</u>, 자유심증주의에 관한 법리 및 간접증거의 증명력 평가에 관한 법리를 오해하였거나, 채증법칙 위배 또는 심리미진으로 인하여 사실을 오인함으로써 판결에 영향을 미친 위법을 저지른 것이라 할 것이다.

결국 법적 사실인정은 ① 법적 논증의 한 과정이며 ② 사실인정을 통한 유죄판결은 치밀한 논증의 결과이어야 하고, ③ 그러한 논증에 형사소송법상의 자유심증주의가 작동하고 ④ 법관은 증거의 취사선택, 증명력, 사실인정에 대하여 자유롭게 판단할 수 있으며 ⑤ 그러한 자유판단은 논리칙과 경험칙에 기초하여야 하고 ⑥ 논리칙과 경험칙에 근거해서 증명력이 있다고 판단되는 증거 상호간의 추론과 논증을 통하여 사실을 인정하여야 한다.

Ⅱ. 자유심증주의

1. 증거재판주의와 자유심증주의

형사소송법 제307조는 '사실의 인정은 증거에 의하여야 한다.'라고 규정하여 증거재판주의를 증거법의 기본원칙으로 선언하고 있다. 이 원칙은 증명은 증거에 의하여야 한다는 것으로서 실체진실의 발견을 이념으로 하는 형사소송에 있어서 법관의 자의에 의한 사실인정이 허용될 수 없고 반드시 증거에 의하여 증명되어야 함을 의미한다. 형사소송법은 증거재판주의의 엄격성을 재확인하기 위하여 제307조 제2항에서 '범죄사실의 인정은 합리적인 의심이 없는 정도의 증명에 이르러야 한다.'라는 명문의 규정을 두고 있다. 증거재판주의는 여러 가지 관점에서 그 의미를 파악할 수 있다. 먼저, 연혁적으로 볼 때 증거재판주의는 고대의 형사절차에서 행하여졌던 신판(神判)과 같은 비이성적·비합리적 사실판단의 방법을 배제하고 과학적·합리적 증거에 의하여 사실인정을 하여야 한다는 요청에서 수립된 원칙이다.[84] 그런데 사인간의 이해관계에 관한 분쟁해결을 목적으로 하는 민사소송에 있어서는 분쟁의 대상이 되고 있는 사실을 증명함에 있어서 형식적 진실을 발견하는 것으로 족하다. 따라서 민사소송법은 증거재판주의의 원칙을 적극적으로 명시하기보다는 '법원에서 당사자가 자백한 사실과 현저한 사실은 증명을 요하지 아니한다.'라고 규정하여(민사소송법 제288조) 증거재판주의를 소극적 관점에서 규정하고 있다.[85]

이에 반하여 실체적 진실발견을 통한 국가형벌권의 적정한 실현을 목적으로 하는 형사절차에서는 증거재판주의 원칙이 민사소송에서 보다 훨씬 강력한 의미를 가지게 된다. 형사절차는 국가가 행사할 수 있는 제재 중 가장 강력한 형벌을 구체적으로 부과하는 절차이기 때문에 보충적으로, 그리고 최후의 수단으로 개입되어야 한다. 따라서 형사절차에서의 증거재판주의는 피고사건을 구성하는 사실이 법률상 자격(즉, 증거능력)이 인정된 증거에 의하여 법률이 규정한 증거조사 절차에 따라 합리적 의심이 없는 정도의 증명에 이르는 경우에 한하여 피고인을 처벌할 수 있다는 제한적 의미를 가지게 된다. 즉, 형사절차상 증거재판주의는 증거는 사실인정의 전제라는 의미를 가지게 되며, 증거가 있기 때문에 사실을 인정하고 처벌하여야 한다는 적극적인 근거 규정으로서의 의미를 가지지는 않는다.

이러한 제307조의 증거재판주의는 사실의 인정은 법률이 규정한 증거능력이 있는 증거와 증거조사 방식에 의해서만 가능하다는 엄격한 증명의 원칙을 통하여 구체화되고 있으며, 기본권제한의 비례성 및 사실인정의 합리성의 실현을 위한 기능을 수행한다.[86] 따라서 증거재판주의에 있어서 실질적인 문제는 어떠한 사실이 엄격한 증명의 대상이 되는가에 있게 된다.[87] 증거재판주의는 사실인정의 전제는 증거(정보)라는 것을 명문화한 것으로서, 법관의 사실인정에 증거(정보) 이외의 다른 자료에 의하는 것을 원칙적으로 금지하는 것을 의미한다.

84) 신동운, 『신형사소송법』, 법문사, 2008 865쪽.
85) 위의 책, 865쪽.
86) 배종대·이상돈·정승환, 『신형사소송법』, 홍문사, 2009, 55/2.
87) 이재상, 『신형사소송법』, 박영사, 2010, 37/2.

그러나 증거 그 자체만으로 기계적으로 사실인정의 결론이 도출되는 것이 아니다. 법관 앞에 제출된 수많은 증거를 선택하고, 선택된 증거를 분석하고 그에 대한 법관의 확신이 드는 경우에 비로소 법관은 그 증거를 기초로 하여 사실인정의 결론에 이르게 된다. 이때 증거에서 결론에 이르게 되는 과정에 작용하는 증거의 취사선택과 가치의 부여, 그리고 증거 상호간의 논리적 추론과 추정 — 즉, 광의의 법적 논증 — 을 누군가가 담당하여야 한다. 이때 이러한 법적 논증을 법관의 자유판단에 맡기는 증거법상의 원칙을 자유심증주의라고 한다. 그러나 법관의 자유판단은 법관의 논리칙과 경험칙에 근거한 합리적 판단을 의미한다. 결국 증거재판주의와 자유심증주의는 법관의 법적 논증 — 사실인정 — 을 위한 법적 근거인 동시에 한계라고 할 수 있다.

2. 자유심증주의의 의의

형사소송법 제308조는 '증거의 증명력은 법관의 자유판단에 의한다.'라고 규정하여 자유심증주의를 규정하고 있다. 자유심증주의란 증거의 증명력을 법률로 규정하지 않고 법관의 자유로운 판단에 맡기는 원칙을 말하며, '증거평가자유의 원칙'이라고도 한다.[88] 자유심증주의는 법정증거주의에 대립하는 개념이다. 법정증거주의란 증거의 증명력을 미리 법률로 정해 놓은 방식으로서 일정한 증거가 있으면 일정한 사실의 존재를 인정하여 반드시 유죄로 인정하여야 하거나 또는 일정한 증거가 존재하지 아니하면 일정한 사실의 존재를 인정할 수 없도록 하여 유죄로 할 수 없도록 하는 것을 말한다.[89] 이러한 증거법정주의는 원래 법관에 의한 증명력 판단에 있어서의 자의적 판단을 배제함으로써 법적 안정성을 보장하고 피고인의 인권을 보호하기 위하여 고안되었다. 그러나 각양각색의 증거들의 증명력을 획일적으로 규정하는 것은 구체적 사건에 있어서 실체적 진실을 발견하는 데에 오히려 부당한 결과를 초래할 위험성을 안고 있으며, 사실상 검사에 비하여 열악한 지위에 있는 피고인의 방어권의 보장에도 미흡하여 무기평등의 원칙을 무력화할 위험성을 가지고 있다. 역사적 관점에서 본다면 자유심증주의는 규문주의로부터의 탈피를 의미한다. 규문주의하에서는 소송절차는 서면주의가 원칙이었고, 비밀주의였다.[90] 법관은 이미 정하여진 증거법칙(Beweisregel)에 구속되었으며, 신빙성 있는 자백 혹은 두 명의 유력한 증인이 일치되게 진술한

88) 위의 책, 37/42; 신양균, 『형사소송법』, 화산미디어, 2009, 857쪽.
89) 이재상, 앞의 책, 37/42.
90) 사실관계 확정에 제한된 임무만 부여 받은 판사는 서류를 재판부에 송부하고 그곳으로부터 판결을 받아왔다. 그러나 재판부는 피고인에 대한 개인적인 인상을 얻을 수 없었으며, 다만 서류를 읽을 수 있을 뿐이었다: '기록에 존재하지 않는 것은 세상에도 존재하지 않는다.(Quod non est in actis non est in mundo.)'; 김환수·문성도·박노섭 공역, 『Klaus Volk의 독일 형사소송법』, 박영사, 2009, 235쪽.

내용은 법률에 의하여 진실로 간주되었다.[91] 그리고 정황증거는 허용되지 않았다.

프랑스혁명 이후에 대두된 이성적 합리주의와 국민주권의 사상에 기초하여 법관은 자유로운 심증에 의해 증거의 증명력을 판단할 수 있다는 자유심증주의가 1808년의 치죄법(治罪法)에서 처음으로 채택되기에 이르렀다.[92] 그 이후에 자유심증주의는 독일 형사소송법을 비롯한 대륙법계의 기본원칙으로 자리 잡게 되었다.

자유심증주의는 형사소송법에서 뿐만 아니라 민사소송법에서도 인정되고 있다. 그러나 형사소송법에 있어서의 자유심증주의는 민사소송의 그것과 일치하지 않는다. 즉, 민사소송법의 자유심증주의는 법관이 변론의 전취지와[93] 증거조사의 결과를 참작하여 사실주장의 진실 여부를 판단하는 것을 의미하지만, 형사소송에 있어서는 증거를 기초로 한 사실주장의 진부만이 문제될 뿐이고 변론의 전 취지를 기초로 한 자유심증은 허용되지 않는다.[94] 그러나 증거조사의 결과를 판단함에 있어서 변론의 전 취지를 고려하는 것은 당연히 허용되며, 실제로도 법관이 심증을 형성함에 있어서 변론의 전 취지가 중요한 역할을 하고 있다. 이러한 취지에서 자유심증주의를 규정한 독일 형사소송법 제261조는 '법원은 심리의 전 과정에서(aus dem Inbegriff der Verhandlung) 얻어진 자유로운 확신(Überzeugung)에 따라 증거조사의 결과를 평가한다.'라고 명시하고 있다.[95]

이러한 자유심증주의는 실체적 진실발견을 위하여 사실판단자의 심증형성의 합리성을 제고하기 위한 노력의 산물이라고 할 수 있다. 그런데 심증형성의 합리화를 위한 장치는 각각의 구체적 법공동체가 위치하고 있는 역사적·문화적 토양에 의하여 그 모습이 달라지지 않을 수 없다. 예컨대 일반인만으로 배심원단이 구성되는 영미의 배심재판하에서는 배심원의 심증형성에 오류가 개입하는 것을 막기 위하여 자백의 증명력을 제한하는 자백보강법칙이 발달하였음에 반하여, 직업법관이 실체적 진실발견에 주도적으로 관여하는 독일의 형사소송법의 경우에는 자유심증주의에 특별한 제한이 가해지고 있지 않다는 사실은 이러한 사정을 잘 보여 준다. 우리나라는 직업법관이 증거의

---

91) 규문절차가 정착되었던 중세의 유럽에서는 사실판단에 관한 법관의 심증형성에 합리성을 도모하기 위하여 증거의 증명력을 입법자가 미리 법률로 규정해 놓는 법정증거주의가 복잡하게 발달하였다. 당시의 증거법칙에 의하면 피고인의 자백은 범죄사실을 증명함에 있어서 완전한 증명력을 가지고 있었고, 증언은 아무런 결격사유가 없는 소위 모범증인 두 사람이 증언할 때 무죄임을 증명할 수 있는 힘이 있는 것으로 평가되었다. 한 사람의 모범증인이 행한 증언은 절반의 증명력 밖에 가지지 못하였으나 그 증언은 고문을 사용하여 피고인을 신문할 수 있는 허용근거가 되었다. 그리하여 규문절차에서는 '증거의 여왕(confessio regina probationum)'이라고 불리는 자백을 얻기 위하여 고문이 자행되었고, 이 과정에서 형사재판이 절대왕권을 유지하기 위한 권력의 도구로 전락하였다; 신동운, 『신형사소송법』, 법문사, 2008, 1084쪽.

92) 배종대·이상돈·정승환, 『신형사소송법』, 홍문사, 2009, 61/3.

93) 이러한 의미에서 민사소송에서는 변론의 전 취지가 독립한 증거원인이 되기도 한다; 신양균, 『형사소송법』, 화산미디어, 2009, 858쪽.

94) 이재상, 앞의 책, 37/44.

95) 신양균, 『형사소송법』, 화산미디어, 2009, 858.

증명력 판단 — 즉, 사실인정 — 을 전담해 오는 과정에서 자백위주의 형사재판이 초래하였던 폐해를 절감한 바 있다. 그리하여 우리 입법자는 과거의 폐해를 반성하여 영미법에 모델을 둔 자백보강법칙을 도입함으로써 자유심증주의에 일정한 제한을 가하고 있다. 특히 자백편중의 형사재판을 방지하기 위하여 자유심증주의의 제한원리인 자백보강법칙을 단순한 소송준칙(법 제308조)의 수준을 넘어서서 헌법상의 기본권으로까지 고양시키고 있다.[96)]

자유로운 증명력 판단의 주체는 당연히 법관이다. 합의부에 있어서는 그 구성원이 각 법관의 자유심증의 결과를 합의의 방식으로 결정한다.[97)] 한편 합의체의 합의 결과 개별 법관이 자유심증주의에 의하여 얻게 된 심증과 합의부의 결론이 달라질 수 있다. 그러나 이것은 합의체의 법원 구성에 따른 필연적 결과이며 자유심증주의와는 관계가 없다.[98)]

재판은 증거조사를 거쳐 전제가 되는 사실을 인정한 다음 여기에 법률을 적용하여 도출한 결과를 판결 또는 결정의 형식으로 선언하는 과정이다.[99)] 즉, 사실인정과 법률적용이 모든 재판의 핵심임무인데, 형식적 진실주의를 표방하는 민사재판에서는 법률적용도 상당한 비중을 차지하지만, 실체적 진실주의를 강조하는 형사재판에서는 사실인정의 비중이 법률적용보다 더 높다고 할 수 있다.[100)] 자유심증주의는 이러한 법적 논증의 한 과정으로서 사실인정에 작용하는 원칙이다. 따라서 법관은 사실인정을 수행하는 작업을 통하여 추상적인 자유심증주의를 구체화하고, 자유심증주의의 이상을 구현할 수 있게 된다.[101)]

3. 자유의 의미

자유심증주의가 가지는 일차적 의미는 — 물론 언어적이지만 — '자유'이다. 즉, 법관은 심증형성에 있어서 자유라는 의미이다. 앞으로 이러한 자유에 대한 한계 — 합리적 심증형성의 외연 — 로서 경험칙과 논리칙이 설명되어야 하겠지만, 법관이 가지는 사실인정에 대한 가장 확실한 권리는 자유라는 것이다. 이때 이 자유의 의미를 고찰하는 것은 사실상 자유의 한계를 위한 기초 작업이

96) 또한 2008년부터 시행된 국민참여재판제도는 시민의 건전하고 이성적인 자유심증이 직업법관의 심증형성에 반영될 수 있는 길을 열어 주고 있다; 신동운, 『신형사소송법』, 법문사, 2008, 1086쪽.

97) 한편 국민의 형사재판 참여에 관한 법률에 의하여 실시되는 국민참여재판의 경우에는 개별적인 배심원이 주체가 된다; 신동운, 『신형사소송법』, 법문사, 2008, 1087쪽.

98) 배종대 · 이상돈 · 정승환, 61/3; 신동운, 1087쪽; 임동규, 562쪽.

99) 김종률, 「합리적 심증과 과학적 사실인정」, 『형사법의 신동향』, 2010. 6, 4쪽.

100) 물론 사실인정과 법률적용 모두가 법적 논증의 한 과정이라고 하는 경우에는 양 작업의 경중을 논하는 것이 의미가 없다고 할 수 있다.

101) 김종률, 앞의 책, 4쪽.

되며, 자유심증주의의 진정한 의미 파악에 도움이 된다고 본다.

자유심증주의에서의 자유는 자율성이라고 보는 것이 타당하며, 자율은 그러한 자유의 내적 한계라고 할 수 있다. 즉, 법관은 사실인정에 관한 심증형성에 있어서 자율성을 가진다고 할 수 있다. 가치의 다원화 및 권리의 세분화가 두드러지는 규범적 상황에서 이들의 서열화를 둘러싼 갈등과 그 해결은 이전처럼 단순하지도, 확정적이지도 않다. 가치 및 권리들의 갈등이 이들의 규범적 정당화의 문제로 다루어질 때, 비로소 이 갈등은 근본원리들 간의 갈등으로 수렴, 표출된다.[102] 이 근본원리들 가운데, 현재의 다원적 법공동체 내에서 거의 예외 없이 가치갈등의 한 축으로 등장하는 것이 자율성(Autonomie)이다.

자율성이란 자기규정(Selbstbestimmung) 내지 자기 결정의 의미로서, 특히 근대 이후 각성된 인간적 자유의 표현이자 그 목표라고 할 수 있다. 이 자율성의 원리는 그것이 부인되거나 요구되는 각각의 상황과 맥락에 따라 세분화된 의미를 가지게 된다. 즉, '개인적 자유'의 사적 영역에서 자율은 소극적, 형식적 자유와는 차원을 달리하는 적극적, 실질적 자유로 파악된다. 타인에 의해 방해받지 않는 소극적 상태를 넘어 스스로가 적극적으로 자기의 목적을 설정하고 실현시킬 수 있을 때, 그것이 스스로가 자기지배자인 상태로서 곧 자율의 상태인 것이다. 그러나 자유심증주의에서의 자유는 '국가 및 법제도'의 공적 영역에서의 자율성으로서 무엇보다 민주주의적 법치국가의 정당화 원리로 해석될 수 있다. 즉, 사회국가 원리로 표현되는 국가의 적극적 목적 — 공공선 — 실현 작용과는 구별되는 형식적, 절차적 정당화 원리를 의미한다. 결국 형사절차상 법관에게 인정되는 자유심증주의에서의 자율성도 국가 및 법제도의 공적 영역에서의 자율성으로서 형사절차의 정당화 원리에 내재된 자율성이라고 하겠다. 결국 자유심증주의에서의 자유는 이미 본질적으로 특정 목적을 추구하기 위한 자율을 의미하며, 그 목적은 다름 아닌 합리적 사실인정을 통한 형사절차의 정당화라고 하겠다.

4. 자유판단의 대상(증거의 취사선택과 증명력)

대법원은 다음과 같이 판시하고 있다.

> 자유심증주의를 규정한 형사소송법 제308조가 증거의 증명력을 법관의 자유판단에 의하도록 한 것은 그것이 실체적 진실발견에 적합하기 때문이라 할 것이므로, 증거판단에 관한 전권을

102) 임미원, 「자율성과 자유」, 『법철학연구』 제5권 제2호, 2002, 55쪽.

가지고 있는 사실심 법관은 사실인정에 있어 공판절차에서 획득된 인식과 조사된 증거를 남김없이 고려하여야 한다. 또한, 증거의 증명력에 대한 법관의 판단은 논리와 경험칙에 합치하여야 하고, 형사재판에 있어서 유죄로 인정하기 위한 심증 형성의 정도는 합리적인 의심을 할 여지가 없을 정도여야 하나, 이는 모든 가능한 의심을 배제할 정도에 이를 것까지 요구하는 것은 아니며, 증명력이 있는 것으로 인정되는 증거를 합리적인 근거가 없는 의심을 일으켜 배척하는 것은 자유심증주의의 한계를 벗어나는 것으로 허용될 수 없다 할 것인바, 여기에서 말하는 합리적 의심이라 함은 모든 의문, 불신을 포함하는 것이 아니라 논리와 경험칙에 기하여 요증사실과 양립할 수 없는 사실의 개연성에 대한 합리성 있는 의문을 의미하는 것으로서, 단순히 관념적인 의심이나 추상적인 가능성에 기초한 의심은 합리적 의심에 포함된다고 할 수 없다.[103)]

이러한 대법원의 입장은 자유심증의 대상과 방법 그리고 한계를 일목요연하게 잘 보여 주고 있다. 보다 구체적으로 본다면 법관이 자유심증주의에 근거하여 자유롭게 판단할 수 있는 것은 정보의 선택과 선택된 정보에 대한 가치의 평가이다. 그리고 자유판단은 법관이 증거의 증명력을 판단함에 있어서 법률적 제한을 받지 않음을 의미한다. 즉, 법관은 자신의 자유로운 양심과 이성에 따라서 그 증거에 의해서 요증사실을 인정할 것인가, 그리고 한다면 어느 정도까지 인정할 것인가 등을 결정하는 것이다.[104)] 결국 법관은 증거의 선택, 증명력, 요증사실의 존재 여부에 대하여 자율성을 가지고 있는 것이다. 그러므로 증거의 취사선택은 법관의 자유판단에 맡겨지며, 모순되는 증거가 있는 경우에는 어느 증거를 믿는가도 법관의 자유에 속한다.[105)] 법관은 증거의 종류를 불문하고 제출된 증거를 통하여 심증을 형성할 수 있고, 하나의 증거만으로 심증을 형성하거나 수 개의 증거를 합하여 심증을 형성해도 무방하다.[106)] 따라서 증거를 종합하여 피고인에 대한 범죄사실을

103) 대법원 2006. 11. 23. 선고 2006도5407 판결: 2인 이상이 공모하여 범죄에 공동 가공하는 공범관계의 경우 공모는 법률상 어떤 정형을 요구하는 것이 아니고 공범자 상호간에 직접 또는 간접으로 범죄의 공동실행에 관한 암묵적인 의사연락이 있으면 족하고, 이에 대한 직접증거가 없더라도 정황사실과 경험법칙에 의하여 이를 인정할 수 있다(대법원 2005. 9. 9. 선고 2005도2014 판결 등 참조). 따라서 강도의 공범으로 공소가 제기된 피고인들이 강도의 범의를 극구 부인하면서 단순히 술에 취하여 우발적으로 공동상해의 범행을 저질렀을 뿐이라고 변명하고 있는 경우에도, 피고인들 중 1인이 법정에서 적극적으로 피고인들의 구체적인 강도 모의 사실을 자백한 바 있고, 피해자가 수사기관 및 법정에서 일관하여 피고인들에게 지갑을 빼앗겼다는 취지의 진술을 하고 있으며, 또 경험칙상 당해 범행이 사전 공모에 따라 저질러졌음을 뒷받침하는 여러 정황증거가 존재한다면, 이러한 증거들을 종합하여 피고인들의 강도 사실을 충분히 인정할 수 있다 할 것이고, 이와 달리 합리적인 근거가 없는 의심을 일으켜 위 증거들을 배척하는 것은 자유심증주의의 한계를 벗어나는 것으로 허용될 수 없다.

104) 그러므로 증명력 판단은 법관 개인의 인격적 현상(現像)이라고 할 수 있다; 배종대·이상돈·정승환, 『신형사소송법』, 홍문사, 2009, 61/8.

105) 이재상, 앞의 책, 37/47.

유죄로 인정한 이상 피고인이 제출한 증거를 배척한 이유를 설시하지 아니하였다 하여 이를 위법하다고 할 수 없다.[107] 그리고 증명된 개개의 간접사실로부터 어떤 요증사실을 추론할 것인가도 법관이 자유로이 결정한다.[108]

5. 증거의 취사선택

우선 법관은 증거(정보)를 자유롭게 취사선택할 수 있다. 법관이 사실인정의 과정에서 증거를 취사선택할 수 있는 단계는 여러 단계에 걸쳐 있다.

1) 공판준비 절차

우선 현행 형사소송법에서는 '재판장은 공판기일의 효율적이고 집중적인 심리를 위해 사건을 공판준비절차에 부칠 수 있으며, 공판준비절차는 주장 및 입증계획 등을 서면으로 준비하게 하거나 공판준비 기일을 열어 진행한다.'라고 규정하여(제266조의 5 제1항, 제2항) 공판준비절차라는 용어를 사용하고 공판준비절차의 법적 근거와 내용을 정비하였다. 그리고 그 실효성을 확보하기 위해 검사·피고인 또는 변호인에게 미리 증거를 수집·정리하는 등 공판준비절차가 원활하게 진행될 수 있도록 협력하여야 할 의무를 규정하였다(동조 제3항).

그리고 형사소송규칙은 이에 관한 세부적 내용을 규정하고 있다. 즉 법원은 당사자에게 증거신청을 하도록 하거나, 신청된 증거와 관련하여 입증 취지 및 내용 등을 명확하게 하고, 증거신청에 관한 의견을 확인하고, 증거 채부(採否)의 결정을 할 수 있다. 또한 증거조사의 순서 및 방법을 정할 수도 있다. 사건이 공판준비절차에 부쳐진 때에는 검사는 증명하려는 사실을 밝히고 이를 증명하는 데 사용할 증거를 신청하여야 한다. 피고인 또는 변호인은 검사의 증명사실과 증거신청에 대한 의견을 밝히고, 공소사실에 관한 사실상·법률상 주장과 그에 대한 증거를 신청하여야 한다.

---

106) 임동규, 『형사소송법』, 563쪽.

107) 대법원 1984. 5. 29. 84도682: 원심이 확정한 사실에 의하면 피고인은 이 사건 당시 ○○세무서 직세과장이고, 원심 공동피고인 3은 동 세무서 직세과 법인세계장이며, 원심피고인 2는 동 세무서 법인세계원으로 있었던 자인데 위 3피고인은 공소외 1주식회사 부사장인 원심공동피고인 1로부터 수차에 걸쳐 동 회사에 대한 인정상여로 부과되는 갑종근로소득세 등을 선처하여 달라는 부탁을 받아 오던 중 원심공동피고인 2와 3은 공모하여 원심공동피고인 1로부터 45,000,000원의 뇌물을 받아 그중 5,000,000원을 피고인에게 전달한바 피고인은 위와 같은 선처의 의미로 건네진 돈이라는 것을 알고 받았다는 것이므로 증뢰물 전달자를 공소장에는 그 공범자의 한 사람인 원심공동피고인 2로 된 것을 원심판결에서는 같은 공범자의 한 사람인 원심공동피고인 3으로 바꾸어 인정하였다 한들 그것을 가지고 불고불리의 원칙에 위배되었다거나 사건의 동일성과 필요적 공범에 관한 법리오해의 위법이 있다 할 수 없다.

108) 임동규, 앞의 책, 563쪽.

또한 검사·피고인 또는 변호인은 필요한 경우 상대방의 주장 및 증거신청에 대하여 필요한 의견을 밝히고, 그에 관한 증거를 신청할 수 있다(규칙 제123조의 7). 또한 검사·피고인 또는 변호인은 특별한 사정이 없는 한 필요한 증거를 공판준비절차에서 일괄하여 신청하여야 한다(규칙 제123조의 8 제2항). 따라서 공판준비절차에서 법관은 본 공판에 필요한 증거를 미리 선택할 수 있다.

2) 증거조사 단계

가장 중요한 증거의 취사선택은 공판단계에서 증거조사의 단계에서 이루어진다. 재판장의 쟁점 정리와 검사 및 변호인의 증거관계 등에 대한 진술이 끝나면 바로 증거조사가 시작된다. 현행 법률은 피고인의 진술에 의존하는 심증형성에서 벗어난 객관적인 증거자료를 통한 심증형성을 도모하기 위해 증거조사를 피고인신문에 선행하도록 규정하고 있다.[109] 증거조사란 법원이 피고인의 사실인정과 양형에 관한 심증을 얻기 위하여 인증·물증·서증 등 각종의 증거방법을 조사하여 그 내용을 알아내는 소송행위를 말한다. 즉 증거방법에서 그 증거의 내용을 알아내는 과정을 증거조사라고 한다.[110] 증거조사는 일차적으로는 사실인정의 주체인 수소법원이 사건의 실체에 관하여 심증을 얻기 위한 것이지만, 동시에 당사자에게 증거의 내용을 알려 상호 공방이 이루어지도록 하고, 그 공방을 거쳐 걸러진 사실에 기초하여 재판의 결론이 도출될 수 있도록 돕는 기능도 담당한다. 따라서 증거조사절차는 형사심리절차의 핵심에 해당하고, 그 절차의 적정성은 형사사법의 성패를 가늠하는 지표가 된다.[111] 이러한 증거조사는 그 대상에 대해 작위의무나 수인의무를 부과하게 된다는 점에서 강제처분적 성격을 가진다. 예를 들면 증인신문은 증인에게 출석의무·선서의무·증언의무를 부과한다. 검증은 검증의 상대방에게 수인의무를 부과하고 일정한 경우에 실력행사가 허용된다.[112]

증거조사는 일반적으로 ① 증거의 신청 ② 증거의 결정 ③ 증거의 조사 ④ 증거조사에 대한 이의신청의 순서로 진행된다. 이 과정에서 법관은 당사자가 신청한 증거에 대한 결정을 하게 된다. 이때 당연히 자유심증주의에 따라서 자유롭게 증거를 취사선택할 수 있다.

---

109) 검사는 수사절차에서 피고인의 진술을 중심으로 공소사실을 주장하는 데에서 벗어나 모두절차에서 정리된 쟁점을 중심으로 객관적인 증거자료에 대한 증거조사를 통해 공소사실을 주장하게 되므로 입증과정에 상당한 변화를 초래하게 된다; 신양균, 『형사소송법』, 화산미디어, 2009, 591쪽.

110) 광의의 증거조사는 협의의 증거조사 외에 이와 밀접한 관계에 있는 증거신청·증거결정 등을 포괄한다; 임동규, 『형사소송법』, 583쪽.

111) 『새로 쓰는 증거조사』, 법원행정처, 2007, 6쪽.

112) 임동규, 앞의 책, 583쪽.

(1) 증거신청

증거의 신청은[113] 원칙적으로 당사자 — 피고인과 검사 — 가 하는 것이 원칙이다. 증거신청인은 증거신청을 함에 있어서는 그 증거와 증명하려는 사실의 관계, 즉 입증취지를 구체적으로 명시하여야 한다. 증거신청의 단계에서 당사자 사이에 공격·방어의 쟁점을 명확히 하여 상대방에게는 방어권 행사에 도움이 되고, 법원에는 증거결정을 위한 자료로 삼기 위해서는 공판정에서 입증취지가 구체적으로 상세하게 명시될 것이 요구된다.[114] 검사·피고인 또는 변호인은 특별한 사정이 없는 한 필요한 증거를 일괄하여 신청하여야 하고(제132조), 피고인의 자백을 보강하는 증거나 정상에 관한 증거는 보강증거 또는 정상에 관한 증거라는 취지를 특히 명시하여 그 조사를 신청하여야 한다(규칙 제132조의 2 제2항).[115]

한편 법원은 직권에 의하여 필요한 증거를 조사할 수 있다(제295조 후단). 법원의 직권에 의한 증거조사는 법원의 권한이라는 견해도 있으나, 법원의 권한인 동시에 의무로 보아야 할 것이다. 따라서 법원이 직권에 의한 증거조사를 다하지 않은 때에는 심리미진의 위법이 있어 상소이유가 된다.[116] 다만, 당사자에 의한 증거수집이 실체적 진실발견에 더 적합할 것이므로 법원으로서는 입증이 불충분한 경우에도 석명권의 행사에 의하여 당사자에게 최대한의 입증을 촉구하고, 당사자의 입증에도 불구하고 충분한 심증을 형성하지 못한 경우에 비로소 직권에 의한 증거조사를 하는 것이 바람직할 것이다.[117]

대법원도 다음과 같이 법원의 직권에 의한 증거조사를 인정하고 있다.

---

113) 증거신청은 서류나 물건을 현실적으로 제출함으로써 한다. 이는 재판부가 증거방법의 형상과 그 형식적인 사항을 확인하고, 상대방이 증거방법 일부의 증거능력을 인정하지 않는 경우 수월하게 증거결정을 할 수 있도록 하기 위한 것이다; 『새로 쓰는 증거조사』, 법원행정처, 2007, 35쪽.

114) 『새로 쓰는 증거조사』, 법원행정처, 2007, 36쪽.

115) 한편 현행 형사소송규칙에서는 영상녹화물에 대한 증거신청의 방식을 상세히 정하고 있다. 디지털시대에 따라서 디지털 증거의 중요성이 부각된 결과라고 본다(검사는 피고인이 된 피의자의 진술을 영상녹화한 사건에서 피고인이 그 조서에 기재된 내용이 피고인이 진술한 내용과 동일하게 기재되어 있음을 인정하지 아니하는 경우 그 부분의 성립의 진정을 증명하기 위하여 영상녹화물의 조사를 신청할 수 있다(규칙 제134조의 2 제1항). 영상녹화물에 대한 조사신청은 (a) 영상녹화를 시작하고 마친 시각과 조사 장소, (b) 피고인 또는 변호인이 진술과 조서 기재내용의 동일성을 다투는 부분의 영상을 구체적으로 특정할 수 있는 시각을 기재한 서면을 제출하여야 한다(규칙 제134조의 2 제2항). 조사를 신청할 수 있는 영상녹화물은 조사가 개시된 시점부터 조사가 종료되어 피의자가 조서에 기명날인 또는 서명을 마치는 시점까지 전 과정이 영상녹화된 것으로, (a) 피의자의 신문이 영상녹화되고 있다는 취지의 고지, (b) 영상녹화를 시작하고 마친 시각 및 장소의 고지, (c) 신문하는 검사와 참여한 자의 성명과 직급의 고지, (d) 진술거부권·변호인의 참여를 요청할 수 있다는 점 등의 고지, (e) 조사를 중단·재개하는 경우 중단 이유와 중단 시각, 중단 후 재개하는 시각, (f) 조사를 종료하는 시각을 포함하는 것이어야 한다(동조 제3항). 또한 영상녹화물은 조사가 행해지는 동안 조사실 전체를 확인할 수 있도록 녹화된 것으로 진술자의 얼굴을 식별할 수 있는 것이어야 하고(동조 제4항), 영상녹화물의 재생 화면에는 녹화 당시의 날짜와 시간이 실시간으로 표시되어야 한다(동조 제5항)).

116) 임동규, 앞의 책, 587쪽.

117) 『새로 쓰는 증거조사』, 법원행정처, 2007, 41쪽.

> 형사소송법은 공익의 대표자인 검사로 하여금 객관적인 입장에서 형사소추권을 행사하도록 하여 형사소추의 적정성 및 합리성을 기하는 한편, 형사피해자의 권익보호를 위하여 형사소송법 등에서 고소권, 항고·재항고권, 재정신청권, 재판절차에서의 피해자진술권, 헌법소원심판청구권 등의 규정을 두어 형사피해자가 형사절차에 관여할 수 있는 여러 제도를 마련하고 있으므로, 국가소추주의를 규정한 형사소송법 제246조의 규정이 형사소추권의 행사에 관한 입법형성권의 한계를 벗어나 형사피해자의 재판청구권을 침해하는 것이라거나 헌법에 위반되는 것으로 볼 수 없고(헌법재판소 2007. 7. 26. 선고 2005헌마167 전원재판부 결정 등 참조), 법원이 직권으로 증거조사를 할 수 있다고 규정하고 있는 형사소송법 제295조 또는 공판정에서의 좌석배치에 관한 구 형사소송법(2007. 6. 1. 법률 제8496호로 개정되기 전의 것) 제275조의 규정 역시 입법형성권 행사의 결과로서 이를 헌법에 위반되는 것이라고는 할 수 없다.[118)]

한편 증거조사를 신청한 당사자는 증거조사가 실시되기 전까지 그 신청을 철회할 수 있다. 범죄피해자의 증인신문신청도 증인신문에 착수하기 전까지는 철회할 수 있으며 그 신청인이 소환을 받고도 정당한 이유 없이 출석하지 아니한 때에는 그 증인신문의 신청을 철회한 것으로 본다(제294조의 2 제4항).[119)]

(2) 증거의 결정

법원은 증거신청인의 증거신청에 대하여 결정을 하여야 한다. 또 법원은 증거신청이 없더라도 직권으로 증거조사를 하기로 하는 결정을 할 수 있다. 법원의 증거결정의 성질에 대해서 판례는 '증거신청의 채택 여부는 법원의 재량으로서 법원이 필요하지 않다고 인정할 때에는 이를 조사하지 않을 수 있는 것'이라고 하여 자유재량설의 입장을 취하고 있다.[120)] 그러나 실체적 진실발견은 형사소송법의 이념인 동시에 재판부의 권한과 의무에 속하므로 법원의 증거결정은 기속재량으로 봄이 타당하다.[121)] 따라서 정당한 이유가 없는 한 법원은 당사자의 증거신청을 기각해서는 안 된다. 법원은 증거결정을 함에 있어서 필요하다고 인정할 때에는 그 증거에 대한 검사, 피고인 또는 변호인의 의견을 들을 수 있다(규칙 제134조 제1항). 간이공판절차에 의하는 경우가 아닌

---

118) 대법원 2008. 12. 24. 선고 2006도1427 판결.
119) 임동규, 앞의 책, 587쪽.
120) 대법원 2011. 1. 27. 선고 2010도7947 판결.
121) 배종대·이상돈·정승환, 『형사소송법』, 47/10; 신동운, 『형사소송법』, 698쪽; 이재상, 『형사소송법』, 33/13; 신양균, 『형사소송법』, 630쪽; 손동권, 『형사소송법』, 454쪽.

한 법원은 서류 또는 물건이 증거로 제출된 경우에 이에 관한 증거결정을 함에 있어서는 제출한 자로 하여금 그 서류 또는 물건을 상대방에게 제시하게 하여 상대방으로 하여금 그 서류 또는 물건의 증거능력 유무에 관한 의견을 진술하게 하여야 한다(동조 제2항). 증거능력 유무에 관한 의견 청취는 간이공판절차에 회부하지 않는 한 필요적인 절차로, 가능한 개개의 증거에 대하여 구체적으로 그 의견을 진술하도록 하여야 한다.[122] 증거분리제출제도하에서 증거결정 단계에 이르기까지 재판장은 당해 증거의 내용을 알지 못하고 있으므로, 증거신청인이 면시한 입증취지와 상대방의 의견을 종합적으로 고려하여 당해 사건의 쟁점을 증명하는 데에 가장 적합한 증거만을 채택하여야 한다.[123]

증거의 제시와 의견진술이 끝난 후 법원은 당해 증거신청에 대하여 채부의 결정을 하여야 한다. 법원이 증거신청방식에 위반하여 신청된 증거, 증거능력이 없는 증거에 대한 신청을 기각할 수 있음은 물론이다. 그러나 증거능력이 있는 서류 또는 물건이라고 하더라도 법원이 이를 모두 조사할 필요는 없다. 판례도 증거신청의 채택 여부는 법원의 재량으로서 법원이 필요하지 아니하다고 인정할 때에는 조사하지 아니할 수도 있다는 입장이다.[124] 따라서 법원은 당사자가 신청한 증거에 대하여 필요 없다고 인정한 때에는 당해 증거신청을 기각할 수 있다.[125] 구체적으로는 불필요하게 중복되는 증거, 쟁점사항과 아무런 관련이 없는 증거, 사실인정에 아무런 관련이 없는 증거, 증명이 완료되었거나 명백한 사실에 대한 증거, 신빙성을 부여하기 어려움이 명백한 증거, 조사가 불가능한 증거 등에 대한 증거신청은 이를 기각할 수 있을 것이다.[126] 만약 법원은 증거신청을 기각·각하하거나, 증거신청에 대한 결정을 보류하는 경우, 증거신청인으로부터 당해 증거서류 또는 증거물을 제출받아서는 아니 된다(규칙 제134조 제4항). 또한 법원은 검사, 피고인 또는 변호인이 고의로 증거를 뒤늦게 신청함으로써 공판의 완결을 지연하는 것으로 인정할 때에는 직권 또는 상대방의 신청에 따라 결정으로 이를 각하할 수 있다(제294조 제2항).

증거결정은 공판절차에서 판결에 직접적인 영향을 미치는 매우 중요한 결정으로서 당사자의 이의신청의 대상이므로, 법원의 증거결정은 검사, 피고인 및 변호인에게 고지되어야 한다.[127] 종래 실무에서는 피고인 또는 변호인이 신청한 증인을 신문하지 않을 경우에만 기각결정을 구두로 고지하고 나머지는 생략하는 경향이 있었다. 증거분리제출제도하에서는 증거능력이 있는 증거만을

122) 『새로 쓰는 증거조사』, 법원행정처, 2007, 39쪽.
123) 위의 책, 40쪽.
124) 대법원 2003. 10. 10. 2003도3282.
125) 임동규, 『형사소송법』, 588쪽.
126) 『새로 쓰는 증거조사』, 법원행정처, 2007, 40쪽.
127) 위의 책, 41쪽.

증거기록에 올바로 편철하기 위해서라도 어떠한 증거가 증거능력의 관문을 통과하여 증거조사의 대상으로 되었는지를 명확히 하고, 법정절차가 준수되고 있다는 모습을 확인시킬 필요가 있다. 그러므로 신청된 증거 중 채택하는 증거와 채택하지 않는 증거를 구체적으로 특정하여 당사자에게 고지하여야 한다. 증거결정은 판결 전의 소송절차에 관한 결정이고 즉시항고를 허용하는 규정이 없으므로 항고가 허용되지 않고(제403조), 다만 그 증거결정이 법령에 위반한 경우에 한하여 이의신청이 허용된다(규칙 제135조의 2). 또한 그로 인하여 사실을 오인하여 판결에 영향을 미치게 된 경우에는 이를 상소이유로 삼을 수 있을 것이다.[128]

또한 증거조사를 종료하지 않은 상태에서 일정한 사유가 있는 경우에는 이미 내린 결정 자체를 취소할 수 있다(규칙 제139조 제3항). 증거조사를 종료하기 전에 내리는 결정이라는 점에서, 이미 증거조사를 마친 증거가 증거능력이 없음이 드러난 경우에 그 증거의 전부 또는 일부를 배제하는 증거배제결정(규칙 동조 제4항)과 차이가 있다.[129]

한편 대법원은 다음과 같이 판시함으로써 증거결정 및 증거조사의 순서 등에 관하여 법관에게 광범위한 재량권을 인정하고 있다.

> 원심이 공소사실에 부합하는 증거인 피해자의 진술을 탄핵하는 증거로 삼은 변호인 제출의 신용카드 사용내역승인서 사본 및 현금서비스 취급내역서 사본에 관하여 살펴보면, 변호인은 항소이유서에 현금서비스 취급내역서 사본을 첨부하여 제출하면서 2004. 4. 2.자 공소사실을 탄핵하였고, 원심 제1회 공판기일에는 피고인반대신문을 하면서 신용카드 사용내역승인서 사본과 함께 다시 이를 제시하여 2004. 3. 15.자 공소사실까지 아울러 탄핵하였는바, 비록 증거목록에 기재되지 않았고 증거결정이 있지 아니하였다 하더라도 공판과정에서 그 입증취지가 구체적으로 명시되고 제시까지 된 이상 위 각 서증들에 대하여 탄핵증거로서의 증거조사는 이루어졌다고 보아야 할 것이다(대법원 1998. 2. 27. 선고 97도1770 판결, 2005. 8. 19. 선고 2005도2617 판결 등 참조). 따라서 위 각 서증은 탄핵증거로 사용할 수 있는 것이고, 나아가 이를 탄핵증거로 사용할 수 없어 원심에 잘못이 있다 하더라도 앞에서 인정한 바와 같이 공소사실을 인정할 증거가 없는 이상 위와 같은 원심의 잘못은 판결 결과에 영향이 없다고 할 것이므로, 이 점을 탓하는 상고논지는 이유 없다.[130]

---

128) 위의 책, 41쪽.
129) 신양균, 『형사소송법』, 화산미디어, 2009, 633쪽.
130) 대법원 2006. 5. 26. 선고 2005도6271 판결.

3) 증거의 취사선택에서의 고려사항

(1) 의의

어떠한 증거를 취하고 어떠한 증거를 배제할 것인가는 전적으로 법관의 자유심증에 속하는 전권사항이다. 그러나 자유심증주의가 합리적 사실인정을 위한 제도적 장치라고 볼 때 증거의 취사선택도 합리적 사실인정을 위한 수단으로 수행되어야 한다. 따라서 증거의 취사선택에 대한 기준을 설정하는 것이 필요하다고 본다. 그러나 우리나라의 형사소송 관련 법규에는 그러한 규정을 찾아보기 힘들다.

(2) 미국 연방증거법 제403조 소개

한편 미국 연방증거법 제401조는[131] "관련 증거란, 그 증거가 없을 때보다, 소송의 결론에 영향을 미치는 어떠한 사실이라도 그 사실의 존재를 더 가능성 있게 하거나 덜 가능성 있게 하는 경향을 가진 모든 증거를 말한다."라고 규정하고 있다. 또 제402조는[132] '모든 관련증거는 헌법, 법률, 연방증거규칙 또는 다른 대법원규칙에 달리 정함이 없는 한 허용되고, 관련성이 없는 증거는 허용될 수 없다.'라고 규정하고 있다. 증거로 허용되려면 그 증거가 담고 있는 정보가 반드시 쟁점과 관련되어야 한다는 관련성(Relevance)은 증거법의 기초를 이루고 있다. 즉, 어떤 증거가 증거로 허용될 것을 요망하는 측은 그것이 어떤 논점에 연결되어 있는지를 충족하여야 하고, 그 증거로 인하여 그 논점에 대한 규명 과정이 어떻게 합리적으로 진전되는지를 보여 주어야 한다는 것이다.[133]

이어서 제403조는 '관련성이 있더라도 증거는 그 증명가치(probative value)보다 불공정한 편견(unfair prejudice), 쟁점의 혼돈(confusion of the prejudice), 배심원 오도(misleading the jury)의 위험이 상당히 크거나(substantially outweighed), 혹은 부당한 지연(undue delay), 시간의 낭비(waste of time), 불필요한 중복된 증거제시(needless presentation of cumulative evidence)의 동기가 상당히 큰 경우에는 배제된다.'라고 규정하고 있다. 이 규정은 증거가 관련성이 인정되었더라도 일정한 경우 배제될 수 있음을 규정하는 것으로서 대부분의 증거들이 이러한 비교형량의 과정을

131) Rule 401(Definition of Relevant Evidence): "Relevant Evidence" means evidence having any tendency to make existence of any fact that is of consequence to the determination of action more probable or less probable than it would be without the evidence.

132) Rule 402(Relevant Evidence Generally Admissible): All relevant evidence is admissible, except as otherwise provided by the Constitution of the United States, by Act of Congress, by the rules, or other rules prescribed by the Supreme Court pursuant to statutory authority. Evidence which is not relevant is not admissible.

133) Arthur Best, *Evidence*, Wolters Kluwer, 2012, p. 1.

거쳐야 하므로 매우 중요한 규정으로 평가된다.[134)] 우리나라에 이러한 증거제한 규정이 없는 것은 기본적으로 배심원제도를 받아들이지 않았기 때문이라고 할 수 있는데, 그러한 기본적인 차이에도 불구하고 판사가 오류에 빠지지 않고 정확한 사실판단을 하고 어떠한 증거를 배제하여야 하는지에 관하여 생각해볼 필요가 있다.[135)]

제403조에 의하면 증거배제의 요건은 관련증거, 증명력, 위험과 고려의 요소이다.

우선 증거의 배제여부는 관련성이 있는 증거를 전제로 한다. 이는 법원이 제403조를 고려하기 전에 제401조에서 정한 관련성의 요건이 충족되는지를 먼저 살펴보아 그 요건이 충족되는 경우에 제403조를 고려할 수 있다는 것을 의미한다.[136)] 이러한 관련성은 입증책임을 충족시키는 등의 증거의 충분성을 뜻하는 것은 아니므로 약간의 논리적 관련성만 있어도 된다(논리적 관련성). 관련성 여부를 결정함에 있어서는 판사는 경험이나 학문에 의해 알게 된 논리에 의존해야 한다.[137)] 예컨대 '(범행) 동기'와 관련성이 있는지 여부를 판단하기 위해 판사는 자신의 경험에 의존하게 되며 학문적인 부분을 보충하기 위해 판사는 전문가의 증언에 의존하기도 한다. 그러나 관련성 여부를 결정하는 데 있어서 판사는 증인들의 신뢰성을 고려하지는 않는다. 판사는 사실임을 전제로 ('as if true') 판단하게 된다.[138)]

이어서 판사는 제403조를 적용함에 있어서 우선 증거의 증명력을 평가하여야 하는데, 증명력이란 그 증거가 입증하고자 하는 주요사실에 대한 배심원의 생각에 대해 그 증거가 가지는 설득력이라고 정의할 수 있다.[139)] 증명력은 그 증거를 믿는다고 가정하는 경우 사실의 입증으로서의 그 증거의 가치이지 그 증거가 어느 정도 믿을 만한가하는 것이 아니다.[140)]

---

134) 또한 동 규정은 관련성을 가진 증거로서 증명력을 갖는다고 하더라도 사실확정의 절차의 완전성이나 재판절차의 효율성을 상당히 방해하는 경우에는 증거로서 허용하지 않겠다는 정책적인 고려에 의한 것이다; 권순철, 「미국 증거법상 증거능력 체계-연방증거법(Federal Rules of Evidence)-를 중심으로」, 검사 해외 연수 논문집, 2007, 34쪽.

135) 여미숙, 「미국 연방증거규칙 제403조에 관하여」, 『재판자료』 제103집, 외국사법연수논집[23], 법원도서관, 2004, 150쪽.

136) 위의 책, 151쪽.

137) Fed. R. Evid. 401 advisory committee's note.

138) 보통 관련성의 문제가 논의되는 것은 직접증거보다는 간접증거, 특히 정황증거의 경우이다. 이에 대한 예로 설명되는 것은 '눈 속의 발자국'이다. 집에 신문이 배달되었다는 사실을 입증하기 위한 증거로 신문배달원이 신문을 배달하는 장면을 목격한 목격자, 대문 앞에 남아 있는 눈 속의 신문배달원의 발자국 등 두 가지 증거가 있다고 하면, 전자는 직접증거의 예가 되고, 후자는 간접증거(정황증거)의 예가 된다. 간접증거의 경우는 직접증거와 달리 관련성 여부를 판단하기 위해서는 일종의 추론과정이 필요하다는 점에 특징이 있다; 권순철, 「미국 증거법상 증거능력 체계-연방증거법(Federal Rules of Evidence)-를 중심으로」, 검사 해외 연수 논문집, 2007, 8쪽.

139) 이 점은 우리 법체계에서의 증명력과 다소 차이가 있다. 영미법에서는 배심제이므로 증명력은 배심원을 설득시키는 힘이라고 한다면, 우리의 경우에는 요증사실에 대한 증거의 추인력, 즉 증거의 실질적 가치를 말한다. 그러나 국민참여재판의 경우에는 설득력의 의미로 사용하여도 무방하다고 생각한다.

140) 이 점에서 증거의 신빙성 또는 신용성과 다르다고 할 수 있다.

관련증거와 증명력에 대한 판단에 이어서 판사는 위험과 고려의 요소에 대한 판단을 하여야 한다. 각 개별적 요소를 살펴보면 다음과 같다.

① 제403조에 정해진 증거배제의 근거가 되는 요소 중 가장 빈번히 주장되는 것은 불공정한 편견이다. 불공정한 편견이란 사실판단자에게 그 증거에 기초하여 그 사건을 결정하도록 하는 부당한 선입관을 줄 수 있는 위험, 즉 부당한 기초 위에서 사실판단자에게 부적절하게 영향을 미치거나 사실판단자의 결정을 유도하는 경향을 말한다.[141] 사실판단자가 증거의 어떤 측면들에 대하여 증거적 가치를 평가하는 과정의 일부로 생각되지 않는 어떤 방식으로 반응할 가능성이 있을 때 비로소 그 반응은 불공정한 편견으로 고려된다. 예를 들어 폭행사건의 피해자가 피고인이 그에게 달려오면서 "이리 와, 팔을 부러뜨려 버리겠어!"라고 소리쳤다는 증언을 제출할 수 있다고 하자. 물론 어떤 배심원이 그런 말을 하는 사람을 싫어함에 따라 피고인에 대하여 편견을 가질 수 있다. 그러나 이러한 편견은 피고인이 혐의사실인 폭행 혐의를 범했다고 그 배심원이 믿는 데서 나온 것이기 때문에 정당하다. 그러나 만약 피고인이 피해자에게 "나는 폭력을 숭배하는 종파에 속하기 때문에 네 팔을 부러뜨려 버릴 거야!"라는 말을 했다고 증언하는 경우에는, 배심원들은 피고인이 폭력을 숭배한다는 사실을 알게 됨으로써 두 가지 생각을 할 수 있다. 하나는 아마도 종교와 관련된 말을 범죄혐의와 특별히 연관시키면서 그러한 언어가 범죄의 일부라고 판단할 수 있다. 또한 배심원들은 이상한 종파에 속한 사람들을 혐오한 나머지 피고인에 대한 부정적인 인상을 가질 수도 있으며, 이러한 인상들은 불공정한 편견에 해당할 수 있다.[142]

배심원은 특정한 쟁점에 대해서만 그 증거를 고려하라는 설명을 듣지만 그 증거가 막강한 영향력을 가지고 있어서 배심원이 그에 따를 것이라고 기대하는 것이 현실적으로 불가능한 경우가 가끔 있다. 그러한 경우 법원은 제403조에 따라서 그 증거를 배척할 재량을 가진다. 불공정한 편견의 여부를 평가함에 있어서 법원은 제시된 그 증거뿐만 아니라 그 사건에서의 다른 증거도 고려하여야 하며, 만약 편견적인 사실이 이미 다른 증거를 통하여 배심원들 앞에 현출되었다면

141) 판례법에 따르면 불공정한 편견을 크게 두 가지 형태로 나눌 수 있는데, 그 첫 번째는 어느 한 당사자에 대한 증거가 주요사실에 대한 논리적 연결성이 없는 어떤 반응을 불러일으켜 배심원을 그 당사자에게 불리한 쪽으로, 혹은 유리한 쪽으로 이끌거나 배심원의 판단에 부적절하게 영향을 끼칠 가능성이다. 두 번째의 형태는 배심원이 허용되지 않는 곳에 증거를 잘못 사용할 가능성이다. 배심원이 증거를 잘못 사용할 위험은 '어느 한 당사자에 대해서나 하나의 목적을 위해서는 허용되고 다른 당사자에 대해서나 다른 목적을 위해서는 허용되지 않는 증거를 받아들이는 경우에, 법원은 당사자의 청구에 따라 그 증거를 적정한 범위 내에서만 사용하도록 제한하고 그러한 취지를 배심원에게 설명하여야 한다.'고 규정한 연방 증거규칙 제105조에 의해 제한된 목적으로만 받아들여진 증거에서 가장 자주 발생한다; 여미숙, 「미국 연방증거규칙 제403조에 관하여」, 『재판자료』 제103집, 외국사법연수논집[23], 법원도서관, 2004, 155쪽.

142) Arthur Best, *Evidence*, Wolters Kluwer, 2012, p. 4~5.

현재 제시되는 그 증거의 중복적인 효과는 미약하여 배제하지 않을 수 있다.[143)]

② 어떠한 증거가 배심원의 관심을 그 사건의 결론에는 별로 중요하지 않은 사실적인 쟁점으로 너무 가까이 유도하는 경우에 그 증거는 사건의 쟁점을 흐리게 한다. 요건사실이나 범죄구성요건과의 관련성이 적은 부수적인 쟁점에 대한 입증은 일반적으로 다수의 증인 등 심리에 상당한 시간을 요하고, 배심원이 부수적인 쟁점을 판단하는 데 관심을 기울이게 되면 중요한 문제에 대한 관심이 덜해지거나 주된 쟁점을 놓칠 위험을 불러올 수 있으며,[144)] 결국은 논점 회피의 오류(begging the question)에 빠지게 된다. 따라서 쟁점에 혼동을 야기할 수 있는 증거는 배제될 수 있다.

③ 배심원을 오도할 위험은 주로 과학적·기술적 증거, 가능성에 근거한 증거, 통계에 기초한 증거에서 발생한다. 이 문제에 대한 대표적인 사건으로는 People v. Collins 사건을 들 수 있다.[145)] 흑인인 남편과 백인인 아내가 함께 로스엔젤레스에서 지갑을 강취한 죄로 기소된 사건에서, 피해자와 증인은 범인들이 노란색 승용차에 함께 타고 있었고, 콧수염과 턱수염을 가진 흑인남자와 머리를 뒤로 묶은 금발의 백인 여자라고 특정했다. 입증을 강화할 목적으로 검사는 추정가능성을 분석하기 위하여 수학자를 불렀다. 그 수학자는 수학적 공식에 의하여 추정치를 산정하였다.[146)] 검사는 추정된 가능성을 곱하여 개별 요소의 특징을 모두 가진 남녀의 가능성을 1200만 분의 1이라고 계산하고, 배심원들을 피고인이 무죄일 확률이 1200만 분의 1이라고 추론하도록 유도하였다. 배심원은 유죄평결을 하였으나, 캘리포니아 대법원은 이를 파기하였다.

④ 부당한 지연, 시간의 낭비[147)] 등은 앞서 본 세 가지의 위험요소들에 비해서는 증거배제를 결정함에 있어서 그 역할이 덜하다. 실제로 재판을 부당하게 지연시킨다는 사정만으로 증거를 배제한 판결은 없다.[148)]

⑤ 불필요한 중복된 증거제시로 인정되는 경우에도 판사는 증거를 배제할 수 있다. 판사는 이미 증언에 의해 입증된 쟁점에 대해 서증을 제출하였거나 이미 다른 증거에 의해 입증된 사실에

143) 이미 피고인의 집에서 42봉지의 코카인이 발견된 경우 그 집에 피고인과 함께 살고 있는 사람의 방에서 코카인 17봉지가 더 발견되었다는 증거는 피고인에게 불공정한 편견을 가져오지 않는다(US. v. Jackson, C.A. 8th, 1990, 914 F.2d 1050, 1053).

144) 쟁점의 혼동은 정황증거의 경우에만 발생한다. 직접증거는 통상 그 사건에서의 궁극적인 쟁점에 대한 목격증인의 증언과 관련되어 있기 때문에 직접증거가 얼마나 쟁점의 혼동 위험이 있는지를 파악하기는 어렵기 때문이다; 여미숙, 「미국 연방증거규칙 제403조에 관하여」, 『재판자료』 제103집, 외국사법연수논집[23], 법원도서관, 2004, 161쪽.

145) Cal. 1968, 66 Cal. Rptr. 497.

146) 노란색 승용차의 가능성 1/10, 콧수염을 가진 남자 1/4, 머리를 뒤로 묶은 여자 1/10 등.

147) 망인이 그가 차를 운전하여 마른 개울로 뛰어든 것이 자살을 한 것인지의 여부가 쟁점인 사안에서 그 한 해 동안 같은 지역에서 비록 같지는 않지만 6건의 사고가 발생하였다는 고속도로 순찰대의 기록은 쟁점을 혼동할 위험이 있고 부당하게 시간을 소모하기 때문에 이를 배제한 것은 타당하다; Ruppelius v. Continental Cas. Co. C. A. 9th, 1970, 426 F2d 760.

148) 여미숙, 앞의 책, 166쪽.

대해 녹음테이프를 듣고자 하는 증거신청을 기각할 수 있다.[149)]

⑥ 어떤 증거가 그 자체로는 사건의 어떤 쟁점과도 관련성이 없으나 사실판단자가 어떤 다른 정보를 가지고 있다면 관련성이 있는 경우가 있다. 연방증거법 제104조(b)는 이러한 상황에 대하여 '증거의 관련성이 사실적인 조건의 충족 여부에 의해 결정되는 때에는 법원은 그 조건이 충족되었다고 인정할 수 있도록 뒷받침하기에 충분한 증거를 제출하는 때 또는 그 제출을 조건으로 하여 증거를 허용하여야 한다.'라고 규정하고 있다. 이를 조건부 관련성(conditional relevance)이라고 한다. 예를 들어 살인사건 재판에서 검사가 피고인이 푸른 깃이 달린 붉은 모자를 가지고 있었다는 것을 보여 주려 했다고 가정할 때, 한 목격자가 살인범이 현장에서 그런 종류의 모자를 쓴 채 달려 나오는 것을 보았다면 피고인의 모자와 관련된 정보는 유죄의 중요한 정황증거가 될 것이다. 그러나 모자의 소유권에 대한 관련성은 목격자 증언이 있는 경우에만 명백해지게 된다. 이것이 바로 조건부 관련성의 문제이다.[150)] 조건부 관련 정보를 제출하려는 측이 조건부 관련 정보가 그 사건에 관련성이 있음을 보일 수 있는 추가적인 자료를 제시하지 못하는 경우에는 — 즉, 검사가 살인범이 붉은 모자를 착용했다는 점에 대한 목격자 증언을 제출하지 못한다면 — 판사는 배심원에게 피고인이 붉은 모자를 소유하고 있다는 점에 대하여 들었던 것을 모두 무시하라고 지시할 수 있다.[151)]

이러한 요소를 고려하여 제403조를 적용함에는 세 단계가 필요하다. 첫째, 판사는 제시된 증거의 증명가치가 어느 정도인지 결정해야 한다. 둘째, 제403조에서 규정하고 있는 바와 같이 제시된 증거에 의해 야기될 수 있는 위험성(danger)과 증거제시의 다른 동기(consideration)가 있는지 확인해 보아야 한다. 그리고 마지막으로 양자를 비교해야 한다. 법문은 양자 간에 상당한 차이가 있을 때 증거로 배제할 수 있도록 함으로써 사실상 판사에게 재량을 준 것으로 해석된다.[152)]

4) 증거의 취사선택에 대한 평가

증거의 취사선택은 법관의 자유에 속한다. 그러나 취사선택도 자유가 가지는 내재적인 자율성의 제한을 받게 된다.

---

149) 검시관의 증언에 사용될 수 있는 다른 사진들이 있는 경우, 살해된 피해자의 소름 끼치고 충격적인 두 장의 사진은 증명력이 낮고 편견의 위험이 높은 중첩적인 증거로서 배제되었어야 한다; People v. Gibson, 1976, 128 Cal. Rptr. 302, 56 Cal. App. 3d 119.
150) Arthur Best, *Evidence*, Wolters Kluwer, 2012, p. 9.
151) *Ibid.*, p. 10.
152) 권순철, 「미국 증거법상 증거능력 체계-연방증거법(Federal Rules of Evidence)-를 중심으로」, 검사 해외 연수 논문집, 2007, 35쪽.

다음의 판결문은 하급심의 증거의 취사선택의 위법을 지적한 판결이다. 일반적으로 취사선택의 잘못을 채증법칙의 위법이라고 한다.

검사의 상고이유, 피고인 1 및 그 변호인의 상고이유를 함께 판단한다.

1. 원판결 이유에 의하면 원심은 제1심이 피고인 2가 그 운전트럭을 이건 고속도로 주행선상에 정차해 두었다는 사실을 인정한 자로서 동 피고인에 대한 유죄의 증거로 채용한 각 증거를 다음과 같은 이유로 배척하고 있다.

(1) 우선 감정인 이○○, 이△△, 박○○의 수사기관 및 법원에서의 각 진술과 동인들 작성의 각 감정서의 기재 중 첫째 운동에너지 공식과 재료역학적 계산에 의하여 트럭에 가하여진 충격의 정도(차대의 굽은 정도) 및 트럭이 밀려간 거리(22.5m로 보아 사고당시 피고인 2의 트럭은 정차 중인 것으로 본다는 점에 관하여는 위와 같은 사실은 트럭과 버스가 충돌한 각도에 따라 달라질 것이므로 이것만으로는 사고 당시에 트럭이 정차하고 있었던 것으로 단정하기에 미흡하다하고, 둘째 트럭의 프로펠러샤프트(추진축), 요오크가 마후라(소음기)의 좌측면을 때린 흔적이 없고 프로펠러샤프트 스프라인과 지면에도 서로 충격된 흔적이 없으므로 위 트럭은 정차하고 있었다고 본다는 점에 관하여는 원심감정인 이○○의 법원에서의 진술 및 동인 작성의 감정서와 검사 작성의 정○○에 대한 진술조서의 각 기재에 의하면 이 사고는 버스의 우측 전면으로 트럭의 좌측 모서리를 대각선 방향으로 충돌한 것이고 그 순간 트럭의 총중량이 좌측 뒷바퀴에만 집중됨으로써 노면과의 마찰에 의한 제동력으로 인하여 동 바퀴는 회전을 하지 못하게 되므로 프로펠러샤프트가 회전하지 못함과 동시에 엔진도 정지되어 위와 같은 현상이 일어나지 않는다는 것이니 따라서 프로펠러샤프트, 마후라 및 지면에 회전이나 충격의 흔적이 없다고 하여도 이로써 위 트럭이 정차 중이었다고 단정할 수는 없다고 설시하고 있다. 이와 같이 원심은 후행하던 고속버스의 우측 전면으로 앞 트럭 좌측 모서리를 대각선 방향으로 충돌한 것임을 전제로 하여 입론하고 있는바 일건 기록에 나타나 있는 본건 충돌 당시의 버스와 트럭의 스키트마크(수사기록 292면 351면, 352면), 충돌 직후 트럭의 프로펠러샤프트가 노면을 찍으면서 끌려간 흔적(동191면) 및 트럭의 파손부위와 상태를 종합하여 보면 위 버스가 트럭을 원판시와 같은 바로 대각선 방향에서 충돌한 것이라고 보기 어려움에도 불구하고 원심이 위 버스와 트럭이 위와 같은 대각선 방향으로 충돌한 것임을 전제로 한 위 이○○의 감정서의 기재와 진술을 받아들이고 또 위 대각선 방향의 충돌을 인정할 자료가 못되는 검사작성의 정○○에 대한 진술조서의 기재에 의하여

감정인 이△△의 감정서와 동인의 진술을 배척한 것을 증거의 취사선택을 잘못하여 채증법칙을 어긴 잘못 있다 할 것이다.

원심은 감정인 이○○의 감정서 등을 배척하는 셋째의 이유로서 위 감정서에는 트럭의 배선장치에 고장이 있었던 것처럼 기재되어 있으나 이는 확실한 근거가 없는 추측을 기재한 것에 불과하고, 트럭의 계기판이 사고 직후에 튀어 나와 있었던 것은 급격한 충돌의 결과에 의한 것으로 보이고 오히려 사법경찰관사무취급작성의 채○○에 대한 진술조서에 의하면 위 트럭의 계기판의 배선장치에 아무런 이상이 없었던 점을 들고 있다.

그러나 위 채○○에 대한 진술조서의 기재내용은 위 트럭의 계기판을 고정하는 나사 3개 중 좌우의 2개는 오래전부터 사용하지 아니한 것이고 가운데 나사 하나만 사용하고 있었으며 위 계기판을 안전나사로 고정하지 않고 그대로 차를 운행한다면 차의 요동으로 계기판 내의 전선이 합선되어 자동차를 운전할 수가 없다는 취지로서 원심설시와 같이 위 계기판 배선장치에 아무런 이상이 없다는 취지가 아님이 명백하며, 위 트럭 운전사인 상피고인 2에 대한 사법경찰관사무취급작성의 진술조서(2회)의 기재에 의하면 이 계기판의 나사 3개 중 좌우 2개는 사용하지 아니하였고 가운데 나사조차도 구멍이 맞지 않는 나사를 사용하여 계기판이 고정되지 아니하므로 테이프와 고무줄을 사용하였던 사실이 인정되는 바이므로 위 계기판이 사고 직후 충격에 의하여 튀어 나왔다고 하는 피고인 김○○의 변소 등을 받아들여 위 이○○의 <u>감정서의 기재를 배척한 것은 증거의 취사를 잘못한 것이 된다 할 것이다.</u>

(2) 다음에 1심 증인 박○○, 오○○, 조○○ 및 피고인 1과 김○○, 이○○의 수사기관 및 법원에서의 각 진술은 앞 트럭이 정차 중이었다는 취지인바 원심은 그 가운데 사법경찰관사무취급작성의 김○○, 이○○에 대한 각 진술조서에 대하여 피고인 2가 이를 증거로 함에 동의하지 아니하였고 공판정에서 그 진실성이 인정되지도 아니하여 증거능력이 없다는 이유로 이를 배척하고 있다.

그러나 제1심 제1차 공판조서의 기재에 의하면 피고인 2는 위 진술조서를 증거로 함에 동의하였음이 명백하여 그 증거능력이 있음에도 불구하고 원심이 그 증거능력이 없다고 판시하였음은 잘못이라 할 것이고 그 나머지 증거들을 원심이 믿기 어렵다 함이 대조한 증거설시부분을 살펴보면 첫째로 일건기록에 의하면 버스의 승객 중 앞 트럭이 주행 중이었다고 말하고 있음은 뒷좌석인 36번에 타고 있던 공소외 정○○ 뿐이고 맨 앞줄인 1번좌석에 타고 있던 오○○, 3번좌석에 타고 있던 조○○ 그리고 중간에 타고 있던 25번 좌석의 이○○ 등은 모두 한결같이 위 트럭이 정차하고 있었다고 말하고 있고, 사고 직전 사고지점을 운행한 고속버스 운전수인 황○○, 김○○ 등은 위 트럭이 정차하고 있는 것을 보았다고 진술하고 있으며, 둘째로 피고인 2의 상해정도는 본건 사고 시 위 트럭이 진행 중이었느냐 아니냐는 결정할 만한 증거는 되지 못하며(예컨대 위 이○○, 오○○의 진술과 같이 피고인 2가 트럭 바깥에 내려와 있었다고 가정하여 보면) 셋째로 위 트럭이 사고 당시 5단 기어를 넣고 있었다는 것에 관한 검사작성의 정○○에 대한 진술기재를 보면 위 트럭이 사고 당시 상태 그대로 있었는지는 알 수 없고 또 이건 트럭은 사고 후에도 기어의 조작이 가능하였다고 진술하고 있음을 알 수 있고, 경찰관 이○○와 박○○은 위 정○○의 진술을 듣고 말하는 것에 불과하여 과연 이건 사고 당시 위 트럭이 5단 기어를 넣고 있었는가의 점에 관하여 의문이 없지 않고, 뿐만 아니라 사법경찰관사무취급작성의 김○○에 대한 진술조서에 의하면 주행 중 고장으로 정차하는 경우에는 보통의 운전사라면 기어를 넣어둔다고 진술하고 있으므로 기어를 넣어둔 점이 이건 사고 당시 위 트럭이 주행 중이었다고 인정할 결정적 증거는 될 수 없는 것이고 그 밖의 사유 또한 충분한 근거가 되지 못한다 할 것이다.

2. 그리고 원심이 증거로 채택하고 있는 박○○ 작성의 현장검증조서의 기재 및 기록에 편철된 사고현장 시간의 내용에 의하면 앞에 있는 트럭을 뒤에서 오던 고속버스가 충격한 이건 사고로 말미암아 위 트럭은 22.5m 밀려가서 정차하고 고속버스는 그보다 12m 더 나아가 정차되었다 함을 알 수 있는바 원심이 인정한바 사실과 같이 사고 당시 위 트럭은 시속 50km의 속도로 운전주행하고 있었고 그 뒤를 고속버스가 시속 50km 내지 100km의 속도로 운행하여 따라가다가 약 30m 거리에 근접하여서야 비로소 위 트럭을 발견하고 급정차 조치를 취한 것이라면 급제동 후 미끄러져 나가는 고속버스의 마력속도로 과연 위 트럭을 따라잡을 수 있는 것인지, 따라잡아 충격하는 경우 위 트럭이 밀려나가는 거리가 22.5m에 그치고 말 것인지에 대하여는 의문의 여지가 없다 할 수 없는 것인데 원심은 이 점에 관하여 아무런 살펴본 흔적이 나타나 있지 않다. 이러함에도 불구하고 원심이 이 건 사고 당시 위 트럭을 정차 중인 것이 아니고 시속 50km의 속도로 운전 주행 중이었다고 인정하였음은 필경 증거의 취사판단을 그릇한 채증법칙의 위배였거나 심리미진의 잘못 있어 피고인 2에 대한 판결부분에 영향을 미쳤음은 물론 피고인 1에 대한 부분에도 영향을 미친다 할 것이고 논지들은 이유 있다. 그러므로 형사소송법 제371조, 제397조에 의하여 원판결을 파기환송하기로 하여 관여법관의 일치된 의견으로 주문과 같이 판결한다.[153]

153) 대법원 1977. 5. 24. 선고 77도1034 판결.

6. 증명력 판단

1) 의의

형사재판에 있어 유죄의 인정은 법관으로 하여금 합리적인 의심을 할 여지가 없을 정도로 공소사실이 진실한 것이라는 확신을 가지게 할 수 있는 증명력을 가진 증거에 의하여야 하고, 이러한 정도의 심증을 형성하는 증거가 없다면 피고인이 유죄라는 의심이 간다 하더라도 피고인의 이익으로 판단할 수밖에 없으나, 그와 같은 심증이 반드시 직접증거에 의하여 형성되어야만 하는 것은 아니고 경험칙과 논리법칙에 위반되지 아니하는 한 간접증거에 의하여 형성되어도 되는 것이며, 간접증거가 개별적으로는 범죄사실에 대한 완전한 증명력을 가지지 못하더라도 전체 증거를 상호 관련하에 종합적으로 고찰할 경우 그 단독으로는 가지지 못하는 종합적 증명력이 있는 것으로 판단되면 그에 의하여도 범죄사실을 인정할 수 있다.[154] 결국 형사소송에서 법관은 자유심증주의의 주체로서 자유롭게 증거의 증명력을 판단할 수 있고, 그러한 증명력이 인정되는 증거에 의하여 사실을 인정하고 유죄를 선고할 수 있다. 결국 자유판단의 대상은 증명력이고, 특정의 요증사실의 존재가 증명력이 있는 증거에 의해서 합리적 의심이 없을 정도로 인정될 때 법관은 그 요증사실을 전제로 유죄의 판단을 할 수 있게 된다.

증거의 증명력(probative value)이란 증거가 가지고 있는 힘, 즉 실질적인 가치를 말하며 이는 신용력과 협의의 증명력을 포함한다. 신용력은 요증사실과의 관계를 떠나 증거 그 자체가 진실일 가능성을 뜻하며, 협의의 증명력은 증거가 진정할 것을 전제로 하여 증거가 요증사실의 존재를 인정하게 하는 힘(추인력)을 말한다. 따라서 사실인정과 관련되는 증명력은 협의의 증명력이라고 할 수 있다. 한편 증명력판단의 대상은 증거이므로, 민사소송에서와 같이 변론의 전취지의 참작은 허용되지 않는다.

2) 개별 증거와 증명력

구체적으로 문제되는 것은 다음과 같다.

(1) 증인의 증언

증인의 성년·미성년·책임능력·선서의 유무를 불문하고 증언의 증명력에는 차이가 없다. 그러므로 13~14세의 증인의 증언에 의하여 사실을 인정하였다고 하여 위법이라고 할 수는 없다.[155]

154) 대법원 2008. 3. 27. 선고 2008도507 판결.

선서하지 않은 증인의 증언에 의하여 선서한 증인의 증언을 배척할 수도 있다. 그리고 법관은 증인의 증언 중 일부만 믿을 수도 있다.[156]

(2) 감정인의 의견

감정인의 감정의견은 다른 증거에 비하여 그 증거가치가 비교적 크지만 감정의견이 법관의 판단을 대신할 수는 없으므로 법관은 감정인의 감정의견에 구속되지 아니한다. 따라서 동일한 사항에 관하여 상이한 수 개의 감정 결과가 있을 때 그 중 하나에 의하여 사실을 인정하였다면 그것이 경험칙이나 논리법칙에 위배되지 않는 한 적법하다.[157] 법관은 감정결과에 반하는 사실을 인정할 수도 있고, 감정의견이 상충되는 경우에는 소수의견을 따를 수도 있으며,[158] 의사가 부검을 거치지 않고 작성한 사체검안서에 증명력을 인정할 수도 있다.[159]

또한 당사자의 합의에 의하여 지명된 감정인의 감정의견에 따라 보상금을 지급하기로 약정하였다고 하더라도 당사자의 약정 취지에 반하는 감정이 이루어졌다든가 감정의견이 명백히 신빙성이 없다고 판단되는 등 특별한 사정이 있다면 당사자가 감정 결과에 따라야 하는 것은 아니다. 이 경우 수소법원으로서는 다른 합리성이 있는 전문적 의견을 보충자료로 삼아 분쟁사안을 판단하여야 한다.[160]

(3) 피고인의 진술

피고인의 진술도 인적 증거이므로 법관은 다른 증거와 모순되는 피고인의 진술을 믿을 수

---

155) 대법원 1971. 10. 25. 71도1592.
156) 손동권, 『형사소송법』, 세창출판사, 2010, 514쪽.
157) 대법원 1997. 12. 12. 97다36507: 원심판결 이유에 의하면, 원심은, 이 사건 사고로 인한 원고 문○○의 후유장해를 인정함에 있어서 그에 관하여 서로 다른 의견을 표시한 제1심에서의 신체감정 결과 중 ○○대학교 의과대학 부속병원장에 대한 신체 재감정 촉탁 결과를 채택하여 위 원고에 대하여 정신과 영역의 후유장해는 인정하지 아니하고 정형외과 및 흉부외과 영역의 후유장해만을 인정하여 위 원고에 대한 가동능력상실률에 관하여 판단하고 있는바, 그와 같은 증거취사와 사실인정이 경험칙이나 논리법칙에 위배된다고 보이지도 아니한다.
158) 대법원 1976. 3. 23. 75도2068.
159) 대법원 2003. 10. 23. 2003도3797: 수중시체가 익사한 것인지 사후 투수된 것인지를 확실히 판별하려면 부검을 거치는 것이 원칙이기는 하나, 특히 타살되거나 다른 원인으로 사고사한 것으로 의심할 이유가 없는 상황이라면 외부소견에 의하여 이를 익사로 추정하였다 하여 의사가 작성한 사체검안서의 증명력을 배척할 이유가 없다 할 것인바, 피해자의 몸에는 다른 원인으로 사망하여 유기된 흔적, 즉, 유괴에 의한 살인이거나 교통사고 등 사고사의 경우 당연히 있어야 할 외상이 전혀 없었다는 것이고, 또 앞서 본 바와 같이 피해자의 실종 시각이나 경위에 관한 원심의 의심에 합리적 근거가 없으므로, 현재로서는 사인의 점에 관한 의사 문○○ 작성의 2000. 6. 13.자 사체검안서의 증명력을 배척할 합리적 이유가 있다고 보기 어렵고, 그 외에 원심이 거론한 사정들, 즉, 같은 의사가 작성한 2000. 6. 11.자 사체검안서에 피해자의 사망원인이 미상으로 기재되어 있다거나(어차피 사인의 추정은 정확한 사인을 단정할 수 없을 때 하는 것이다), 피해자의 실종과 사체로 발견되기까지 약 하루 정도의 시간이 경과하였다는 정도의 사정만으로는 위 2000. 6. 13.자 사체검안서의 증명력을 탄핵하기에는 부족하다 할 것이다.
160) 대법원 2011. 11. 24. 선고 2011다9426 판결.

있다. 반대로 피고인이 자백한 경우에도 법관은 그 자백에 믿음이 가지 않는 경우에는 이를 배척할 수도 있다. 또한 증거보전 절차에서의 진술이 법원의 관여하에 행하여지는 것으로서 수사기관에서의 진술보다 임의성이 더 보장되는 것이기는 하나 보전된 증거가 항상 진실이라고 단정 지을 수는 없는 것이므로 법원이 그것을 믿지 않을만한 사유가 있어서 믿지 않는 것에 자유심증주의의 남용이 있다고 볼 수 없다.[161)]

(4) 서증

증거서류의 증명력도 당연히 자유판단의 대상이 된다. 따라서 처분문서라 할지라도 그 기재 내용과 다른 명시적·묵시적 약정이 있는 사실이 인정될 경우에는 그 기재 내용과 다른 사실을 인정할 수 있고, 작성자의 법률행위를 해석함에 있어서도 경험법칙과 논리법칙에 어긋나지 않는 범위 내에서 자유로운 심증으로 판단할 수 있다.[162)] 또한 검사의 증인신문의 청구에 의한 증인신문조서의 기재내용이나 증거보전절차의 신문조서의 기재내용에 의하여 공판정의 조서기재내용이 배척될 수도 있다.

(5) 기타

법관은 하나의 증거의 일부만을 믿을 수 있고, 다수증거의 종합판단, 즉 종합증거에 의한 사실인정도 가능하다. 또한 형사재판에 있어 심증형성은 반드시 직접증거에 의하여 형성되어야만 하는 것은 아니고 간접증거 또는 정황증거에 의해서도 사실을 인정할 수 있다. 원칙적으로 범행에 관한 간접증거만이 존재하고 더구나 그 간접증거의 증명력에 한계가 있는 경우, 예컨대 범인으로 지목되고 있는 자에게 범행을 저지를 만한 동기가 발견되지 않는다면, 당연히 무엇인가 동기가 분명히 있는데도 이를 범인이 숨기고 있다고 단정할 것이 아니라 반대로 간접증거의 증명력이 그만큼 떨어진다고 평가하는 것이 형사 증거법의 이념에 부합하는 것이라 할 것이다.[163)] 따라서 간접증거를 근거로 사실을 인정하기 위해서는 ① 추리의 과정이 논리와 경험칙에 반하지 않을 것 ② 정황증거가 다수이고 근접적이며 다각적일 것 ③ 정황증거 자체의 증명이 충분할 것[164)]

---

161) 대법원 1980. 4. 8. 79도2125.

162) 대법원 2008. 2. 29. 선고 2007도11029 판결: 앞서 본 법리와 기록에 의하여 원심판결 이유를 살펴보면, 원심이 채용 증거들을 종합하여 판시와 같은 사실을 인정한 다음, 피해자가 이 사건 농지를 매수함에 있어서 명의수탁자인 공소외인과 사이에 이른바 '계약명의신탁'이 성립되었다는 피고인의 변명을 배척하면서, 피해자가 이 사건 농지에 관한 매매계약의 당사자로서 매도인과 사이에 매매계약을 체결한 다음 그 등기만을 매도인으로부터 공소외인 앞으로 직접 이전하도록 한 것이라고 판단하여 이 사건 범죄사실을 유죄로 인정한 조치는 정당하다.

163) 대법원 2006. 3. 9. 2005도8675.

164) 이재상, 『신형사소송법』, 박영사, 2010, 37/53.

④ 간접증거는 이를 개별적·고립적으로 평가하여서는 아니 되고 모든 관점에서 빠짐없이 상호 관련시켜 종합적으로 평가하고, 치밀하고 모순 없는 논증을 거칠 것을 요건으로 한다.[165)]

또한 공소사실을 뒷받침하는 과학적 증거방법은 전제로 하는 사실이 모두 진실임이 입증되고 추론의 방법이 과학적으로 정당하여 오류의 가능성이 전혀 없거나 무시할 정도로 극소한 것으로 인정되는 경우라야 법관이 사실인정을 하는 데 상당한 정도로 구속력을 가진다. 이를 위하여는 그 증거방법이 전문적인 지식·기술·경험을 가진 감정인에 의하여 공인된 표준 검사기법으로 분석을 거쳐 법원에 제출된 것이어야 할 뿐만 아니라 채취·보관·분석 등 모든 과정에서 자료의 동일성이 인정되고 인위적인 조작·훼손·첨가가 없었음이 담보되어야 한다(대법원 2011. 5. 26. 선고 2011도1902 판결 등 참조).[166)]

3) 증명력 판단의 잣대

증명력의 기초적인 잣대는 증거에 의해 직접 입증되는 사실을 그로 인하여 추론되는 사실에 연결시키고 그 다음 그 사건의 법률요건에 연결시키는 추론의 강도이다.[167)] 직접증거는 증언의 신빙성 문제를 제외하고는 어떠한 추론의 절차를 거치지 않고 바로 사실을 입증하는 증거이다.[168)] 결국 대부분의 증명력의 평가는 정황증거와 관련되어 있는데, 정황증거의 증명력을 평가함에 있어서 주된 것은 첫째, 직접적 추론의 강도, 예를 들면 피고인의 집에서 총이 발견되었다는 점에서 피고인이 그 총을 소지하였다는 사실을 추론하는 것, 둘째, 직접적 추론과 그 사건의

---

165) 대법원 2004. 6. 25. 2004도2221.

166) 대법원 2014. 2. 13. 선고 2013도9605 판결: 어떠한 과학적 분석기법을 사용하여 제출된 것으로서 공소사실을 뒷받침하는 1차적 증거방법 자체에 오류가 발생할 가능성이 내포되어 있고, 그와 동일한 분석기법에 의하여 제출된 2차적 증거방법이 공소사실과 배치되는 소극적 사실을 뒷받침하고 있는 경우, 법원은 각 증거방법에 따른 분석 대상물과 분석 주체, 분석 절차와 방법 등의 동일 여부, 내포된 오류가능성의 정도, 달라진 분석결과가 일정한 방향성을 가지는지 여부, 상반된 분석결과가 나타난 이유의 합리성 유무 등에 관하여 면밀한 심리를 거쳐 각 증거방법의 증명력을 판단하여야 한다. 이때 각 분석결과 사이의 차이점이 합리적인 의심 없이 해명될 수 있고 1차적 증거방법에 따른 결과의 오류가능성이 무시할 정도로 극소하다는 점이 검증된다면 공소사실을 뒷받침하는 1차적 증거방법만을 취신하더라도 그것이 자유심증주의의 한계를 벗어났다고 할 수는 없을 것이나, 그에 이르지 못한 경우라면 그 중 공소사실을 뒷받침하는 증거방법만을 섣불리 취신하거나 이와 상반되는 증거방법의 증명력을 가볍게 배척하여서는 아니 된다.

167) 여미숙, 「미국 연방증거규칙 제403조에 관하여」, 『재판자료』 제103집, 외국사법연수논집[23], 법원도서관, 2004, 152쪽.

168) 그런데 신빙성 문제는 배심원 재판에서 있어서는 배심원이 판단할 문제이기 때문에 판사는 증언의 신빙성을 고려할 수 없고, 배심원이 없는 재판에 있어서는 판사가 증언의 신빙성을 평가하기 위해서는 직접 증언을 들어야 할 것이기 때문에, 미국 연방증거규칙 제403조는 판사는 증거가 제시되는 그때에 논리적인 추론을 평가함으로써 증거를 받아들일지를 판단할 수 있다는 것을 전제로 한다. 이렇듯 판사가 신빙성을 평가할 수 없다면 직접증거의 증명력은 100%라고 할 수 있다. 그러므로 미국연방증거규칙 제403조에 규정된 위험이 직접증거의 증명력을 실질적으로 능가하는 것은 불가능하고, 따라서 직접증거가 제403조를 근거로 배제되는 경우는 없을 것이다.

궁극적 쟁점 사이의 중간적 추론의 강도와 횟수, 예를 들어 피고인이 총기를 소지하였다는 사실로부터 비슷한 총기가 사용된 은행강도 사건에 피고인이 관여하였다는 사실을 추론하는 것이다. 그 과정에서 판사는 증거가 추론사실을 입증하는 경향이 얼마나 강한가하는 것을 평가하게 된다.[169) 다음으로 증명력은 추론의 강도 외에 그 증거가 입증하려고 하는 쟁점에 대한 그 증거의 필요성에 따라서도 달라진다. 만약 주요사실을 입증할 다른 수단이 부족하다면 그 증거의 증명력은 높아질 것이고, 이미 같은 쟁점에 대해 실질적인 증거가 나와 있는 경우에는 또 다른 증거의 필요성이 적어질 것이고 따라서 증명력도 낮아질 것이다.[170)]

Ⅲ. 자유판단의 방법(이성적·합리적 자유판단)

자유심증주의는 사실인정의 합리성을 그 이념으로 한다.[171)] 법관의 자유심증은 법관의 합리적 이성에 바탕을 둔 것으로 자의에 의한 심증형성을 허용하는 것이 아니다. 합리적 판단은 증명력은 논리와 경험법칙에 따라서 판단되어야 한다는 것을 의미한다. 그리고 논리칙과 경험칙에 의하여 판단된 증명력 있는 증거에 대한 분석과 추론 및 논증의 과정을 통하여 합리적 의심이 없을 정도로 심증을 형성한 경우에 한하여 비로소 사실을 인정하고 유죄를 선고할 수 있다.

1. 논리법칙

논리법칙이란 인간의 사고 작용에 기초할 때 논리적으로 명백한 규칙을[172)] 의미한다. 법관의 판단, 즉 심증은 논리법칙에 따른 명백하고 모순 없는 논증에 의하여 형성되어야 한다. 따라서 법관은 '따라 나오지 않는' 결론, 즉 증거로부터 합리적으로 추론되지 않는 결론, 심지어 증거와 관련성이 전혀 없는 결론을 내리는 것은 명백히 논리법칙에 위반된다. 또한 법관은 동일한 감정인이 동일한 감정사항에 대하여 서로 모순되거나 매우 불명료한 감정의견을 내놓고 있는 경우에, 법원이 위 감정서를 직접 증거로 채용하여 사실인정을 하기 위해서는 특별히 다른 증거자료가 뒷받침되지

169) 여미숙, 앞의 책 152쪽.
170) 따라서 판사는 그 증거가 입증하려고 하는 사실에 대해 이미 다른 증거가 나와 있는지, 앞으로 나올 가능성이 있는지도 살펴보아야 한다; 여미숙, 미국 연방증거규칙 제403조에 관하여, 153쪽.
171) 이재상, 『신형사소송법』, 박영사, 2010, 37/54.
172) 이중부정률·모순률 등을 의미하며, 수학 공리도 여기에 포함된다; 신양균, 『형사소송법』, 화산미디어, 2009, 867쪽.

않는 한, 감정인에 대하여 감정서의 보완을 명하거나 감정증인으로의 신문방법 등을 통하여 정확한 감정의견을 밝히도록 하는 등의 적극적인 조치를 강구하여야 할 것이다.[173)]

건전한 것처럼 보이지만 실제로는 건전하지 않은 논증을 오류라고 한다. 즉, 연역적 귀납적으로 좋은 논증처럼 보이지만, 실제로는 연역적으로 귀납적으로 좋지 않은 논증을 말한다.[174)] 일반적으로 법적 논증에서 빠지기 쉬운 논리적 모순 또는 오류는 다음과 같다.

① 후건 긍정의 오류: [길이 얼면 차량사고가 많다. / 차량 사고가 났다. / 따라서 길이 얼었다.]라는 논증을 예로 들어 보자. 길이 얼면 차량사고가 날 가능성이 높다. 그러나 차량사고는 운전자 과실 등으로 발생할 수도 있다. 따라서 이 논증은 대안을 간과하고 있다.

② 논점 회피의 오류(petitio principii): [신이 성경을 썼기 때문에 성경은 진리다. / 성경에 신은 존재한다고 씌어 있다. / 따라서 신은 존재한다.]라는 논증에서 논증자는 성경이 진리라는 주장을 옹호하기 위해 신이 성경을 썼다고 주장한다. 그러나 신이 성경을 썼다고 해버리면 신이 존재한다는 것은 이미 당연하다. 따라서 이 논증은 증명하고자 하는 바로 그것을 이미 가정하고 있다.

③ 순환논증의 오류: [갑의 진술은 믿을 수 있다. / 왜냐하면 갑은 "타인에게 거짓말을 하지 않는다."고 말하고 있기 때문이다. / 따라서 갑의 진술은 신빙성이 있다.]와 같은 논증에서도 갑의 진술 자체에 대한 판단 없이 이미 갑의 진술에 대한 신빙성을 미리 가정하고 있는 논증으로서 결국 순환론의 모순에 빠지고 있다.

④ 다의성의 오류(equivocation): [여성과 남성은 신체적으로나 정서적으로 서로 다르다. / 그렇다면 여성과 남성은 '평등(equal)'하지 않다. / 그러므로 법은 남녀가 '평등'하다고 가정하지 말아야 한다.]라는 논증은 '평등'이라는 용어를 전제와 결론에서 다른 의미로 사용하고 있다. '평등하다'는 말이 단지 '똑같음'을 의미한다면 여성과 남성은 신체적으로나 정서적으로나 평등하지 않을 것이다.

---

173) 대법원 1999. 5. 11. 선고 99다2171 판결: 원심이 인용한 제1심판결은, ○○대학교 병원 정형외과 유○○ 작성의 신체감정서를 채용하여, 원고 1이 1997. 1. 7. 이 사건 사고로 좌무지의 중수지관절부 탈구, 단무지신건파열 등의 상해를 입고 좌무지 운동장해의 후유장해가 남아 형틀목공으로서의 가동능력의 25%를 상실하였다고 인정하였는바, 위 감정서 기재에 의하면, 위 원고는 맥브라이드(McBride)의 '후유장해에 대한 종합평가표' Ⅱ-8 항목을 준용하여 일반노동자로서 14%, 목공노동자(맥브라이드의 '손상의 부위에 대한 직업별장해등급표'상에 형틀목공 직업이 없으므로 일반 목공으로 취급)로서 25%의 각 노동능력을 상실하였다고 기재되어 있으나, 맥브라이드의 '후유장해에 대한 종합평가표' 중 관절강직 무지 항목에는 Ⅱ-8항이 없으므로 그것이 착오에 의한 것인지, 아니면 특별한 근거가 있어서인지에 관하여는 알 수 있는 아무런 기재가 없고, 또 원심이 인용한 제1심판결도 감정인에 대하여 감정서의 보완을 명하거나 감정증인으로의 신문방법 등을 통하여 정확한 감정의견을 밝히도록 하는 등의 적극적인 조치 없이 위 감정 결과를 직접증거로 채용하여 위 원고의 노동능력상실률을 인정하면서도 이 점에 대한 납득할 만한 설시가 전혀 없다. 따라서 원심에는 심리미진으로 인한 채증법칙 위배의 위법이 있다 할 것이다. 이 점을 지적하는 논지는 이유 있다.

174) 최원배, 「오류란 무엇인가?」, 『동서사상』, 경북대학교 동서사상연구소, 2008. 2, 64쪽 이하.

그러나 법 앞의 평등은 '신체적으로나 정서적으로 똑같다.'라는 의미가 아니라, '같은 권리와 기회를 누릴 자격이 있다.'라는 의미이다. 서로 다른 이 두 가지 의미의 평등을 확실히 구분해서 다시 써 보면 다음과 같이 된다: [여성과 남성은 신체적으로나 정서적으로 똑같지 않다. 따라서 여성과 남성은 똑같은 권리와 기회를 누릴 자격을 갖고 있다고 할 수 없다.] '평등'이라는 용어의 다의성을 제거하고 보니, 논증의 결론이 전제에 의해 뒷받침되지도 않고 전제와 관련성을 갖고 있지도 않음이 분명해졌다. 앞의 논증에서는 신체적, 정서적 차이가 상이한 권리와 기회를 함축함을 증명해 주는 근거가 전혀 제기되어 있지 않은 것이다.[175)]

⑤ 우물에 독을 넣는 오류(Poisoning the well): 어떤 논증이 제시되기도 전에 그 논증을 미리부터 비난하기 위해 감정이 실린 말을 사용하는 것이다. [피고인은 전과자이다. / 이번 사건도 피고인의 전과와 동일한 유형의 범죄수법을 사용하고 있다. / 따라서 피고인이 범인이다.]라는 논증에서는, 피고인이 범인인지 아닌지는 현재의 사건의 심리결과 판단해야 한다. 그러나 이 논증에서는 미리 피고인이 전과자라는 비난을 가하고 있다.

2. 경험법칙

1) 의의

경험칙은 인간의 개별적인 체험으로부터 얻어진 경험적 규칙으로서 보편타당성을 가진 법칙을 말한다. 즉 '개별적인 경험으로부터 귀납적으로 얻어지는 인과의 관계나 사물의 성상 등에 대하여 가언적 판단의 형식으로 표현된 명제'라고 할 수 있다.[176)] 경험법칙은 일상에 속하는 것으로부터 전문 과학상의 법칙에 이르기까지 다양하다. 또한 경험법칙에는 자연법칙, 인간의 사고 작용을 지배하는 논리법칙, 수학적 원리, 사회생활에 있어서의 도의(道義), 조리(條理), 관례(慣例), 거래상의 관습(慣習)[177)] 등을 포함한다.[178)]

경험칙은 구체적 사실이 아닌 판단의 자료로 기능하는 지식 또는 법칙이라는 점에 그 특징이 있고, 증거의 가치를 평가하는 과정과 간접사실로부터 직접사실을 추론하는 과정에서 역할을

175) 앤서니 웨스턴 저, 이보경 옮김, 『논증의 기술』, 필맥, 2008, 208쪽.
176) 이용우, 「판례를 통해서 본 경험칙」, 『재판자료』 제25집, 법원행정처, 1985, 123쪽.
177) 대법원 1977.4.12. 선고 76다1124 판결: 사실인 관습은 일상생활에 있어서의 일종의 경험칙에 속하는 것으로 그 유무를 판단함에는 당사자의 주장이나 입증에 구애됨이 없이 법관 스스로의 직권에 의하여 이를 판단할 수 있다 할 것인바 피고 공사가 애당초 평균임금의 개념에 상여금이 포함되지 않음을 전제로 하여 퇴직금 규정을 제정하고 이것이 그 후 사실인 관습으로 확립되었다 함은 이를 인정할 수 없다.
178) 이용우, 앞의 책, 123쪽.

한다. 이러한 역할을 하기 위하여 경험칙은 본질적으로 추상성·객관성·보편성을 갖는다.[179] [구체적 증거 + 경험칙 ⇒ 증거가치], [간접사실 + 경험칙 ⇒ 직접사실]의 판단 도식에서 경험칙이 객관적이지 않다면 증거가치나 직접사실의 객관성은 보장될 수 없고, 추상적·보편적이지 않다면 구체적인 증거나 간접사실에 적용하는 것이 어렵기 때문이다.[180]

경험칙은 귀납, 즉 개개의 사상(事象)을 관찰하여 그 공통점을 추출하여 인식하는 것을 본질로 하는 판단으로부터 성립되는 명제이기 때문에 가정적 판단인 점과 그 판단의 확실도에 차이가 있음을 유의해야 한다.[181] 또한 경험칙은 가정적 판단이기 때문에 그것이 어떤 전제하에서 성립할 수 있는 것인가를 파악하여 당해 사실인정에 있어서 구체적 사정이 그 전제를 충족하고 있는가를 확정한 다음에라야만 그 인정의 추리과정에서 당해 경험칙을 사용할 수 있다.[182]

보편타당성을 가진 경험법칙만이 자유판단의 기준이 되어야 하므로 보편성이 없는 개인적 경험칙은 법관의 심증형성을 구속하지 않는다. 따라서 유전자검사나 혈액형검사 등 과학적 증거방법처럼 그 전제로 하는 사실이 모두 진실임이 입증되고 그 추론의 방법이 과학적으로 정당하여 오류의 가능성이 전무하거나 무시할 정도로 극소한 것으로 인정되는 경우에는 법관이 사실인정을 함에 있어 상당한 정도로 구속력을 가지므로, 비록 사실의 인정이 사실심의 전권이라 하더라도 아무런 합리적 근거 없이 함부로 이를 배척하는 것은 자유심증주의의 한계를 벗어나는 것으로서 허용될 수 없다.[183] 또한 친자관계 확인을 위한 혈액감정의 결과, 기계에 의한 속도측정의 결과 등에 대해서는 법관은 주관적 불신을 이유로 그 증명력을 부인할 수 없다.[184] 그러나 반대로 과학지식 자체의 합법칙성(Gesetzmäßigkeit)이 증명될 수 없는 경우에는 법관은 이를 심증형성의 기초로 삼아서는 안 된다.[185]

---

179) 이용우, 앞의 책, 126쪽.

180) 이용구, 「판단과 논증-배임죄의 고의에 대한 몇 개의 논증 분석」, 한국형사소송법학회 추계학술대회 발표집, 2010, 2쪽.

181) 정용인, 「사실오인과 경험칙」, 『재판자료』 제22집, 형사증거법(상), 법원행정처, 1984, 112쪽.

182) 따라서 자연과학적법칙과 같은 것은 그 전제를 비교적 명확히 나타내고 있지만 사회생활상의 조리라든가 사회심리학적 법칙과 같은 것에 있어서는 그 전제의 파악이 곤란하고 따라서 당해인정의 기반으로서 확정되어 있는 구체적 사정이 당해 경험칙의 전제에 해당하는가 않는가, 즉 당해 구체적 사정이 있으면 소기의 결론을 도출할 수 있다고 하는 경험칙이 있는가 없는가하는 것이 문제로 된다; 정용인, 「사실오인과 경험칙」, 『재판자료』 제22집, 형사증거법(상), 법원행정처, 1984, 113쪽.

183) 대법원 2007. 5. 10. 선고 2007도1950 판결: DNA분석을 통한 유전자검사 결과는, 충분한 전문적인 지식과 경험을 지닌 감정인이 적절하게 관리·보존된 감정자료에 대하여 일반적으로 확립된 표준적인 검사기법을 활용하여 감정을 실행하고 그 결과의 분석이 적정한 절차를 통하여 수행되었음이 인정되는 이상 높은 신뢰성을 지닌다 할 것이고, 특히 유전자형이 다르면 동일인이 아니라고 확신할 수 있다는 유전자감정 분야에서 일반적으로 승인된 전문지식에 비추어 볼 때, 피고인의 유전자형이 범인의 그것과 상이하다는 감정결과는 피고인의 무죄를 입증할 수 있는 유력한 증거에 해당한다.

184) 신동운, 『신형사소송법』, 법문사, 2008, 1092쪽.

2) 개연성의 정도에 따른 경험법칙의 분류

경험법칙은 개연성의 정도를 기준으로 하여 ① 단순한 개연성이 있는 법칙(경험칙) ② 고도의 개연성이 있는 법칙(경험원칙) ③ 필연적이고 절대적으로 확실한 법칙(자연과학법칙, 경험법칙) 등으로 나눌 수 있다.[186)]

> 계약자유의 원칙상 경개계약의 성립 후에 그 계약을 명시적이든 묵시적이든 합의해제하여 구채무를 부활시키는 것은 적어도 당사자 사이에서는 가능하다. 또한, 다수 당사자 사이에서 경개계약이 체결된 경우 일부 당사자만이 경개계약을 합의해제하더라도 이를 무효라고 볼 수는 없고, 다만 그 효과가 경개계약을 해제하기로 합의한 당사자들에게만 미치는 것에 불과하다. 그런데 일부 당사자만이 경개계약을 합의해제하게 되면 그들 사이에서는 구채무가 부활하고 나머지 당사자들 사이에서는 경개계약에 따른 신채무가 여전히 효력을 가지게 됨으로써 당사자들 사이의 법률관계가 간명하게 규율되지 않는 경우가 발생할 수 있고, 경개계약을 합의해제하는 당사자들로서도 이러한 문제를 해결하는 것이 중요한 관심사가 될 터이므로 이에 관한 아무런 약정이나 논의 없이 그들 사이에서만 경개계약을 해제하기로 합의하는 것은 경험칙에 비추어 이례에 속하는 일이다.[187)]

> 규칙 제7조 제1항 제2호 단서는 위 규칙이 2001. 3. 26. 건설교통부령 제273호로 일부 개정되면서 비로소 신설되어 위 개정 규칙 부칙에 의하여 같은 날 시행된 규정이고, 한편 원심이 적법하게 조사한 증거에 의하면, 주식회사 ○○종합건축사무소는 2000. 11. 감리완료보고서를 작성하였음을 알 수 있다.
>
> 그렇다면 위 단서 규정은 주식회사 ○○종합건축사무소가 감리완료보고서를 작성할 무렵에는 존재하지 않았던 규정이므로 주식회사 ○○종합건축사무소가 위 단서 규정이 적용된다고 보아서 감리완료보고서 등에 소단 미설치에 대한 별다른 언급을 하지 않았다는 원심의 사실인정은 논리칙에 어긋나는 것이고, 감리완료보고서 등에 소단 미설치에 대한 별다른 언급이 없는 상태에서 이 사건 재개발사업의 승인권자인 서울 ○○구청이 소단 미설치에 대한 조치를 취하지 않은 채 이 사건 아파트에 대한 사용승인을 해준 사실만으로는 이 사건 아파트에 인접한 비탈면이 위 단서 규정을 충족한 사실이 경험칙상 추정된다고 볼 수도 없다고 할 것이다.[188)]

185) 신양균, 『형사소송법』, 화산미디어, 2009, 868쪽.
186) 류근완, 「경험칙-민사소송법 §187에 관하여」, 사법연구자료(4), 143~144쪽.
187) 대법원 2010. 7. 29. 선고 2010다699 판결.

이러한 판결에서의 경험칙은 단순한 개연성이 있는 법칙이라고 할 수 있다. 일반적으로 인간의 거래관행 등에서 발견되는 경험칙은 대부분 이에 속한다.[189] 또한 단순한 경험칙은 상대성이 다른 경험칙에 비하여 높게 나타난다.

> 원심은 이 사건 사고로 인한 척골신경마비에 관한 후유장해를 인정함에 있어서, 갑 제4호증의 2 내지 4의 각 기재와 제1심법원의 ○○대학교 의과대학 부속병원장에 대한 신체감정촉탁 결과를 채택하여 원고가 이 사건 사고로 인하여 좌측 팔꿈치부위 척골신경 손상의 장애를 입은 사실, 위 장애로 인한 노동능력상실률은 일반 옥외노동자의 경우 14%의 영구장애에 해당하나 이 사건 사고 이전부터 존재하던 기왕증의 기여도가 50%인 사실을 인정한 다음, 원고에게 좌측 척골신경 손상에 관한 7%의 영구장애가 있다고 인정하였는바, 그와 같은 증거취사와 사실인정이 경험칙이나 논리법칙에 위배된다고 보이지 아니하므로, 이와 다른 전제에 있는 상고이유의 주장은 이유 없다.[190]

또한 위와 같이 수학적 확률에 따른 사실인정에서도 일반적으로 단순한 경험칙이 사용되는 경우가 많다.

그러나 단순한 개연성이 인정되는 경험칙은 형사사건에 있어서의 사실인정의 기준으로 적용하는 것은 신중을 요한다. 형사사건에서의 사실인정은 합리적 의심의 여지를 넘는 정도의 증명을 요하기 때문이다. 따라서 형사사건에서 적용될 수 있는 경험칙은 고도의 개연성이 있는 경험원칙 또는 필연적이고 절대적으로 확실한 법칙인 경험법칙이어야 한다.

> 공모공동정범에 있어서의 공모나 모의는 범죄사실을 구성하는 것으로서 이를 인정하기 위하여는 엄격한 증명이 요구되지만, 피고인이 그 실행행위에 직접 관여한 사실을 인정하면서도 공모의 점과 함께 범의를 부인하는 경우에는, 이러한 주관적 요소로 되는 사실은 사물의 성질상 범의와 상당한 관련성이 있는 간접 사실을 증명하는 방법에 의하여 이를 입증할 수밖에 없고, 무엇이 상당한 관련성이 있는 간접사실에 해당할 것인가는 정상적인 경험칙에 바탕을 두고 치밀한 관찰력이나 분석력에 의하여 사실의 연결상태를 합리적으로 판단하는

---

188) 대법원 2010. 12. 9. 선고 2008다16851 판결.
189) 이러한 경험칙은 강도가 가장 낮은 것으로서 예외가 많고 정확성이 결여되어 있어 경험칙으로서의 질이 가장 낮다; 이용우, 「판례를 통해서 본 경험칙」, 『재판자료』 제25집, 법원행정처, 1985, 123쪽.
190) 대법원 2010. 4. 15. 선고 2009다98904 판결.

방법에 의하여야 할 것이다.[191]

한편, 원심이 공소사실을 인정함에 방해가 되지 아니한다고 설시한 각서 사본의 기재를 보건대, 이는 위 김○○과 장○○이 1989. 5. 16. 작성한 것으로서, 그 내용은 양인 사이에 1989. 5. 17. 13:00까지 이 사건 점포의 임차에 대한 합의가 이루어지지 않을 경우에는 피고인이 이를 제3자에게 임차하여도 그들은 이의가 없음을 확약한다는 것인바, 만약 위 김○○이 그 이전인 1989. 4. 3.경 피고인의 승낙을 받고 피해자로 하여금 권리금 등을 위 회사에게 지급케 한 사실이 있다면, 이에 관하여 피해자에게 책임을 져야 할 위 김○○이 이처럼 불리한 각서에 서명할 리 없을 것이므로(한편 그가 서명하지 않을 수 없는 특별한 사정도 찾을 수 없다), 위 각서는 피고인이 그 작성 당시 위 장○○이나 피해자 어느 누구에게도 이 사건 점포를 임대할 의무를 부담하고 있지 아니함을 나타내는 유력한 자료라고 하지 않을 수 없다. 그렇다면, 원심이 그 설시 증거들로 이 사건 공소사실을 인정한 데에는, 부적절하거나 신빙성 없는 증거들에 터잡아 경험칙에 반하여 사실을 인정하고 피고인의 주장에 부합하는 증거를 합리적인 이유 없이 배척함으로써 판결에 영향을 미친 위법이 있다 할 것이므로, 이 점을 지적하는 논지는 이유 있다.[192]

원심판결의 이유에 의하면 원심은 피고가 그 소유 승용차에 친구인 소외 망 김○○를 동승케 하고 구마고속도로 상을 운행하다가 판시와 같은 과실로 도로중앙 부분을 넘어 마주 오던 차량을 충격함으로 인하여 위 망인을 사망에 이르게 한 이 사건 사고 사실을 확정하고 위 망인이 사고 당시 안전띠를 착용하지 아니하여 손해를 확대시켰다는 피고의 주장은 이를 인정할 증거가 없다고 배척하고 있는바, 기록과 대조하여 살펴보면 원심의 위 판단은 수긍이 되고 거기에 경험칙에 위배하여 사실을 오인한 위법이 있다고 할 수 없다. 소론은 특히 같은 차에 동승하고 있던 소외 최○○과 맞은편 충돌차량 탑승자들이 비교적 가벼운 상처를 입었음에도 망인이 사망하기에 이른 것으로 보아 안전띠 미착용이 추정된다고 주장하고 있으나 그러한 사정만으로 경험칙상 안전띠를 미착용한 것이 추정된다고 할 수 없으므로 논지는 이유 없다.[193]

191) 대법원 1998. 11. 24. 선고 98도2654 판결.
192) 대법원 1993. 1. 15. 선고 91도3307 판결.
193) 대법원 1991. 10. 8. 선고 91다22728 판결.

> 피해자는 이 사건 제1공소사실인 1989. 7. 13. 01:00경 ○○여관 202호실에서의 강간에 대하여, 당시 공소장 기재와 같이 피고인의 피해자의 손목을 비트는 등 강제로 여관에 끌고 들어가서 강간을 하였다고 진술하고 당시 여관주인이 방을 안내하였지만 창피해서 구조를 요청하지 아니하였다는 것인바, 대학 4학년인 피해자가 강간의 위험을 느끼면서도 손쉬운 구조요청의 기회를 이용하지 아니하였다는 것은 우리의 경험칙상 쉽게 납득이 가지 아니하는 것이다. 또 피해자는 이 사건 제2공소사실인 7. 18. 22:00경 피고인의 하숙방에서의 강간에 대하여, 그날 피고인이 전화로 만나자고 해서 다방에 나갔더니 강제로 하숙방에 끌고 가 강간을 하였다고 진술하였으나, 수일 전에 자기를 강간한 피고인을 만나지 않으면 아니 될 특별한 사정도 없이 간단히 만났다는 점에서부터 다방을 거쳐 하숙방까지 끌려갔다는 점과 피고인의 하숙집 주인에게 구조를 요청하지 아니하였다는 점에 이르기까지 강간행위로 인정하는 데는 어느 것이나 쉽게 수긍이 가지 않는 사항들이다. 이 사건 제3 공소사실인 8. 2. 23:00경 피고인의 하숙방에서의 강간에 대하여서도 그렇다. 그날 피해자의 집에서부터 피고인의 하숙집까지 강제로 끌려가 강간을 당하였다는 것이나 화상을 입고 담뱃불로 온몸을 지지는데도 하숙집 주인에게 구조를 요청하지 아니하였다는 것은 쉽게 납득이 가지 않는 일이다. 피해자의 진술에 의하더라도 피해자의 어머니는 7. 23. 이전에 피고인과 피해자가 동침한 사실을 미리 알고 있었다는 것인데 세상에 알려지는 것이 무서워서 위와 같은 피해사실을 신고하지 아니하였다고 하는 것도 여러 정황에 비추어 가볍게 수긍되지 아니한다.[194]

이 경우에 경험칙은 고도의 개연성이 있는 경험원칙에 해당한다. 고도의 개연성이 있는 경우의 경험원칙은 절대적 경험칙과 같이 극도로 엄밀한 규준으로 성립된 것은 아니나, 다수의 단순한 경험칙에서 특출한 것으로서 단순한 경험칙과 절대적 경험칙의 중간단계의 경험칙이라고 할 수 있다.[195]

> 원심은 피고인 운전의 택시가 이미 정거하였음에도 뒤쫓아 오던 택시가 충돌하는 바람에 앞의 차를 충격하여 이 사건 사고가 발생하였다는 제1심의 사실인정을 지지하면서 피고인에 대하여 무죄를 선고한 제1심 판결을 유지하고 있는바, 기록을 통하여 제1심 및 원심의 사실인정을 살펴보면 정당하고 거기에 경험칙이나 과학법칙을 어겨 사실을 오인한 위법은 찾아

194) 대법원 1990. 9. 28. 선고 90도1562 판결.
195) 이용우, 앞의 책, 124쪽.

볼 수 없으며, 사실관계가 위와 같다면 설사 피고인에게 안전거리를 준수치 아니한 위법이 있었다 할지라도 그것이 이 사건 피해결과에 대하여 인과관계가 있다고 단정할 수도 없는 것이므로 논지는 모두 이유 없다.[196]

원심 및 당심이 적법하게 조사하여 채택한 증거들에 의하여 인정되는 다음과 같은 사정, 즉 ㉮ 혈액 채취 전에 알코올로 피부를 소독하는 경우에 주사기가 피부를 뚫을 때 알코올이 주사기 안으로 들어가거나 심지어 알코올을 함유한 소독용 거즈를 피부에 댄 상태에서 주사기 바늘이 그것을 통과하여 피부에서 빠져 나오는 경우 알코올이 혈액 속으로 들어갈 수 있고, 이 경우 검사방법이 알코올의 극소량을 감지할 수 있도록 고안되어 있어 그 영향은 심대할 수 있으며, 전혀 술을 마시지 않은 사람이라도 0.12%까지 측정될 수 있는 점{공소외 5도 알코올 솜에 의하여 0.26%가 검출되는 것이 전혀 불가능하지는 않다고 진술하고 있다(당심 제3회 공판조서)}(공판기록에 편철된 '음주운전 단속에서 혈액분석법 운용상의 문제점 고찰'), ㉯ 통상 음주측정을 위한 채혈의 경우 채혈 및 혈액보관 과정에서 알코올 등 불순물이 들어갈 가능성을 배제하기 위해 경찰이 가져온 음주측정용 세트를 사용하는데, 이 사건의 경우 경찰이 가져온 음주측정용 세트를 사용하지 않고, 병원에서 피고인의 진료를 위해 채혈하였던 혈액을 경찰에서 가져다 감정 의뢰한 것이고, 전남 ○○병원에서는 혈액을 채혈할 때 보통 채혈부위를 알코올 70% 성분으로 만든 알코올 솜으로 소독한 다음 채혈하였던 점(공판기록 144, 150, 160, 189쪽), ㉰ 사고 당일 피고인의 혈액을 채혈한 간호사는 성명불상의 응급실 간호사이고 공소외 6이나 공소외 7은 피고인에 대한 채혈과정에 관여하지 않은 점(공판기록 158, 194쪽), ㉱ 국립과학수사연구소 서부분소장은 피고인의 이의에 따라 당초 감정일로부터 2개월 정도 지나서 피고인의 혈액을 재감정한 결과 당초보다 0.19% 정도 적게 나왔으나, 막연히 2개월간의 알코올 증발 등을 고려해 당초 감정 결과가 맞다는 취지로 회신한 점(공판기록 95쪽) 등에 비추어, 국립과학수사연구소의 피고인 혈액에 대한 감정 결과는 오류의 가능성을 완전히 배제할 수 없다.[197]

이러한 경우의 경험칙은 절대적으로 확실한 법칙(자연과학법칙)에 속한다고 할 수 있다. 이러한 절대적 경험칙은 인간의 측정으로서는 그 예외를 찾아볼 수 없는 정도의 확실한 것으로서 극히

196) 대법원 1983. 8. 23. 선고 82도3222 판결.
197) 광주지법 2007. 3. 22. 선고 2006노1642 판결.

희소한 것이다.[198] 이러한 경험칙은 거의 언제나 과학적으로 정초되고 이론의 여지가 없도록 엄격하게 확정된 인식을 요구한다. 예컨대 '1.5%의 혈중 알코올 농도는 예외 없이 모든 운전자에 있어 운전불능이다.'라는 명제와 같다.[199]

한편 구체적인 사안에서 적용되는 경험칙의 내용은 변화하기도 한다. 판례는 피해자의 상해 또는 사망에 대한 강간범의 예견가능성이 문제된 강간치상 사건과[200] 강간치사 사건[201]에서 두 사건의 사실관계가 기본적인 점에서 같은데도[202] 예견가능성에 관한 경험칙을 적용한 결과 강간치상 사건에서는 부정적인 결론을, 강간치사사건에서는 긍정적인 결론을 내리고 있다. 즉, 두 사안의 기본적인 사실관계가 같다는 점을 전제로 하면, 두 사안의 결론이 달라진 이유는 경험칙을 적용하는 과정에서 그 전제가 되는 구체적인 사실관계로부터 경험칙이 영향을 받거나(즉, 객관적인 경험칙이 주관화되거나) 또는 개연성의 정도를 평가하는 과정에서 경험칙을 통해 법관의 가치관이 작용할 수 있다는 것에서 찾아질 수 있다.[203]

대법원 1993. 4. 27. 92도3229 판결의 사실관계[204]

① 중년의 피해자가 카바레에 혼자 들어갔다가 피고인과 만나 함께 춤을 춘 후 피고인 및 그 일행 2인(남자 1인, 여자 1인)과 합석하여 음료수를 마시고, 피고인 일행과 함께 인근 스탠드바에 들어가 피고인 일행은 술을 마시고, 피해자는 주스를 마셨다. ② 피고인은 피해자에게 여관에 가서 일행과 함께 화투를 치자고 하였고, 피해자는 이를 거절하였으나, 피고인이 피해자의 손을 끌고 인근 여관의 4층(높이 약 10~12m) 방으로 들어갔다. ③ 피해자는 여관에서도 남편에게 혼난다고 하면서 방에 들어가지 않으려 하였으나 피고인은 피해자의 손을 붙잡고 방으로 끌고 들어갔고, 피고인은 방에 들어가자 말자 방문을 잠근 후 피해자에게 방에서 나가면 죽인다고 하면서 피해자를 소파에 밀어 넘어뜨리고 유방을 만지면서 피해자를 강간하려 하였다. ④ 피해자는 남편이 있는 몸이라고 살려달라고 하였으나 피고인은 내가 육사 출신인데 너 하나 못 이기겠느냐고 하면서 겁을 주고 계속 강간하려 하다가, 피해자의

198) 이용우, 앞의 책, 123쪽.
199) 이용우, 앞의 책, 123쪽.
200) 대법원 1993. 4. 27. 92도 3229 판결.
201) 대법원 1995. 5. 12. 95도 425 판결.
202) 차이가 나는 것은 피고인과 피해자의 관계의 익명성, 피고인이 강간을 하려고 시도한 시간의 차이, 피해자가 피고인을 만나 범행현장까지 가게 된 경위, 객실의 높이, 피해자의 연령과 혼인 여부이다; 이용구, 「판단과 논증-배임죄의 고의에 대한 몇 개의 논증 분석」, 한국형사소송법학회 추계학술대회 발표집, 2010, 5쪽.
203) 이용구, 「판단과 논증-배임죄의 고의에 대한 몇 개의 논증 분석」, 한국형사소송법학회 추계학술대회 발표집, 2010, 5쪽.
204) 위의 책, 4쪽.

핸드백을 빼앗아 자신의 목에 걸고 화장실 문을 열어 놓고 소변을 보면서 피해자에게 나가면 죽인다고 하였다. ⑤ 피해자는 위급한 상황을 모면하기 위하여 여관방을 빠져나가려 하였는데, 화장실이 출입문 면으로 있었기 때문에 피고인에게 잡힐 것을 염려하여 여관방의 유리창문을 통하여 아래로 뛰어내려 상해를 입었다.

대법원 1995. 5. 12. 95도425 판결의 사실관계[205)]

① 속셈학원을 경영하는 피고인은 범행 사흘 전에 강사로 채용된 20세의 피해자를 학원으로 불러내 함께 술을 곁들여 점심을 먹은 다음 미리 예약해 놓은 호텔 객실(높이 28m) 앞까지 피해자를 유인한 후 들어가지 않으려는 피해자를 붙잡아 떠미는 등 강제로 객실 안으로 끌고 들어갔다. ② 피고인은 객실에서 나가려는 피해자를 붙잡거나 방문을 가로막아 못나가게 하고 여러 차례에 걸쳐 피해자를 강제로 끌어안아 침대에 넘어뜨리고 키스하려고 하는 등 강간하려 하였고, 피해자는 자신이 처녀이기 때문에 피고인의 요구에 응할 수 없다고 하였다. ③ 피고인은 2시간 정도에 걸쳐 계속적으로 피해자를 강간하려고 하였으나 피해자가 피고인의 얼굴을 할퀴고 비명을 지르며 완강히 반항하는 바람에 강간을 하지 못하였고, 그러는 사이 예약된 대실 시간이 끝나가자 시간을 연장하기 위하여 피고인이 호텔 프런트에 전화를 하였다. ④ 피해자는 위급한 상황을 모면하기 위하여 객실을 빠져나가려고 하였는데, 피고인이 전화를 거는 위치가 출입문 면에 있었기 때문에 피고인에게 잡힐 것을 염려하여 객실의 유리창문을 통하여 28m 아래 지상으로 뛰어내려 사망하였다.

3) 적용 방식에 따른 경험칙의 분류

사실인정을 위하여 경험칙을 적용하는 방식과 관련하여 거론되는 것은 주로 헴펠/오펜하임-도식(Hempel/Oppenheim-Schema), 결정론적 경험법칙, 통계적 경험법칙 등이다.

(A) 확정된 간접증거를 가지고 관찰 불가능한 사실관계에 대해 언명을 확보하기 위한 경험칙의 적용은 어떠한 안정된 체계 안에서 이루어져야 함은 당연한 요구일 것이다. 아울러 과연 어떠한 방식으로 안정된 사실추론이 가능할 것인가에 대한 체계화된 방법으로는 일반적으로, 소위 헴펠/오펜하임-도식이 가장 적정한 것으로 사용되고 있다.[206)]

헴펠은 연역-법칙적(deductive-nomological) 설명이론을 통하여 이후의 과학계가 가장 크게

205) 위의 책, 5쪽.
206) 김성룡, 『법적 논증의 기초』, 경북대학교출판부, 2006, 275쪽.

의존해 온 과학이론을 제시하였다. 이에 따르면 과학의 목적은 단순히 편린적인 관찰 사실들을 기술하는 데에 있는 것이 아니라 설명하는 데에 있다. 과학이란 본질적으로 논증의 과정이며 이는 단순히 관찰사실을 기술하는 언명들의 집합이 아니라 언명들 사이의 추론관계에 의해 이루어진다. 어떤 한 언명은 다른 언명과의 관계에서 그것이 참임을 받아들이도록 하는 전제들에 의해 지지됨으로써 설명이 된다. 이러한 전제들을 과학에서는 법칙이라고 한다. 러셀(Russell)의 논리를 빌어, 이러한 법칙이라는 전제들에서 만일 그 법칙이 참이라면 특정 결론이 함의(imply)되는 것이며, 동시에 어떤 한 현상이 왜 일어나지 않는가하는 것은, 그 현상을 결론으로 함의시킬 수 있는 전제들, 즉 보편적 법칙의 논리적 필연의, 즉 함의의 결과로 그 현상을 포괄시킴으로써 설명될 수 있다는 것이다. 즉 적절한 과학적 설명이란, 설명되어야 할 현상을 어떤 법칙의 논리적 필연성의 함의임을 보임으로써 가능하다는 것이다. 이러한 '전제가 참이면 그 전제가 함의하는 바도 참이어야 한다.'라는 논리는 '연역적 논리'이고 전제가 보편적 법칙을 내포하고 있기에 '법칙'적 설명이론이 되는 것이다. 헴펠 등은 이러한 연역적 논증의 요소들에 대해 특정한 논증의 결론부분은 피설명항(explanandum)이라 부르고 전제되는 부분은 설명항(explanans)이라고 부른다.

그리고 이러한 도식의 과학적 설명이 지녀야 할 적절성의 조건들을 다음과 같이 제시하였다. 하나는 논리적 조건으로 ① 피설명항은 설명항의 논리적 결과이어야 하며, ② 설명항은 보편적 법칙들을 지니고 있어야 하며, 피설명항의 도출에 이 법칙들이 실제로 사용되어야 한다. ③ 설명항은 경험적 내용을 지녀야 한다. 즉, 원칙적으로 실험이나 관찰에 의해 검증(test)될 수 있어야 한다. 다른 하나는 경험적 조건으로 ④ 설명항을 구성하는 언명은 참이어야 한다는 것이다. 이러한 조건 위에서 만일 E가 주어지고(즉, E에 의해 기술된 현상이 발생했음을 우리가 알며), 적절한 C1 …… Cr과 L1 …… Lr 등의 언명이 추후로 제시된다면 문제현상이 설명되는 것이다. 또한 설명항 언명이 주어지고, 피설명항 언명을 그 현상이 일어나기 이전에 설명항에서 도출한다면 그것은 예언이 되는 것이다. 연역적 추론의 일반적 형태에 따라서 ① 설명항이 피설명항을 논리적으로 함의하는가 ② 그리고 설명항이 참인가를 각각 평가하고 그 평가에서 긍정적 평가가 이루어졌다면 연역적으로 설명이 이루어지는 것이다. 이러한 설명양식을 연역-법칙적 설명 또는 포괄 법칙적(Covering Laws) 설명이라고 부른다. 이러한 설명의 하위 유형이 인과적 설명이라 할 수 있다. 설명항의 선행조건들의 집합을 '원인', 설명항의 보편 법칙을 '인과적 또는 결정론적 법칙'으로 볼 수 있는 것이다.[207)]

이러한 인과적 또는 결정론적 법칙으로서의 경험칙을 통한 사실추론 자체는 사실상의 근거제시

207) http://rntmfdl.egloos.com/4018372: 2011. 3. 23. 11:15 방문.

가 아니라, 소위 이성적인 근거제시에 해당한다.[208] 눈으로 확인하지 않고도 충분히 그러한 사실이 존재한다고 인정하는 것이 우리의 일상적인 모습에서도 낯설지 않음을 생각해 보면, 현실적으로 비록 알려지지 않은 사실이지만 그러한 사실이 발생했을 것이라는 기대가 합리적으로 보일 수 있는 경우, 우리는 그러한 사실의 발생, 혹은 그러한 사실이 역사적으로 존재하였다는 것을 아무 의심 없이 받아들이곤 하는 것이다.[209]

(B) 만약 문제되는 특정한 경험법칙에 있어서, 예외 없이 타당한 관련성이 주장된다면 이것은 이미 우리에게 잘 알려져 있는 다양한 형태의 연역적인 추론규칙과 다를 바가 없다. 즉, 일반적인 조건문으로 등장하는 경험법칙이 예외 없이 타당한 것으로 제시될 때에 이러한 관련성에 관한 주장 내지 법칙을 일반적으로 결정론적 가설(deterministische Hypothesen)이라고 한다.

이러한 경험법칙이 적용될 수 있는 곳에서는 당연히 특정한 개별적인 간접사실들로부터 문제되는 사실관계가 존재한다는 추론이 소위 '형식논리학'의 관점에서 허용 내지 타당한 것인가의 문제만이 남는다고 할 수 있을 것이다.[210] 즉, 확정된 간접사실과 이러한 사실의 존재는 예외 없이 어떠한 사실의 추론을 가능케 한다는 결정론적 가설 내지 경험칙을 통해 특정의 사실이 추론될 수 있다는 것이다.

(C) 통계적 경험법칙은 통계적 과학관에 의하여 수정되고 보완되었다. 즉 헴펠이 제시한 연역-법칙적 설명이론은 그 후의 Braithwaite, Nagel 등의 여러 학자들에 의해 수정, 보완되었고 실증주의적 과학관의 주요 관점들과 결합하여 전통적, 즉 통념적 과학관을 형성하여 20세기의 과학을 지배하였다. 통념적 과학관의 주요 입장을 과학적 이론의 문제를 중심으로 요약하면 다음과 같다.

첫째로, 통념적 과학관은 원리주의적 인식론에 기초한다. 과학적 지식은 경험적 자료에서 출발하며, 과학적 이론(지식)의 참 여부는 관찰된 자료와 과학적 명제들(이론) 사이의 대응(correspondence)에 의해 검증될 수 있다. 둘째로, 이러한 입장의 전제는, 이론과 독립된 순수하고 객관적인 관찰이 가능하며 그러한 경험적 관찰이 지식의 확실성을 보장해 준다는 견해이다. 셋째로, 과학적 연구란 가능한 한 관찰 가능한 것과 밀접히 연결된 변인들과 관련된 가설의 검증에 한해야

208) 만약 오늘 대한민국 내의 모든 지방의 날씨가 영하 10도 이하로 떨어졌다면, 왜 구체적인 조건하에서 그렇게 되는 것인가에 대한 자연과학적인 세밀한 지식과는 무관하게, 경북대학교의 일청담 연못도 얼어붙었을 것임을 의심하는 사람은 없을 것이다. 하지만 이러한 추론도 사실 서울지방에 살고 있는 사람은 일청담 연못이 무엇인지도 모를 뿐만 아니라, 그 연못의 물이 얼어붙었는지는 더더욱 알지 못한다는 점에서 그 서울 사람에게 구체적인 학문적·사실적 근거를 제시하라는 것은 억지요구인 것이다. 비록 학문적·사실적인 이유를 제시하지 못하더라도 오늘 일청담 연못이 얼어붙었다는 사실확정을 의심할 사람은 없다. 이러한 동의 혹은 인정의 근거를 소위 이성적 근거(Vernunftsgründe)라고도 한다; 김성룡, 『법적 논증의 기초』, 경북대학교출판부, 2006, 278쪽.

209) 김성룡, 앞의 책, 278쪽.

210) 김성룡, 앞의 책, 279쪽.

한다. 이론을 다룬다 하더라도, 그 이론은 조직화되고 구조화된 것이 아니라 관찰 사실들에 기초한 단순한 언명들의 집합, 또는 공리체계에 의해 연역적 필연성을 가지고 현실적으로 생성될 수 있는 단순언명들이어야 한다. 즉, 이론을 구성하고 있는 이론적 용어란 조작적 정의나 '현실과의 대응규칙'에 의해 관찰과 명백히 연결되거나, 이론체계 내에서의 다른 용어와의 연관에 의해 명백히 그 의미가 주어질 수 있어야 한다. 넷째로, 과학적 언명 또는 이론의 참 여부는 귀납에 의해 확고히 주어지며, 과학적 이론의 보편타당성은 다양한 상황에서 충분히 많은 관찰을 통해 획득된 자료에 의해 확인되며 귀납적 추론에 의해 확실한 참, 또는 개연적 참으로 정당화될 수 있다. 더 좋은 설명과 더 좋은 이론은, 보다 더 많은 관찰에 근거하며, 보다 많은 관련 독립변인들을 파악하여 이들과 종속변인과의 관계를 보다 정확히 규정함으로써 더 정확한 예언을 할 수 있을 때에 도달할 수 있다. 즉 경험적으로 관찰 가능한 사실들을 획득하여 정당화될 수 있는 귀납추리에 의해 과학적 이론을 확인하고 그 위에서 연역-법칙적으로 설명이 주어진다는 입장이다.[211)]

그러나 통계적 경험법칙이나 개연적인 경험법칙은 하나의 간접사실이 다른 하나의 사실의 단지 일부분과 가지는 관련성을 표현하는 데 불과하다. 따라서 통계적인 경험법칙 내지 수학적인 개연적 경험법칙들에서 사실인정을 위한 단순한 적용 규칙을 발견하는 것은 어렵다는 것이 일반적인 평가이다.[212)]

4) 경험칙의 체계화[213)]

사실인정에 적용되는 경험칙은 다음과 같이 체계화할 수 있다.

(1) 현실 행동의 경험칙

가. 경제적 이익 추구

사람의 재산적 행위(거래행위)는 원칙적으로 경제적 이익을 추구하는 것이다.

① 원칙적으로 등가교환(等價交換) 이상으로 하려고 한다. 따라서 매매, 대물변제는 시가로, 금전 대여는 이자부(利子付)로 하는 것이 통례이다. 또한 기업을 매수하는 경우에는 어느 정도는 그 경영 상태를 잘 알고 있는 것이 통례이다, 계속적 거래에서는 그 거래 전체로서의 이익을 추구하는 것이 통상이다.

---

211) http://rntmfdl.egloos.com/4018372: 2011. 3. 23. 17: 55 방문.
212) 김성룡, 앞의 책, 281쪽.
213) 조원철, 「간접증거에 의한 사실의 인정」, 『재판자료』 110집, 법원행정처, 97쪽.

원심은 제1심 및 원심 증인 공소외 1, 제1심 증인 공소외 2의 각 법정진술에 의하여, 피고인 1이 1996. 3. 12.경부터 1997. 2. 27.경까지 사이에 5,000만 원을 대여하였고, 고소인 공소외 2가 1997. 2. 29. 고소인들의 집에서 피고인 1의 요청에 따라 고소인 공소외 1 명의로 1996. 4. 15.을 발행일로 기재하여 발행한 액면금 2000만 원의 제1약속어음을 위 피고인에게 교부하였으며, 1999. 2.경 발행일을 1997. 4. 11.로 기재한 액면금 5,000만 원의 제2약속어음을 다시 교부하면서 제1약속어음을 회수하지 못하였다는 사실을 인정하고, 이를 전제로 피고인들이 공모하여, 피고인 1이 1996. 3. 11.경부터 1997. 2. 27.경까지 사이에 고소인들에게 합계 약 7,000만 원을 대여한 것이 아니라 1996. 3. 12.경부터 1997. 2. 27.경까지 사이에 약 5,000만 원을 대여하고 1999. 2.경 입증자료로 제2약속어음을 교부받고서도 그 전에 위 대여금 중 2,000만 원과 관련하여 교부받은 제1약속어음을 반환하지 않고 있음을 기화로 고소인들을 상대로 이 사건 대여금 소송을 제기하고, 피고인 2는 피고인 1과 공모하여 위 소송에서 원고측 증인으로 출석하여 "1996. 4. 13. 공소외 3으로부터 곗돈 및 차용금으로 금 2,000만 원을 교부받아 같은 달 15. 피고인 1에게 빌려주었다."고 허위 증언하는 방법으로 법원을 기망하여 승소판결을 받아 2,000만 원 상당의 재산상 이익을 취득한 사실을 인정하였다. 그러나 우선 1996. 3. 12.경부터 1997. 2. 27.경까지 사이에 5,000만 원을 대여하고도 그 중 일부인 2,000만 원에 대하여만 약속어음을 교부한다는 것은 경험칙상 이례적이다. 원심은 이에 대하여 2,000만 원은 소액으로 분할하여 차용한 것이기 때문에 따로 이를 합하여 제1약속어음을 작성한 것이라고 판단하였으나, 대여금의 증거로서 약속어음을 교부받으면서 소액에 대하여만 교부받고 그보다 큰 금액의 대여금에 대하여는 약속어음을 교부받지 않는다는 것 역시 경험칙상 극히 이례적이라고 할 것이다. 또한 여러 차례에 걸쳐 대여한 금원에 대한 증거로 그때까지의 대여금을 모두 합하여 하나의 약속어음을 교부하면서 그 중 일부에 대하여 대여금의 증거로 이미 교부된 약속어음이 있었다면, 이를 반환받고 새로운 약속어음을 교부하는 것이 보통일 것이고, 이와 달리 제1약속어음을 피고인 1로부터 회수하지 못하였다는 것도 경험칙상 이례적이다. 그리고 증인 공소외 3의 진술도 그 전체적인 취지가 뇌경색으로 인하여 그 전에 있었던 피고인 2와의 금전거래를 기억하지 못하고 단지 남아 있는 서류를 보고 추측할 뿐이라는 것이어서, 그것만으로 공소외 3이 피고인 2에게 1996. 4. 13.경 2,000만 원을 교부하지 않았다는 사실을 입증하기에는 부족하다. 이러한 점을 앞서 본 법리에 비추어 보면, 이 사건 대여금 소송에서의 피고인 1의 주장이 사실과 다름이 객관적으로 명백하게 밝혀졌다고 볼 수 없음은 물론, 제1약속어음의 발행경위에 있어 피고인 1이 공소외 1과

> 공소외 2에게 2,000만 원을 대여하였을 가능성을 배제할 수 없으므로, 원심이 설시한 바와 같은 사정만으로는 공소사실을 유죄로 단정하기는 어려울 것으로 보인다. 그럼에도 원심은 피고인들에 대한 이 사건 공소사실을 유죄로 인정하였는바, 이러한 원심의 판단에는 소송사기에 관한 법리를 오해한 위법이 있고, 이는 판결 결과에 영향을 미쳤음이 분명하다. 이 점을 지적하는 취지의 상고이유는 이유 있다.[214)]

② 원칙적으로 등가교환의 실질이 확보되도록 한다. 따라서 부동산 매매에 있어서 이자대금 전액의 지불과 명도 및 등기 이전을 동시에 하는 것이 통례이다.

> 원고는 위 임대차계약상의 임차인으로 소외 2 등 3인 이외에 소외 7 등 3인이 더 있어 장차 이 사건 건물 부분에 대한 임차권은 물론 위 임대차보증금반환채권의 귀속에 관하여 다툼의 여지가 있고, 대여 당시 월 차임 등이 연체되어 있어 그 연체된 월 차임 등을 공제하면 남는 임대차보증금이 140,000,000원 정도밖에 되지 않는 상태여서, 이 사건 건물 부분에 대한 임차권을 직접 행사할 수 없다거나 위 임대차계약 종료시 피고로부터 임대보증금 중 150,000,000원을 직접 지급받지 못하게 될 가능성이 있다는 사정을 알았더라면, 원고가 위 임차권 및 임대차보증금반환채권을 담보로 하여 소외 2에게 150,000,000원을 대여하지 않았을 것임은 경험칙상 명백하다. 사정이 이와 같다면, 위 임대차계약에 있어 추가된 임차인이 존재하고 월 차임 등이 연체되고 있는 사정을 잘 알고 있는 피고의 이사 소외 1로서는 비록 위 150,000,000원을 대여하는 관계의 직접 당사자는 아니라고 하더라도 위 임차권을 승계하는 등을 내용으로 하는 3면계약의 일방 당사자로서 또 다른 당사자인 원고에게 위와 같은 추가 임차인의 존재 및 월 차임 등의 연체 사실에 관하여 제대로 고지하여야 할 신의칙상의 의무가 있다고 봄이 상당하다.[215)]

③ 원칙적으로 거래행위의 상대방이 부당한 이익을 취하도록 하지 않는다. 따라서 통상적으로 대여금, 매매대금 등에 대하여는 이자를 포함하여 청구하고 회수한다. 또한 금전을 대여하였다고 주장하면서 금전의 반환청구를 한 흔적이 전혀 없다면 그러한 대여사실의 존재에 대하여 의문이 든다.

---

214) 대법원 2009. 9. 24. 선고 2008도11788 판결.
215) 대법원 2009. 2. 26. 선고 2006다45688 판결.

④ 부동산이 시가보다 고가로 매매된 경우에는 특단의 사정이 없는 한 경험칙에 위배된다고 할 수 있다.[216)]

나. 자기방어적 거래행위

재산적 행위(거래행위)는 원칙적으로 자기방어적이다.

① 원칙적으로 거래행위의 기본적 의미는 이해한 후에 이를 행한다. 따라서 통상적으로 중요한 계약서임이 제목 등에서 명백한 서면의 경우에는 그 내용을 전부 이해하지 아니한 채 서명·날인하지 않는다.

② 원칙적으로 거래행위는 그 권한이 있는 것으로 보이는 자를 상대로 한다. 따라서 상대방과의 사이에 계약 체결의 행위를 하는 사람이 다른 사람 행세를 하여 그 타인의 이름을 사용하여 계약서 기타 계약에 관련된 서면 등이 작성되었다고 하더라도, 행위자와 상대방이 모두 행위자 자신이 그 계약의 당사자라고 이해한 경우, 또는 그렇지 아니하다고 하더라도 상대방의 입장에서 합리적으로 평가할 때 행위자 자신이 계약의 당사자가 된다고 보는 경우에는, 행위자가 계약의 당사자가 되고 그 계약의 효과는 행위자에게 귀속된다.[217)] 또한 부동산 매매 등 중요한 행위에서는 본인이 하거나 대리인으로 하는 경우에도 인감증명, 위임장 등으로 권한을 확인한 다음 다시 본인에게 확인하는 방법을 취함이 통상이다.

> 원고 1, 2는 자신이 이 사건 제1매매계약의 매수인이라고 주장하며, 주위적, 예비적으로 이 사건 청구를 하고 있으므로, 먼저 원고들 중 누가 이 사건 제1매매계약의 당사자인지를

---

216) 대법원 1971. 11. 30. 선고 71다1228 판결: …… 원심판결 이유에 의하면 원심은 이 사건 토지를 망 소외 1이 1924. 10. 13. 원래 소유자이었던 망 소외 2로부터 당시 화폐 180원(이하 같다)에 매수하여 소유권 이전등기까지 경료한 후 망 소외 3으로 하여금 관리하게 하다가 그가 사망한 후 그 아들 되는 망 소외 4가 관리하여 오던 중 6·25 사변으로 등기부 원부가 소실된 사실을 인정하였다. 그러나 분할 전 이 사건 토지를 포함한 (명칭 생략)동 산184 임야 4반 3묘보의 1924. 3 당시의 가격이 180원이라는 것을 특별히 그러한 고가로 매매될 만한 사정의 존재에 관하여 주장입증이 없는 한 경험칙에 위배된다고 할 수 있고, 또 제1심에서의 검증조서 중 1939. 8에 조사 작성된 이 사건 토지에 관한 민유임야 이용구분 조사서의 기재에 의하면 (명칭 생략)동 산184는 184의 1 3반 9묘보, 184의 2 4묘보로 분할되어 전자인 이 사건 임야는 망 소외 5(원심확정사실에 의하면 김○○은 1926. 11. 21 사망하고 그 장남인 소외 6은 그 이전 1918. 3. 7 사망하여 그 자부인 소외 5가 소외 2의 호주, 재산상속을 하였다) 소유로 후자인 4묘보는 소외 7 명의로 되어 있는 점으로 보나 원심인정과 같이 원고가 1946. 3 소외 1의 상속인 형 소외 8로부터 이 사건 토지를 증여 받아 원산에서 월남할 때 갑 제3호증(매도증서)을 가지고 오면서 등기제증을 가지고 오지 않았던 사정 등을 종합 고려하면 설사 망 소외 1이 이 사건 임야를 망 소외 2로부터 매수하였다고 가정하더라도 소유권 이전등기를 받았다는 원심증인 소외 9의 증언은 쉽사리 믿기 어려운 것이라 할 것이니 원심은 필경 채증법칙을 위배한 위법이 있다고 할 것이다.

217) 대법원 2013. 10. 11. 선고 2013다52622 판결.

살피건대, 계약을 체결하는 행위자가 타인의 이름으로 법률행위를 한 경우에 행위자 또는 명의인 가운데 누구를 계약의 당사자로 볼 것인가에 관하여는, 우선 행위자와 상대방의 의사가 일치한 경우에는 그 일치한 의사대로 행위자 또는 명의인을 계약의 당사자로 확정해야 하고, 행위자와 상대방의 의사가 일치하지 않는 경우에는 그 계약의 성질·내용·목적·체결 경위 등 그 계약 체결 전후의 구체적인 제반 사정을 토대로 상대방이 합리적인 사람이라면 행위자와 명의자 중 누구를 계약 당사자로 이해할 것인가에 의하여 당사자를 결정하여야 한다(대법원 1998. 3. 13. 선고 97다22089 판결). 그런데, 이 사건에서 원고 2는 마치 자신이 원고 1인 것처럼 행세하며 원고 1 명의로 제1심 공동피고 1과 이 사건 제1매매계약을 체결한 사실, 제1심 공동피고 1은 원고 1을 한 번도 만난 적이 없고, 원고 1과 원고 2 사이의 명의대여 여부에 대해서도 알지 못한 사실, 실제로 이 사건 토지 및 그 지상 건물을 매수하여 거주하려던 것은 원고 2이었고, 제1심 공동피고 1 역시 원고 1 행세를 하는 원고 2가 이 사건 토지 및 건물을 매수하는 것으로 알고 있었던 사실은 당사자 사이에 다툼이 없는바, 이러한 사정을 종합해 볼 때, 이 사건 제1매매계약의 매수인은 실제 행위자인 원고 2라 할 것이다. 따라서 원고 2는 제1심 공동피고 1에게 이 사건 토지 및 건물에 관한 소유권이전등기청구권을 가진다.[218]

③ 원칙적으로 거래행위를 할 때에는 자기의 손실을 최소한으로 하려고 한다. 따라서 자기의 재산을 담보로 제공하는 경우에는 자기와 그 가족이 현재 거주하고 있는 자택 등 가장 중요한 재산은 최후로 하는 것이 통례이다.[219] 또한 채권자로부터 추급(追及)을 의식적으로 피하기 위한 가장양도 등의 경우에는 가장 중요한 재산을 간과하지 않는 것이 통례이다. 또한 매매계약 시 잔금 지급 이전에 매매 목적물인 부동산에 관한 소유권이전등기를 매수인에게 경료하여 준다는 특별한 약정이 없는 한 잔금 지급 이전에 소유권이전등기를 경료하여 주는 것은 극히 이례에 속하므로, 어느 부동산에 관하여 잔금 지급과 상환으로 소유권이전등기를 경료하여 주기로 하는 내용의 부동산 매매계약이 체결되고 매매 목적물에 관하여 매수인 명의로 소유권이전등기가 경료되었다면, 특단의 사정이 없는 한 매수인의 잔금 지급의무는 이미 이행되었다고 봄이 경험칙상 상당하다.[220] 또한 계약을 합의 해제할 때에 원상회복에 관하여 반드시 약정을 하여야 하는 것은

---

218) 부산지방법원 2013. 6. 14. 선고 2012나16428 판결.
219) 조원철, 앞의 책, 100쪽.
220) 대법원 1996. 10. 25. 선고 96다29700 판결: …… 그런데, 기록에 의하면 원·피고 사이에는 계약금 300만 원과 중도금 700만 원은 계약 당일 지급하기로 하고, 잔금 2,300만 원은 1991. 12. 5. 소유권이전등기에 필요한 서류와

아니지만, 매매계약을 합의 해제하는 경우에 이미 지급된 계약금, 중도금의 반환 및 손해배상금에 관하여는 아무런 약정도 하지 아니한 채 매매계약을 해제하기만 하는 것은 경험칙에 비추어 이례에 속하는 일이다.[221)]

다음의 판결은 이러한 경험칙에 근거한 판단으로 볼 수 있다.

> 피해자의 1심증언과 검사의 피해자에 대한 피의자신문조서 기재 및 사법경찰관 사무취급작성의 피해자에 대한 피의자신문조서와 피해자, 이○○, 김○○에 대한 각 진술조서기재에 의하면 피고인이 공소외 1과 동업계약을 체결할 당시에 이 사건 기계가 피해자 소유임을 알았다는 것이다. 그러나 피고인이 공소외 김△△ 명의로 공소외 1과 사이에 체결한 동업계약서(수사기록 제19정) 제2조에 의하면 쌍방출자액을 각 30,000,000원으로 확정하고 있고, 제3조에 의하면 공소외 1의 출자금 30,000,000원은 이미 시설된 기계장치, 집기비품권리금, 기술제공 및 기타 일체를 포함하여 평가 투자한 것으로 하되 공소외 1의 소유물에 한하는 것으로 하고 그 기계장치 및 집기비품 명세서를 첨부하고 있으며, 또 제8조에 의하면 공소외 1이 출자키로 한 제3조의 기계장치 등 자산 중 만의 하나라도 제3자 명의의 자산이 있을 때에는 이를 피고인이 회수하고 민·형사상 책임을 공소외 1이 부담하기로 한다는 취지의 약정을 하였음이 인정되는 바, 위 계약문언에 따르면 계약서 첨부목록에 기재된 기계는 공소외 1 소유물로서 현물출자된 취지임이 분명하고 피고인이 위 기계가 피해자 소유임을 알면서 위와 같은 약정을 한 것이라고는 도저히 인정되지 않을 뿐 아니라, 동업계약을 체결하는 마당에 상대방으로부터

상환으로 지급하기로 하는 내용의 매매계약이 체결되었음을 인정할 수 있으므로 특단의 사정이 없는 한 이 사건 임야에 관하여 피고 명의로 소유권이전등기가 마쳐진 1992. 1. 25.에는 피고의 잔금 지급의무는 이행되었다고 보는 것이 경험칙상 상당하다고 할 것이므로 원심이 위와 같은 사정에도 불구하고 매매대금이 전부 지급된 것이 아니라고 판단하기 위하여는 위에서 본 바와 같은 특단의 사정이 있었느냐하는 점에 관한 이유 설시가 선행되어야 할 것이다. 그럼에도 불구하고 원심이 피고의 잔금 지급의무가 이행되지도 않은 상태에서 피고 명의로 소유권이전등기가 마쳐진 특단의 사정에 관한 아무런 이유 설시도 없이 위와 같은 판단을 하고 만 것은 적절하다고 할 수 없다. 그러나, 기록에 나타난 바와 같은 원고 대리인인 위 박○○와 피고가 이 사건 매매계약을 체결하게 된 경위, 원고는 여전히 이 사건 임야에 관한 등기권리증을 소지하고 있고, 피고 명의로의 소유권이전등기는 원고가 소지하고 있는 위 등기권리증에 의한 것이 아니라 위 등기권리증에 갈음하여 피고의 대리인인 소외 주○○의 아버지인 소외 주△△ 등의 보증서에 의하여 이루어진 사실, 피고는 이 사건 매매 잔금 2,300만 원을 위 주○○의 예금통장으로 송금하면서 위 주○○로 하여금 자신을 대리하여 위 박○○에게 이를 지급하도록 하였으나 피고가 송금한 위 금 2,300만 원 중 금 1,000만 원만 위 박○○에게 지급되고, 나머지 금원 중 상당 부분을 위 주○○와 그의 사촌형인 주** 및 이 사건 매매계약의 중개인인 소외 강○○이 사용한 사실 등에 비추어 보면, 이 사건에 있어서는 원고 또는 원고 대리인인 위 박○○에게 매매대금 전부가 지급되지 아니한 상태에서 피고 명의로 소유권이전등기가 마쳐진 것이라고 볼 만한 특단의 사정이 있다고 보여지므로 원심의 위와 같은 잘못은 판결에 영향이 없고, 원심의 결론은 그 결과에 있어서 정당하다고 할 것이다.

221) 대법원 1994. 9. 13. 선고 94다17093 판결.

상대방 소유물이 아닌 제3자 소유물을 그 정을 알면서 현물출자로 받는다는 것은 특별한 사정이 없는 한 경험칙상 수긍하기 어려운 일이라고 하지 않을 수 없다.[222]

④ 원칙적으로 거래행위를 한 때에는 그 실현된 결과가 적어도 그 주요한 부분에 있어서 당초의 합의에 합치하고 있는가를 검토한다. 따라서 거래행위에 의하여 수령한 물건에 관하여 상당기간 내에 이의를 제기하지 아니한 때에는 당해 수령한 물건은 적어도 그 주요 부분에서는 당초의 합의에 합치한 물건이란 것이 통례이다.

⑤ 원칙적으로 자기의 중요한 재산의 보전에 유의한다. 따라서 각서, 인감도장, 인감증명서, 권리증 등은 아무런 이유 없이 타인에게 건네려고 하지는 않는 것이 통례이다.

(1) 원고가 원심 공동피고 소외인으로부터 투자금을 반환받는 내용의 문서에 피고가 '보증인'으로 기재된 이 사건 제1각서가 작성되었고, 그 다음날 이 사건 제1각서의 일부 내용이 수정되고 피고가 '입회인'으로 기재된 이 사건 제2각서가 작성되고 거기에 원고의 자필서명이 있는데, 원고가 이 사건 제2각서의 서명이 자필임을 다투지 않는 이상 이 사건 제2각서의 형식적 진정성립은 인정된다고 하면서도, (2) ① 이 사건 제1, 2각서의 작성 형식이 동일함에도 이 사건 제1각서에는 서명 및 무인이 되어 있는 반면, 이 사건 제2각서에는 서명만 있고, ② 이 사건 제2각서가 이 사건 제1각서를 폐기 내지 무효화하는 것이었다면 피고로서는 이 사건 제1각서의 폐기를 확인하고 이 사건 제2각서를 채권자인 원고에게 교부하는 것이 경험칙에 부합함에도, 이 사건 제2각서의 '입회인'에 불과한 피고가 이 사건 제2각서를 소지하고 있으며, ③ 원고로서는 이 사건 제1각서 작성 다음날 곧바로 피고의 보증인 책임을 면제해 줄 별다른 동기가 없는 등의 판시와 같은 여러 사정에 비추어 보면, 원고는 이 사건 제1각서 작성 후 이 사건 제2각서를 가져온 피고가 자신을 '보증인'이 아닌 '입회인'으로 기재하자 이에 반대하여 날인을 하지 않고 이 사건 제1각서를 폐기하지 않은 것으로 봄이 상당하므로, 이 사건 제2각서의 기재 내용에 따른 당사자들의 합의가 온전히 이루어지지 않았다고 판단하였다. 원심판결 이유를 적법하게 채택된 증거들에 비추어 살펴보면, 원심의 위와 같은 판단은 앞서 본 법리에 기초한 것으로서, 거기에 논리와 경험의 법칙을 위반하고 자유심증주의의 한계를 벗어난 위법 또는 처분문서의 증명력에 관한 법리를 오해하거나 심리를 다하지 아니한 위법이 없다.[223]

222) 대법원 1984. 12. 26. 선고 84도2348 판결.

⑥ 채권채무관계에 있는 갑, 을, 병 사이에 을의 갑에 대한 대여금채무는 갑에 대한 채무자가 을에서 병으로, 병의 을에 대한 대여금채무는 병에 대한 채권자가 을에서 갑으로 각 변경되고, 기존의 위 각 채무의 내용도 갑과 병 사이의 매매계약상 채무 이행으로 바뀌게 되는 정산약정 및 매매계약을 체결한 사안에서, 위 정산약정 및 매매계약은 민법 제500조에서 규정한 경개계약에 해당하는데, 갑과 을 사이에 위 정산약정을 합의 해제하는 것만으로는 그 해제의 효력이 병에게 미칠 수 없어 병과 사이의 각 법률관계가 해결되지 않으므로 갑과 을이 그에 관하여 아무런 약정이나 논의도 없이 정산약정만을 합의 해제하였다는 것은 경험칙상 이례적이다.[224]

(2) 법정 진술에서의 경험칙

법정에서의 진술은 원칙적으로 자기 방어적이고 책임회피적인 것이 경험칙상 통례이다. 즉, 원칙적으로 법정에서의 본인의 진술은 자기에게 유리하게 하려는 생각에 영향을 받는다. 따라서 자기에게 유리한 것은 애매한 기억이라도 이를 명확하게 진술하려고 하고, 자기에게 불리한 것은 애매하게 진술하려고 하는 것이 일반적인 경향이다.[225], [226]

다음의 판결은 재산적 거래행위에 있어서의 일반적인 경험칙과 법정에서의 진술태도에 관한 일반적인 경험칙에 근거한 판결이다.

> 1. 이 사건 공소사실: 이 사건 공소사실은, "피고인은 그 처 명의로 등기되어 있는 서울 중구 명동 2가 소재 2층 상가 점포의 임차인인 공소외 ○○제과주식회사(대표이사 전○○)를 상대로 건물명도청구소송을 제기하였으나, 위 회사가 임차보증금 및 시설비 합계 131,163,903원의 지급을 청구하는 반소를 제기하자, 제3자로 하여금 위 회사에 권리금조의 금원을 지급하게 함으로써 이를 명도받기로 마음먹고, 1989. 4. 8. 10:00경 서울 중구 신당 2동 소재 피고인의 집에서, 사실은 그 이전인 1988. 12. 15. 공소외 장○○에게 위 점포를 임대하기로 하고 이미 계약증거금으로서 20,000,000원을 교부받았으므로 피해자 김○○에게는 위 점포를 임대할 의사가 없었음에도, 부동산중개인인 공소외 김□□과 함께 온 피해자

223) 대법원 2013. 1. 16. 선고 2011다102776 판결.
224) 대법원 2010. 7. 29. 선고 2010다699 판결.
225) 조원철, 앞의 책, 101쪽.
226) 대법원 1986. 4. 8. 선고 85다카2625 판결: …… 따라서 본건 토지에 대한 원고명의의 소유권이전등기가 피고의 명의신탁에 의한 것이었다면 피고가 별소에서 위 소유권이전등기가 권리관계에 부합하는 등기임을 인정하고 그로부터 피고 앞으로 경료된 소유권이전청구권보전의 가등기가 채권담보 목적으로 경료된 것이라고 스스로 불리한 주장을 하였을 리 만무한 것이니 별소에서의 피고의 주장이 진실이라고 봄이 조리와 경험칙상 합당하다.

에게 '모든 일을 맡긴 김ㅁㅁ과 상의해서, 위 회사에 권리금을 주어 점포를 명도하도록 해 주면, 시세보다 싼 보증금 200,000,000원 및 월세 6,000,000원에 임대하겠다.'고 거짓말하고, 이어 4. 12.경 피고인 집에서 피해자로부터 시설비를 반환받아도 되는지를 확인하러 온 위 회사 상무 공소외 김** 등에게 이를 확인해 줌으로써, 이에 속은 피해자로 하여금 같은 날 서울 마포구 연남동 361의 10 위 회사의 사무실에서 위 김**에게 시설비 명목으로 금 54,500,000원을 교부하게 하고, 위 회사에 반환하여야 할 임차보증금이 65,000,000원인데도 금 55,000,000원뿐이라고 주장하면서 위 회사와 다투어 오던 중, 4. 중순 어느 날 피고인의 집에서, 위 김**에게 '피해자가 보증금 차액 10,000,000원을 지급하면 그에게 위 점포를 임대하고, 나중에 피해자와 임대차계약을 체결할 때 이 금액을 임차보증금으로 인정해 주겠다.'고 거짓말하여, 위 김**으로부터 이를 전해 듣고 속은 피해자로 하여금 4. 26.경 위 회사 사무실에서 위 김○○에게 임차보증금의 일부로서 금 10,000,000원을 교부하게 하여 이를 편취하였다."는 것이다.

2. 원심의 판단

원심은 증인 김△△, 김○○, 최○○, 김**, 전○○이 경찰과 검찰 및 제1심 법정에서 한 각 진술을 종합하면 위 공소사실을 인정할 수 있고, 피고인의 주장에 부합하는 증인 김○○, 장○○의 경찰과 검찰 및 제1심 법정 진술은 그들이 피고인과 친분관계 또는 공통된 이해관계가 있기 때문에 믿기 어려우며, 위 김ㅁㅁ과 장○○ 사이에 작성된 각서 사본의 기재는 위 인정에 방해되지 아니한다는 이유로, 피고인에 대하여 무죄를 선고한 제1심 판결을 파기한 후 피고인을 유죄로 인정하였다.

3. 상고이유에 대한 판단

가. 먼저 피고인이 이 사건 범행을 할 이유가 있는지부터 살핀다.

(1) 원심은, (가) 피고인이 원고가 되어 임차인인 위 공소외 회사를 상대로 건물명도청구소송을 제기한 데 대하여, 위 회사가 임차보증금 및 시설비 합계 131,163,903원의 지급을 청구하는 반소를 제기하였으므로, 제3자로 하여금 위 회사에 권리금조의 금원을 지급하게 함으로써 이를 명도받기로 마음먹었고, (나) 또한 피고인이 공소외 장○○에게 위 점포를 임대하기로 하고 이미 계약증거금 20,000,000원을 교부받았다는 사실을 내세워 피고인은 피해자 김○○에게 위 점포를 임대할 의사가 없었다고 단정하였다.

(2) 그러나 피고인이 피해자로 하여금 위 회사에 권리금 등 명목으로 금 54,500,000원이나 지급하게 할 이유를 발견할 수 없다.

일반적으로 점포의 권리금이란 임차인들끼리 주고받는 것으로서 임대인은 이에 관여하지 아니함이 거래관행일 뿐만 아니라, 피고인과 위 회사 간의 임대차계약서 특약조항 제2항에는 '임차인은 계약의 만료와 동시에 임차물을 명도하고, 이때 임차인이 영업을 위해 시설한 동산은 모두 가지고 나가며, 일체의 권리금을 인정치 않는다.'고 명시되어 있으므로, (A) <u>피고인이 승소할 것이 객관적으로 예견되는 마당에 오로지 위 점포를 자진명도받기 위하여, 원래 지급할 의무가 없는 위 반소청구금액의 8할 이상이나 주기로 합의한다는 것은 너무나 이례에 속하는 일이 아닐 수 없다.</u>

(3) 또한 (B) <u>피고인이 피해자로 하여금 위 회사에 권리금을 지급하는 것을 조건으로 위 점포를 그에게 임대하기로 약정하고서도, 위 장○○과 체결한 약정을 이유로 피해자와 체결한 약정을 파기하였다고 보는 것도 사리에 어긋난다.</u>

왜냐하면, 기록에 의하면 위 장○○은 1987. 12.경부터 약 1년 동안 피고인에게 위 점포를 임대하라고 조르던 중 1988. 12. 5. 장차 위 회사가 위 점포를 명도할 경우 자기에게 먼저 임대하라고 하면서 그 증거금 명목으로 20,000,000원을 피고인에게 억지로 보관시켜 놓기만 했을 뿐, 피고인이 동인에게 먼저 이를 임대하여야 할 이유를 찾아 볼 수 없고, 피고인으로서는 위 점포를 서로 임차하려고 하는 위 장○○과 피해자 중에서 임대 조건이 더 나은 편을 골라 계약을 체결하면 족한 형편이었음을 알 수 있는바, 나아가 기록에 나타난 양인의 임대조건을 비교해 보건대, 위 장○○은 동인에게 임대하는 조건으로 위 회사에 권리금을 지급하고 빨리 명도시켜 달라는 피고인의 제의를 거절하였고 보증금 100,000,000원 및 월세 4,800,000원을 제시하였다는 데 비하여, 피해자는 위 회사에 이 사건 권리금을 지급하고 명도시켜 주기로 하는 조건을 수락한 외에도 공소사실과 같은 보증금 및 월세를 제시하였다는 것이므로, 피해자가 제시한 임대조건이 위 장○○의 그것보다 훨씬 나은 것임을 알 수 있는데, (C) <u>피고인이 굳이 위 장○○과의 약정을 내세워 그보다 훨씬 유리한 피해자와의 약정을 파기하지 않으면 안 되었다는 점을 합리적으로 설명할 수 있는 이유를 발견할 수 없기 때문이다.</u>

나. 원심이 채택한 위 증인들의 각 진술을 비교하건대, 위 각 진술은 아래에서 보는 바와 같이 일관성도 없고 서로 일치하지도 아니하므로, 쉽사리 믿기 어렵다고 하겠다.

(1) 먼저 권리금을 54,500,000원으로 정한 일시, 장소, 참석자 등 협상의 경위에 대한 위 증인들의 각 진술을 검토하여 본다.

(가) 위 김□□은 ① 경찰에서도 "1989. 3.말경 전○○을 만나 권리금 54,500,000원을 주는 선에서 화해하기로 하였다."는 취지로 진술하였다가, "1989. 4. 11.경 본인의 중재로 김○○가

전○○에게 시설권리금 54,500,000원과 보증금 일부 10,000,000원을 지불하기로 합의했다." 고 진술을 변경한 바 있고, ② 제1심에서는 "1989. 3.말경 처음으로 위 회사의 최○○ 부장을 만났을 때는 금액에 대한 말이 없었고, 2일 정도 후에 김○○ 상무를 만나 그쪽에서는 70,000,000원을, 이쪽에서는 30,000,000원을 이야기하였으며, 그로부터 며칠 후 세 번째로 전○○을 만나 협상했지만 결렬되었고, 김○○가 피고인 집에 찾아가기 2~3일 전(진술의 전후에 비추어 보면 1989. 4. 5.~4. 6.경이다) 네 번째로 김○○ 상무와 만나 54,500,000원에 결정되었다."고 번복하였으며,

(나) 위 회사의 부장인 최○○도 경찰에서 "위 김○○과 수차 만나서 권리금조로 54,500,000원을 받기로 합의했다."고 진술하였다가, 제1심에서는 "권리금이 54,500,000원으로 결정된 경위의 세부항목은 잘 모른다."고 번복하였고,

(다) 위 회사의 상무인 김○○는 경찰에서 "1989. 3. 29. 김□□을 만나 최저 54,500,000원을 제의하였으나 결론을 보지 못하였고, 4일 후인 1989. 4. 3. 김□□을 다시 만나 시설물을 양도해 주는 조건으로 위 금액을 권리금으로 받기로 합의를 보았다."고 진술하였다가, 제1심에서는 "1989. 3. 29.에 54,500,000원을 요구하지는 않았고 보증금 65,000,000원과 시설비를 포함해서 120,000,000원 정도를 이야기 했더니 김□□이 너무 많다고 했고, 두 번째인지 세 번째인지 만났을 때 권리금 54,500,000원의 이야기가 나왔으며, 1989. 4. 3. ○다방에서 김□□, 최○○, 김○○ 3인이 54,500,000원으로 확정하였다."고 증언하였고,

(라) 피해자 김○○는 "1989. 4. 초순경 김□□을 ○○○○ 다방에서 만났을 때, 김□□이 권리금은 약 50,000,000원 정도 될 것이라고 말했고, 1989. 4. 11.까지는 권리금이 54,500,000원으로 정해지지 않았다. 1989. 4. 11.에 54,500,000원보다 훨씬 많은 돈을 위 회사에 가지고 갔었고, 다음날 갔을 때 김□□이 54,500,000원을 주면 된다고 하여 그 돈을 주었다."고 진술하고 있다.

(마) 따라서 위 각 진술은 모두 일관성도 없고 서로 일치하지도 아니함이 분명하므로, 이를 쉽사리 믿을 수는 없다고 하겠다.

(2) 또한 이 사건의 핵심이라 할 '어느 액수의 권리금을 지급한다는 말을 피고인에게 고지한 사실이 있는지' 여부에 관하여, 위 김□□은 경찰 1차 진술에서 "얼마를 지급한다고는 말하지 않았다."고 하였다가, 경찰 3차 진술에서 "권리금 54,500,000원과 보증금 중 일부 10,000,000원을 지급한다고 말한 사실이 있다."고 번복한 바 있고, 제1심에서는 다시 "권리금 54,500,000원을 내 준다고 말하였다."고 달리 진술하고 있으므로, 공소사실에 부합하는 동인의 다른

진술 역시 신빙성이 부족하다 할 것이다.

(3) 그리고 (D) 피고인의 집을 촬영한 사진(공판기록 358~372면)의 영상에 의하면, 피고인의 집은 2층 양옥으로서 집 앞에 방범초소가 있는 점, 차고가 없는 대신 현관 앞마당에 차를 주차할 수 있도록 되어 있는 점이 특이하고, 이러한 점들은 피고인 집에 가 본 사람이라면 바로 기억해 낼 수 있다 할 것인데, 위 김○○, 최○○는 제1심에서, 그들이 위 김□□과 함께 1989. 4. 12. 12:00경 피고인 집에 가서 약 1시간가량 있었다고 하면서도, 위 최○○는 피고인 집이 한옥이라고 진술하였고, 위 김○○는 피고인 집이 양옥인지 한옥인지 모르겠고, 입구에 방범초소가 있는지 기억나지 아니하며 대문 안에 차가 들어갈 만한 공간은 없는 것 같았다고 진술하고 있으므로, 과연 그들이 피고인의 집을 방문한 적이 있는지조차 의심이 가고, 따라서 공소사실에 부합하는 동인들의 나머지 진술 역시 쉽게 믿을 수 없다고 하겠다.

다. 한편, 원심이 공소사실을 인정함에 방해가 되지 아니한다고 설시한 각서 사본의 기재를 보건대, 이는 위 김□□과 장○○이 1989. 5. 16. 작성한 것으로서, 그 내용은 양인 사이에 1989. 5. 17. 13:00까지 이 사건 점포의 임차에 대한 합의가 이루어지지 않을 경우에는 피고인이 이를 제3자에게 임차하여도 그들은 이의가 없음을 확약한다는 것인바, 만약 위 김□□이 그 이전인 1989. 4. 3.경 피고인의 승낙을 받고 피해자로 하여금 권리금 등을 위 회사에게 지급케 한 사실이 있다면, 이에 관하여 피해자에게 책임을 져야 할 위 김□□이 이처럼 불리한 각서에 서명할 리 없을 것이므로(한편 그가 서명하지 않을 수 없는 특별한 사정도 찾을 수 없다), 위 각서는 피고인이 그 작성 당시 위 장○○이나 피해자 어느 누구에게도 이 사건 점포를 임대할 의무를 부담하고 있지 아니함을 나타내는 유력한 자료라고 하지 않을 수 없다.

4. 그렇다면, 원심이 그 설시 증거들로 이 사건 공소사실을 인정한 데에는, 부적절하거나 신빙성 없는 증거들에 터잡아 경험칙에 반하여 사실을 인정하고 피고인의 주장에 부합하는 증거를 합리적인 이유 없이 배척함으로써 판결에 영향을 미친 위법이 있다 할 것이므로, 이 점을 지적하는 논지는 이유 있다.

5. 이에 원심판결을 파기하고 사건을 다시 심리 판단하게 하기 위하여 원심법원에 환송하기로 관여 법관의 의견이 일치되어 주문과 같이 판결한다.[227)]

위 판결에서 (A), (B), (C)는 재산적 거래행위에 있어서의 이익추구라는 일반적 경험칙에 근거한

227) 대법원 1993. 1. 15. 선고 91도3307 판결.

판단이고, (D)는 법정에서의 자기보호 또는 책임회피라는 일반적 경험칙에 근거한 판단이라고 할 수 있다.

(3) 특별한 사정이 존재하는 경우의 경험칙

재산적 행위(거래행위)에 있어서도 특별한 사정(인간관계, 상황 등)이[228] 있는 때에는 경제적 이익의 추구나 자기방어적일 것을 중단한다. 형사사건에 있어서도 특별한 인간관계의 경우에는 위험을 감수하기도 한다.

① 특별한 인간관계의 경우, 즉 부모가 자식에게 토지를 임대하는 경우에 상당한 임대료를 받지 않는 것, 신뢰할 수 있는 가족만이 거주하는 가옥 내에 인감도장 등을 보관할 경우 그 보관방법이 엄중하지 않는 것, 일상 밀접한 관계가 있는 이웃 간에는 법률적으로 보면 다소의 권리의 침해가 되는 행위가 있더라도 명시적으로 이의를 제기하지 않는 것, 거래당사자 사이의 역학관계가 다른 경우에는 등가교환의 원칙에 반하여 강자의 입장에 선 자에게 현저하게 유리하게 되는 경우 등은 통례이다.[229]

② 특별한 상황이 존재하는 경우, 즉 도산에 즈음한 혼란 시 기타 정신의 안정을 잃은 특별한 상황에서 결과적으로 자기의 자산을 극히 싼 값에 대물변제로 제공한다든가, 내용을 충분히 확인하지 아니한 채 다수의 서면에 요구하는 대로 서명하기도 한다.

아래의 판결은 특수한 상황에서의 경험칙에 근거한 판단이라고 할 수 있다.

> 원심판결 이유 및 이 사건 기록에 의하면, 피고인은 2008. 12. 2. 14:00경 제주지방법원 제202호 법정에서 위 법원 2008고단777, 1061(병합) 공소외 1 외 1명에 대한 관광진흥법 위반 피고사건의 증인으로 출석한 사실, 위 관광진흥법 위반 사건에서는 내국인인 공소외 2가 내국인 출입이 제한된 ○○호텔 카지노에 입장하여 도박을 하였는지 여부가 쟁점으로

228) 경험칙은 그 전제가 충족되어도 다른 구체적 사정이 보태어짐에 따라 소기의 결론을 도출할 수 없다. 즉, 당해 경험칙이 작용할 여지가 없는 것이 보통이다. 이러한 구체적 사정을 '특별사정' 또는 '특별설명'이라고 한다. 가령 치사량 상당의 약물을 4회에 걸쳐서 중독환자에게 주사하였다고 하는 인정은 만약 주사하였다고 하면 환자는 특별한 사정이 없는 한 사망하였을 것이므로 아무런 특별한 사정을 설시하지 않고 이러한 인정을 하였다는 점에서 명백히 경험칙에 반한다고 할 것이다. 무엇이 이러한 특별사정에 해당하는가하는 것은 당해 경험칙이 추출된 기반이나 전제를 고려하여 구체적으로 결정할 수밖에 없다. 다만 이러한 특별사정은 그 존부에 대하여 아무런 자료가 없는 때에는 특별사정이 없는 것으로 취급하여야 하고 경험칙의 적용에 의하여 불이익을 입을 자가 특별사정의 존부에 대하여 반증을 추출할 책임을 진다; 정용인, 「사실오인과 경험칙」, 『재판자료』 제22집, 형사증거법(상), 법원행정처, 1984, 113쪽.

229) 조원철, 앞의 책, 101쪽.

되었는데, 공소외 1은 공소외 2가 위 카지노에 출입한 적은 있으나 도박을 한 적은 없다고 주장하면서 범행을 부인한 사실, 검사는 공소외 2의 도박행위를 입증하기 위하여 공소외 2와 그 사촌형제인 피고인을 증인으로 신청하였는데, 공소외 2는 법정에 출석하지 않았고 피고인만이 증인으로 출석한 사실, 피고인은 위증의 벌을 경고 받고 선서를 한 뒤 검사의 신문에 답하게 되었는데, 피고인은 그 직업에 대한 검사의 첫 번째 질문에 답하고 나서 공소외 1 및 공소외 2와의 관계에 대한 검사의 두 번째 질문에 대하여, 피고인은 공소외 2와는 사촌관계이고 공소외 1은 오늘 처음 본다고 진술한 사실, 그 후부터 피고인은 검사로부터 공소외 2가 위 카지노에 들어갔는지, 공소외 2가 위 카지노에서 바카라 게임을 한 것을 본 적이 있는지, 공소외 2가 사기도박으로 잃었다고 한 3억 3000만 원이 카지노 게임을 하면서 잃은 것인지 여부 등에 관하여 질문을 받게 된 사실, 피고인은 거짓임을 알면서도 위 각 질문들에 대하여 이 사건 공소사실 기재와 같이 허위로 답변한 사실, 피고인은 공소외 2와 사촌관계에 있었다는 사실을 법정에서 밝힌 바 있음에도 이 사건 증언 전이나 증언 도중에 피고인에게 증언거부권이 있음을 고지 받지 못했던 사실, 피고인은 수사기관 이래 제1심까지 공소사실 기재와 같이 허위로 증언한 것에 대하여 시인하면서 그 이유에 대하여 공소외 2가 전에 도박으로 처벌 받은 전력이 있어서 이번에도 도박을 하였다고 하면 크게 처벌될 것 같아 공소외 2가 도박으로 처벌 받지 않게 하기 위하여 허위 진술을 하였다고 진술한 사실을 알 수 있다.

이처럼 공소외 2에 대한 피고사건은 아니지만 피고인이 한 증언의 대부분은 공소외 2가 위 카지노에서 도박을 한 사실이 있었는지 여부에 관한 것으로서 향후 사촌형제인 공소외 2가 도박죄로 형사소추 또는 공소제기를 당할 염려가 있는 내용인 점, 공소외 2가 증인으로 출석하지 아니하여 검사의 증인신청 및 신문에 따라 피고인이 부득이 먼저 이 사건 증언을 하게 된 것인 점, 증언 첫머리에서 피고인이 공소외 2와 사촌관계에 있다고 진술함으로써 공소외 2의 도박 사실에 관하여 증언거부사유가 발생하게 되었는데도 재판장으로부터 증언거부권을 고지 받지 못한 상태에서 이 사건 허위 진술을 하게 된 점 등을 종합하여 보면, 이 사건 증언 당시 증언거부권을 고지 받지 못함으로 인하여 피고인이 그 증언거부권을 행사하는 데 사실상 장애가 초래되었다고 볼 수 있으므로, 원심이 피고인에게 위증죄의 죄책을 물을 수 없다고 판단한 것은 위 법리에 비추어 정당하고, 거기에 상고이유에서 주장하는 바와 같은 위증죄의 성립 범위에 관한 법리오해 등의 위법이 없다.

그러므로 상고를 기각하기로 하여 관여 대법관의 일치된 의견으로 주문과 같이 판결한다.[230]

이 판결에서 사촌관계라는 특수한 인적 관계에 의해서 허위증언을 하였음이 경험칙상 인정되고, 만약 증언거부권을 고지 받았더라면 최소한 증언을 거부하고 묵비권을 행사하였을 것이라고 판단한 것이다.

③ 제1심판결 내용과 제1심에서 적법하게 증거조사를 거친 증거들에 비추어 제1심 증인이 한 진술의 신빙성 유무에 대한 제1심의 판단이 명백하게 잘못되었다고 볼 특별한 사정이 있거나, 제1심의 증거조사 결과와 항소심 변론종결 시까지 추가로 이루어진 증거조사 결과를 종합하면 제1심 증인이 한 진술의 신빙성 유무에 대한 제1심의 판단을 그대로 유지하는 것이 현저히 부당하다고 인정되는 예외적인 경우가 아니라면, 항소심으로서는 제1심 증인이 한 진술의 신빙성 유무에 대한 제1심의 판단이 항소심의 판단과 다르다는 이유만으로 이에 대한 제1심의 판단을 함부로 뒤집어서는 아니 된다 할 것이다. 특히 공소사실을 뒷받침하는 증거의 경우에는, 증인신문 절차를 진행하면서 진술에 임하는 증인의 모습과 태도를 직접 관찰한 제1심이 증인의 진술에 대하여 그 신빙성을 인정할 수 없다고 판단하였음에도 불구하고, 항소심이 이를 뒤집어 그 진술의 신빙성을 인정할 수 있다고 판단할 수 있으려면, 진술의 신빙성을 배척한 제1심의 판단을 수긍할 수 없는 충분하고도 납득할 만한 현저한 사정이 나타나는 경우이어야 한다.[231]

(4) 인간적 본능에 따른 경험칙

① 형사사건의 경우에 거의 대부분의 행위자는 증거를 남기지 않으려고 ― 완전범죄를 하려고 ― 노력한다. 그리고 인간의 본성상 타인에게 책임을 전가하려고 한다. 또한 타인의 고소나 고발에 의하여 재판을 받거나 수사를 받는 사람은 보복의 감정을 가지고 있음이 경험칙에 부응한다.

> 살피건대, 피고인의 이 법정에서의 진술, 증인 피해자, 공소외 2의 이 법정에서의 진술, 피해자 작성의 진술서 청량리경찰서 현금출납공무원 공소외 3 작성의 수입명령서의 각 기재 등을 종합하여 보면, 피고인은 1987. 3.경부터 (상호 생략)상회에 가서 과일을 자주 구입하였던 관계로 그곳 주인인 위 피해자와는 잘 알고 지냈으며 외상거래도 자주하여 오고 있었는데 위 공소사실기재 일시경 서울 도봉구 ○○동에서 해장국 장사를 하고 있던 피고인의 어머니로부터 그날 새벽에 쓸 소발을 사다달라는 부탁을 받고 피고인 소유의 오토바이를 타고 마장동 시장으로 가던 중 (상호 생략)상회를 지나가다가 (상호 생략)상회 앞에서 오토바이를 세우고

230) 대법원 2010. 2. 25. 선고 2009도13257 판결.
231) 대법원 2010. 2. 11. 선고 2009도14035 판결.

위 가게에 들어가 약 5분쯤 지체하였다가 일단 빈손으로 나온 다음 다시 어디론가 위 오토바이를 타고 그곳을 떠났다가 얼마 후 다시 되돌아와 위 상회 옆에 오토바이를 세우고 그곳에 들어갔다 나와서는 위 과일들을 오토바이에 싣다가 위 상회가 있던 시장의 경비원이던 공소외 2에게 발견되었는데 피고인을 수상히 여긴 공소외 2가 피고인에게 다가갔으나 피고인은 절도를 하다가 발각되었을 경우 본능적으로 범인들이 취할 당황한 태도를 보인다거나 달아나려 하지 않고 공소외 2에게 거리낌 없이 "(상호 생략)상회 주인을 잘 아는데 주인이 오면 돈을 줄 것이다."라고 이야기한 사실, 피고인은 최○○과 형집행을 마친 다음 전기공으로 취직하여 성실히 살아왔으며 실제 피고인에게는 10세와 5세된 아이 둘이 있으며 위 범행 당시 위 과일들을 사기에 넉넉한 돈이 있어 구속될 당시 청량리경찰서에 금 54,000원을 영치시킨 사실을 각 인정할 수 있다. 위와 같이 피고인이 (상호 생략)상회 주인과 평소 알고 있어 외상거래가 잦았었다는 점, 위 범행당시 위 과일들을 사기에 넉넉한 돈이 있었고, 그곳에 있던 많은 과일 중 굳이 파인애플 1개와 오렌지 3개만을 오토바이에 실은 점, 그곳 경비원에게 발견되고 나서도 당황하지 않고 거리낌 없이 행동하였다는 점 등에 비추어 보면, 피고인은 위 범행 당시 (상호 생략)상회 주인인 피해자로부터의 사후승낙을 예상하고 외상으로 가져가거나 또는 위 과일들을 실어 놓고 위 피해자를 기다릴 생각이었다고 봄이 상당할 것이다.[232)]

② 형사사건에서 범행을 모른다고 하다가 1심 판결 선고 후에 갑자기 구체적인 부분까지 기억이 회복되었다는 것은 경험칙에 반한다.[233)]

③ 형사사건에서 범행의 일시, 장소 또는 이에 근접한 일시, 장소에 어떠한 사람이 존재하였거나 그 사람의 흔적이 남아 있다면 그 사람과 범행 사이에는 어떠한 관련이 있을 수 있다. 또한 범행장소에 어떤 사람의 흔적이 남아 있다면 그 사람이 범행의 일시 또는 이에 근접한 일시에 그 장소에 존재하였을 수 있다. 범행의 방법이 어떠한 사람에게 있어서 객관적으로 가능하지 않다면 적어도 그 사람이 직접 범행을 하였을 리가 없다(그럼에도 불구하고 그 사람이 자신이 직접 범행을 하였다고 자백하였다면 그 자백은 신빙성이 없다). 목격자가 목격 당시가 야간이고 비가 오는 중이었음에도 불구하고 상당한 시간이 지난 다음에 바로 피고인이 행위자라고 지목하는 것은 경험칙상 상당하지 않다.[234)] 또한 범행 내지 그 주변사정 중에 나타나는 특징이 어떠한 사람에게도

232) 서울지방법원북부지원 1987. 9. 24. 선고 87고합273 형사부판결.
233) 대법원 2006. 11. 23. 선고 2006도5407 판결.
234) 대법원 1984. 12. 11. 선고 84도2058, 84감도326 판결: …… 원심이 유지한 제1심판결은 판시증거들을 종합하여 피고인 2가 당심 공동피고인 1, 3, 원심 공동피고인 1, 2 및 공소외 성명미상자 3명과 공동으로 판시 일시에 피해

있다면 그 사람이 범행을 하였을 수도 있다. 어떤 사람이 범행 시에 범행장소와는 다른 장소에

자에게 폭행을 가하여 장간막파열로 인한 복강내출혈로 사망케 하였다는 사실을 인정하고, 피고인을 위 피해자에 대한 상해치사죄의 공동정범으로 처단하고 있으나 피고인이 판시 공동피고인들 및 공소외 인들의 범행에 가담하여 저지른 가해행위라고 인정하고 있는 내용은 {1} 1983. 10. 7. 22:50경 동대문구 ○○동 ○○ 소재 ○○캬바레에서 손님인 피해자가 음주 후 그 대금 16,000원 대신 시계를 맡기려한다는 이유로 담당웨이터이던 피고인이 시비 끝에 캬바레 출입구 부근에서 피해자의 안면을 4회 때렸다는 사실과 {2} 그 뒤 피고인이 가담되지 아니한 시비와 폭행행위가 연속된 후에 피해자가 다시 캬바레 1층 입구로 들어오려 하자 "이 새끼 가라는데 왜 기어들어 오느냐?"면서 손으로 때렸다는 사실뿐이고, 인용증거들을 기록에 대조하여 살펴보면 위 사실인정을 뒷받침하고 있는 증거는 {1} 사실에 부합되는 증인 성○○의 경찰, 검찰 및 증거보전절차에서의 각 진술과 {2} 사실에 부합되는 증인 박○○의 검찰, 증거보전절차 및 법정에서의 진술밖에 없다. 그런데 위 {2} 사실에 부합하는 진술을 하고 있는 증인 박○○은 이 사건 범행 당일 저녁에 범행현장을 지나다가 우연히 범행을 목격하고 경찰에 전화를 걸어 신고까지 하였다고 자처하면서 이 사건이 검찰에 송치되고도 14일이 지난 1983. 11. 9에 비로소 검찰에 자진출두한 사람으로서, 그 진술내용을 기록에 의하여 살펴보면 검찰에서는, 그곳을 지나다가 20~30명가량이 길가에 몰려 있기에 가보았더니 술에 취해 캬바레홀 입구 안으로 들어가려고 하는 40대가량의 남자를 어떤 사람이 밀어내면서 구타하는데 그래도 계속 캬바레 안으로 들어가려하자 그곳 출입구 발판 안쪽에 서 있던 한 패거리인 듯한 젊은 사람 8, 9명 중 나비넥타이를 하고 웨이터복을 입은 한 사람이 "왜, 이 새끼, 가라는데 기어들어와?"라고 말하면서 나와 그 40대 남자 앞으로 다가서서 손을 들어 때리려고 하는데 그때 한 패거리인 듯한 다른 사람이 나와 그 40대 남자를 때렸다는 취지로 진술을 한 후(수사기록 373면) 이어 피고인 2를 대면시키자 당시 술 취한 40대 남자를 때리려고 했던 나비넥타이를 하고 웨이터복을 입고 있던 청년이 바로 피고인 2이었다고 진술하였고(수사기록 376면) 증거보전절차에서도 같은 취지의 진술을 하였으나 제1심 법정에 나와서는 피고인 2가 40대 남자를 때리려고 하였던 것이 아니라 손을 들어 두 차례 때렸다는 내용으로 그 진술을 달리하고 있다(공판기록 209면). 이와 같이 증인 박○○의 증언은 그 진술에 일관성도 없고 증인으로 나오게 된 경위 또한 석연치 않은데다가, 기록에 의하면 이 사건 범행 당시는 비가 오는 야간이었음이 명백한데 우연히 지나다가 20~30여 명이 몰려 있던 싸움현장을 목격하였음에 불과하다는 사람이 그로부터 1개월 여가 지난 뒤에 이르러 단순한 당시의 기억만으로 피해자를 때리려고 한 웨이터복을 입고 있던 사람이 바로 피고인 2이었다고 지목하는 것이어서 경험칙상 그 확실성 여부가 의심될 뿐 아니라 그 캬바레의 안내원으로 이 사건 싸움현장을 처음부터 목격하였다는 증인 성○○의 경찰 이래 법정에 이르기까지의 일관된 진술에 의하면 피고인 2는 당시 건물지하실에 있는 카바레로부터 싸움현장인 건물 1층 입구 밖으로 나온 사실도 없다는 것이어서 위 성○○의 진술내용과는 상반되는 내용이니 유죄의 증거로 하기에는 그 신빙성이 희박한 진술이라고 보지 않을 수 없다. 다음 {1} 사실에 부합하는 증인 성○○의 진술도 경찰, 검찰 및 증거보전절차에서는 캬바레 건물 1층 입구 앞에서 캬바레에 들어오는 손님을 안내하고 있던 중 지하실 캬바레에서 욕설하는 소리가 들려와 계단으로 내려가 보니 피고인 2가 피해자의 뺨을 서너 차례 때리고 있더라는 취지의 진술을 하였으나, 제1심 법정에 나와서는 당시 자기는 지하실 캬바레로 내려간 일조차 없어 피고인 2가 피해자를 때리는 것을 보지 못하였다고 진술을 바꾸고 있어 일관되지 아니할 뿐만 아니라, 가사 피고인 2가 지하실 캬바레 출입구 부근에서 피해자의 안면을 4회 때렸다는 {1} 사실을 위 성○○의 증언에 의하여 인정한다 하더라도 그 사실만으로 피고인에게 원판시 상해치사죄의 공동죄책을 지울 수는 없다고 보인다. 즉 기록에 의하면 캬바레 웨이터인 피고인 2가 피해자를 {1} 사실과 같이 때렸다는 장소는 건물의 지하실이었고 피해자가 나머지 공동피고인들과 공소외인들로부터 폭행을 당하여 원판시 상해를 입은 장소는 건물의 1층 출입구의 바깥쪽이었던 것이 분명한데 피해자의 사인이 된 복강내출혈의 선행원인(장간막파열상)이 지하층 캬바레 출입구에서 피해자의 안면을 4회 때린 피고인 2의 행위에 기인된 것이라고는 도저히 볼 수 없고, 한편 공동피고인들과 공소외인들이 건물 밖에서 피해자를 때려 상해를 입힌 행위에 그 당시 지하층에 있는 캬바레에 있었다고 볼 수밖에 없는 피고인 2가 공동가공할 의사를 지니고 있었다거나 공동피고인들과 공소외인들이 피고인 2의 {1} 사실에 공동가공하는 의사로 건물 밖에서 피해자를 때려 상해를 입힌 것이었다고 볼만한 자료도 전혀 없으므로 피고인 2가 {1} 사실과 같이 건물의 지하층에서 피해자의 안면을 4회 때렸다는 행위와 나머지 공동피고인들과 공소외 인들이 건물 밖에서 피해자를 때려 상해를 입힌 행위는 각 행위주체 간에 의사의 연락을 인정할 수 없는 독립된 별개의 행위라고 보아야 할 것이기 때문이다. 결국 원심이 피고인 2를 판시 상해치사죄의 공동정범으로 처단한 조치에는 채증법칙에 위배된 증거취사로 사실을 그릇 인정하였거나 공동정범의 법리를 오해하여 판결에 영향을 미친 위법이 있다 않을 수 없으므로 이 점을 지적하고 있는 상고논지는 이유 있다.

있었다는 알리바이 입증이 이루어졌다면 적어도 그 사람이 직접 범행을 하지는 않았다. 어떤 사람이 범행에 사용된 것으로 보이는 흉기 등을 소지하고 있었다면 그 사람이 범인일 수 있다. 어떤 사람의 생활권 내의 물건에 피해자의 혈흔 등이 묻어 있거나, 그 사람이 도품을 소지하고 있거나, 범행의 과정에서 생겼을 것으로 보이는 상처가 있는 경우에는 그 사람이 범인일 수 있다.[235)]

④ 피해자가 피고인의 팔을 당기고 하여 아무 말 없이 뒤돌아 가는데 다시 오른팔을 확 잡아당기고 가슴부분을 1회 때리고 또 다시 때리려는 것을 보고, 피고인으로서는 더 이상 맞지 않으려고 피해자의 가슴을 밀어낸 정도의 행위로서는 비록 외형상 그것이 폭행에 해당한다 하더라도 그 동기나 당시의 상황으로 봐서 불법한 공격적인 행위로 나아간 것이라고 할 수 없고 이는 오히려 먼저 당한 폭행과 같은 새로운 폭행을 당하지 않으려고 본능적으로 한 소극적 방어행위(저항)에 지나지 않아 사회상규에 어긋나는 행위라고 볼 수 없다.[236)] 또한 피고인이 술이 취해서 시비하려는 피해자를 피해서 문밖으로 나오려는 순간 피해자가 뒤따라 나오며 피고인의 오른팔을 잡자 피고인이 잡힌 팔을 빼기 위하여 뿌리친 행위는 불법적으로 붙잡힌 팔을 빼기 위한 본능적 방어행위로서 사회상규에 어긋나는 행위가 아니므로 이로 인하여 피해자가 사망하였다고 하더라도 피고인에게 폭행치사죄의 책임을 지울 수 없다.[237)]

⑤ 비록 채무자들은 자신의 신앙에 반하는 행위를 강요받지 아니할 종교의 자유를 가지고 있어 자신들이 믿는 종교의 교리에 반하는 수혈에 대한 동의를 강제할 수는 없다 할지라도, 생명권은 인간의 생존본능과 존재목적에 바탕을 둔 선험적이고 자연법적인 권리이고 헌법에 규정된 모든 기본권의 전제로 기능하는 기본권 질서의 가치적인 핵으로서 다른 기본권보다 우선되어야 할 것인 점, 수혈을 통한 이 사건 수술이 시행되어야 할 필요성이 절실하고 긴급한 점 등의 사정을 종합적으로 고려해 본다면, 채권자 병원은 신청외인에 대하여 수혈을 시행할 수 있다고 보아야 할 것이고, 신청외인의 친권자인 채무자들이 이에 동의하지 않는다면 채권자 병원으로서는 채무자들에 대하여 이러한 진료행위에 대한 방해의 배제를 구할 수 있다고 봄이 타당하다.[238)]

5) 경험칙의 한계

경험칙이란 필연적인 경험법칙이 아닌 한 대개는 개연적 진실만을 담보하는 것이므로 이를 매개로 한 사실인정의 확실성은 반대사실의 존재가능성을 전적으로 배제할 만큼 높은 것이 되지

---

235) 조원철, 「간접증거에 의한 사실의 인정」, 『재판자료』 110집, 법원행정처, 104쪽.
236) 대법원 1986. 7. 22. 선고 86도751 판결.
237) 대법원 1980. 9. 24. 선고 80도1898 판결.
238) 서울동부지방법원 2010. 10. 21. 자 2010카합2341 결정.

못한다. 또한 많은 경우에 있어 사실인정이 다수의 경험칙을 매개로 이루어지므로 구체적인 상황에 따라 특단의 사정에 의한 반대사실의 존재 가능성은 항상 남게 된다.[239] 이와 같은 측면에서 경험칙의 적용에 있어서 일반적인 원칙이나 원리를 설정하는 것은 불가능하고, 일부의 판례 등에 의하여 정립된 경험칙을 함부로 일반화시켜 분쟁의 실정을 달리하는 사안에 무분별하게 적용하는 것은 경계하여야 한다.

또한 경험칙이라는 것은 과거 우리가 경험한 것에 의해서 사건 당시의 일어날 수 있었던 것에 대한 예상을 말한다.[240] 그러나 우리는 우리가 경험하지 않았던 사실 — 오히려 우리가 바라지 않는 — 도 경우에 따라서는 인정하지 않을 수 없다. 또한 경험칙의 적용은 요증사실의 인정에 관한 하나의 가정의 형태를 취하게 되는데[241], 한번 무너진 가정은 다시 무너지기 쉽다. 그리고 경험칙도 사실인정자의 주관이 개입된 규범적 판단이므로 사실인정자에 따라서 달라질 수 있다. 결국 경험칙은 자유심증주의에 기초한 법관의 사실인정의 도구일 뿐 절대적인 진리발견의 도구는 아니라고 할 것이다.

> 원심이 유지한 제1심 판결이유에 의하면 제1심은, 피고인이 1980. 9. 11. 07:00경 인천시 남구 숭의동 소재 ○○여인숙 8호실에서 함께 잠을 자던 피해자 최○○의 바지뒷주머니에서 199만 원의 예금잔고가 있는 ○○은행 동인천지점 보통예금통장 1매와 바지앞 작은주머니에서 동인의 인감도장 1개를 꺼내어 절취한 다음, 두 차례에 걸쳐 보통예금 청구서를 위조행사하여 그 예금을 인출 교부받아 사취하였다는 공소사실에 대하여, <u>첫째, 피해자가 여인숙에서 예금통장을 도난당한 것이었다면 발견 즉시 여인숙 주인이나 거래은행에 신고하여 예금인출을 하지 못하도록 조치함이 상식일 것임에도 피해자가 그날 11:00경에 잠을 깨어 분실사실을 알았음에도 그와 같은 신고를 한 바 없고 15:00경에 비로소 거래은행에 예금을 인출해 갔는지 여부만을 확인하였다는 점</u>, 둘째, 피고인이 피해자의 예금통장과 인장을 절취하였다면 자기의 신분을 숨기려 함이 통상의 예일 것임에도 피고인은 전화번호가 기재된 자기의 명함 뒷면에 "돈 찾아 용이하게 쓰겠소, 형편 닿는 대로 채워 놓겠소, 도장은 동인천역 ○○다방 카운터에 맡기겠소."라고 기재하여 남겨두고 간 사실이 있는 점, 셋째, 그 후 피해자가 1980. 10.경에 피고인을 데리고 용산경찰서 역전파출소에 가서 경찰관에게 피해전말을 신고할 때에도 지불

239) 조원철, 앞의 책, 103쪽.
240) Alfred J. Ayer, *Language, Truth and Logic*, Victor Gollancz, 1936, p. 141.
241) 예컨대 [형사사건에서 범행의 일시, 장소 또는 이에 근접한 일시, 장소에 어떠한 사람이 존재하였거나 그 사람의 흔적이 남아있다면 ……]의 형태.

각서를 받게 해달라고 요구했을 뿐 절취당한 것이라고는 신고한 바 없는 점 등의 사실을 판시증거에 의하여 인정한 다음, 이에 비추어 공소사실에 부합하는 피해자 최○○의 법정에서의 진술과 검사 및 사법경찰관 사무취급이 작성한 동인에 대한 각 진술조서의 기재는 믿기 어렵다 하여 배척하고, 오히려 위에 열거한 점들을 종합하면, 피해자가 술에 만취되어 여인숙에서 피고인을 만나 대화 중 사업자금이 없다는 피고인의 말을 듣고 술기분에 피해자의 인장과 예금통장을 내 주면서 사업자금에 쓰라고 승낙한 사실이 인정된다 하여 무죄를 선고하였다.

그러나 기록에 의하여 살펴보면, 피고인과 피해자는 원판시 여인숙에서 처음 만나 함께 잠을 자게 된 것이 인연이 되어 비로소 알게 된 것일 뿐 종전부터 알고 지내던 사이도 아니며, 한편 피해자의 원판시 예금은 피해자가 음식점을 경영하다가 다른 사업자금에 쓰려고 그 전세금을 돌려받아 예금해 두었던 것이었음을 인정할 수 있는 바이므로 이와 같은 피고인과 피해자 간의 관계, 피해자가 예금해 두었던 돈의 용도와 액수 등에 비추어 볼 때 피해자가 생면부지이던 피고인에게 변제방법, 변제기일 등에 관한 아무런 약속도 받지 않고 더우기 증서 한 장 받음이 없이 피고인의 말만 듣고 선뜻 원판시 예금을 찾아 사업자금에 사용하라고 승낙하였다는 원심의 사실인정(원심은 피해자가 술에 만취되어 있었다고 설시하고 있으나 공판기록 제114정에 의하면 피고인도 피해자가 예금통장과 도장을 꺼내줄 때는 술이 깨어 있었다고 진술하고 있다)은 우리의 건전한 상식과 경험칙에 반한다 할 것이고, 그밖에 피고인이 피해자의 예금통장과 도장을 가지고 간 전후에 원심이 인정한 바와 같은 사실관계가 있었다 하여 그 사실만으로 피고인이 피해자의 의사에 반하여 그 예금통장과 도장을 가져간 것이라는 사실을 전적으로 배제할 수는 없다 할 것이므로 원심이 그 판시와 같은 이유만으로 공소사실에 부합하는 피해자의 법정에서의 진술과 동인에 대한 검사 및 사법경찰관 작성의 진술조서에 기재된 내용을 배척한 조처에는 채증법칙 위반의 위법이 있다고 보지 않을 수 없다. 뿐만 아니라 피고인에 대한 검사작성의 제1회 피의자신문조서에 의하면, 피고인도 "…… 최○○가 주머니에서 ○○은행 동인천지점 보통예금통장을 꺼내 보이면서 이 안에 금 199만 원이 있다고 자랑삼아 말을 하며 저에게 급하면 이 돈을 차용하여 줄 수가 있다고 하는 등의 말을 하다가 자게 되었는데 동일 07:00경쯤 되어 최○○가 잠이 들어 있기에 간밤에 차용하여 준다는 말이 생각나 동인의 바지 뒷주머니에 들어 있는 동 예금통장과 인감도장을 가져가고 위 돈을 유용하게 쓰겠다는 요지의 글을 남겨 놓고 가져간 것입니다."(수사기록 36~37정)라고 진술하여 피고인이 피해자의 의사에 반하여 원판시 예금통장과 인감도장을 꺼내갔다는 사실을 시인한 바도 있는데 원심이 이에 대하여는 아무런 증거판단을 하고 있지 않다.

결국 원심판결에는 채증법칙을 그르친 증거취사와 공소사실에 부합하는 증거에 대한 판단을 유탈함으로써 판결에 영향을 미친 사실오인의 위법이 있다 할 것이므로 상고논지는 이유 있다.[242)]

이 판결에서 원심은 피고인에게 무죄를, 그러나 최종심은 피고인에게 유죄를 선고하고 있다. 즉, 원심에서의 사실인정이 상고심에서 변경된 것이며, 그 근거는 사실인정자의 경험칙이다. 원심의 사실인정자는 '피해자가 여인숙에서 예금통장을 도난당한 것이었다면 발견 즉시 여인숙 주인이나 거래은행에 신고하여 예금인출을 하지 못하도록 조치함이 상식일 것임에도 피해자가 그날 11:00경에 잠을 깨어 분실사실을 알았음에도 그와 같은 신고를 한 바 없고 15:00경에 비로소 거래은행에 예금을 인출해 갔는지 여부만을 확인하였다는 점'에 주목하여 피해자가 도난당하였다면 즉시 신고하거나 법적 조치를 취하는 것이 경험칙에 부합한다고 판단하였음에 비하여, 상고심은 피고인과 피해자 간의 관계, 피해자가 예금해 두었던 돈의 용도와 액수 등에 비추어 볼 때 피해자가 생면부지이던 피고인에게 변제방법, 변제기일 등에 관한 아무런 약속도 받지 않고 더욱이 증서 한 장 받음이 없이 피고인의 말만 듣고 선뜻 원판시 예금을 찾아 사업자금에 사용하라고 승낙하였다는 것은 경험칙상 부합하지 않는다고 판단하고 있는 것이다.

또한 다음의 판결도 원심과 상고심의 경험칙에 따른 사실인정의 변화를 보여 주고 있다.

검사의 상고이유를 본다.

1. 원심판결 이유에 의하면, 원심은 피고인이 면허 없이 이 사건 사고차량인 서울3다32○○호 포니승용차를 운전하다가 운전상 과실로 반대차선 노변의 가로수에 충돌하여 승차 중이던 공소외 홍○○, 엄○○에게 각 전치 6주 및 4주의 골절 또는 좌상 등 상해를 입히고 공소외 강○○는 뇌좌상으로 사망케 하였다는 공소사실에 대하여, 이에 부합하는 홍○○, 지○○에 대한 검사 및 사법경찰관 사무취급 작성의 각 진술조서 기재와 동인들의 1심 법정진술, 박○○ 및 노○○에 대한 사법경찰관 사무취급 작성의 각 진술조서 기재는 믿을 수 없고, 권○○에 대한 검사 및 사법경찰관 사무취급 작성의 진술조서와 동인의 1심 법정진술, 박○○의 1심 법정진술, 사법경찰관 사무취급 작성의 실황조사서와 검사 작성의 검증조서의 각

242) 대법원 1982. 9. 14. 선고 82도1020 판결.

기재 기타 진단서기재 등은 위 공소사실을 인정할 증거로 삼기에 부족하다고 배척한 후, 1심증인 이○○의 진술과 진술서기재, 1심 및 원심증인 엄○○의 진술, 피고인의 경찰 이래의 진술 및 원심감정인 박○○의 감정결과 등에 의하면 위 사고 당시 사고차량을 운전한 것은 피고인이 아니라 위 사고차량의 운전기사인 공소외 홍○○이라고 단정하여 결국 피고인에 대한 위 공소사실은 범죄의 증명이 없음에 귀착한다는 이유로 무죄를 선고하였다.

2. 그러나, 원심이 위에서 취사한 각 증거 중 서로 이해관계가 상반되는 피고인과 홍○○ 두 사람의 진술을 제외하고 그 나머지 증거들을 기록에 의하여 살펴보더라도 아래와 같이 원심의 증거취사 조치에는 수긍할 수 없는 점이 발견된다.

(1) 우선, 원심이 그 신빙성을 배척한 증거 중 공소외 지○○은 사고 직후 사고차량 내부를 목격한 사람인 바, 경찰, 검찰에서의 진술과 1, 2심 법정증언에 의하면 동인이 사고현장에 도착하였을 때 사고차량의 운전석은 비어 있고 피고인은 차량 밖에 나와 구호를 요청하고 있었으며 운전석 옆 좌석에는 망 강○○가 의식을 잃고 있었다는 것이다. 그런데, 원심은 동인이 위 사고차량의 운전석에서 피고인이 나오는 것을 목격한 것처럼 경찰조사 시 진술한 부분이 사실에 반한다는 이유로 동인의 진술 중 공소사실에 부합하는 진술부분을 믿을 수 없다고 배척하였으나, 한편으로는 원심도 위 지○○이 사고현장에 도착하였을 당시 운전석은 비어 있고 피고인은 차밖에 있었으며 엄○○과 홍○○은 뒷좌석에 쓰러져 있었던 사실을 인정하고 있으니, 결국 지○○이 사고현장에 도착 후 목격한 사고차량의 승차상황에 관한 위 진술부분을 전부 배척한 취지라고 볼 수 없음이 분명한바, 위 진술대로라면 사고 당시 운전석에 앉아 있었던 사람은 뒷좌석에 실신상태로 쓰러져 있었던 홍○○이 아니라 피고인이었다고 보는 것이 우리의 경험칙에 부합된다고 할 것이다.

(2) 또 원심은 사고 후 최초로 피고인과 홍○○, 엄○○ 등을 진찰한 의사 노○○에 대한 사법경찰관 사무취급 작성의 진술조서 중 유리파편으로 피고인의 눈 주위에 입은 상처가 피고인이 운전대에 앉아 있다가 입은 것이 아닌가 추단케 하는 진술부분은 원심감정인 박○○의 감정결과에 비추어 믿을 수 없다고 배척하였는바, 기록에 의하여 보는 위 노○○의 진술요지는 피고인은 얼굴 전체에 좌창상을 입고 좌측 눈과 얼굴 전체의 상처에서 유리파편이 나왔으며 옷과 옷 속에서도 유리조각이 무수히 들어 있었던 반면, 위 홍○○은 우측흉부타박상, 좌측늑골골절, 하구심부와 좌슬관절부 좌상을 입었는데 몸 전체 어느 부분에서도 유리조각을 발견치 못하였고 위 엄○○에게서도 유리조각을 발견치 못하였다는 것이고, 한편 원심이 위 진술을 배척하는 대비증거로 삼은 원심감정인 박○○의 감정결과 중 이에 관련되는 내용은

유리파편으로 인한 얼굴의 상처는 운전석에서 입은 상처라고 단정할 수 없고 이 사건 사고차량의 브레이크 페달이 늘어져 있음에 비추어 당시 운전자는 충돌의 위험을 느끼고 브레이크 페달을 밟음과 동시에 머리를 아래로 숙였을 것이므로 운전석에 있던 홍○○이 얼굴에 상처를 입지 않은 것으로 생각된다는 취지이다.

그러나, 위 감정인의 감정결과대로 홍○○이 운전대에 앉아 있다가 충돌 순간 머리를 숙였기 때문에 전면유리의 파편에 의한 안면창상을 피할 수 있었다고 가정하더라도, 뒷좌석에 나란히 앉아있던 피고인과 엄○○ 중 유독 피고인만이 튕겨 나온 전면 유리파편을 얼굴에 맞은 이유가 납득되지 않으며, 또 홍○○이 위 감정인의 추측대로 운전대에서 머리를 숙임으로써 전면 유리파편에 의한 안면창상은 피할 수 있었다고 하여도, 그 유리파편이 옷에 묻었을 것이 당연한데 뒷좌석에 있던 엄○○과 같이 유리파편이 발견되지 않은 반면 오히려 뒷좌석에 앉았다는 피고인의 옷에 유리파편이 무수히 묻어 있었다는 위 노○○의 진술부분은 어떻게 설명할 것인가? 만일 원심이 이러한 노○○의 사실에 관한 진술부분의 신빙성까지도 위 감정결과에 비추어 배척한 취지라면 이는 자유심증의 범위를 벗어난 증거가치의 판단이라고 아니할 수 없다.

(3) 다음에, 원심이 이 사건 사고 당시 사고 차량을 운전한 것은 피고인이 아니라 공소외 홍○○이었다고 인정한 반증내용을 살펴보면 아래와 같다.

가. 공소외 이○○의 진술서(수사기록 204정)와 1심 법정진술(기록 57정)에 보면 동인은 이 사건 사고 다음날인 1981. 1. 1 위 홍○○이 입원 중인 충주시 소재 ○○의원에서 위 홍○○이 '깜박 졸았습니다.'라고 되풀이 말하는 것을 들었다는 것이다.

그러나, 홍○○은 경찰 이래 원심법정에 이르기까지 사고 후 일시 운전기사로서의 도의적 책임감에서 동인이 사고 당시 운전을 하였다고 진술한 바 있음을 시인하고 위 진술은 진실에 반한 것이었다고 주장하고 있는바, 사법경찰관 사무취급 작성의 지○○, 노○○에 대한 진술조서와 검사의 이**에 대한 진술조서의 기재에 의하면 위와 같은 홍○○의 변명에 부합하는 진술부분이 있으므로 이러한 증거들에 비추어 보면 위 이○○의 진술은 그 신빙성이 박약하다고 아니할 수 없다.

나. 다음에 1심 및 원심증인 엄○○은 사고당일 점촌에서 출발할 때에는 홍○○이 운전하고 피고인 은 뒷좌석에 앉아 있었는데 당시 위 엄○○ 자신은 반수면 상태이긴 하였으나 위 홍○○이 운전 중 피고인과 운전대를 바꾸었다면 차가 정지하여서 그 상황을 감지하였을 것인데 그런 기미를 느끼지 못하였으므로 운전을 바꾸지 아니하였을 것이라는 취지로 증언하고 있다.

그러나, 위 엄○○은 경찰조사 이래 검찰 제2회 진술 전까지는 승차하자 잠이 들어서 운전을 바꾼 여부를 전혀 모른다고 진술하다가 검찰 제2회 진술 시부터 위 법정 증언내용과 같이 그 진술을 변경하였는바, 한편 동인의 위 검찰 제2회 진술에 의하면 사고차량이 가로수에 충격하는 순간도 전혀 느끼지 못하고 사고 후 병원에서야 완전히 정신이 들었다고 진술하고 있어, 운전을 바꾸기 위하여 정차하는 것을 감지할 수 있을 만큼의 의식상태에 있었다는 앞뒤의 진술과는 모순되므로 동인의 위 진술은 신빙성이 의심된다.

다. 또 원심감정인 박○○의 교통사고 원인분석에 관한 감정결과에 의하면 사고 당시 홍○○이 운전하였을 개연성을 인정하고 그 근거로, (1) 동인이 처음에는 자기가 운전한 것으로 진술하였다가 그 후 이를 번복하였고 운전을 바꾼 장소, 바꾸어 운전한 시간 등에 관하여도 횡설수설하고 있는 점 (2) 동인의 상처부위가 운전석에서 사고를 당할 경우에 입게 될 상처와 일치하는 점의 두 가지를 들고 있다.

생각컨대, 위 (1)의 점은 홍○○ 진술의 신빙성에 관한 문제로서 원래 위 감정이 사고차량의 변형된 모양, 가로수와의 충돌부위 및 탑승자의 상처부위 등에 대한 과학적인 관찰분석을 통하여 그 원인 등을 규명하기 위한 것이었음에 비추어(기록 제167정 참조) 위와 같은 홍○○ 진술의 신빙성을 가지고 감정결론의 근거로 삼을 수는 없다고 할 것이고 오직 (2)의 점만이 위 감정결론을 뒷받침하는 근거라고 볼 것인바, 위 (2)의 점에 관한 좀 더 자세한 감정요지를 보면 운전석 탑승자는 “작용, 반작용과 관성에 의한 힘의 방향이 거의 일직선을 이룬 것으로 사료되나 차체 후미가 충돌하면서 우측으로 약간 회전되었을 것이므로 사람은 좌측 전면으로 약간 쏠리면서 핸들과 다시방에 충격되었을 것으로 사료됨(운전을 하는 자는 핸들을 꼭 쥔 상태이므로 튕기지 않고 쏠리었을 것임)”이라고 전제하고, 홍○○의 상처부위는 “1. 하구심부의 좌창은 다시방에, 우측흉부의 좌상은 핸들이 부서지면서 중심부의 핸들대에, 좌측다발성늑골골절(3, 4, 5, 6, 7, 8번)은 약간 좌로 쏠리면서 핸들 가장자리와 각각 충격되어 발생될 개연성이 있는 상처라고 판정됨 2. 전면 유리파편이 튕겨 와서 얼굴에 상처를 내지 않은 것은 브레이크페달을 밟은 점으로 보아 충돌의 위험을 느끼고 브레이크 페달을 밟음과 동시에 고개를 숙였을 개연성이 있다고 판정됨”이라고 설명하고 있다.

그러나, 위 감정인이 추측한대로 운전석에 앉은 홍○○이 충돌의 순간 튕기지 않고 쏠리었음에 불과할 정도로 핸들을 꼭 쥐고 브레이크 페달을 밟았다면 동인이 핸들 가장자리에 좌측옆구리를 부딪쳐 늑골이 여섯 개나 골절되는 다발성늑골골절상을 입었을 것이라는 추정은 선뜻 납득하기 어려운 것이라고 하겠으며, <u>또 홍○○이 충돌 순간 고개를 숙였으리라는 가정</u>

아래 동인의 얼굴에 전면 유리파편에 의한 창상이 없는 것이 반드시 운전석에 앉지 않았다는 근거가 될 수 없다고 하더라도 뒷좌석에 엄○○과 나란히 앉아 있었다는 피고인이 엄○○과는 다르게 얼굴에 전면 유리파편에 의한 다발성열상을 입은 원인이 무엇인가에 대하여 납득할 만한 설명이 없음은 이미 앞에서 지적한 바와 같다. 뿐만 아니라, 위 감정의 자료로 삼은 의사 한○○ 작성의 진단서 기재에 의하면 피고인은 이 사고로 안면부 및 안검에 다발성열상과 결막하출혈 및 안구부 이물삽입 등의 상처를 입었음이 인정되고 피고인을 초진한 의사 노○○에 대한 사법경찰관 사무취급 작성의 진술조서에 의하더라도 피고인의 좌측 눈에 전면 유리파편이 박혀 있어 이를 제거하였음이 인정되는바, 피고인이 수사기관에서의 변명과 같이 이 사건 충돌 당시 뒷좌석에서 잠을 자다가 충돌하는 것조차 느끼지 못하였다면(수사기록 제54정 참조) 눈감고 잠자던 피고인의 안구에 전면 유리파편이 박힌다는 것은 좀체로 납득하기 어려운 일이며, 이보다는 오히려 피고인이 운전석에서 운전하다가 충돌 순간 튕겨 나온 유리파편에 위와 같은 상처를 입었다고 보는 것이 경험칙에 합당한 것이라고 하겠다.

3. 결국, 원심판결에는 위에서 본 바와 같은 경험칙에 반하고 자유 심증의 범위를 벗어난 증거판단으로 판결결과에 영향을 미친 위법이 있다고 하겠으니 이 점에서 논지는 이유 있다. 그러므로 원심판결을 파기하고 다시 심리케 하고자 사건을 청주지방법원 합의부로 환송하기로 하여 관여법관의 일치된 의견으로 주문과 같이 판결한다.[243)]

위 사건에서 인정가능성이 있는 사실은 다음과 같다: ① 피고인이 운전을 하다가 사고를 내었다. ② 홍○○가 운전을 하다가 사고를 내었다. ③ 원래는 홍○○가 운전을 하다가 도중에 피고인으로 교체하여 운전하다가 피고인이 사고를 내었다. ④ 원래는 피고인이 운전을 하다가 도중에 홍○○로 교체하여 운전하다가 홍○○가 사고를 내었다.

이러한 가능한 사실에 대하여 원심은 '위 지○○이 사고현장에 도착하였을 당시 운전석은 비어 있고 피고인은 차밖에 있었으며 엄○○과 홍○○은 뒷좌석에 쓰러져 있었던 사실을 인정하고 있으니, 결국 지○○이 사고현장에 도착 후 목격한 사고차량의 승차상황에 관한 위 진술부분을 전부 배척한 취지라고 볼 수 없음이 분명한 바, 위 진술대로라면 사고 당시 운전석에 앉아 있었던 사람은 뒷좌석에 실신상태로 쓰러져 있었던 홍○○이 아니라 피고인이었다고 보는 것이 우리의 경험칙에 부합된다고 할 것이다.'라고 판단하였고, 상고심은 반대로 '또 홍○○이 충돌 순간 고개를 숙였으리라는 가정 아래 동인의 얼굴에 전면 유리파편에 의한 창상이 없는 것이 반드시 운전석에

243) 대법원 1982. 7. 13. 선고 82도364 판결.

앉지 않았다는 근거가 될 수 없다고 하더라도 뒷좌석에 엄○○과 나란히 앉아 있었다는 피고인이 엄○○과는 다르게 얼굴에 전면 유리파편에 의한 다발성열상을 입은 원인이 무엇인가에 대하여 납득할 만한 설명이 없음은 이미 앞에서 지적한 바와 같다. 뿐만 아니라, 위 감정의 자료로 삼은 의사 한○○ 작성의 진단서기재에 의하면 피고인은 이 사고로 안면부 및 안검에 다발성열상과 결막하출혈 및 안구부 이물삽입 등의 상처를 입었음이 인정되고 피고인을 초진한 의사 노○○에 대한 사법경찰관 사무취급 작성의 진술조서에 의하더라도 피고인의 좌측 눈에 전면 유리파편이 박혀 있어 이를 제거하였음이 인정되는바, 피고인이 수사기관에서의 변명과 같이 이 사건 충돌 당시 뒷좌석에서 잠을 자다가 충돌하는 것조차 느끼지 못하였다면(수사기록 제54정 참조) 눈 감고 잠자던 피고인의 안구에 전면 유리파편이 박힌다는 것은 좀체로 납득하기 어려운 일이며, 이보다는 오히려 피고인이 운전석에서 운전하다가 충돌 순간 튕겨 나온 유리파편에 위와 같은 상처를 입었다고 보는 것이 경험칙에 합당한 것이라고 하겠다.'라고 판단하였다.

원심과 상고심은 모두 동일한 증거에 대하여 자유심증주의에 입각하여 논리칙과 경험칙에 따라 판단하였음에도 불구하고 증거의 취사선택과 경험칙에 있어서 서로 다른 점에 근거하여 무죄와 유죄라는 정반대의 결론을 내리고 있다고 할 수 있다.

결국 경험칙은 판단자에 따라서 각각 다른 경험칙을 가질 수 있는 상대적인 개념이 아닐 수 없으며, 경험칙에 따른 판단도 한계를 지닐 수밖에 없는 것이다. 논리법칙과 경험법칙은 자유판단의 기준인 동시에 한계이며, 증거를 배척하기 위한 합리적 의심도 또한 논리법칙과 경험법칙에 의해서 이루어져야 한다.

제4절

진술증거의 신빙성 판단

Ⅰ. 의의

하세머는 법관의 사실인정의 과정을 장면적 이해라고 하면서 법관이 소송에서 등장하는 다양한 정보(증거)를 토대로 피고인이 행하였다고 말할 수 있는 범죄행위를 재구성하는 활동으로 정의하였다.[244] 법관의 사실인정에서 펼치는 이해활동은 당사자의 말을 들으면서 과거사건을 마치 다큐멘터리 영화처럼 재구성하는 이해활동이라 할 수 있다. 즉 법관의 사실인정이란 '언어귀속(Sprachzuschreibung)'의 말행위이다.[245] 이때 법관이 합리적인 사실인정의 과정을 수행하는 관건은 참여자의 말을 합리적으로 잘 들을 수 있는가에 있다. 이러한 점에서 서면증거보다는 구두증거가 중요하고, 구두증거를 획득하기 위해서는 공판중심주의의 중요성이 강조되어야 한다. 즉, 법관이 취사선택할 수 있는 많은 증거들 중에서 구두증거가 중요하고 그러한 구두증거는 대부분 진술증거라고 할 수 있다. 그리고 사실인정의 주요과제는 결국 진술증거와 정황증거를 둘러싼 판단의 문제로 귀착된다.[246] 대부분의 형사사건은 정황증거와 진술증거가 상호 병존하면서 지지 또는 감쇄의 영향을 미치고 있고, 사실판단을 해야 하는 법관이나 배심원의 입장에서는 결국 정황증거와 진술증거가 결합되어 형성되는 가설적 이야기(story)를 통해 사실관계의 대강을 이해하게 된다.[247]

> 【범죄사실】 피고인은 2006. 4. 12. 22:16경 성남시 ○○동 소재 ○○○교육단에서 서울 서초구 서초동 1324번지 서초교 앞 도로에 이르기까지 약 10킬로미터의 구간에서 혈중 알코올농도 0.050퍼센트의 술에 취한 상태에서 (차량번호 생략) 옵티마 승용차를 운전하였다.
>
> 【증거의 요지】 1. 피고인의 당심법정에서 한 판시사실에 부합하는 진술부분
> 1. 사법경찰리 작성의 주취운전자 적발보고서 중 이에 부합하는 진술기재
> 1. 사법경찰리 작성의 주취운전자 정황진술보고서 중 이에 부합하는 기재
> 1. 도로교통안전관리공단 이사장 작성의 교정완료통보서 중 이에 부합하는 기재 등을 종합하여 인정할 수 있으므로 그 증명이 있다.[248]
>
> 【증거의 요지】 당심 증인 공소외 5의 법정진술, 원심증인 공소외 1, 4의 각 법정진술, 공소외 1, 4에 대한 각 검찰피의자신문조서를 추가하는 외에는 각 원심판결의 증거의 요지란의 기재와 같으므로 형사소송법 제369조에 의하여 이를 그대로 인용한다.[249]

---

244) 이상돈, 『법이론』, 세창출판사, 2005, 249쪽.
245) 위의 책, 251쪽.
246) 정황증거는 진술증거보다는 객관적 요소가 강하기는 하지만 추론적 사실의 근거를 제공할 뿐 사건을 직접적으로 기술하지 못한다; 김종률, 「진술증거의 신빙성 판단: 사례연구 1」, 한국형사소송법학회 추계학술대회 발표집, 2010, 111쪽.
247) 김종률, 「진술증거의 신빙성 판단: 사례연구 1」, 한국형사소송법학회 추계학술대회 발표집, 2010, 111쪽.
248) 고등군사법원 2009. 2. 17. 선고 2008노233 판결.
249) 서울고등법원 2009. 11. 26. 선고 2009노1335,1616(병합) 판결.

이와 같이 판결에서 사실인정에 이르게 된 주요 증거의 대부분은 진술증거이다.

물론 이 경우에는 법정에서 비로소 발견되는 구두증거도 있지만, 서면화된 구두증거(진술증거)도 있다. 이러한 구두증거는 다름 아닌 말에 의한 증거이다. 이러한 말에 의한 증거를 통해서 합리적인 사실인정을 하기 위해서는 참여자의 말을 통한 상호작용과 의사소통이 얼마나 합리적인가에 따라 좌우된다. 특히 요증사실에 대한 직접적인 증거를 제공하는 증인이 완벽하고 정확한 관찰을 하였다는 것을 확실히 할 수 있어야만 한다. 그리고 그들의 기억으로부터 완전하고 정확하게 사건을 회상할 수 있어야만 한다. 또한 사실확인자에게 그들의 관찰을 충분하게 정직하게, 그리고 모호함 없이 전달할 수 있어야만 한다.[250)]

이러한 언어적 증거를 통한 상호이해는 말을 하는 자와 듣는 자 사이의 언어관용에 따라서, 그에 수반된 감정에 따라서 이해의 범위와 정도가 달라진다.[251)] 그러나 무엇보다도 중요한 것은 진술증거(말증거)의 신빙성이라고 할 수 있다.

즉, 수사나 재판과정의 대부분은 진술을 하고 진술을 듣는 과정으로 이루어진다. 재판과정에서 진술을 하는 주체는 피고인과 증인이며, 이러한 피고인과 증인의 진술을 듣거나 이끌어 내는 주체는 사실판단에 관여하는 법관, 검사, 변호인이다. 이들의 신문과정을 통해 피고인과 증인의 진술은 법정에 현출된다. 진술이라는 측면에서 보면 피고인이나 증인의 진술이 다를 바가 없지만, 피고인은 사건 자체를 직접 경험하였거나 경험하였을 것으로 혐의를 받고 있는 사람으로서 지각과 기억의 정확성보다는 그것을 진술하는 과정에서의 진실성이 문제되는 경우가 많은 반면, 증인의 경우에는 진술의 진실성보다는 지각과 기억의 정확성이 문제되는 경우가 많다.[252)]

특히 이러한 진술증거의 신빙성은 의도적으로 신빙성을 저하시키는 경우도 있을 수 있다. 그러나 또 한편으로 언어(말)가 가지는 속성으로 인하여 그 신빙성이 저하되는 경우도 있다.[253)] 따라서 신빙성 있는 진술증거가 있을 때만이 사실인정이 합리적으로 이루어지게 된다. 결국

---

250) Ian Dennis, *The Law of Evidence*, Sweet & Maxwell, 2007, p. 117.

251) 이러한 언어의 유동성에서 비롯되는 이해의 유동성은 텍스트에 대한 이해뿐만 아니라 사실인정의 이해에서도 발생한다; 이상돈, 『법이론』, 세창출판사, 2005, 252쪽.

252) 물론 반대로 피고인의 지각과 기억이 문제되는 경우도 있고, 증인의 진실성이 문제되는 경우도 실제 재판에서는 적지 않다; 김종률, 「합리적 심증과 과학적 사실인정」, 『형사법의 신동향』, 대검찰청, 2010, 52쪽 각주 101.

253) 이러한 점에서 화용론의 접근은 의미가 있다. 언어이론 가운데 화용론은 언어가 사용될 때 무엇이 야기될 수 있을 것인가를 묻는다. 이는 말을 듣거나 읽거나 할 때, 우리는 통상 단어들이 의미하는 것뿐만 아니라 화자나 작자가 전하려고 의도하는 것을 이해하려고 힘쓰게 된다는 것을 강조한다. 즉, 화자가 사용한 언어표현의 의미가 무엇인가를 밝히려는 것이다. 이러한 화용론은 현대에 들어와 제기된 것으로, 오스틴이나 설(Searle)의 언어행위론을 들 수 있다. 이들의 결정적인 사상은 언어적인 기호가 아니라, 일정한 조건하에서 말하는 행위의 기호 산출만이 언어적인 의사소통에 있어서 기초적인 단위라는 점이다. 그리고 여기서 말하는 행위(예컨대 약속, 감사, 주장, 의뢰)가 성공하기 위해서는 충분한 조건을 분석하는 것이 중요하다고 한다; 구모영, 『법과 인간』, 전망, 1994, 115쪽.

합리적 사실인정의 또 하나의 조건은 진술증거의 신빙성이며, 결국은 그 신빙성 판단의 기준이 문제로 된다.

Ⅱ. 진술증거의 신빙성 판단

1. 의의

과거의 사실을 조사하는 법원은 스스로는 그 사실들을 경험하지 않았다. 그럼에도 불구하고 추론의 과정을 통하여 사실들을 재구성할 수 있을 것이다. 추론은 요증사실에 대한 직접적인 경험을 가진 사람의 보고, 즉 진술을 기초로 할 수도 있고, 정황증거를 기초로 할 수도 있다. 즉 사실인정을 위한 추론에서 상당한 부분을 차지하는 것이 진술이며, 진술을 통한 추론은 결국은 진술의 신빙성에 달려 있다고 해도 과언이 아니다.

진술증거의 신빙성은 결국 진술증거의 증명력이라고 할 수 있는데, 기존에 법정에서는 진술증거의 신빙성을 판단하는 방법으로 주로 진술자를 상대로 진술증거를 탄핵하는 방법이 사용되어 왔다. 즉 증인의 진실성(veracity), 객관성(objectivity), 관찰감수성(observational sensitivity)의 세 가지 요소가 고려되었다.[254)]

한편 진술의 신빙성을 판단함에 있어서는 특정한 사건이 일어났다고 하는 진술과 그 실제 발생한 사건을 구별하여야 한다. 예컨대 갑이 사건 E가 일어났다는 E"라는 보고를 했다고 할 경우에 사건 E와 E"는 같은 사건이 아니다. 갑이 E"라고 보고했다고 해서 사건 E가 일어났다고 할 수는 없다. 사건 E가 일어나지 않을 가능성이 항상 남아 있기 때문이다.[255)]

2. 진실성(veracity), 객관성(objectivity), 관찰감수성(observational sensitivity)

1) 진실성

진실성이란 진술자가 기억한 그대로를 가감 없이 진술하는가의 여부에 대한 판단을 말한다. 즉, 진실성의 문제는 실제로 무슨 일이 일어났는지에 대한 것이 아니라, 일어났다고 믿는지에

254) 김종률, 앞의 책, 111쪽.
255) 김종률, 앞의 책, 113쪽.

관한 것이다.[256), 257)] 이러한 진실성은 특히 피고인 또는 증인의 신빙성을 연구할 때 여러 가지 어려움을 불러일으킨다. 증인 W가 사건 E가 일어났다고 말했지만 그것이 나중에 일어나지 않은 것으로 밝혀졌다고 하자. 이 말은 우리가 이제 사건 E가 일어나지 않았다는 결론에 대한 증거가 있다는 것을 의미한다면, 증인 W가 자기 증언에서 우리에게 거짓말을 한 것인지가 문제된다. 정답은 '꼭 그렇지는 않다.'는 것이다. 증인 W가 그 관찰에 있어서 착각했을 수 있거나, 이 믿음을 형성하는 데 있어서 객관적이지 않다는 것일 수 있기 때문이다. 그러면, 어떤 사람이 자기의 믿음에 반하여 증언하였을 때에만 진실하지 못한 증언을 한 것일까? 한편 어떤 증인의 신빙성에 대한 반박은 보조 증거(ancillary evidence)의 올바른 형태에 근거해야 한다.[258)] 예를 들면, 증인이 시력이 좋지 못하다는 증거는 증인의 진실성에 대한 반박은 아니다. 오히려 진실성에 대한 반박은 증인의 진술이 번복되는 경우에 탄핵될 수 있다.

이러한 진실성은 제시된 진술증거를 구체적이고 종합적으로 평가하여 판단하여야 한다. 일반적으로 엉겁결에 나온 말, 흥분상태에서의 언급 등은 진실일 가능성이 높다.[259)] 흥분상태에서의 언급이 진실일 가능성이 높은 이유는 흥분상태가 사고(판단) 능력을 저하시켜서, 충격적 사건에 대해 흥분상태에 있는 개인에 의한 진술이 속임수를 쓰기 위한 동기에 의해서 채색될 것 같지는 않다는 데에 있다.[260)] 또한 원진술자가 혹시라도 거짓말을 하게 될 동기가 놀라운 사건에 의해서 압도되고, 진술이 사건과 근접한 시점에 이루어진 것이 확실하므로 기억력도 문제되지 않는다는 것이다.[261), 262)] 따라서 비록 놀라운 사건의 직후의 진술이라도 진술자가 평정을 찾은 것으로 보이는

---

256) 김종률, 앞의 책, 113쪽.

257) 또한 예컨대 목격자가 "p is true."라고 말하는 것은 단지 p를 주장하는 방법의 하나라고 할 수 있다. 그리고 정확히는 p가 진실인 조건 또는 p가 진실이 아닐 조건이 무엇인가의 물음이라고 할 수 있다; Alfred J. Ayer, *Language, Truth and Logic*, Victor Gollancz, 1936, p. 124.

258) 김종률, 「합리적 심증과 과학적 사실인정」, 55쪽.

259) 대법원 2005. 4. 15. 선고 2004도362 판결: …… 더구나 피해자의 진술에 의하면, 피해자가 피고인을 파출소에서 만나 "○○여상 앞에서 나를 태우지 않았느냐."고 따지니 피고인이 "나는 ○○여상이 어디인지 모른다."라고 대답하였다는 것인데(수사기록 37면, 공판기록 119면), 대전에서 택시영업을 수년간 해온 피고인이 ○○여상이 어디 있는지 모른다는 것은 있을 수 없는 일이므로 이는 피고인이 자신의 무관함을 강변하다보니 엉겁결에 한 말이라고 여겨지고, 또한 피해자의 진술에 의하면, 피고인은 파출소에 출석하기 전 공소외인에게 전화를 걸어 피해자와 통화하면서 "미안하게 됐으니 좋게 끝내자."고 말하기까지 하였다는 것인데(공판기록 116면), 앞에서 본 바와 같이 피고인으로부터 공소사실 기재와 같은 추행을 당했다는 피해자의 진술을 쉽사리 배척하기 어려운 이상 피해자의 위 진술만을 따로 배척할 수도 없는 이치이고, 피해자가 위와 같은 말들을 지어내었다고도 하기 어려우므로, 이러한 사정들을 종합하여 보면 피고인이 아닌 제3의 택시기사가 피해자를 추행하였을 가능성도 높아 보이지 않는다.

260) Richard O. Lempert, Samuel R. Gross, James S. Liebman, *A Modern Approach to Evidence*, Third Edition, West Group, 2000, s. 575.

261) Arthur Best, *Evidence*, p. 170.

262) 현장성 감각인상의 경우에는 무엇인가를 묘사해야 한다. 그러나 흥분상태의 언급에서는 오로지 그 놀라운 사건과의 관련성만 있으면 된다. 그리고 전자는 진술자가 그 대상을 보고 있거나 본 직후에만 할 수 있다. 그러나 후자는 예외를 정당화하는 스트레스나 흥분 상태에서 한 것이어야 하다. 예컨대, 어떤 사람이 부상을 당해 의식불명이 되

때에는 진실성이 의심스러울 수 있다. 개인이 흥분되는 사건의 영향하에서 진술을 하는 것인가를 결정함에는 법원은 진술의 외면적인 즉흥성(spontaneity)을 면밀히 검토하는 것이 타당하다. 미국에서의 판례는 만약 진술자의 사건과 진술 사이의 행동이 무엇이 일어났는가에 대해서 판단(숙고)할 수 있는 능력을 암시하는 경우에는 예외를 인정하지 않으려고 한다. 따라서 자신의 두 아이를 불타는 자동차에서 냉정하게(침착하게, coolly) 구조하는 부인이 구조 후에 한 진술은 흥분상태의 언급으로 취급되지 않을 수도 있다.[263)]

또한 사람들은 자신의 죽음이 임박했다는 것을 아는 경우에는 진실을 말할 것이라는 경향이 있다는 점이다.[264)] 자신이 곧 죽게 될 것이라고 진실로 믿는 자는 거짓말로부터 어떠한 개인적인 이익을 얻는 것이 아니기 때문이다.[265)]

또한 사람이 경험한 사실에 대한 기억은 시일이 경과함에 따라 흐려질 수는 있을지라도 오히려 처음보다 명료해진다는 것은 이례에 속하는 것임에도, 피해자의 진술이 특별한 이유도 없이 시일이 경과할수록 사고현장의 상황에 부합하도록 진술내용이 번복되어 왔다면 그 신빙성을 의심하지 않을 수 없다.[266)]

었는데 그 후 의식이 회복되자 사고의 원인에 대해 무슨 말을 한 경우, 이 진술은 진술자가 의식불명의 동안에 발생한 사건들에 의해 진술자의 인식이 영향을 받았을 가능성이 없기 때문에 자극과 진술 사이에 다소 시간이 경과했더라도 흥분상태의 진술로 취급된다; Arthur Best, *Evidence*, p. 170.

263) Richard O. Lempert/Samuel R. Gross/James S. Liebman, *A Modern Approach to Evidence*, Third Edition, West Group, 2000, s. 576.

264) G. Michael Fenner, *The Hearsay Rule*, Carolina Academic Press, 2009, p. 293.

265) State v. Shatterfield, 457 S.E. 2d 440, 447(W. Va. 1995).

266) 대법원 1997. 5. 23. 선고 97도852 판결: …… 피해자는 사건 당일 05:35경 사단 응급실에 도착하여 군의관 정○○에게, 또 그 날 10:20경 국군 수도병원에 도착하여 군의관 이○○에게 수차례 피해자가 스스로 자해한 것이라는 취지로 진술하였다가(수사기록 363쪽, 공판기록 287쪽), 5. 2.에 이르러 사실은 고참병에게 과도로 찔린 것인데 당시 고참병은 술이 약간 취한 상태였다고 말한 바 있고(공판기록 315쪽), 다시 5. 8.에는 누군가로부터 피해를 당하였으나 가해자의 얼굴도 보지 못하고 목소리도 구분할 수 없어 가해자를 기억할 수가 없으며, 단지 평상시에 피해자를 나쁘게 대하던 상병 김○○가 의심이 가나 범인이 누구인지는 모르겠다고 진술하였는데, 그 진술이 끝난 후 수사관이 당시까지의 수사결과에 의하면 피고인이 범인으로 규명되었다고 알려준 것으로 되어 있고(수사기록 205쪽), 그 이후 피해자는 5. 18. 진술 시에 비로소 피고인을 범인으로 지목하면서도, 피해자가 자살을 기도하여 스스로 우측 손목을 과도로 3회 긋고 벽면에 기대어 있을 때 피고인이 찾아와 칼을 빼앗아 들고 피해자의 좌측 손목을 마구 난자질을 하였으며 피해자가 피신하여 배관에 주저앉자 복부를 마구 찔렀다고 진술하였고, 5. 20. 수사관과 사고경위에 관하여 녹음을 한 다음 5. 21.부터는 피고인이 과도를 가져와 처음부터 범행을 한 것이라고 진술을 바꾸었음을 알 수 있다. 피해자는 위와 같이 진술을 번복한 이유에 대하여, 처음부터 피고인이 가해자임을 알고 있었지만 소속부대에 복귀할 경우 피고인의 보복이 두려워 범인을 밝히지 못했다고 하고 있으나, 피해자가 진술과정에서 다른 선임병인 김○○에게 의심을 두는 진술을 하는가 하면, 그 이후에는 피고인을 범인으로 지목하면서도 범행의 경위에 대하여는 피해자가 자살을 실행하고 있던 중에 피고인이 범행을 하였다고 진술한 점 등으로 보아 피해자의 위 진술은 납득하기 어려울 뿐 아니라, 사람이 경험한 사실에 대한 기억은 시일이 경과함에 따라 흐려질 수는 있을지라도 오히려 처음보다 명료해진다는 것은 이례에 속하는 것임에도, 피해자의 진술은 특별한 이유도 없이 수사관과 사고경위에 관하여 녹음을 한 5. 20. 이후에 사고현장의 상황에 부합하도록 진술내용이 번복되고 있어 그 신빙성을 의심하지 않을 수 없다.

한편 전문증거의 이론에 의하면, 거짓말(lying)은 시간을 요구하는 의식적 행동이다(lying is a conscious act that requires time). 따라서 시간을 제거하는 것은 거짓말을 예방한다(Remove the time, prevent the lie).[267)]

다음의 판결은 진술의 진실성을 인정한 경우이다.

> 이미 형사처벌의 전력까지 있는 피고인이 양형에 불리함을 알면서도 추가범행이 6차례 더 있음을 적극적으로 밝힌 점, 피고인이 밝힌 각 범행의 구체적 시각과 방법, 절취품의 내역 및 보관 경위 등이 매우 사실적이고 구체적이며 합리적으로 설명이 가능한 것으로 보이는 점, 피고인이 자백한 추가범행 중 피해자가 드러난 2회의 추가범행은 조사 결과 사실임이 밝혀졌고, 그 부분 범행도 같은 장소에서 2회에 걸쳐 이루어졌음에 비추어 이 사건 다세대주택 내에서 수차에 걸쳐 반복적으로 범행을 하였다는 피고인의 진술에 신빙성이 있어 보이는 반면, 수사기관에서 호수불상 범행의 피해자 확인을 시도하였지만 거주자의 비협조 내지 연락두절 등의 사유로 피해자 확보에 실패한 사정을 들어 위 자백의 신빙성을 의심할 사유가 된다고는 보기 어려운 점, 피고인이 제1심에서 구체적 범행장소를 위 다세대주택 내 2층에서 3층으로 바꾸어 진술한 부분 역시 피고인이 수사기관 이래 원심에 이르기까지 일관되게 위 다세대주택 내 정확한 침입 호수는 잘 기억나지 않는다고 진술한데다가, 경찰로부터 그 부분 피해자 확인이 어렵다는 말을 듣고 그 때문에 제1심에서 무죄판결을 받고서도 계속해서 자신의 범행임을 시인한 점, 위 각 추가범행이 실체적 경합관계에 있기는 하지만 피고인이 각 범행일시 등을 나누어 진술함과 아울러 각 절취한 압수품과의 개별적 대조·확인을 통해 이를 특정한 점 등 위 인정 사실에서 나타나는 여러 사정을 종합하여 보면, 제1심의 유죄판결이 확정된 나머지 3회의 범행과 마찬가지로, 총 4회의 이 부분 각 공소사실에 대한 피고인의 자백은 그 진실성이 충분히 인정되므로, 그 각 절취품의 압수조서 및 압수물 사진은 위 자백에 대한 보강증거가 된다고 봄이 상당하다. 그럼에도 원심이 그 판시와 같은 이유로 위 각 공소사실에 관한 피고인의 자백에 대하여 보강증거가 없다고 속단하여 이 부분 각 공소사실에 대하여 무죄를 선고하였으니, 원심판결에는 채증법칙을 위반하거나 보강증거에 관한 법리를 오해하여 판결에 영향을 미친 위법이 있고, 이를 지적하는 취지의 상고이유의 주장은 이유 있다.[268)]

267) G. Michael Fenner, *The Hearsay Rule*, Carolina Academic Press, 2009, p. 164.
268) 대법원 2008. 5. 29. 선고 2008도2343 판결.

다음의 판결은 진실성을 인정하지 아니한 경우이다.

기록을 살펴보면, 원심의 거시증거 중 가장 유력한 증거는 피해자의 경찰 이래 원심에 이르기까지의 진술로 보이는바, 위 피해자는

가. 경찰에서는 "…… 피고인이 앉아 있는 시트의 문짝 쪽에서 왼손으로 망치를 잡고 손을 올리지 않은 채 때리려고 했다.", "…… 왼손으로 저의 상의 잠바 우측 안 호주머니에 들어 있는 돈을 빼어 가지고는……"이라고 했다가, 돈을 어떻게 넣고 있었느냐는 질문에는 "좌측 안 호주머니에 돈과 수표를 넣고 있었다."고 진술하고, 다시 피고인이 호주머니에서 돈을 빼어 갈 때는 어떤 흉기를 들고 있었느냐는 질문에는 "왼손에 망치를 들고 앉은 상태에서 무릎이 있는 데까지 올려 들고 있었다."고 진술하고 있어(수사기록 30~31면), 과연 피고인이 어느 쪽 손으로 피해자의 어느 쪽 호주머니에서 현금과 수표를 꺼내 갔다는 것인지 분명하지 아니하고,

나. 검찰에서는 "…… 운전석 왼쪽 밑에서 망치를 꺼내어 저를 조수석으로 밀면서 망치를 왼손에 쥐고 저의 머리를 겨누면서 죽인다고 하였고, 그때 제가 살려 달라고 애원을 계속하였더니 망치로 저를 겨누면서 오른손으로 저의 상의 왼쪽 호주머니 속에 있는 돈뭉치를 빼앗아 미터기 위에 그 돈을 두었다.", "…… 돈을 빼앗고 난 후 망치를 뒷좌석에 두는 것을 보았다. 그 당시 망치자루를 보니까 기름이 묻어 있는 것이 저희 공장 정비소의 망치 같았다."고 진술하였다가(수사기록 180~181면), 다시 피고인과 대질 시에는 "피고인이 저를 겨누고 나서 돈을 빼앗긴 후에 그 망치를 제가 빼앗듯이 받아 차 안의 불빛에 살펴보니 분명 회사의 정비공장에 있던 망치로서 나무에 기름이 묻어 있었다."(수사기록 197면 후단)고 진술하는 등 경찰에서 보다 구체적으로 진술하였고,

다. 제1심법정에서는 "실내등의 불빛에 망치가 보였으며 돈을 빼앗긴 뒤 그 망치를 받아가지고 뒷좌석에 놓았다."고 진술하였는바,

라. 위와 같은 피해자의 진술은 그가 피고인과 상반되는 이해관계를 가지는 자이며, 진술을 번복하거나 일관성이 없는 부분이 많고, 경찰, 검찰, 제1심법정에서 단계적으로 진술내용이 불어나면서 구체화, 합리화되어 가고 있음에 비추어 보거나, 사람이 목격하거나 경험한 사실에 대한 기억은 시일이 경과함에 따라 흐려질 수는 있을지언정 오히려 처음보다 명료해진다는 것은 이례에 속하는 것임에 비추어 보아도(당원 1983. 9. 27. 선고 83도977 판결; 1984. 11. 13. 선고 84도22 판결; 1985. 6. 25. 선고 85도801 판결 등 참조), 그 신빙성이 의심스럽다고

아니할 수 없다.

마. 더구나, 기록에 의하면 피해자는 피고인의 처에게 합의의 대가로 금 15,000,000원과 동침을 요구했다가 그러한 사실이 밝혀지자 한 푼도 받지 아니하고 합의를 해 주었으며(피고인의 처인 윤○○의 진정서, 제1심에서의 증언, 피해자의 원심에서의 증언, 공판기록 36~37, 62, 154면), 제1심판결 선고 후에 피해자를 찾아간 피고인과 처에게 자신의 진술이 허위이었음을 자인하는 듯한 말을 한 바 있음이 엿보이는바(원심에 제출된 녹취서, 공판기록 137면, 143면), 이에 비추어 보아도 그러하다.[269]

2) 객관성

진술의 객관성도 진술의 신빙성을 형성하는 요소에 해당한다. 객관성이란 일정한 진술의 내용이 특별한 사정이 없는 한 경험칙에 어느 정도 부합한다는 것을 의미한다. 진실성이 진술의 내면에 대한 평가라면, 객관성은 진술의 사회성에 관한 문제로서 진술의 외면에 대한 평가라고 할 수 있다. 이러한 객관성은 진술자의 기억의 근거에 대한 물음이다. 예컨대 증인 W가 자기의 믿음에 의해 증언하고 있다고 하자. 증인 W는 사건 E가 일어났다고 증언했고, 그는 이를 확실히 믿고 있다. 이때 그 믿음이 무엇에 근거하여 형성되었는가하는 점이다. 즉, 이 믿음이 자신의 지각정보에 대한 정확하고 객관적인 이해에 근거하여 형성되었는지, 아니면 일어나기를 기대했거나 원했던 것에 기초한 것인지이다.[270] 우리는 때로 우리 감각이 말해 주는 것이 무엇이건 간에 기대하거나 바라는 것이 일어난다고 믿기 쉽다.

또한 범인식별 절차에서 용의자 한 사람을 단독으로 피해자와 대면시키거나 용의자만의 목소리를 피해자에게 청취하게 하여 범인 여부를 확인하게 하는 것은, 사람의 기억력의 한계 및 부정확성과 구체적인 상황에서 용의자가 범인으로 의심 받고 있다는 무의식적 암시를 피해자에게 줄 수 있는 위험성이 있으므로, 그러한 방식에 의한 범인식별 절차에서의 피해자의 진술은, 그 용의자가 종전에 피해자와 안면이 있는 사람이라든가, 피해자의 진술 외에도 그 용의자를 범인으로 의심할 만한 다른 정황이 존재한다든가하는 등의 부가적인 사정이 없는 한 그 신빙성이 낮다고 보아야 할 것이다.[271]

---

269) 대법원 1993. 3. 9. 선고 92도2884 판결.
270) 김종률, 앞의 책, 55쪽.
271) 대법원 2006. 9. 28. 선고 2006도4587 판결; 부산고등법원 2008. 12. 4. 선고 2008노123 판결.

3) 관찰감수성

증인의 사건 발생에 대한 믿음이 지각 증거(sensory evidence)에 기하여 객관적으로 형성되었다면, 다음으로 문제되는 것은 이러한 지각 증거가 얼마나 훌륭한가이다.[272] 즉, 관찰감수성의 문제이다. 관찰감수성이란 관찰에 사용된 감각기관의 정확성을 의미한다. 감각기관이 외부적 반응에 대하여 얼마나 민감하게 작동을 하는가와 관찰 당시의 외부적 조건이 어떠했는지의 문제이다. 물론 이때의 관찰감수성은 증인의 감각체계에만 달려 있지는 않다. 외부적 상황들에 따라서 감수성이 크게 떨어질 수도 있기 때문이다. 예를 들어서 추운 겨울에 귀마개를 한 상태에서 외부의 소리를 듣는 경우, 또는 공사장의 소음이 있는 가운데서 타인의 목소리를 듣는 경우, 안개가 낀 도로에서 앞 차의 색상을 인지하는 경우 등은 관찰감수성이 상당히 제약을 받을 수밖에 없을 것이다. 결국 증인의 지각체계(시각, 청각, 후각, 촉각, 미각)의 적절성을 고려하는 것만이 아니다. 물론 어떤 사람이 특정한 관찰 시점에 시력이 좋지 못했고, 교정되지 않았다면 증언을 잘 하지 못할 수도 있겠지만, 통상적인 사정에서라면 매우 예리한 지각력을 가진 증인이라도 여전히 잘못된 지각 증거를 얻을 수 있기 때문이다.[273]

또한 관찰감수성은 사람마다 고유한 지각체계에 따라서 다르게 나타난다. 동일한 대상을 목격한 경우에도 증인마다 그 색상을 지각체계에 따라 다르게 기억할 수 있다.

관찰감수성의 요소는 이른바 Turnbull 사건에서 잘 보여 주고 있다.

Turnbull 사건에서[274] Widgery 재판관은 판단의 오류의 위험성을 감소시키기 위해서 공판판사가 배심원에게 다음 사항을 설명하여야 한다고 하였다.

첫째, 피고사건에 대하여 전체적으로 또는 실질적으로 피고인의 동일성에 대한 정확성에 좌우되는 사건의 경우에는 언제나, 판사는 배심원에게 유죄평결을 하기 전에 동일성의 정확성에 관하여 특별한 주의가 요구됨을 알려야 한다. 또한 공판판사는 배심원에게 그러한 경고가 요구되는 이유를 설명해야 한다. 그리고 허위의 증인이 설득력이 있을 수 있는 가능성에 관하여 언급해야만 한다.[275]

둘째, 판사는 배심원에게 개별 증인에 의한 동일성 판단이 이루어진 환경에 대하여 상세히 확인할 것을 지시해야만 한다: 즉, ① 증인이 얼마나 오랫동안 피고인을 관찰하였는가(How long did the witness have the accused under observation?) ② 어떤 거리(간격)에서 보았는가(at what distance?) 얼마나 밝은 데서 보았는가(in what light?) ③ 관찰이 달리는 차량 또는 사람들에

272) 김종률, 앞의 책, 55쪽.
273) 김종률, 앞의 책, 55쪽.
274) [1977]Q.B.224
275) Ian Dennis, *The Law of Evidence*, Sweet & Maxwell, 2007, p. 282.

의해서 방해 받았는가(Was the observation impeded in any way, as for example by passing traffic or a press of people?) ④ 증인이 피고인을 전에 본 적이 있는가(Had the witness ever seen the accused before?) ⑤ 얼마나 자주 보았는가(How often?) 만약 자주 보지 못했다면, 피고인을 기억하는 특별한 이유가 있는가(had he any special reason for remembering the accused?) ⑥ 최초의 목격과 그 이후의 경찰에서의 동일성 인정 사이에는 얼마나 간격이 있는가(How long elapsed between the original observation and the subsequent identification to the police?) ⑦ 증인에 의해서 경찰에서 진술한 피고인의 모습과 피고인의 실제의 모습 사이에 실질적인 차이가 있는가(Was there any material discrepancy between the description of the accused given to the police by the witness when first seen by them and his actual appearance?).

검사는 언제나 모든 사건에 있어서 실질적인 차이가 있다고 판단한 경우에는, 검사는 피고인이나 변호인에게 경찰에 최초로 제공되었던 모습에 관하여 알려 주어야만 한다. 또한 만약 피고인이 그러한 모습에 관한 정보를 요청하는 경우에는, 검사는 피고인에게 그 정보를 제공하여야만 한다.

결국 공판판사는 배심원에게 동일성 확인을 위한 증거에서 나타나는 특별한 약점을 환기시켜야만 한다. 면식범에 대한 동일성 확인은 낯선 사람에 대한 동일성확인 보다는 신빙성이 있을 것이다.[276)]

다음의 판결은 관찰감수성을 근거로 신빙성을 배척한 사안이다.

> 앞서 본 법리에 비추어 보면, 이 사건과 같이 피해자가 경찰관과 함께 범행 현장에서 범인을 추적하다 골목길에서 범인을 놓친 직후 골목길에 면한 집을 탐문하여 용의자를 확정한 경우에는 그 현장에서 용의자와 피해자의 일대일 대면이 허용된다고 할 것이다. 나아가 원심판결 및 원심이 적법하게 조사한 증거 등에 의하면, 피해자는 4회에 걸쳐 범인의 얼굴을 보았다고 진술하고 있는데 그 중 적어도 범인이 피해자의 뒤에서 겨드랑이 사이에 두 손을 넣어 가슴을 움켜쥐는 순간 뒤돌아보았을 때와 범인이 피해자를 밀쳐 땅바닥에 넘어뜨리고 몸 위에 올라타 폭행을 가할 때에는 이 사건 범인의 얼굴과 인상착의를 제대로 확인할 수 있었을 것으로 판단되는 점, 피해자의 진술에 의하면 범인은 소매 없는 검은색 패딩잠바를 입고 챙 있는 야구모자와 안경을 쓰고 있었다는 것인데, 앞서 본 바와 같은 경위로 피고인의 방에 들어갔을

276) 그러나 비록 증인이 피고인이 종전부터 알고 있던 사람이라고 주장하는 경우에라도, 배심은 밀접한 친척이나 친구에 대한 착각이 종종 발생할 수 있다는 것을 명심하여야만 한다; Ian Dennis, *The Law of Evidence*, Sweet & Maxwell, 2007, p. 282.

때 피고인은 소매 없는 검은색 패딩잠바와 안경을 벗어 놓고 두터운 후드 상의와 청바지를 입고 양말도 신은 채로 잠을 자고 있었다고 말하였던 점, 당시 범인이 쓰고 있던 모자의 색상에 관해서는 피해자와 함께 범인을 추격하던 경찰관들 사이에서도 인지한 색상이 일치하지 아니하고 당시 야간이어서 어두웠던 사정을 고려하면 모자의 색상에 관한 진술로 피해자 진술의 전체적인 신빙성을 판단하는 것은 적절하지 않다고 보이는 점, 피해자는 이 사건 범행 직후 피고인과 일대일 대면을 한 순간 자신을 추행한 남자가 틀림없다고 진술하였고 이러한 진술은 수사기관 이래 원심법정에 이르기까지 일관되어 있는바, 피해자는 원심법정에서 "경찰관이 재차 범인이 맞느냐고 물어보아 맞는 것 같다고 대답을 하였다. 피고인과 대면하고 범인이 맞느냐고 물어보았을 때 곧바로 대답을 하였는지 여부는 기억이 없다."고 진술하면서도 "지금 생각해 볼 때도 당시의 범인이 피고인이 분명하다고 생각한다."고 진술하고 있는 점 등을 모아 보면 피해자 진술을 쉽사리 배척할 것은 아니라고 할 것이다. 그럼에도 불구하고, 원심이 피해자의 진술은 용의자인 피고인 한 사람만을 단독으로 대면시켜 범인 여부를 확인하게 한 후 진술한 것이라는 이유로 그 진술내용을 선뜻 신빙하기 어렵다고 판단한 데에는 목격자에 의한 범인식별 절차에 관한 법리를 오해한 나머지 피해자 진술의 신빙성에 관한 심리를 다하지 아니한 잘못이 있고, 이를 지적하는 상고이유의 주장은 이유 있다.[277]

다음의 판결은 진술증거의 신빙성에 대한 판단이 심급마다 달라진 경우이다.

대법원 2005. 4. 15. 선고 2004도362 판결

【주문】

원심판결을 파기하고, 이 사건을 대전고등법원에 환송한다.

【이유】

상고이유를 판단한다.

1. 공소사실의 요지

피고인은 (자동차 등록번호 생략) 쏘나타 개인택시 운전기사인바, 2002. 7. 중순 일자불상 토요일 14:00경 대전 ○○구 ○○동에 있는 ○○여자상업고등학교 앞길에서 피해자(여, 16세)가 피고인 운전의 위 택시 뒷좌석에 타려고 하자 조수석에 앉게 한 후 목적지인 대전 서구 ○○동에 있는 ○○초등학교 방면으로 향하던 중, 피해자에게 "남자친구와 한번 해 봤냐.

277) 대법원 2009. 6. 11. 선고 2008도12111 판결.

남자와 키스를 하면 한 번 하고 싶지 않냐. 여자가 참으면 홧병이 생긴다."라고 말하고, "가슴이 작아 보인다."라고 말하면서 오른손으로 옷 위로 피해자의 가슴을 만지다가, "밑에 냉 같은 것이 많이 나오냐?"라고 물으며 옷 위로 아랫배와 음부를 더듬고, "내가 나쁜 마음을 먹으면 어떻게 할 수도 있는데 그러지 않을 테니 가만히 있으라."라고 피해자를 협박하여 항거불능케 한 후, 치마 속으로 손을 넣어 음부를 만지다가 손가락을 음부에 집어넣어, 청소년인 피해자를 강제로 추행하였다.

2. 원심의 판단

원심판결 이유에 의하면, 원심은 공소사실에 부합하는 피해자의 진술에 대하여, 첫째, 기록에 의하면, 피해자는 경찰 이래 원심 법정에 이르기까지 "2002. 7. 중순 토요일 14:00경 ○○ 스티커가 붙은 흰색 택시 안에서 그 기사 아저씨로부터 강제로 추행을 당했다."고 하면서 아울러 "그러한 사실을 부모님에게 말한 사실은 없으나 당시 친구인 공소외인에게는 말을 했다. 그 후 친구인 공소외인이 동일한 수법으로 강제로 추행을 당했다고 해서 그 범인을 만나보니 바로 피고인이어서 공소외인과 같이 피고인을 고소하게 된 것이다."는 취지로 진술하고 있으나, 당시 고등학교 2학년생으로서 부모와 함께 살고 있던 피해자가 강제추행을 당한 택시의 특색까지 알고 있었음에도 불구하고, 3개월이 지나도록 부모에게 피해 사실을 말하지 않고 단지 친구에게만 말하는 데 그치고 수사기관에 고소하는 등의 조치를 취하지 않았다는 것은 선뜻 수긍이 가지 않고, 더구나 공소외인은 "2002. 10. 26. 토요일 피고인으로부터 추행을 당한 후 피해자의 집에 놀러 가서 피해 사실을 말하니까 피해자도 전에 택시에서 같은 방법으로 피해를 당했다고 말하더라."는 취지로 진술하고 있어(수사기록 17, 38쪽), 2002. 7. 중순경 피해자로부터 피해 사실을 들은 사실이 없는 것처럼 진술하고 있으므로 이 부분은 피해자의 진술과 서로 배치되며, 둘째, 피해자는 '2002. 7. 중순 토요일' 피고인의 택시 안에서 강제로 추행을 당했다고 진술하면서 그 구체적인 날짜에 대하여 '여름 방학이 시작될 무렵'이라고 진술하고 있는데(피해자의 원심법정 진술), 기록에 의하면, 피해자가 다니던 (학교명 생략)의 2002년도 여름 방학은 '7. 22.(월요일)부터 8. 25.'까지였음을 알 수 있으므로(피고인 측이 원심 제1회 공판기일 후에 제출한 조회내용 통보서 참조), 결국 피해자가 피해를 당했다는 '2002. 7. 중순 토요일'은 '2002. 7. 20.'일 가능성이 많고, 한편 피고인 측이 제1회 공판기일 전에 제출한 운행일지에 따르면 피고인은 '2002. 7. 20. 토요일'에는 1박 2일의 일정으로 고향인 경북 상주에 갔다 온 것으로 보이므로, 위와 같은 사정에 비추어 보면, 설사 피해자가 '2002. 7. 중순 토요일' ○○ 스티커가 붙은 흰색 택시 안에서 그 기사로부터 강제로 추행을 당했다고 하더라도 그 기사는 피고인이 아닐 가능성이 충분히 있다고 한 다음, 무릇 형사재판에서 공소가 제기된 범죄사실에 대한 입증책임은 검사에게 있고, 유죄의 인정은 법관으로 하여금 합리적인 의심을 할 여지가 없을 정도로 공소사실이 진실한 것이라는 확신을 가지게 하는 증명력을 가진 증거에 의하여야 하므로, 그와 같은 증거가 없다면 설령 피고인에게 유죄의 의심이 간다 하더라도 피고인의 이익으로 판단할 수밖에 없는바, 이 사건의 경우, 피해자가 피해를 당했다고 주장하는 '○○ 스티커가 붙은 흰색 택시'를 피고인도 운전하고 있는 점, 피고인도 인정하고 있듯이 피고인은 택시 승객인 공소외인를 택시 안에서 강제로 추행한 사실이 있는데 그 수법이 이 사건에서 피해자가 당한 수법과 비슷한 점, 피해자도 피고인이 범인이라고 일관되게 진술하고 있는 점 등에 비추어 보면, 피고인이 피해자를 강제로 추행한 것이 아닌가하는 의심이 강하게 드는 것은 사실이지만, 나아가 위 공소사실에 대한 유일한 증거라고 할 수 있는 피해자의 진술은 앞서 본 바와 같이 그 신빙성을 인정하기 어려운 측면이 있는 점 등을 종합하여 보면, 합리적인 의심의 여지없이 피고인이 위 피해자를 강제로 추행하였다고 인정하기에는 증거가 부족하고, 피고인이 아닌 다른 택시 기사가 피해자를 강제로 추행하였을 가능성을 합리적인 의심의 여지없이 배제할 수는 없다고 판단하여 공소사실에 대하여 유죄를 선고한 1심판결을 파기하고 무죄를 선고하였다.

3. 이 법원의 판단

그러나 원심의 위와 같은 판단은 수긍하기 어렵다.

가. 증거의 증명력은 법관의 자유판단에 맡겨져 있으나 그 판단은 논리와 경험칙에 합치하여야 하고, 형사재판에 있어서 유죄로 인정하기 위한 심증형성의 정도는 합리적인 의심을 할 여지가 없을 정도여야 하나, 이는 모든 가능한 의심을 배제할 정도에 이를 것까지 요구하는 것은 아니며, 증명력이 있는 것으로 인정되는 증거를 합리적인 근거가 없는 의심을 일으켜 이를 배척하는 것은 자유심증주의의 한계를 벗어나는 것으로 허용될 수 없다 할 것인바, 여기에서 말하는 합리적 의심이라 함은 모든 의문, 불신을 포함하는 것이 아니라 논리와 경험칙에 기하여 요증사실과 양립할 수 없는 사실의 개연성에 대한 합리성 있는 의문을 의미하는 것으로서, 피고인에게 유리한 정황을 사실인정과 관련하여 파악한 이성적 추론에 그 근거를 두어야 하는 것이므로 단순히 관념적인 의심이나 추상적인 가능성에 기초한 의심은 합리적 의심에 포함된다고 할 수 없다(대법원 1994. 9. 13. 선고 94도1335 판결, 1997. 7. 25. 선고 97도974 판결, 2004. 6. 25. 선고 2004도2221 판결 등 참조).

나. 먼저 원심이 피해자의 진술의 신빙성을 배척한 근거를 차례로 본다.

(1) 원심은 우선, 피해자가 피해사실을 곧바로 부모에게 알리거나 수사기관에 고소하지 않았다는 점을 피해자의 진술을 믿기 어려운 이유의 하나로 들고 있으나, 당시 고등학교 2학년에 다니던 여학생인 피해자가 택시를 탔다가 그 기사로부터 성추행을 당하였다는 사실을 창피하게 생각하였을 것임은 경험칙상 넉넉히 짐작할 수 있는 일이므로, 감수성이 예민한 사춘기의 피해자가 그와 같은 사실을 가까운 친구인 공소외인 등에게만 알리고 부모에게는 비밀로 했다는 것은 충분히 수긍할 수 있고, 여기에다 다행히 피해정도가 상해를 입거나 강간에 이른 것은 아니고 더구나 피해자가 가해자의 신원이나 위 택시의 차량등록번호도 정확히 알지 못하고 있었던 점 등을 종합하여 보면, 피해자가 수사기관에 곧바로 고소하지 않았다는 사정도 이해하지 못할 바는 아니므로, 피해자가 그 피해사실을 곧바로 부모에게 알리거나 수사기관에 고소하는 등의 조치를 취하지 않았다는 이유로 그녀의 진술의 신빙성을 배척하기는 어렵다고 생각된다.

(2) 또한 원심은, 피해자의 진술이 공소외인의 진술과 다르다는 점을 신빙성 배척의 이유로 들고 있으나, 공소외인의 경찰 및 1심법정에서의 각 진술은 "자신이 택시기사로부터 추행을 당한 사실을 그날 피해자에게 털어놓으니 피해자도 전에 같은 피해를 당한 적이 있었다고 말하더라."는 것에 불과할 뿐, 피해자로부터 그런 피해를 당한 적이 있다는 말을 그날 처음 들었다는 취지는 아니므로, 공소외인의 진술이 피해자의 진술과 배치된다고 단정하기 어렵다. 나아가 앞에서 본 바와 같이 피해자가 공소외인에게만 자신이 추행당한 사실을 털어놓았다는 점을 수긍한다면, 이는 공소외인이 피해자에게 그랬던 것처럼 추행당한 직후이거나 그 무렵일 가능성이 높지 그로부터 석 달이나 지나서야 말했을 가능성은 도리어 낮아 보인다.

(3) 나아가 원심은 이 사건 범행일시가 2002. 7. 20. 14:00경일 가능성이 많다는 전제 아래 피고인의 운행일지를 근거로 피고인이 당시 택시를 운행하지 않았을 수도 있다고 보았다. 그런데 기록상 범행 일시에 관한 피고인과 피해자의 진술을 보면, 피해자는 수사기관 이래 일관하여 '2002. 7. 중순경 토요일 오후 2시경'이라고 진술하면서 원심법정에서는 여름방학을 시작할 무렵이었다고(방학을 시작하던 날은 아니라고 함) 진술하고 있고(공판기록 234~235면), 이에 대하여 피고인은 피해자의 위 진술과 2002년도 여름방학은 2002. 7. 22.부터 시작하였다는 (학교명 생략)장의 조회내용(공판기록 227면)을 기초로 하여 피해자가 피해를 당한 날은 여름방학이 시작되기 전 마지막 토요일인 2002. 7. 20.임이 분명하나 그날 피고인은 가족들과 함께 고향에 놀러갔다고 변소하면서 그에 부합하는 운행일지를 제출하고 있음을

알 수 있다. 그러나 피고인이 택시를 운행하였다고 자인하는 2002. 7. 13. 역시 7월 중순경의 토요일임이 분명하고, 한편 피해자가 만일 2002. 7. 20. 이 사건 강제추행을 당했다면, 그 다음날인 7. 21.이 일요일이었던 점을 감안할 때 피해자는 이를 '방학이 시작할 무렵'이라기보다 '방학이 시작되던 날'로 기억하는 것이 오히려 자연스럽다고 할 것이므로, 피해자가 피해를 당한 날이 반드시 2002. 7. 20.이라고 단정하기는 어렵다고 할 것이다.

피고인은 피해자가 범행일시의 날씨에 관하여 "해가 뜨고 맑았다(공판기록 234면)."고 진술하고 있음을 들어 피해자가 추행을 당한 날은 2002. 7. 20.이 아니라고 주장하고 있으나, 공판기록 244면에 편철된 기상 등 증명서에 의하면 2002. 7. 13. 및 7. 20. 대전지방은 양일 모두 비가 내리지 않았고 오후 2시경에는 흐렸거나(13일) 또는 구름이 많이 끼었다는(20일) 것이므로, 날씨에 관한 피해자의 위 진술만으로는 범행 날짜를 특정하기 곤란하다고 보인다.

한편, 피해자가 추행당한 날이 2002. 7. 20.이라고 하더라도 위 운행일지만을 근거로 피고인의 현장부재 주장을 받아들일 수 있을지는 의문이라고 하지 않을 수 없다.

첫째, 위 운행일지는 피고인이 개인적으로 작성한 것으로서 객관성을 담보하기 어렵고 기록상 그 원본이 제출되었다는 흔적도 찾아볼 수 없다.

둘째, 위 운행일지에 의하면, 피고인은 2002. 7. 19.과 7. 22. 휴무한 것으로 기록되어 있는바(공판기록 205면), 피고인의 주장대로 그가 2002. 7. 20. 아침 일찍 상주로 내려가 1박을 하고 돌아왔다면 피고인은 무려 나흘이나 연이어 휴무를 한 셈이 되는데, 이는 택시운전을 하여 생계를 유지하는 피고인에게는 매우 이례적인 일이라고 하지 않을 수 없고(운행일지에 의하면, 2000. 1.부터 2002. 11. 초경까지 사이에 피고인이 나흘 연달아 휴무를 한 것은 정상적인 휴무일과 장인의 장례식이 겹친 2001. 5. 및 여름휴가철인 2001. 8. 두 차례 뿐임. 공판기록 190, 193면), 물론 위 나흘기간이 피고인의 여름휴가 기간이었을 가능성도 있겠지만 기록상 피고인이 그와 같은 주장을 하지는 않고 있으므로, 피고인이 2002. 7. 20. 낮 근무를 마치고 가족들 모임에 참석하였을 가능성도 배제하기 어려워 보인다.

셋째, 위 운행일지는 피고인이 보관하였을 것이므로, 피고인으로서는 적어도 2003. 4. 2. 실시된 1심 제4회 공판기일에 증인 피해자에 대한 반대신문 과정에서 이를 제시하며 알리바이 주장을 할 수 있었을 것임에도 불구하고(더구나 당시 피고인은 1심법원의 2003. 3. 14.자 보석결정으로 석방된 상태였으므로, 위 운행일지를 제출하는 데 별다른 장애는 없었을 것으로 보인다.), 기록에 의하면, 피고인은 항소이유서에도 위 운행일지에 관하여 아무런 언급이 없다가 원심법원의 제1회 공판기일(2003. 6. 11.)에서야 비로소 위 운행일지의 사본을 제출하였던 사실을 알 수 있는바, 비록 피고인이 그 이후에서야 피해자의 2002년도 여름방학이 시작된 날을 알았다는 사정을 감안하더라도, 이 사건 범행일시가 처음부터 2002. 7. 중순 토요일로 특정되어 있었던 점에 비추어 보면, 위와 같은 사정은 위 운행일지의 신빙성을 의심케 하는 것이라고 하지 않을 수 없다.

다. 오히려 다음과 같은 사정들에 비추어 보면 피해자 진술의 신빙성을 쉽사리 배척하기는 어려워 보인다.

첫째, 피고인은 경찰 이래 원심법정에 이르기까지 피고인을 대면할 때마다 피고인이 자신을 추행한 택시기사가 틀림없다고 단정하고 있는바, 피해자는 16세의 비교적 순진한 고등학생이고 피고인과는 이 사건 이전에는 일면식도 없는 관계에 있으므로, 피해자가 피고인을 모함할 이유는 없어 보인다. 피고인은 피해자가 친구인 공소외인의 이야기를 듣고 나쁜 마음을 먹고 허위로 고소하였다고 주장하나, 만약 피해자가 피고인을 모함하려고 마음먹었다면 고소 이전에 이미 공소외인을 통하여 피고인이 운행하는 영업용택시의 차량등록번호를 알고 있었으므로 경찰 1회 진술에서부터 이를 정확하게 진술할 일이지 일부러 차량등록번호를 모른다고 진술하지는 않았을 것으로 여겨지고, 나아가 피해자가 이 사건 고소를 빌미로 피고인에게 어떤 금전적 요구를 하였다는 사정도 엿보이지 않으므로, 피고인의 위 주장은 받아들이기 어렵다.

둘째, 피해자의 진술이 세세한 부분에 있어 다소 일관되지 못한 부분이 없지는 않지만, 피해자가 이 사건 추행 당시 피고인으로부터 들었다는 말이나 피고인이 추행을 한 부위, 방법 등에 관한 피해자의 진술은 매우 구체적일 뿐 아니라 경찰 이래 원심 법정에 이르기까지 일관되고 있으므로 합리적 이유 없이 이를 쉽게 배척할 수는 없다고 생각된다.

셋째, 피해자는 자신의 친구인 공소외인이 택시기사로부터 추행을 당했다는 말을 듣고 이야기를 나누던 중 그 기사의 인상착의, 추행의 수법, 말투 등이 자신의 경우와 비슷하다는 것을 알게 되었는데, 공소외인을 따라 파출소에 와보니 공소외인을 추행한 사람이 자신을 추행한 바로 그 사람이라는 사실을 알고 고소하게 되었다고 진술하고 있어서 그 고소경위도 지극히 자연스럽다.

넷째, 피해자가 주장하는 추행의 수법이나 범인의 말투, 대화전개방식 등은 피고인이 공소외인에게 하였다는 추행의 그것과 매우 흡사하여(피고인도 공소외인에 대한 추행은 수사기관에서 대체로 시인한 바 있다.) 두 사건은 동일범에 의하여 추행이 저질러졌을 개연성이 매우 높고, 또 피해자가 진술하는 택시의 외관(흰색, 트렁크가 둥근 EF소나타, 뒤 유리에 ○○ 스티커 등)은 실제 피고인이 운행하던 택시의 그것과 동일하며, 나아가 피고인이 제출한 항소이유서에 의하면, 대전의 ○○ 소속 개인택시는 200대 정도로 그 중 흰색 소나타는 10여 대에 불과하다고 하는바(공판기록 154면), 그렇다면 그 10여 대의 택시를 운전하는 사람들 중에 피해자가 진술하는 인상착의와 말투 및 대화방식을 가진 기사가 피고인 이외에 또 있을지 심히 의심스럽다.

더구나 피해자의 진술에 의하면, 피해자가 피고인을 파출소에서 만나 "○○여상 앞에서 나를 태우지 않았느냐."고 따지니 피고인이 "나는 ○○여상이 어디인지 모른다."라고 대답하였다는 것인데(수사기록 37면, 공판기록 119면), 대전에서 택시영업을 수년간 해온 피고인이 ○○여상이 어디 있는지 모른다는 것은 있을 수 없는 일이므로 이는 피고인이 자신의 무관함을 강변하다보니 엉겁결에 한 말이라고 여겨지고, 또한 피해자의 진술에 의하면, 피고인은 파출소에 출석하기 전 공소외인에게 전화를 걸어 피해자와 통화하면서 "미안하게 됐으니 좋게 끝내자."고 말하기까지 하였다는 것인데(공판기록 116면), 앞에서 본 바와 같이 피고인으로부터 공소사실 기재와 같은 추행을 당했다는 피해자의 진술을 쉽사리 배척하기 어려운 이상 피해자의 위 진술만을 따로 배척할 수도 없는 이치이고, 피해자가 위와 같은 말들을 지어내었다고도 하기 어려우므로, 이러한 사정들을 종합하여 보면 피고인이 아닌 제3의 택시기사가 피해자를 추행하였을 가능성도 높아 보이지 않는다.

라. 한편, 원심은 그 판결이유에서 명시적으로 지적하지는 않았으나 피해자의 진술에 다음과 같은 몇 가지 의문들이 있다는 점도 그 신빙성을 배척함에 있어 고려하였던 것으로 보이나, 이 또한 수긍하기 어렵다.

첫째, 대낮에 차량의 통행량이 많은 도심의 간선도로에서 영업용 택시기사가 조수석에 탑승한 여자승객을 공소사실 기재와 같은 내용으로 대담하게 추행하기는 어렵지 않은가하는 의문이 든다는 것이나, 이는 피고인이 이미 공소외인에 대하여 그 정도는 훨씬 덜하지만 동일한 수법으로 추행을 저지른 바 있다는 점에서 쉽게 해명이 될 수 있다.

둘째, 피해자가 20여 분 동안이나 택시가 정차할 때마다 추행을 당하였다고 하면서도 도망가지 않은 점도 의문스러울 수 있으나, 범행장소가 피고인이 운행하던 택시 안이었던 점, 피고인은 40대 후반의 중년 남자인데 비하여 피해자는 사고가 미성숙하고 겁이 많은 10대 여학생인 점, 당시 피고인이 "내가 나쁜 마음을 먹으면 어떻게 할 수도 있다."고 협박을 하기도 하였던 점, 게다가 당시 차량들의 정체가 그리 심하지 않아 정차상태가 오래 지속되지는 않았던 것으로 보여 피해자가 쉽게 택시에서 내릴 수도 없었을 것으로 보이는 점 등에 비추어, 이는 합리적인 의심이라고 할 수는 없다.

셋째, 피고인 운행의 택시에는 조수석 앞에 택시운전면허증이 부착되어 있고 피고인의 명함도 꽂혀 있는데도 피해자가 자신을 추행한 택시기사의 이름 등을 기억하지 못하고 있다는 점도 석연치 않다고 할 수 있으나, 피해자가 밀폐된 공간에서 갑자기 추행을 당하여 극도로 당황하고 수치감과 공포감을 동시에 느끼는 상황에서 오로지 빨리 내려야겠다는 생각에만 빠져있다 보면(수사기록 35, 공판기록 119면 참조) 조수석 앞에 부착된 택시운전면허증이나 명함에 적힌 피고인의 이름이나 콜택시 전화번호가 눈에 들어오지 않거나 또는 이를 실제로 보고서도 기억하지 못할 수도 있을 것으로 여겨지고, 또한 피해자가 이를 문제 삼으려고 하지 않는 마당에 범행일로부터 약 석 달 이상이 지난 고소시점까지 이를 기억하고 있으리라고 기대하기도 어려우므로, 위와 같은 의문도 납득하지 못할 바가 아니다.

넷째, 피고인은 피해자가 택시에서 내린 후 차량번호판을 확인하지 않았다는 것도 이상하지만, 그러면서도 택시 뒤유리에 붙어있는 ○○이란 스티커는 보았다고 진술하고 있어 더욱 믿기 어렵다고 주장하나, 피해자는 너무 긴장되고 당황하여 택시에서 내리자마자 (번호판도 보지 않고) 도망갔다고 진술하고 있는데(공판기록 119, 239면), 이는 앞에서 본 피해자의 심리상태에 비추어 수긍이 가는 바이고, 택시 뒤 유리에 붙어있는 ○○이란 스티커는 피해자가 당초 피고인의 택시 뒷좌석에 탑승하려고 하는 과정에서 자연스럽게 볼 수 있었을 것으로 생각된다.

따라서 위와 같은 의심들은 모두 요증사실과 양립할 수 없는 사실의 개연성에 대한 합리성 있는 의문이 아니라 단순한 관념적인 의심이나 추상적인 가능성에 기초한 의심에 불과하므로, 이를 들어 피해자 진술의 신빙성을 부정할 수는 없다고 판단된다.

마. 그럼에도 불구하고, 원심이 피해자의 진술을 신빙성이 없다는 이유로 배척하고 피고인이 아닌 다른 택시기사가 피해자를 추행하였을 가능성을 합리적인 의심의 여지없이 배제하기 어렵다는 이유로 공소사실에 대하여 무죄를 선고한 것은, 공판에서 획득된 인식과 조사된 증거를 남김 없이 고려하지 아니하였고, 이를 모든 관점에서 상호 관련시켜 종합적으로 평가하지 아니하였을 뿐만 아니라 치밀한 논증을 거치지 아니하였으며, 증거의 증명력을 판단함에 있어 경험칙과 논리법칙에 어긋나는 판단을 함으로써 자유심증주의에 관한 법리를 오해하였거나, 채증법칙 위반 또는 심리미진으로 인하여 사실을 오인함으로써 판결에 영향을 미친 위법을 저지른 것이라 할 것이다.

4. 그러므로 검사의 상고이유의 주장은 이유 있으므로, 원심판결을 파기하고, 이 사건을 다시 심리·판단하게 하기 위하여 원심법원에 환송하기로 하여 관여 대법관의 일치된 의견으로 주문과 같이 판결한다.[278)]

4) 진술증거의 신빙성과 그 탄핵

진실성, 객관성, 관찰감수성이라는 신빙성의 세 가지 요소의 속성은 시간(time)과 맥락(context) 의존적이다. 진실성은 증인의 인격과 태도, 객관성 및 관찰감수성은 증인의 지각과 기억과 연관된다.[279] 실체적 진실발견이라는 형사소송의 이념을 구체화하고 사실인정을 위해서는 어떤 증인이 증언을 하는 경우 당사자들은 반대신문을 하고 증인에 대한 신뢰성을 떨어뜨릴 수 있는 다른 증거를 제출함으로써 증언의 증명력을 깨트릴 수 있다. 이러한 노력들을 탄핵(impeachment)이라고 한다. 탄핵은 일반적으로 증인이 의도적으로 거짓말을 하고 있거나, 증언의 주제에 대한 인식과정이나 기억력에 문제가 있다거나 혹은 사실 면에서 실제와 다른 부정확한 진술을 했다는 것을 보여주는 것이다.[280] 이러한 증인의 신빙성을 반박하거나 탄핵하는 방법은 일반적으로 증인의 증언을 공격하는 것과 증인의 신빙성을 공격하는 두 가지가 있다.[281] 즉, ① 다른 증인으로부터의 모순된 증언, ② 다른 증인으로부터의 갈등이 생길만한 증언(conflicting testimony), ③ 증인 자신의 이전의 불일치 진술(prior inconsistent statement)을 지적하는 것이다. 이때 지시사항(instruction sets), 관찰목적(observational objectives)은 관찰감수성에 대한 탄핵의 자료로, 걸기(stakes), 동기, 이해관계, 자기 모순적 사항, 최면 등은 객관성에 대한 탄핵의 자료로 사용될 수 있다.[282]

3. 대법원 판례에 나타난 진술증거의 신빙성 판단 방법

1) 직접심리주의 원칙

우리 형사소송법은 형사사건의 실체에 대한 유죄·무죄의 심증 형성은 법정에서의 심리에 의하여야 한다는 공판중심주의의 한 요소로서, 법관의 면전에서 직접 조사한 증거만을 재판의 기초로 삼을 수 있고 증명 대상이 되는 사실과 가장 가까운 원본 증거를 재판의 기초로 삼아야 하며,

---

278) 동일한 사안에 대한 진술증거의 신빙성에 대한 판단의 차이로 인하여 항소심은 무죄로, 상고심은 유죄 취지로 파기 환송하였다.

279) 김종률, 「합리적 심증과 과학적 사실인정」, 56쪽.

280) Arthur Best, *Evidence*, p. 143.

281) 구체적으로는 ① 증인이 이전에 지금의 증언과 모순되는 증언을 하였음을 지적한다. ② 증언과 양립하지 않는 증인의 행동을 지적한다. ③ 증언 내용이 비현실적임을 증명하는 사실을 인정하도록 만든다. ④ 증인의 불성실함을 강조한다. ⑤ 증인이 상세한 내용까지 기억하지 못하는 것을 지적한다. ⑥ 증인에게는 대상으로 된 사실을 인식할 능력과 기회가 없었음을 지적한다. ⑦ 편견, 이해관계를 지적한다. ⑧ 복수의 상대방 증인들에 대하여 모순된 증언을 유도한 후 이를 지적한다. ⑨ 현재의 증언이 다른 소송에서 진술되지 않았던 사실 혹은 다른 내용의 증언을 하였다는 점을 지적한다. ⑩ 객관적 증거와 모순되는 진술을 유도해 낸다. ⑪ 위증죄의 존재를 암시한다; 이순동, 『민사소송의 사실인정과 증인신문기법』, 진원사, 2009, 508쪽.

282) 김종률, 앞의 책, 56쪽.

원본 증거의 대체물 사용은 원칙적으로 허용되어서는 안 된다는 실질적 직접심리주의를 채택하고 있는바, 이는 법관이 법정에서 직접 원본 증거를 조사하는 방법을 통하여 사건에 대한 신선하고 정확한 심증을 형성할 수 있고 피고인에게 원본 증거에 관한 직접적인 의견진술의 기회를 부여함으로써 실체적 진실을 발견하고 공정한 재판을 실현할 수 있기 때문이다. 형사소송절차를 주재하는 법원으로서는 형사소송절차의 진행과 심리 과정에서 법정을 중심으로 특히, 당사자의 주장과 증거조사가 이루어지는 원칙적인 절차인 제1심의 법정에서 위와 같은 실질적 직접심리주의의 정신이 충분하고도 완벽하게 구현될 수 있도록 하여야 한다.[283)]

2) 판단의 구체적 고려 요소

(1) 일반적 고려 요소

제1심이 증인신문절차를 진행한 뒤 그 진술의 신빙성 유무를 판단함에 있어서는, 진술 내용 자체의 합리성·논리성·모순 또는 경험칙 부합 여부나 물증 또는 제3자의 진술과의 부합 여부 등은 물론, 법관의 면전에서 선서한 후 공개된 법정에서 진술에 임하고 있는 증인의 모습이나 태도, 진술의 뉘앙스 등 증인신문조서에는 기록하기 어려운 여러 사정을 직접 관찰함으로써 얻게 된 심증까지 모두 고려하여 신빙성 유무를 평가하게 된다.[284)]

(2) 항소심에서의 신빙성 판단

현행 형사소송법상 제1심 증인이 한 진술에 대한 항소심의 신빙성 유무 판단은 원칙적으로 증인신문조서를 포함한 기록만을 그 자료로 삼게 되므로, 진술의 신빙성 유무 판단에 있어 가장 중요한 요소 중의 하나라 할 수 있는 진술 당시 증인의 모습이나 태도, 진술의 뉘앙스 등을 신빙성 유무 평가에 반영할 수 없다는 본질적인 한계를 지니게 된다.

앞서 본 실질적 직접심리주의의 정신에 따라 위와 같은 제1심과 항소심의 신빙성 평가 방법의 차이를 고려해 보면, 제1심판결 내용과 제1심에서 적법하게 증거조사를 거친 증거들에 비추어 제1심 증인이 한 진술의 신빙성 유무에 대한 제1심의 판단이 명백하게 잘못되었다고 볼 특별한 사정이 있거나, 제1심의 증거조사 결과와 항소심 변론종결 시까지 추가로 이루어진 증거조사 결과를 종합하면 제1심 증인이 한 진술의 신빙성 유무에 대한 제1심의 판단을 그대로 유지하는 것이 현저히 부당하다고 인정되는 예외적인 경우가 아니라면, 항소심으로서는 제1심 증인이 한

283) 대법원 2010. 6. 24. 선고 2010도3846 판결.
284) 대법원 2010. 6. 24. 선고 2010도3846 판결.

진술의 신빙성 유무에 대한 제1심의 판단이 항소심의 판단과 다르다는 이유만으로 이에 대한 제1심의 판단을 함부로 뒤집어서는 안 될 것이다[285]

특히 공소사실을 뒷받침하는 증거의 경우에는, 증인신문 절차를 진행하면서 진술에 임하는 증인의 모습과 태도를 직접 관찰한 제1심이 증인의 진술에 대하여 그 신빙성을 인정할 수 없다고 판단하였음에도 불구하고, 항소심이 이를 뒤집어 그 진술의 신빙성을 인정할 수 있다고 판단할 수 있으려면, 진술의 신빙성을 배척한 제1심의 판단을 수긍할 수 없는 충분하고도 납득할 만한 현저한 사정이 나타나는 경우이어야 할 것이다.[286]

(3) 성폭력 피해자 또는 가해자인 아동의 진술의 신빙성

증거로 제출된 성추행 피해 아동이 검찰에서 한 진술의 신빙성을 판단함에 있어서는, 아동의 경우 질문자에 의한 피암시성이 강하고, 상상과 현실을 혼동하거나 기억내용의 출처를 제대로 인식하지 못할 가능성이 있는 점 등을 고려하여, 아동의 나이가 얼마나 어린지, 그 진술이 사건 발생 시로부터 얼마나 지난 후에 이루어진 것인지, 사건 발생 후 그러한 진술이 이루어지기까지의 과정에서 최초로 아동의 피해 사실을 청취한 보호자나 수사관들이 편파적인 예단을 가지고 아동에게 사실이 아닌 정보를 주거나 반복적인 신문 등을 통하여 특정한 답변을 유도하는 등으로 아동 기억에 변형을 가져 올 여지는 없었는지, 그 진술 당시 질문자에 의하여 오도될 수 있는 암시적인 질문이 반복된 것은 아닌지, 같이 신문을 받은 또래 아동의 진술에 영향을 받은 것은 아닌지, 면담자로부터 영향을 받지 않은 아동 자신의 진술이 이루어진 것인지, 법정에서는 피해사실에 대하여 어떠한 진술을 하고 있는지 등을 살펴보아야 하며, 또한 검찰에서의 진술내용에 있어서도 일관성이 있고 명확한지, 세부내용의 묘사가 풍부한지, 사건·사물·가해자에 대한 특징적인 부분에 관한 묘사가 있는지, 정형화된 사건 이상의 정보를 포함하고 있는지 등도 종합적으로 검토하여야 한다.[287]

또한 유아가 피해자인 경우에도 단편적으로 그 진술의 신빙성을 판단해서는 안 되고 ① 피해자의 그 심리평가 무렵 평균 수준의 지능 ② 어휘력 및 지각적 조직화 능력(비언어적 의사소통능력) ③ 진술내용과 진술태도, 표현방식 등을 종합해서 판단하여야 한다. 따라서 피해자(1999. 7. 14.생으로서 이 사건 사고 당시 만 3세 3개월 내지 만 3세 7개월가량)가 아동센터에서 정신과 전문의로부터 진료를 받을 당시(2004. 7. 7.)와 임상심리전문가로부터 심리평가를 받을 당시(2004. 7. 15.) 및

285) 대법원 2010. 6. 24. 선고 2010도3846 판결.
286) 대법원 2007. 5. 11. 선고 2007도2020 판결.
287) 대법원 2008. 7. 10. 선고 2006도2520 판결.

사회복지사와 대화 시(2004. 8. 5.경)에는 각 만 5세가량, 경찰에서 진술 당시(2005. 4. 20.)에는 만 5세 9개월 남짓 된 여아이나, 위 피해자가 경험한 사실이 "피고인이 피해자의 발가락을 빨고 가슴을 만졌으며, 또한 음부에 피고인의 손가락을 넣거나 성기를 집어넣었다."는 비교적 단순한 것으로서 피해자 연령 정도의 유아라고 하더라도 별다른 사정이 없는 한 이를 알고 그 내용을 표현할 수 있는 범위 내의 것일 뿐만 아니라, 그 진술이 그 연령의 유아 수준의 표현이라고 보이며, 심리평가 결과 위 피해자가 그 심리평가 무렵 평균 수준의 지능, 어휘력 및 지각적 조직화 능력(비언어적 의사소통능력)을 가지고 있어 자신이 경험하는 일들에 대하여 적절히 보고하는 능력이 있는 것으로 나타나는 등, 기록에 나타난 위 피해자의 진술내용과 진술태도, 표현방식 등을 종합해 보면, 위 피해자는 위 각 대화 내지 진술 당시 증언능력에 준하는 능력을 갖추었던 것으로 인정되고, 나아가 그 각 진술의 신빙성도 인정된다고 할 것이다.[288), 289)]

또한 판례는 피해아동의 진술의 신빙성을 판단하는 데 있어서 '범행자가 피고인이라는 것은 당연한 전제로 하고 있으면서 계속 반복적인 유도질문으로 면담자의 질문에 자신을 협조적이고 신뢰할 만한 사람으로 보이고 싶어 하는 욕구와 질문자의 바람대로 대답해 주려는 성향을 보일 수 있는 아동이 그 암시성에 영합할 위험성'을 경계할 것을 요구하고 있다. 그리고 아동 진술의 특성에 관하여 여러 연구 결과와 보고가 있으나, 아동의 연령 폭과 지적능력의 개인 차가 크고, 아동의 사회·문화적 환경이 다르다는 점에서 한마디로 말할 수는 없지만, 순수성이 있는 아동이 적극적으로 거짓말을 하는 경우는 적지만 꾸며대서 말하는 경향이 발견되고 적극적으로 거짓말을 하기보다는 소극적으로 은폐하는 성향 쪽이 강하다는 것을 알 수 있으며, 그 정보의 양과 정확성

---

288) 대법원 2006. 4. 14. 선고 2005도9561 판결.

289) 원심은, 원심 제3회 공판기일에서의 공소외 1의 진술에 의하여 그 진정성립이 인정되는 공소외 2의 진술을 녹화한 씨디(CD)에 수록된 진술내용은 그 판시와 같은 사정에 비추어 볼 때 그 진술의 신빙성을 인정할 수 있고, 비록 공소외 2의 진술 중에는 이 사건 당시 승합차 안에 당일 이 사건 어린이집에 나오지 아니한 공소외 3, 공소외 4을 비롯한 선생님, 언니, 오빠들이 있었다거나, 피고인이 자신의 바지와 팬티를 벗길 때도 친구들이 있었다는 취지로 진술한 부분이 있고, 피고인이 위 어린이집 승합차로 공소외 2를 귀가시킨 시각이 17:30 무렵임에도 이 사건 범행 시간이 저녁이라고 진술한 부분 등이 있기는 하나, 공소외 2가 만 3세 남짓한 유아라는 특성이나, 공소외 2의 진술내용의 전체적인 의미 등을 고려하면 위와 같은 진술이 사실이나 상식에 맞지 않는다는 점만으로는 전체적으로 볼 때 공소외 2의 진술내용의 신빙성을 부정할 수 없고, 나아가 위 공소외 2의 진술과 나머지 채용증거들을 종합하면 피고인이 이 사건 공소사실과 같은 범행을 저질렀음을 인정할 수 있다고 판단하고, 나아가 피고인이 이 사건 당일 오후에는 계속 위 어린이집 안에만 있었다는 피고인의 주장에 대하여는, 이에 부합하는 제1심 또는 원심 법정에서의 공소외 5, 공소외 6, 공소외 7, 공소외 8의 진술은 믿기 어렵거나, 위 주장을 뒷받침하기에 부족하다는 취지로 판단하여 위 주장을 배척하고, 이 사건 당일 매우 더웠기 때문에 위 승합차 내에서 피고인이 이 사건 범행을 한다는 것이 부자연스럽다거나, 위 승합차가 인근 주민들의 왕래가 잦은 곳에 있고, 유리문이 부착되어 있어 외부에서 쉽게 관찰할 수 있었다는 등의 사정만으로는 피고인의 이 사건 범행을 유죄로 인정하는 데 합리적 의심이 제기된다고 할 수 없다고 판단하였는바, 기록에 비추어 살펴보면, 원심의 증거취사와 사실인정 및 판단은 수긍할 수 있고, 거기에 상고이유로 주장하는 바와 같은 심리미진 내지 채증법칙 위배로 인한 사실오인 등의 위법이 있다고 할 수 없다.

문제, 기억의 보유나 회상의 결함 문제가 있고, 암시성 질문에 쉽게 유도되고 오염되는 경향이 있다는 등의 사정은 부정적 요소로 지적하고 있다.[290)]

한편 성추행 가해자의 혐의를 받는 아동이 일시적으로 이를 시인하는 진술을 하였다가 다시 부인하는 경우에는, 위 아동으로부터 자백을 얻는 과정에서 질문자가 가해 혐의를 받는 아동의 범죄행위에 대하여 편파적인 예단을 가지고 자백을 강요한 것은 아닌지, 아동의 자백이 구체적인 표현을 담고 있는지, 내용이 명확한지 등을 살펴보고, 아동이 자백을 번복하게 된 경위 등을 종합적으로 검토하여 가해 혐의를 받는 아동의 자백의 신빙성을 판단하여야 한다.[291)]

(4) 뇌물죄에서 금품공여자와 전달자의 진술의 신빙성 판단 방법

뇌물죄에 있어서 수뢰자로 지목된 피고인이 수뢰사실을 시종일관 부인하고 있고 이를 뒷받침할 만한 객관적인 자료 등 물증이 없는 경우에 금품공여자와 전달자의 진술은 증거능력이 있어야 함은 물론 합리적인 의심을 배제할 만한 신빙성이 있어야 하고, 신빙성이 있는지 여부를 판단함에 있어서는 그 진술내용 자체의 합리성, 객관적 상당성, 전후의 일관성 등뿐만 아니라 그의 인간됨, 그 진술로 얻게 되는 이해관계 유무 등도 아울러 살펴보아야 할 것이다.[292)]

(5) 피고인의 자백의 신빙성 유무의 판단 방법[293)]

피고인이 수사기관이나 법정에서 공소사실을 인정하는 진술을 한 경우, 그 진술내용이 객관적으로 합리성을 띠고 있는지, 자백의 동기나 이유가 무엇이며, 자백에 이르게 된 경위는 어떠한지, 그리고 자백 이외의 다른 증거 중 자백과 저촉되거나 모순되는 것은 없는지 등을 고려하여 그 자백의 신빙성 유무를 판단하여야 할 것이다.[294)]

---

290) 대법원 2004. 5. 28. 선고 2004도1462 판결: …… 더구나 피해자는 공소외 2의 방에는 존재하지 않는 것이 분명한 침대 위에서 공소사실의 행위가 이루어졌다고 진술한 적이 있거나 피고인의 등과 배에 찢어진 흉터가 있다는 등의 진술을 하고, 피고인은 그와 같은 흉터가 없으니 검사를 하여 달라는 진술을 함에도 원심은 별다른 검토 없이 피해자의 진술을 대부분 그대로 믿었다고 보이고, 피해자가 자신과 동일한 피해를 입었다고 진술하고 있는 공소외 2의 위와 같은 진술은 피고인이 추행행위를 하였다고 보이거나 삼촌의 장난 정도에 대하여 유도된 질문에 왜곡된 답변을 한 것으로 이해될 여지도 없지 아니한데다가 피고인이 옷을 벗기거나 이상한 행동을 한 사실은 없다는 것이므로 두 아동들의 진술이 엇갈린다고 볼 수 있는데 피해자의 진술에 대하여만 '어린이가 거짓말을 하겠느냐.'는 관점에서 볼 수는 없고, 다음에서 보는 객관적인 증거자료에 비추어도 더욱 그러하다.

291) 대법원 2006. 10. 26. 선고 2005다61027 판결.

292) 대법원 2007. 7. 27. 선고 2007도3798 판결.

293) 대법원 2006. 11. 23. 선고 2006도5407 판결.

294) 피고인 1은 경찰 및 검찰에서 이 사건 범행사실을 전체적으로 부인하면서 '피고인 2 및 그 친구인 공소외 3(원심에 이르러 피고인 2는 공소외 3의 본명이 이○○임을 밝혔는데, 피고인들과 공소외 3은 모두 어릴 때부터 미국에서 생활하다가 군복무 등을 위하여 귀국한 자들로서 우리말을 잘 하지 못한다고 한다.) 등과 함께 술을 마신 후 동인들을 자신의 승용차에 태우고 가던 중 이 사건 모텔 부근에 차를 세운 것은 사실이나, 자신은 술을 깨기 위

하여 주변을 돌아다니다가 이유도 모른 채 경찰관에게 체포되었으며 이 사건 모텔에는 들어간 일조차 없다.'는 취지의 주장을 계속해 왔으나, 제1심 법정에 이르러 태도를 바꾸어 "공소외 3과 헤어진 후 피고인 2가 '내가 아는 모텔이 있는데 그곳에는 카운터에 사람이 한 명밖에 없어 돈을 빼앗기가 쉽다, 나를 좀 도와 달라, 너는 밖에 서 있기만 하면 된다.'고 말하기에, 술에 취한 상태에서 단지 피고인 2를 도와주겠다는 생각으로 피고인 2의 제의를 받아들이고, 피고인 2를 승용차에 태운 후 피고인 2가 알려 주는 대로 찾아가 이 사건 모텔 부근에 주차를 하였다, 모텔 앞에서 갑자기 피고인 2가 휴대용 칼을 주면서 '상황이 불리해지면 이 칼로 겁만 주라.'고 하였다, 모텔 안으로 들어가 피고인 2가 종업원 공소외 2를 폭행하는 동안 카운터 밖에 서 있었으나 뜻밖에 카운터 내실에서 공소외 1이 나오는 바람에 공소외 1과 몸싸움을 벌이게 되었으며 그 과정에서 칼로 공소외 1을 찌르게 되었지만, 칼로 공소외 2를 찌른 것과 지갑을 들고 나온 것은 기억이 없다."고 하여 공소사실을 대부분 자백하였고, 위 자백 및 피해자들의 진술 등을 증거로 하여 제1심에서 강도상해죄가 인정되고 징역 8년을 선고받게 되자 심신장애 및 양형부당만을 이유로 내세워 항소하였으며, 원심 제1회 공판기일에서도 위와 같은 제1심에서의 자백을 그대로 유지하였다. 한편, 피고인 2는 수사기관에서부터 제1심 법정에 이르기까지 대체로 '피고인 1 및 공소외 3 등과 함께 술을 마신 후 피고인 1의 차를 타고 이 사건 모텔 부근까지 간 것, 그리고 잠을 자기 위하여 모텔에 들어갔다가 누군가와 싸움을 한 것은 기억이 나지만, 모텔까지 자신을 따라온 사람이 있는지, 싸움의 이유가 무엇인지에 대해서는 기억이 없다.'는 취지로 진술한 바 있다. 그런데 원심 제2회 공판기일에 이르러 피고인 2는 종전의 진술내용을 완전히 번복하면서 이 사건 범행의 경위에 관하여 다음과 같은 사실관계, 즉 이 사건 발생 전날인 2005. 10. 8. 저녁부터 피고인 1을 포함한 친구들을 만나 계속 술을 마시게 되었는데, 피고인 1이 그의 여자친구 공소외 4와 자신이 성관계를 가진 것으로 의심하는 바람에 피고인 1과 서로 다투기 시작하였고, 다른 친구들과 헤어진 후 이 사건 모텔 부근에 주차된 피고인 1의 승용차 안에서 다시 같은 이유로 심하게 다툰 사실, 그러다가 자신이 피고인 1에게 '술에 취하였으니 택시를 타고 가라.'고 하면서 차 열쇠를 빼앗아 이 사건 모텔로 들어가자 피고인 1이 이를 돌려달라고 하면서 모텔 안까지 따라온 사실, 자신은 피고인 1이 따라 들어온 것도 모른 채 종업원 공소외 2에게 영어로 '방을 달라.'고 요구하였으나 공소외 2가 이를 알아듣지 못하여 시비가 발생하였고, 그 후 원심이 인정한 범죄사실과 같은 경위 및 방법으로 피해자들에게 상해를 가하게 된 사실을 상세하게 진술하기 시작하였고, 그때부터 피고인 1도 수사기관에서의 진술내용 및 제1심 법정에서의 자백내용을 모두 번복하면서, 피고인 2의 주장이 모두 사실이며 자신은 피고인 2와 모텔 종업원 사이에 싸움이 벌어진 것을 목격하고 친구를 돕기 위하여 싸움에 가담한 것이고 그 과정에서 자신이 평소 가지고 다니던 칼을 꺼내어 피해자들을 찌르게 된 것일 뿐 강도범행을 미리 모의하거나 피해자들로부터 지갑을 뺏은 사실은 없다고 진술하고 있다. 그러나 기록에 의하여 인정되는 다음과 같은 사정들, 즉 ① 피고인 1은 제1심 법정에서 강도 부분을 자백하였던 이유에 대하여 "강도살인미수죄로 공소가 제기된 후 구치소에서 만난 사람들로부터 '특별한 사정이 없는 한 피해자들이 주장하는 대로 사실관계가 확정되고 중형을 선고받게 될 것'이라는 이야기를 듣고, 만약 피고인 2가 주범이고 자신은 피고인 2의 제의에 따라 단순히 범행에 가담하게 되었던 것으로 거짓자백을 하면 가벼운 처벌을 받을 수 있을 것으로 생각하였다."라고 하나, 피고인 1로서는 원심에서 진술한 것처럼 '친구인 피고인 2가 싸우는 것을 발견하고 우발적으로 거기에 가담하였다가 중대한 결과를 초래하게 된 것'이라고 하거나 '피고인 2가 돈을 빼앗으려고 한다는 것은 모른 채 단순히 친구를 도와줄 생각으로 범행에 가담하게 된 것'임을 시인하는 정도에 그치지 아니하고 사전에 강도범행의 모의가 있었다는 사실까지 스스로 자백할 이유가 없는 점 ② 그 자백 내용 중에서 '피고인 2가 미리 준비한 칼을 자신에게 건네주었다.'는 부분은 자신의 책임을 가볍게 하기 위한 거짓진술로 이해될 여지가 없지 않으나, 피고인 2가 이 사건 모텔을 범행장소로 선정하게 된 이유에 관한 부분은 그 내용이 구체적인 데다가 이 사건 모텔의 실제 구조나 운영방식과도 일치하는 것이어서 단지 피고인 2에게 주된 책임을 전가하기 위하여 꾸며낸 말이라고 보기 어려운 점 ③ 또한, 이 사건 범행 전의 상황에 관하여 피고인들이 수사기관에서부터 제1심 법정에 이르기까지 진술한 내용은 '공소외 3 외에 여자 2명과 함께 술을 마셨고, 공소외 3과 함께 차를 타고 이동하여 이 사건 모텔 부근에 주차를 한 후 이 사건이 발생하였다.'는 것으로서 대체로 일치하고 있었는데, 원심에 이르러서는 이러한 진술조차 아무런 합리적인 설명 없이 번복하고 있는 점 ④ 제1심에서 피고인 1이 강도 부분을 자백하면서 피고인 2를 주범으로 몰아가고 있음에도 피고인 2는 이에 대하여 적극적으로 방어를 하지 않았는바(오히려 피고인 2가 제1심 법원에 제출한 반성문 중에는 "피고인 1에게 칼을 준 사실이 없다. 피고인 1이 칼을 꺼내 사람을 찌르리라고는 예상치 못하였다. '죽어, 죽어' 하면서 피해자를 찌른 것은 피고인 1이고, 25만 원이 든 지갑을 가지고 간 것도 피고인 1이다."라고 하여 강도의 모의 및 실행 사실 자체를 부인하지는 않고 있는 부분이 발견되며, 한편 피고인 1이 제출한 반성문에는 "술을 마신 것과 친구를 잘못 사귄 것이 실수였다."는 내용이 여러

(6) 별건으로 수사 중에 있는 사람의 참고인 진술의 신빙성

별건으로 수사 중에 있는 사람의 참고인 진술은 그 진술이 별건에서의 유리한 처분을 얻기 위하여 수사관의 의도에 영합하려는 동기에서 나온 허위진술이 아닌지 주의를 기울여 그 증거능력이나 신빙성을 판단하여야 한다. 그러나 참고인의 진술이 상당 정도 객관적인 금융자료와 부합하고 있는 경우에는 특별한 사정없이 섣불리 그 신빙성을 배척할 수 없다 할 것이다.[295)]

번 기재되어 있다.), 피고인 2가 이 사건 범행 이전에 술을 마신 장소와 이동경로, 함께 있었던 사람들의 이름, 피고인 1과 다툰 내용, 그리고 이 사건 범행에 이르게 된 경위를 원심에서 진술한 것과 같은 정도로 구체적이고 상세하게 기억하고 있으면서도 이에 대하여 아무런 진술도 하지 않았던 이유를 이해할 수 없으며(제1심판결 선고 후에 갑자기 구체적인 부분까지 기억이 회복되었다는 것은 경험칙에 반한다.), 피고인 2로서는 자신의 범행 제의에 따라 강도범행에 가담하였던 피고인 1이 우발적으로 칼을 사용함으로써 중형을 받을 처지에 이르게 되자 미안한 마음에서 범행 경위, 특히 휴대용 칼의 소유자 등을 제대로 밝히지 못하였을 수도 있는 점(피고인 2는 검찰에서 "모텔에서 함께 사고를 친 사람은 공소외 3인 것으로 생각된다."고 진술함으로써 피고인 1의 범행가담 사실을 숨기려는 태도를 보이기도 하였다.) ⑤ 앞서 본 것처럼 피고인 1은 제1심에서 피고인 2보다 무거운 징역 8년이라는 중형을 선고받고 항소하면서도 사실관계에 대해서는 전혀 다투지 아니한 점 등을 모두 종합하여 보면, 피고인 1이 원심에 이르러 제1심 법정에서의 자백을 번복하였다고 하여 종전 자백의 신빙성을 배척할 수는 없고, 오히려 위와 같은 사정들에 비추어 보면 그 자백의 신빙성이 인정된다.

295) 대법원 2002. 10. 22. 선고 2002도2167 판결: …… 그런데 원심 판시와 같이 피고인 1은 수사기관에서 피고인 2와의 대질신문에서까지 일관되게 300만 원을 교부하였다고 진술하였고, 제1심 공판에서도 그와 같이 진술하다가 피고인 2가 280만 원 부분을 부인하는 진술을 듣고 나서 제7회, 제8회 공판기일에서 피고인 2의 진술에 영합하는 진술을 하였지만, 다시 제11회 공판기일에 이를 번복하여 당초와 같은 내용으로 진술하였고, 기록에 의하면 원심에서도 300만 원을 교부하였다는 진술을 유지하였음을 알 수 있다. 한편, 금융자료 추적 결과에 의하면, 과연 피고인 1의 진술대로 2001. 4. 20. 공소외 1이 피고인 1에게 500만 원을 송금하였고, 같은 날 현금 81만 원과 10만 원권 자기앞수표 36매가 인출된 사실이 확인되었으므로 300만 원의 뇌물자금 출처는 분명히 입증되었다고 할 것이고, 그 자기앞수표의 사용처에 관하여도 36매 가운데 피고인 1측이 사용한 6매를 제외한 30매 중 2매는 피고인 2가 자동차정비업소에서 사용하였음이 확인되고 나머지 28매는 원심까지도 지급제시되지 아니하여 더 이상 추적할 수 없었음을 알 수 있는바, 이러한 상황이라면 금융자료 추적이 가능한 범위 내에서는 모두 피고인 1의 진술과 부합한다 할 것이다. 원심은 피고인 1이 2001. 4. 20. 인출금 중에서 사용처가 확인되는 부분을 공제하고 나면 피고인 2에게 300만 원을 줄 만큼의 돈이 남지 않는다고 판단하였는데, 이는 피고인 1이 공소외 1에게 위 인출금 중에서 200만 원을 반환하였음을 전제로 한 것이거나 10만 원권 자기앞수표 28매를 반환하였다는 진술을 감안한 것인바, 피고인 1 스스로 제1심 제11회 공판기일과 원심 제2회, 제3회 공판기일에서 피고인 2에게는 자기앞수표 2매만을 교부하고 나머지 28매는 공소외 1에게 반환하였다고 진술하였던 것은 사실과 다르다고 번복하였을 뿐만 아니라, 과연 피고인 1이 공소외 1에게 위 인출금 중에서 200만 원 또는 280만 원을 반환하였는지, 만약 반환하였다면 그 수표는 왜 지금까지도 지급제시되지 않고 있는지 공소외 1을 조사하는 등으로 심리하여 보았어야 함에도 그러한 심리도 없이 섣불리 피고인 1이 공소외 1에게 위 인출금 중에서 200만 원 또는 280만 원을 반환하였음을 기정사실로 전제하여 판단한 것이다. 그리고 피고인 1이 피고인 2에게 자기앞수표를 넣은 봉투를 교부한 동기는 출고보류중이던 공소외 1의 수입의류 74,052점(수사기록에 편철된 수입신고서 사본에 표시된 총과세가격이 37,512,086원이므로 시중시세는 그보다 훨씬 높을 것으로 추측된다.)이 즉시 출고될 수 있도록 하여준 데 대한 사례였다는 점과 자기앞수표 28매가 인출일로부터 1년이 가까운 2002. 3. 15.까지도 지급제시되지 않고 있는 사정도 함께 참작되어야 한다. 결국, 원심이 공소외 1을 조사하여 과연 피고인 1이 인출한 자기앞수표 중 28매 또는 그 인출금 중 200만 원(위 인출금의 현금과 수표의 구성비율로 보면 200만 원 속에는 인출수표 12매 이상이 포함된다.)을 공소외 1에게 반환하였는지, 만약 공소외 1이 이를 반환받았다면 그 수표가 왜 지금까지도 지급제시되지 않고 있는지를 심리해 보지도 않은 채, 피고인 1이 인출금 중 200만 원 또는 280만 원을 공소외 1에게 반환하였음을 전제로 하여 피고인 1의 진술의 신빙성을 배척한 것은 심리를 다하지 아니하거나 채증법칙을 위배하여 사실을 오인함으로써 판결 결과에 영향을 미친 잘못이 있다 할 것이다. 따라서 이 점을 지적하는 검사의 상고이유는 정당하다.

4. 진술요소와 객관성 및 현실성의 검증

1) 진술요소

증인의 진술은 경험에 바탕 한 여러 개의 문장으로 구성되고, 개개의 문장 내에는 증인의 생각과 관련된 요소, 지각과 관련된 요소 또는 행동과 관련된 요소가 포함된다. 그런데 이들 생각-지각-행동의 각 요소는 전자로 갈수록 보다 주관적(subjective) 세계인 내적 영역과 관련되고, 후자로 갈수록 객관적(objective) 세계인 외적 영역과 관련된다.[296]

예컨대 어느 방화사건에서 아파트 경비원인 증인 A는 수사와 재판단계에서 "아침 8:20경 경비실 앞에서 710호 복도 쪽으로 연기가 나는 것을 목격하였고 710호 집 주인에게 연막탄을 피웠는지 인터폰으로 물었다."고 진술하였을 경우에, A의 진술은 '아침 8:20경'의 생각관련 요소(thinking factor: t)와 '경비실 앞에서 710호 복도 쪽에서 연기가 나는 것을 목격하였고'의 지각관련 요소(sensing factor: s), '710호 집주인에게 연막탄을 피웠는지 인터폰으로 물었다.'라는 행동관련 요소(doing factor: d)로 나누어진다. t요소는 주관적인 생각이나 추측을 말하며, 여기서 시간을 t요소로 보는 이유는 그것은 대체로 객관적 시간이 아니라, A가 주관적으로 추측하거나 추정한 시간이기 때문이다. s요소는 객관적 외부 상황을 시각, 청각, 촉각, 미각, 후각의 감각기관을 이용하여 인식하는 것으로서 사람의 주관과 객관이 만나는 대목을 말하는데 증인의 진술의 경우에는 시각과 청각에 의한 지각이 대체로 작용하는 것이 보통이다. 위에서는 '연기가 나는 것을 목격한' 것이므로 시각적 지각이 동원된 경우라 할 수 있다. d요소는 생각하거나 지각의 결과에 대한 반응으로서 신체적 동작이나 구체적인 언행을 말한다.

한편 같은 사건에서 가정주부인 증인 B가 수사단계에서 "8:50~55경 경비원이 연막탄 사용 여부를 물었고, 그 직후 09:05~15경 도착하는 버스에 둘째딸을 태워주러 가다가 연기를 목격하였다."라고 진술하였다면, 이 B의 진술에서는 '08:50~55경'과 '그 직후'가 t요소, '경비원이 연막탄 사용 여부를 물었고'와 '09:05~15경 도착하는 버스에 둘째딸을 태워 주러 가다가'는 d요소, '연기를 목격하였다.'는 s요소가 된다.

만약, 증인 A(W1)가 "아침 8:20경 경비실 앞에서 710호 복도 쪽에서 연기가 나는 것을 목격하였고, 710호 집주인에게 연막탄을 피웠는지 인터폰으로 물었다."라고 진술하였다면 이는 다음과 같이 표현할 수 있다.

[W1S1 아침 8:20경(t) 경비실 앞에서 710호 복도 쪽에서 연기가 나는 것을 목격하였고(s)

296) 김종률, 「합리적 심증과 과학적 사실인정」, 62쪽.

W1S2 710호 집주인에게 연막탄을 피웠는지 인터폰으로 물어봤다.(d)]

또 증인 B(W2)의 진술 "8:50~55경 경비원이 연막탄 사용 여부를 물었고, 그 직후인 09:05~15경 도착하는 버스에 둘째딸을 태워주러 가다가 연기를 목격하였다."라는 진술은 다음과 같이 표현할 수 있다.

[W2S1 8:50~55경(t) 경비원이 연막탄 사용 여부를 물었고(d) W2S2 그 직후 09:05~15경(t) 도착하는 버스에 둘째딸을 태워주러 가다가(d) 연기를 목격하였다.(s)][297]

2) 결합관계 분석을 통한 객관성 검증

진술요소의 결합관계는 주로 진술의 객관성을 검증하는 데 이용된다. 즉, 객관성을 검증하는 절차는 문제의 t요소와 그 전후의 s, d 또는 t요소를 논리적 맥락에 따라 검토하고 그것이 진술 외의 객관적 정황이나 타인의 진술과 부합하는지 확인하는 것이다. 이렇게 객관성이 검증되면 t요소의 주관성은 치유되고 객관적인 진술로 전환될 수 있게 된다. 그러므로 우선 t요소를 둘러싼 전후 진술이 t, s, d의 어느 요소에 해당하는지를 확인하고 그 결합의 직접성 여부 및 강도를 따져 보는 것이 필요하다.

(1) s요소와의 결합

당해 t요소가 s요소를 원인이나 이유로 제시된 경우 그것이 직접 결합하고 맥락적으로 연결될 경우 50%의 확률로 격상될 수 있다. 예를 들면 '교회 종소리를 듣고(s) 08:20이라고 생각했다(t)'고 하면, s요소와 t요소는 '직접 결합(s*t)'되고 그것이 맥락적으로 연결되므로 s요소의 확률로 격상될 수 있다. 그런데 그 s요소가 객관적 정황과[298] 부합할 경우에는 일반적인 d요소에 대한 정도인 75%까지 격상된다. 즉, 당시 교회 종소리가 울린 것이 객관적으로 확인이 되면 이 경우 t요소의 주관성은 치유되고, 객관성을 갖게 된다고 할 수 있다. 그러나 '교회 종소리를 듣고 나서(s) 한 10분쯤 돼서(t)'는 같은 s+t라 하더라도 그것이 '직접 결합되는 것이 아니므로(s+t)' 여전히 비록 교회 종소리가 울린 것이 확인되더라도 그것만으로는 아직 객관성을 획득하였다고 보기 어렵다.[299]

297) 위의 책, 63쪽.
298) 여기서 객관적 정황은 ① 과학적 사실에 부합하는 것 ② 해당 분야 전문가 의견과 일치하는 것 ③ 일반적 지식에 부합하는 것 ④ 사회생활상의 경험 등이 해당할 수 있다; 김종률, 「합리적 심증과 과학적 사실인정」, 66쪽.
299) 김종률, 앞의 책, 67쪽.

(2) d요소와의 결합

당해 t요소가 d요소를 원인이나 이유로 해서 제시될 경우 그것이 '직접 결합(d*t)'하고 맥락적으로 연결될 경우 예를 들면 '그때 막차를 탔으니(d) 23:00경이었다.(t)' 같은 경우 이때 t요소는 바로 객관성을 가지므로 75%의 진술로 격상할 수 있다. 그렇지만 '전화를 받고 나서(d), 한 10분쯤 지난 후(t)'라고 한 경우처럼 같은 d+t의 형태라도 d와 t요소가 '직접 결합되지 아니한 경우'에는 비록 전화를 받은 사실이 확인되더라도 그것만으로 주관성은 치유되지 아니한다. 그러므로 이런 주관성이 치유되고, 객관성이 승격하려면 '전화를 받고 나서(d), 한 10분쯤 지난 후(t) 다시 인터폰을 받고(d)'처럼 d+t+d의 형식이 되어야 할 뿐만 아니라, 다시 이들 d요소들이 객관성을 검증받아야 한다.

3) 현실성 검증

진술의 객관성 검증이 끝나면 진술의 현실성을 검증한다. 대개의 경우 진술의 현실성은 직관적으로 그 타당성을 확인할 수 있겠으나, 그렇지 않은 경우에는 진술 내 행동인 d요소를 중심으로 하여 현실적으로 직접 검증해 봐야 한다.

사건에서 증인 A에 대한 진술요소 중 d요소만을 시간 순으로 정리한 것이 다음과 같다고 해보자.

08:20	**710호 복도 쪽에서 연기 목격**
	710호 집주인에게 인터폰으로 연막탄 사용 여부 확인
	1208호에서 연기가 난다는 인터폰 받음
20분간	**10층에서 8층까지 연기 나는 곳 찾아다님**
8:40	**707호 집주인이 연기 나는 곳 알려줌**

또한 증인 C가 "8:45경 아들을 8:50 버스를 태워 주려고 집에서 나서고, 9:00경 아들을 데려다 주고 돌아오는 길에 연기를 목격하고, 마침 8층에서 경비원은 증인 C의 목소리를 듣고 연기 나는 곳을 알려 주었다."라고 했고, 증인 C의 진술에 의거 8:40경의 시간 추정이 09:00경으로 보는 것이 타당해졌다면, 우리는 증인 A가 행동한 시간을 현실적으로 실험하고 그것을 통해 현실성을 확인하는 것이 필요하다.[300)] 즉, 증인 C의 진술 등에 미루어 아파트 7층에서 버스 타는 곳까지 걸리는 시간, 1208호에서 연기가 난다는 인터폰을 받는 데 걸리는 시간, 710호에 인터폰을

300) 김종률, 앞의 책, 71쪽.

하는 데 걸리는 시간 등에 대하여 현실적으로 걸리는 최소 시간을 평가할 필요가 있다. 이러한 현실성 검증이 이루어진 연후에야 비로소 합리적인 심증형성이 가능하다.

Ⅲ. 진술분석 기법

앞에서 본 것처럼 증인의 진술을 전체적으로 평가할 경우 진술의 진실성, 객관성, 관찰감수성의 척도를 적용할 수 있다. 그러나 이러한 척도는 당해 진술의 신빙성을 일반적으로 평가하는 것이지만, 진술의 대부분은 사실과 부합하고 극히 일부만 사실과 부합하지 않는 경우가 많기 때문에[301] 이러한 일반적인 평가만으로는 구체적인 신빙성의 판단으로는 부족한 면이 있다. 이에 따라서 진술 그 자체에 대한 구체적이고 개별적인 분석의 필요성이 등장한다.

이러한 요구에 따라 독일에서는 이미 1900년대에 증인 진술의 신빙성에 대한 연구가 시작되었으며, 특히 Alfred Binet와 William Stern은 진술심리학의 연구결과를 기초로 하여 증인의 진술이 학문적 관점에서 전혀 활용가치가 없다고 주장하였다.[302] 그 후 1930년대에 들어와서는 심리학에 관심을 가졌던 법관들이 실무경험을 바탕으로 증인진술을 분석하기 시작하면서 진술심리학이론은 한 단계 높은 수준에 이르게 되었다.[303] 또한 Arntzen은 실험실 내에서의 실험뿐만 아니라 경험적인 데이터를 함께 분석함으로써 진술심리학 이론을 실무로 전환시키는 데 노력했으며, 최근에는 실무가이자 학자인 Bender와 Nack이 진술심리학을 총망라한 대표적인 저서인 『법원에서의 사실확인(*Tatsachenfeststellung vor Gericht*)』을 출간하였다.[304]

진술타당성분석(Statement Validity Analysis)에 대한 법적 근거는 1954년 서독의 대법원 판결까지 거슬러 올라간다. 당시 문제가 되었던 사건은 성폭력사건으로서 증거는 진술밖에는 존재하지 않았었고 따라서 법정에서 양측의 진술에 대한 사실성이 다투어졌다. 서독법원은 당시 피고인과

301) 만약 진실의 대부분이 사실과 부합하지 않는 경우는 신빙성이 없는 것으로 판단될 가능성이 매우 높다.

302) 당시 형사재판의 전문감정에 관여했던 학자들은 감정의 대상인 진술들을 체계적으로 분석하였고, 진술의 신빙성에 심각한 우려를 나타내는 연구결과를 발표하기도 하였다; 박노섭, 「독일 사실인정론에 관한 연구와 그 시사점」, 『형사정책연구』 제18권 제1호, 2006, 274쪽.

303) 『심리학적 증거조사활동(*Psychologisch Beweisführung*)』을 저술하였던 당시 지방법원장 Leonhard 판사가 그 대표적인 인물이었다. 또한 1951년 지방법원장이었던 Hellwig의 『사실확인을 위한 심리학과 신문기법(*Psychologie und Vernehmungstechnik bei Tatbestander mittlungen*)』(Stuttgart, 1951)이라는 저서는 오늘날까지 진술심리학의 표준교본으로 자리 잡고 있다; 박노섭, 「독일 사실인정론에 관한 연구와 그 시사점」, 『형사정책연구』 제18권 제1호, 2006, 274쪽.

304) 박노섭, 「독일 사실인정론에 관한 연구와 그 시사점」, 『형사정책연구』 제18권 제1호, 2006, 274쪽.

증인이었던 피해자의 진술을 법정-임상적 방법으로 분석토록 하여 그 신빙성을 가리고자 하였으며, 이후 진술의 타당성을 가리고자 하는 시도가 독일을 포함한 유럽의 법정에서 일반적으로 수용되는 절차가 되었다.[305] 특히 Undeutsch는『법심리학』이라는 저서를 통해서 증인에 대한 일반적인 신빙성 평가에서부터 구체적인 진술의 특별한 신빙성에 이르기까지 진술내용을 구체적으로 분석하였다(소위 진술분석).

한편 미국에서 일반적으로 재판상 증인의 진술을 분석하는 방법으로는 어느 정도 검증된 진술 또는 진술서에 의한 진술내용 분석방법,[306] 진술변이 분석방법, 진술비교 분석방법, 모사준거집단 설계, 사실성 평가(Reality Monitoring: RM) 등의 방법이 있다.

모사준거집단 설계는 꾀병 평가연구에서 주로 사용되는 모사집단 설계(simulation design)와 준거집단 설계(Known-groups design)를 혼합한 것이다. 일반적으로 모사집단설계는 참가자들에게 특정방식(예컨대, 정신병리의 가장)으로 조사자들의 질문에 응답할 것을 지시한 다음, 이들의 수행과 솔직하게 반응한 응답을 분석하는 방식으로 이루어진다. 모사집단설계의 주요 강점은 연구자가 잘 통제된 실험조건에서 체계적인 비교연구를 실시할 수 있다는 점이다. 그러나 동시에 모사집단 설계의 가장 큰 단점은 실제 임상, 혹은 사법장면에서의 피조사자의 반응과는 거리가 있는 반응만을 수집하게 되므로 일반화의 취약성이 존재한다는 것이다.[307]

한편 준거집단 설계방법은 실제로 법정임상 실무에서 특정한 임상증세를 지닌 자와 지니지 않은 자를 비교하는 방법이다.

한편 RM방법은 실제 경험한 사건에 대한 기억이 지각적 정보처리과정을 거치기 때문에 실제 경험한 사실은 더 많은 지각정보(perceptual information), 즉 시각적으로 세부적인 정보, 소리, 냄새, 맛, 신체적인 감각들을 포함하고 있다는 전제에서 출발하였다.[308] 그러나 RM의 경우도 표준화된 준거들이 존재하지 않는 실정이며 타당성을 검증한 기존의 선행연구들에서도 서로 다른 준거들이 사용되고 있다. 또한 각각의 준거가 실제 사건의 거짓 탐지에 있어 얼마나 효율적인지에 대한 검증은 미비한 상태이다. 특히 RM을 통해서는 진술인이 동기적인 측면을 평가할 수 없으며 진술인 자신이 실제로 알고 있는 사실과 다르게 이야기하거나 단지 일부의 내용을 생략하는 경우에는 진술의 신빙성을 평가하기 어렵다는 지적을 받고 있다.[309]

---

305) 이수정,「아동 성폭력 피해 진술에 대한 신빙성 분석도구들의 타당도 연구」,『한국심리학회지』 제24권 제2호, 2010, 106쪽.

306) SCAN(Scientific Content Analysis), CBCA(Criteria Based Content Analysis) 등이 이에 해당한다.

307) 이수정, 앞의 책, 106쪽.

308) 이수정, 앞의 책, 107쪽.

309) 이재웅·조은경,「목격자 진술에 대한 SCAN기법의 타당성 연구」,『한국심리학회지』 제24권 제2호, 2010, 152쪽.

한편 대검찰청을 중심으로 진술분석에 대한 연구가 진행되어 왔다. 특히 법무연수원은 지난 2010년 7월 15일 경기도 용인 연수원에서 '진술·증거분석연구센터' 개소식을 열고 새로운 조사·신문기법과 진술·증거분석기법 연구에 착수했다. 센터는 조사·신문역량에 대한 표준을 설정하고 객관적 평가체계를 마련함으로써 검찰의 수사역량을 강화하고 증거와 사실, 증명과정에 대한 체계적 연구 및 관련 교육 인프라를 구축할 목적으로 설립됐다.[310)]

미국의 경우에는 일부 법원에서 활용되다가 진술의 내용적 사실성을 분석하던 준거기반내용분석(Criteria Based Content Analysis: CBCA)과 과학적 내용분석(Scientific Content Analysis: SCAN)을 중심으로 진술증거의 신빙성 분석이 진행되었다.

CBCA는 진술타당도평가(Statement Validity Assessment: SVA)를 위한 진술분석 도구이며, SCAN은 추후 조사를 위한 진술분석도구라고 할 수 있다.[311)] CBCA는 "실제 사건으로부터 얻어진 진술은 허구 또는 상상으로부터 얻어진 진술과는 질적인 차이가 있다."는 Undeutsch 가설에 기반한다. 반면에 SCAN은, 진실한 사람이든, 거짓된 사람이든, 스스로 생각하여 수사관에게 알려도 된다고 판단하는 정보만을 제공하여 자신이 겪은 사건을 스스로 편집하여 진술하는 경향이 있다. 따라서 진실한 진술에서는 내용이나 구조가 비교적 일관되지만, 거짓 진술의 경우에는 그렇지 않다는 논리에 기초하고 있다. 이러한 논리는 이스라엘의 전직 폴리그래프 검사관이었던 Sapir에 의해서 1987년에 개발되었다. Sapir는 진술에 있어서 사회적 소개(social introduction)의 개념을 강조하면서 거짓의 의사소통을 하는 사람들이 사용하는 언어적 행동에 기초하여 진술의 내용과 구조를 통해 진술의 진위를 확인하는 방법에 대해 연구하기 시작하였으며 범죄사건의 용의자, 피해자 혹은 목격자에게 진술을 얻어내고 이를 분석하는 방법인 SCAN을 개발하였다.[312)]

이러한 SCAN은 다음과 같은 기본 가정을 근거로 발달하였다.[313)]

첫 번째 기본 가정은 진실한 사람과 거짓인 사람 사이에는 차이가 있고 진실한 이야기는 진술의 내용과 구조에 있어서 서로 모순이 없어야 한다는 것이다. SCAN 기법에서는 이 가정을 근거로 진술자의 진술 구조와 내용을 파악하고 모순을 발견한다.

두 번째 기본 가정은 거짓을 말하는 사람의 대부분은 자신이 경험한 모든 것을 거짓말하지는 않는다는 것이다. 즉, 거짓 진술자의 최소한 90%는 진실하며 진술자는 결정적인 부분에 대한

310) 인터넷 법률신문 2010. 7. 20 자.

311) 김시업·김기민, 「과학적 내용분석(SCAN)의 타당성: SCAN의 준거가 진술서 내 거짓 구역을 탐지하는 정확성을 근거로」, 『한국심리학회지』 제24호: 사회 및 성격, 2010, 203쪽.

312) 이재웅·조은경, 앞의 책, 153쪽.

313) 이재웅·조은경, 앞의 책, 153쪽.

정보를 고의로 생략하거나, 잊어버린 척하거나, 혹은 모르는 척한다는 것이다. 또한 사람들은 자신이 실제로 경험한 모든 것을 이야기하지 않고 진술을 청취하는 사람에 따라 어떤 이야기를 할지를 선택하고 어떻게 이야기할지 편집하여 진술을 한다. 특히 수사기관에서의 진술자는 자신의 진술을 듣거나 읽게 될 조사자가 알고 싶어 한다고 생각되는 중요한 내용만을 진술에 포함시키는 경향이 있다. 따라서 SCAN 기법을 적용하여 진술을 평가할 때는 전반적으로 진실하게 보이는 진술에서 거짓의 가능성을 내포하는 부분을 찾아내는 것이 목적이다.[314)]

세 번째 가정은 모든 사람들이 각자 자신이 사용하는 언어에 대한 규칙을 가지고 있기 때문에 진술할 때 사용한 각 단어에 대한 의미가 진술자와 진술평가자 사이에 차이가 있을 수 있다는 것이다. 따라서 진술자의 언어 사용에 있어서의 규칙을 파악하는 것은 진술의 신빙성을 평가함에 있어서 중요한 전제가 된다. 또한 진술에 사용한 단어에 대한 분석결과도 중요한 정보로 활용될 수 있다. Sapir는 이러한 기본 가정을 전제로 하여 진술자에게서 수사에 활용할 수 있는 정보를 얻는 조사 면담 방법에 대한 규칙을 제시하였고, 진술자를 통해 얻어진 정보를 대상으로 문법적인 측면과 내용적인 측면을 함께 고려하여 진술을 타당성을 평가하는 SCAN 기법을 체계화하였다.[315)]

현재 진술분석의 대표적인 방법은 CBCA와 SCAN이라고 할 수 있으며, 이 두 방법은 여러 면에서 유사한 점이 많으며, 상호 보완적인 역할을 하고 있다고 할 수 있다. 그러나 SCAN 기법은 다른 기법들과는 달리 자술서에만 나타날 수 있는 몇 가지 준거(예컨대 자발적 수정, 진술의 구조 등)를 포함하고 있기 때문에, 구두의 진술보다는 자술서에 좀 더 특화되어 있다고 할 수 있다. 즉, SCAN 기법은 자술서를 분석할 경우 진술의 진실과 거짓을 분별하는 데 좀 더 유리할 수 있다는 것이다.[316)]

---

314) 이재웅·조은경, 앞의 책, 153쪽.
315) 이재웅·조은경, 앞의 책, 153쪽.
316) 자술서는 구두진술과 달리, 시간과 공간의 제약이 없으며, 조사자와 피조사자 간의 상호작용이 필수적이지 않기 때문에, SCAN은 콜드테크닉(cold technique)이라고 불리기도 한다; 김시업·김기민, 「과학적 내용분석(SCAN)의 타당성: SCAN의 준거가 진술서 내 거짓 구역을 탐지하는 정확성을 근거로」, 『한국심리학회지』 제24호: 사회 및 성격, 2010, 204쪽.

제4장

디지털 증거와 사실인정

제1절

디지털 증거의 의의

Ⅰ. 의의

증거란 사실 확인을 위해서 각 당사자에 의해서 수집되어 자신들의 주장이 옳다는 것을 심판관에게 설득하기 위하여 법정에 제출되는 정보를 말한다.[1] 법정에 제출된 정보는 다양한 형태를 가지고 있다. 예컨대 증인의 증언, 전문가의 감정, 서증, 영상 등으로 다양하다. 그런데 최근 디지털 시대와 함께 증거의 많은 부분을 차지하고 있는 것이 바로 디지털 형태의 증거이다. 이에 따라 전통적인 아날로그 증거뿐만 아니라 다양한 디지털 증거가 증거법에서 평가를 기다리고 있는 것이 현실이다. 동시에 형사절차를 둘러싸고 많은 정보들이 디지털의 형태로 변하고 있으며, 디지털 증거의 출현은 기존의 형사소송법이 유형물을 예정하여 마련하여 놓은 규범들에 대하여 재검토를 요구하고 있다.[2] 그러나 우리 형사소송 관련 규정들은 아직도 디지털 세상의 변화를 맞아들이기는 부족한 점이 너무나도 많다.[3] 단적인 예로 디지털 증거가 과연 형사소송법상 압수의 대상인 물건(형사소송법 제106조 제1항)에 포함되는지의 여부에 대해서 우리 법제는 침묵하고 있다. 현재 실무상으로는 큰 다툼 없이 디지털 증거의 압수가 허용되고 있지만, 학계에서는 디지털 증거가 압수의 대상이 되는지, 또 그 범위는 어떠한지에 대한 견해는 대립되고 있다.[4] 또한 서버에 저장되어 있으나 아직 수신자가 수신하지 않은 이메일은 압수수색의 대상인가, 감청의 대상인가에 대해서도[5] 미국법은 이에 대해 명확히 규정하여 전혀 다툼의 여지가 없지만 우리 법 — 특히 통신비밀보호법 — 의 해석에는 논란의 여지가 많다. 이러한 문제들은 근본적으로 디지털 증거의 개념이 정확히 정립되지 않은 데서 출발하고, 이것은 아마도 디지털의 개념 자체가 변화 가능성을 지닌 개념인 데서 유래하는 것으로 볼 수 있다.

---

1) Steve Uglow, *Evidence*, Sweet & Maxwell, 2006, p. 22.
2) 이윤재, 「디지털 증거의 압수·수색과 증거능력」, 『형사법의 신동향』, 2009 171쪽.
3) 박혁수, 「개정 형사소송법상 디지털 증거의 증거능력」, 해외연수검사 연구논문, 2009. 7, 8쪽.
4) 디지털 증거에 대한 압수·수색에 관한 최근의 논의로는 조국, 「컴퓨터 전자기록에 대한 대물적 강제처분의 쟁점」, 『형사정책』 제22권 제1호, 2010. 7, 99쪽 이하; 조석영, 「디지털 정보의 수사방법과 규제원칙」, 『형사정책』 제22권 제1호, 2010. 7, 75쪽 이하 참조.
5) 박혁수, 앞의 책, 9쪽.

Ⅱ. 디지털 증거의 개념

디지털 증거의 개념에 대해서는 ① 각종 디지털 매체에 저장되거나 네트워크 장비 및 유·무선 통신상으로 전송되는 정보 중 그 신뢰성을 보장할 수 있어 증거로서의 가치를 지니는 디지털 정보라는 견해[6] ② 범죄와 피해자 또는 범죄와 가해자 사이의 연결고리를 제공할 수 있는 모든 디지털 데이터를 말하는 것으로, 여기에서 디지털 데이터란 전통적 의미의 컴퓨터상에 있는 데이터뿐만 아니라 이진 형태로 저장되거나 전송될 수 있는 모든 텍스트, 이미지, 오디오 및 비디오 데이터를 포함한다는 견해[7] ③ 디지털 형태로 저장되거나 전송되는 범죄증거로서의 가치가 있는 정보라는 견해[8] ④ 이진법의 디지털 형식으로 처리, 저장, 전송되고, 증거가치 있는 전자적 정보라는 견해[9] 등으로 다양하게 제시되고 있다. 특히 ④의 견해에서는 디지털 증거의 개념요소를 다음과 같이 제시하고 있다.

이에 따르면 첫째, 디지털 방식으로 처리되는 정보만이 디지털 증거가 될 수 있다. 둘째, 현재의 디지털 포렌식은 이진수로 표시되는 디지털 정보만을 대상으로 하고 있다. 이론상 10진수로 표현되는 디지털 정보가 존재할 수 있지만, 그러한 디지털 정보는 이진법의 디지털 방식을 채택하고 있는 오늘날의 디지털 전자기기와 호환이 어려우므로 디지털 정보의 일반적인 특징으로 거론되는 무한복제성, 대량성, 초국경성 등의 특성을 나타낼 수 없다. 반대로 이진수로 표시되는 디지털 정보이면 그 매체와 상관없이, 그리고 변환되기 전의 아날로그 정보가 어떤 종류의 것인지(영상인지 사진인지 음성인지)를 묻지 않고 모두 디지털 증거가 될 수 있다. 셋째, 처리 중인 정보, 저장된 정보, 전송 중인 정보 모두 디지털 증거가 될 수 있다. 다만, 매체의 물리적 특성으로 그 수집방법 등에 차이가 있을 뿐이다. 넷째, 디지털 증거가 되는 정보는 전자적 정보에 한정된다. 전자기기에 의해 처리될 수 없는 비전자적 정보는 비록 디지털 방식의 정보라고 할지라도 디지털 증거가 될 수 없다. 광디스크인 CD나 DVD에 저장된 광학적 정보도 결국은 광다이오드 등에 의해 전기신호로 변환되어 처리되므로 전자적 정보에 포함된다. 다섯째, 디지털 정보 중 증거가치가 있는 정보만이 디지털 증거가 될 수 있다. 증거는 어떤 사실의 존재 또는 부존재를 증명하는 힘이 있을 때에만 의미를 가지기 때문이다.[10]

---

6) 탁희성·이성진, 「디지털 증거분석도구에 의한 증거수집절차 및 증거능력 확보방안」, 한국형사정책연구원 연구총서 06-21, 2006, 34쪽.
7) 양근원, 「형사절차상 디지털 증거의 수집과 증거능력에 관한 연구」, 경희대학교 박사학위 논문, 2006, 21쪽.
8) 조상수, 「디지털 증거의 법적 지위 향상을 위한 무결성 보장 방안」, 『형사법의 신동향』 제27호, 2010, 68쪽; 전명길, 「디지털 증거의 수집과 증거능력」, 한국법학회 동계학술대회 발표집, 2010, 4쪽.
9) 박혁수, 앞의 책, 20쪽.

생각건대 디지털과 아날로그가 공존하고 있는 현시점에서 아날로그 증거도 디지털 형태의 정보로 전환될 수 있다. 예컨대 대부분의 사진은 디지털 사진기로 촬영된다. 그리고 디지털 사진기로 촬영한 사진을 타인에게 전송하거나 컴퓨터에 보관한다. 이때 사진을 인화하면 그 인화된 사진은 비로소 아날로그 사진이라고 할 수 있다. 또한 여권사진이 필요하여 사진관에 가는 경우에 사진관에서는 단골손님의 사진을 이미 자신들의 컴퓨터 안에 보관하고 있기 때문에, 고객의 요구에 맞추어서 인화를 하기만 하면 된다. 이처럼 우리의 생활은 사실상 디지털 문화를 특별한 인식 없이 받아들이고 있다. 따라서 디지털 증거도 일반 시민의 인식과 관련하여 파악할 필요가 있다. 이러한 관점에서 볼 때 디지털 증거는 '디지털 매체에 보관되어 있거나 디지털 매체를 통하여 전송되는 정보'라고 정의하는 것이 옳다고 본다. 따라서 정보의 내용에 따라서 디지털 증거와 아날로그 증거를 구별하는 것은 설득력이 없다. 예컨대, 갑이 자신의 여권사진을 수첩에 넣어 가지고 다니다가 범죄를 저지르는 중에 수첩을 분실하였고, 이 수첩 속에 있는 사진이 중요한 증거가 된다면 이 사진은 아날로그 증거에 해당한다. 그러나 갑이 자신의 여권사진을 스캔을 떠서 타인에게 전송하는 경우에는 스캔된 사진은 일종의 디지털 증거라고 할 수 있다. 디지털 증거는 특정한 정보를 담고 있는 저장매체 또는 특정한 정보를 전송하는 전송매체가 디지털의 형태를 가지고 있는 경우가 디지털 증거라고 할 수 있다. 결국 디지털 증거는 디지털 '매체'라는 형식적 요소와 '정보'라는 내용적 요소로 구성되어 있다.

제2절

디지털 증거의 분석과 사실인정

Ⅰ. 사실인정의 과정

대부분의 디지털 증거는 간접증거의 형태를 띠고 있다. 일반적으로 형사절차에서의 증명은 궁극적으로 정황증거에 의한 증명, 즉 간접증거에 의한 증명이므로, 결국 디지털 증거에 의한 사실인정도 결국은 간접증거에 의한 사실인정의 과정을 밟아야 한다.[11)]

---

10) 박혁수, 앞의 책, 20쪽.

11) 디지털 증거를 포함한 과학적 증거의 신빙성의 문제는 영국과 같은 보통법 체계뿐만 아니라 대륙법계의 실정법체계

즉, 디지털 증거에 의한 사실인정도 ① 디지털 증거로부터 간접사실을 인정하는 단계와 ② 간접사실로부터 주요사실 그 밖의 요증사실을 인정하는 단계로 나누어 볼 수 있다. 전자는 직접 증거로부터 주요사실을 인정하는 것과 동일하나, 후자는 간접사실로부터의 추인 또는 추론하는 논리적 과정을 거쳐 요증사실을 인정하는 것으로서, 그 추론의 과정에서 이를 매개하고 관통하는 경험칙이 중요한 요소로 작용한다.[12] 예컨대 폐쇄회로 카메라에 포착된 용의자의 존재로부터 용의자가 특정의 장소에, 특정의 시간에 존재하였다는 간접사실이 인정된다면, 그 간접사실로부터 요증사실과의 관계를 추론하여야 한다.

②의 과정은 추리, 추인의 과정이다. 간접사실이 주요사실을 추인시키는 힘은 필연적일 필요는 없고 논리칙상 가능하면 된다는 것이 통설이다.[13] 추리의 논리적인 형식은 통상 귀납적 형식이고, 때로는 연역적 형식이 이용되는 경우도 있다. 귀납적 추리의 경우에는 그에 따른 결론 이외에 다른 합리적 가설도 성립할 수 있다는 점에서 판단자로서는 다른 합리적인 가설을 용인할 여지가 있는지 확인할 필요가 있다. 실무적으로는 일단 유력하게 보이는 간접증거에 기하여 유죄의 심증을 형성하게 되면 이에 배치되는 피고인의 변명이나 반박을 안이하게 배척한다든가, 피고인의 변명 내지 반박 주장이 그 자체 불합리하거나 증거상 인정되지 않는 경우, 이 점을 들어 유죄의 심증을 굳히는 것이 잘못된 판단으로 이끄는 함정이 될 수 있음에도 알게 모르게 그 함정에 빠지기도 한다는 점이 문제점으로 지적된다.[14] 또한 디지털 증거를 포함한 과학적 증거에 의한 사실인정에 있어서 중요한 점은 사실인정자는 아날로그 증거에서와 마찬가지로 법관이라는 것이다. 즉, 과학적 증거의 특성상 전문가에 의한 증거평가가 중요하지만 최종적인 증거평가자와 증거에 기초한 추인과 추론을 통하여 사실의 인정여부를 판단하는 것은 여전히 법관인 것이다. 따라서 법관은 반드시 과학적 증거를 평가해야만 하고, 그 점에서 법관 역시도 과학적 증거가 문제되는 사건에서는 과학의 시행자(Trier)가 되어야만 한다는 것이다.[15]

우선 디지털 증거로부터 간접사실을 인정하는 과정은 일반적인 아날로그 형태의 직접증거로부터 주요 사실을 인정하는 과정과 거의 동일하다.[16]

에서도 공통된 이슈가 되고 있다; Erica Beecher-Monas, *Evaluating Scientific Evidence, An Interdisciplinary Framework for Intellectual Due Process*, Cambridge University Press, 2007, p. 4.

12) 김종률, 「합리적 심증과 과학적 사실인정」, 72쪽.

13) 조원철, 「간접사실에 의한 사실의 인정」, 사실인정방법론의 정립[형사재판편], 법원도서관, 2006, 62쪽.

14) 위의 책, 63쪽.

15) Erica Beecher-Monas, *Evaluating Scientific Evidence, An Interdisciplinary Framework for Intellectual Due Process*, Cambridge University Press, 2007, p. 4.

16) 조원철, 앞의 책, 60쪽.

Ⅱ. 사실인정의 전제

1. 디지털 포렌식

간접증거에 의한 사실인정의 기본구조에서, 간접사실의 인정이 적정하게 행해지는 것이 우선 중요하다. 간접사실은 추인의 기초가 되는 사실로서 그 사실을 잘못하게 되면 그 후의 추인과정은 토대를 상실하게 되기 때문이다. 그렇지만, 간접사실도 정황증거만이 아니라 진술증거에 의하여 주어지는 것이 많기 때문에 거기에는 감정을 포함한 진술증거의 신빙성 판단을 적확하게 할 필요가 있다.[17)]

이러한 필요성은 디지털 증거의 경우에도 마찬가지로 적용된다. 디지털 증거를 포함한 과학적 증거는 과학적 근거(scientific grounds) 위에서만 스스로 정당화될 수 있다. 즉, 과학적 증거는 법정에서 허용되기 전에 형사재판에 사용된 증거가 과학적으로 유효하다고 판단되는 경우에만 법원은 사실인정 과정의 질과 합리성을 담보할 수 있다.[18)]

특히 디지털 증거의 경우에는 디지털 증거 자체의 원본성 및 진실성이 많은 문제로 되기 때문에 디지털 증거에 대한 분석이 더욱 중요하다. 이러한 디지털 증거의 분석에 대한 절차와 방법을 디지털 포렌식이라고 한다. 결국 디지털 포렌식은 아날로그 증거로서의 진술분석에 상응하는 것이라고 할 수 있다.

구체적으로 말하면 디지털 포렌식은 디지털 정보가 증거로서의 가치를 인정받기 위해서 증거의 수집·보존·처리의 전 과정에서의 절차를 말한다. 이러한 디지털 포렌식은 수사관에게 디지털 증거를 수집하는 과정에서 합법적이고 과학적인 범죄 입증절차를 제시하고 있다. 또한 과학적인 절차에 의해 수집된 증거를 최종적으로 법원에 제출함으로써 범죄사실의 증명을 한층 강화하고 있다. 따라서 디지털 포렌식은 단순히 디지털 범죄수사를 위한 과학적인 방법 및 절차를 연구하는 학문에서 한발 더 나아가 디지털 증거의 증거능력을 부여하기 위한 소송법적 영역의 한 분야를 이루는 학문이다.[19)] 또한 궁극적으로는 법관의 사실인정을 위한 전제를 제공하는 것이라고 할 수 있다.[20)]

---

17) 김종률, 앞의 책, 72쪽.
18) Erica Beecher-Monas, *op. cit.*, p. 121.
19) 권양섭, 「디지털 포렌식 법률체계 구축 방안」, 『법학연구』 제35집, 2009, 358쪽.
20) 포렌식 사실인정은 기존의 아날로그 증거를 통한 사실인정에서 보다 훨씬 더 복잡하며, 논쟁적이다; Paul Roberts/Adrian Zuckerman, *Criminal Evidence*, p. 133.

그러나 우리 형사소송법은 여전히 물리적 증거를 기반으로 하는 체계를 그대로 유지하고 있어서 디지털 포렌식에 의한 증거수집에는 법률적 한계가 존재한다.

디지털 증거를 전제로 하는 사실인정의 과정을 형사절차의 시간적 흐름에 따라 구성하면 다음과 같다. ① 압수·수색에 대한 법적 근거가 존재해야 하며 ② 증거의 제출단계에서는 수집된 증거가 법정에서 증거로서 허용 가능해야 하고 ③ 증거평가의 단계에서는 디지털 포렌식에 대한 신뢰성 문제가 선결되어야 증거로서의 가치를 인정받을 수 있다.

1) 디지털 증거의 압수·수색

압수란 물건의 점유를 취득하는 강제처분을 말하며, 수색이란 압수할 물건 또는 체포할 사람을 발견할 목적으로 주거·물건·사람의 신체 또는 기타 장소에 대하여 행하는 강제처분을 말한다. 증거 수집은 일반적으로 압수·수색을 통하여 이루어지며, 증거에 대한 압수·수색은 모든 증거에 대해 공통적으로 인정된다. 디지털 포렌식에 의한 증거수집도 형사소송법상의 압수·수색에 의해 이루어져야 한다. 따라서 디지털 증거에 대한 압수·수색의 법적 근거는 디지털 포렌식의 선결문제이다. 그러나 형사소송법은 압수의 대상으로 '증거물' 또는 '몰수물'을 규정하고 있고, 수색의 대상으로는 '신체, 물건, 주거 기타 장소'를 규정하고 있다. 이는 일반적으로 유체물이나 물리적 장소를 의미한다. 그러나 디지털 증거는 유체물이 아니기 때문에 직접적인 압수·수색의 대상이 될 수 있는지에 대해서 견해의 대립이 있다.[21)]

2) 디지털 포렌식의 신뢰성

디지털 포렌식에 의해 수집된 증거가 법정에서 허용될 수 있는 자격을 부여받게 되면 다음으로는 해당 증거가 갖는 증명력을 판단하기 위하여 신뢰성을 평가하게 된다. 디지털 증거의 신뢰성의 문제는 아날로그 증거와 마찬가지로 과학적 증거의 허용성 판단의 문제와 같은 맥락에서 이루어진다.[22)]

과학적 증거가 허용되기 위해서는 과학적 법칙과 그것을 이용한 과학적 검사 기술의 타당성이 인정되어야 한다. 그리고 과학적 증거는 그 전제가 되는 이론이나 기술이 타당한 것이라고 하더라도 구체적 사례에서의 그 적용의 타당성이 인정되지 않으면 신뢰성을 확보할 수 없다. 따라서 기술의

---

21) 압수·수색의 대상이 유체물인 저장매체가 아니고 저장장치 내에 기록된 디지털 데이터 그 자체일 때 물리적으로 관리 가능한 유체물을 전제로 규정하고 있는 현행 형사소송법 제106조 및 제109조의 압수·수색에 관한 규정을 그대로 적용할 수 있는지가 문제된다; 권양섭, 「디지털 포렌식 법률체계 구축 방안」, 『법학연구』 제35집, 2009, 360쪽.
22) 권양섭, 앞의 책, 361쪽.

정당한 적용이 인정되어야 한다.[23)]

디지털 포렌식은 과학적 수사기법이므로 과학적 증거의 허용성 요건은 디지털 증거에도 그대로 적용될 수 있다.[24)] 디지털 포렌식에 의해 디지털 데이터가 수집되고 분석되었을 때, 증거로서의 내용을 그대로 반영하고 있는지를 판단하기 위해서는 첫째, 수집·분석 시 사용하였던 실험방법이나 검사법을 신뢰할 수 있어야 한다. 그리고 둘째, 분석과정에서의 구체적인 실험 내지 검사의 방법이 정확하게 적용되었다는 것이 입증되어야만 한다. 따라서 신뢰성에 대한 입증을 위해서는 기본적으로 디지털 포렌식 절차 및 도구, 조사관에 대한 신뢰성이 전제되어야 한다.[25)]

2. 디지털 증거의 허용가능성

우리나라나 일본의 경우에는 형사소송법 등에 간접증거의 적격에 관한 규정을 두고 있지 않지만, 영미에서는 정황증거(circumstantial evidence)의 허용성(admissibility)과 관련성(relevancy)의 문제로서 일찍부터 논의되어 왔다. 그 중에서도 대표적인 예가 유사사실증거(similar evidence) 및 성격증거(character evidence)에 의한 입증금지원칙을 설정하여 증거적격에 제한을 가하는 것이다.[26)]

이는 증거의 허용성 여부를 결정하는 법관과 채택된 증거를 판단하여 심증을 형성하는 배심의 역할이 분리된 영미법의 특성에서 유래한다.[27)] 증거의 허용성은 어떤 증거가 증거법상 적법하게 채택될 수 있는 것을 말한다. 만약 증거의 허용성이 없는 경우에는 배심에게 제시될 수 없게 된다. 따라서 증거의 허용성은 사실상 우리 형사소송법의 체계상으로는 증거능력의 개념과 유사하다.[28)]

형사소송법 제307조는 사실의 인정은 증거에 의하도록 규정하고 있다. 증거는 증거능력을 갖춘 것이어야 한다. 증거능력은 법원에 현출되어 법원이 사실인정을 위한 자료로 사용할 수 있는 법률상의 자격을 말한다. 한편, 증거의 관련성이란 증거로서 요증사실을 추리할 수 있는 개연성을 의미한다.[29)] 어떤 증거에 의하여 직접 인정되는 사실로부터 다른 사실(요증사실)의 존부를 추리할 수 있는 개연성을 갖는 경우에 그 증거는 관련성이 있는 것으로 평가된다.

---

23) 노명선, 「전자적 증거의 실효적인 압수·수색 증거조사 방안연구」, 대검찰청, 2007, 60쪽 이하.
24) 권양섭, 앞의 책, 361쪽.
25) 디지털 포렌식에 관한 표준절차를 마련하고, 중립기관에 의해 절차 및 포렌식 도구가 검증되고, 자격인증제를 통하여 포렌식 전문가가 양성되는 제도하에서 디지털 포렌식의 신뢰성이 확보될 수 있다; 권양섭, 「디지털 포렌식 법률체계 구축 방안」, 『법학연구』 제35집, 2009, 362쪽.
26) 권창국, 「간접증거(정황증거)에 의한 사실인정 성격 및 전과 등 유사사실 증거에 의한 범죄사실 입증 가능성」, 『Jurist』 제386호, 2002, 93쪽.
27) 조원철, 앞의 책, 66쪽.
28) 조원철, 앞의 책, 66쪽.
29) 특히 과학적 증거에 있어서는.

특히 형사재판에 있어서는 구성요건에 해당하는 사실은 엄격한 증명에 의하여 이를 인정하여야 하고, 증거능력이 없는 증거는 구성요건 사실을 추인하게 하는 간접사실이나 구성요건 사실을 입증하는 직접증거의 증명력을 보강하는 보조사실의 인정자료로서도 허용되지 아니한다.[30] 따라서 디지털 증거의 경우에도 당연히 허용성이 없는 증거는 사실인정의 자료로 사용되어서는 아니 된다.

'사물의 통상적인 경로(in the common course of events)'에 따라 어떤 사실의 존재 또는 부존재가 그 자체로서 또는 다른 사실과 결합하여 요증사실의 존재 또는 부존재를 확실하게 한다면 그 사실은 요증사실과 관련이 있는 것으로 된다. 그러므로 관련성의 문제는 증거능력의 문제라기보다는 최소한의 증명력이라고 할 수 있다.[31] 영미증거법상 관련성이 있는 증거는 다른 증거법칙에 저촉되지 아니하는 한 원칙적으로 허용성이 인정되나, 부당한 편견을 일으킬 위험이 있거나 쟁점의 혼란을 일으킬 위험이 있는 증거는 관련성이 있더라도 허용되지 아니한다.[32]

이러한 간접증거에서의 허용성과 관련성의 문제는 디지털 증거의 경우에도 그대로 적용된다.

증거능력은 증거평가의 첫 단계로서, 만약 증거능력이 없으면 처음부터 법정에 증거로 제출되어 증거조사를 하는 것조차 허용되지 않는다. 디지털 증거의 허용성으로서의 증거능력과 관련해서는 원본유지성, 진정성, 무결성, 전문법칙의 적용여부, 신뢰성, 관련성 등의 문제가 등장한다.[33] 이러한 증거능력과 관련된 문제들은 디지털 증거의 개념·특징과 결합되어 있는 문제들이다. 즉, 디지털 증거는 디지털 매체 안에 저장되어 있는 정보이기 때문에 디지털 매체의 증거능력과 동시에 매체에 저장되어 있는 정보의 증거능력이 검토되어야 한다. 또한 디지털 증거의 비가독성 또는 비가시성은 출력을 통하여 가시적인 서면 또는 물체로 변환되어야 하기 때문에 변환된 서면 또는 물체의 증거능력이 검토되어야 한다. 그리고 디지털 증거 자체가 복제가능성이 다른 증거에 비해서 상대적으로 높기 때문에 원본성의 문제가 제기된다. 또한 디지털매체에 대한 약간의 조작을 통해서라도 원래의 정보가 변형될 가능성이 높기 때문에 진정성과 신뢰성의 문제가 등장한다. 그리고 디지털 증거를 전문증거로 볼 수 있을 것인가의 여부 때문에 전문법칙의 적용여부가 검토되어야 한다.[34]

30) 대법원 2006. 12. 8. 선고 2006도6356 판결.

31) 조원철, 앞의 책, 67쪽.

32) 이는 개개의 구체적인 사건에서(case by case) 당해 증거가 보유한 증명력과 이를 증거로 허용함으로써 발생할 수 있는 편견 발생이나 쟁점, 혼란 등의 위험에 대한 비교형량을 통하여 결정된다; 조원철, 「간접증거에 의한 사실의 인정」, 67쪽.

33) 한편 Byron Collie는 *Computer and Intrusion Forensic*에서 전자증거를 법정에서 증거화하기 위해서는 허용성, 진정성, 무결성, 신뢰성, 신빙성의 요건이 충족되어야 한다고 주장한다; 한상구, 「디지털 증거의 증거능력에 관한 연구 -미국의 입법례와 사례를 중심으로 우리나라 형사소송법 개선방안까지」, 2009. 9, 2쪽; http://www.google.co.kr/; 2011. 1. 7. 17:55 방문.

34) 다만 이러한 요건들은 비단 디지털 증거에만 국한되는 문제가 아니다. 다만, 주로 가시적인 유형물의 형태로 존재하

1) 원본유지성

원본유지성은 디지털 증거가 매체의 변화에도 불구하고 최초로 생성된 내용의 변함이 없어야 함을 의미한다. 원본유지성을 일반적으로 원본성이라고 부르기도 한다. 그러나 디지털 증거는 앞에서 본 것처럼 아날로그 자료와 달리 값만 동일하면 반복된 복사과정에서도 질적 저하가 없다. 따라서 원본성의 의미는 아날로그 증거의 원본성과 달리 평가되어야 한다. 즉, 매체의 변화에도 불구하고 그 정보의 내용이 동일함이 디지털 증거의 원본성이며, 이는 사실상 원본유지성으로 부르는 것이 타당하다고 본다. 대법원도 '원본을 그대로 복사한 것이라는 입증이 없는 이상 ……'이라고 하여[35] 사실상 원본유지성을 요건으로 보고 있다고 해석할 수 있다. 또한 대법원은 이러한 원본성을 다른 판례에서는 자료의 동일성이라고 표현하고 있다.[36] 사실 디지털 증거는 아날로그 증거에 비하여 조작되고 왜곡될 위험성이 훨씬 높다. 그리고 조작된 증거는 사실확인자(fact finder)에게 생생하게 전달되어 사건의 실체에 대한 왜곡된 심증을 형성하게 할 가능성이 매우 높다. 따라서 원본성을 유지하는 것은 증거능력 판단에 있어서 매우 중요한 관건이 아닐 수 없다.

따라서 원본유지성의 판단기준이 중요한 문제로 등장한다. 미국 연방증거규칙에서는 '데이터가 컴퓨터 또는 동종의 기억장치에 축적되어 있는 경우에는 가시성을 가지도록 작출한 출력인쇄물 또는 산출물로서 데이터의 내용을 정확히 반영하고 있다고 인정되는 것은 원본으로 본다.'라고 규정하고 있다(동 규칙 제1001조 제3호). 이에 따르면 데이터 내용이 최초의 제작물과 일치하는 경우에는 그 원본성을 인정한다는 것으로 해석할 수 있으며, 사실상 원본유지성을 명문화하고 있는 것으로 보인다. 이러한 명문의 규정이 없는 우리의 경우에는 대법원 판례가 제시한 것처럼 '컴퓨터의 기계적 정확성, 프로그램의 신뢰성, 입력·처리·출력의 각 단계에서 조작자의 전문적인 기술능력과 정확성'이 담보되는 경우에 인정된다고 할 수 있다.

한편 우리의 현행 형사소송법은 영미 증거법상의 최량증거원칙(Best Evidence Rule)을 채택하고 있지 않고, 형사소송규칙 제134조의 7에 의해서 디지털 증거의 제출방법이 입법적으로 해결되었기 때문에 굳이 원본성을 다툴 실익이 없고, 형사소송법상 디지털 증거의 원본성은 특별한 독자적

는 전통적인 증거들에 대해서는 위 요건들이 특별히 문제되지 아니하므로 상대적으로 그 논의가 빈약할 뿐이다; 박혁수, 『개정 형사소송법상 디지털 증거의 증거능력』, 해외연수검사 연구논문집, 2009, 52쪽.

35) 대법원 2007. 3. 15. 선고 2006도8869 판결.

36) 대법원 2007. 12. 13. 선고 2007도7257 판결: 압수물인 디지털 저장매체로부터 출력된 문건이 증거로 사용되기 위해서는 디지털 저장매체 원본에 저장된 내용과 출력된 문건의 동일성이 인정되어야 할 것인데, 그 동일성을 인정하기 위해서는 디지털 저장매체 원본이 압수된 이후 문건 출력에 이르기까지 변경되지 않았음이 담보되어야 하고 특히 디지털 저장매체 원본에 변화가 일어나는 것을 방지하기 위해 디지털 저장매체 원본을 대신하여 디지털 저장매체에 저장된 자료를 '하드카피'·'이미징'한 매체로부터 문건이 출력된 경우에는 디지털 저장매체 원본과 '하드카피'·'이미징'한 매체 사이에 자료의 동일성도 인정되어야 한다.

의미를 가지지 못한다는 견해도 있다.[37]

생각건대 형사소송규칙 제134조의 7은 제1항에서 '컴퓨터용 디스크 그 밖에 이와 비슷한 정보저장 매체에 기억된 문자정보를 증거자료로 하는 경우에는 읽을 수 있도록 출력하여 인증한 등본을 낼 수 있다.'라고 규정하고 있다. 이 규정은 디지털 증거 그 자체의 원본성 여부에 관한 규정이 아니라 법정에 증거조사를 위해서 제출하는 경우의 법정에서의 현출방법을 규정하고 있다. 그러나 원본유지성은 저장매체 또는 전송매체와 상관없이 정보의 내용이 일치하여야 함을 말한다. 따라서 현재의 형사소송절차에서도 원본유지성의 요구는 그 의미가 있다고 보아야 할 것이다.

2) 진정성과 무결성

디지털 증거의 진정성은 제출된 증거가 저장·수집과정에서 오류가 없으며, 특정한 사람의 행위의 결과가 정확히 표현되었고 그로 인해 생성된 자료인 것임이 인정되어야 한다는 것을 말한다.[38] 이러한 진정성은 디지털 증거의 강한 휘발성과 더불어 조작이나 변경이 매우 쉽다는 점 등에서 요구된다. 미국 연방증거규칙 901(a)는 '증거허용의 전제조건으로서 진정성 인정의 요구는 연관된 사실이 증거의 옹호자가 주장하는 것과 일치한다는 것을 지지하기에 충분한 증거에 의해 충족된다.'고 규정하고 있으며, 규칙 901(b)(9)는 프로세스나 시스템에 관한 진정성 인정을 예시하며 '어떠한 결과를 산출한 프로세스나 시스템을 묘사하거나 그 프로세스나 시스템이 정확한 결과를 산출했다는 것을 보여 주는 증거'를 들고 있다.

한편 진정성(Authenticity)과 무결성(Integrity)을 구별하는 견해가 있다. 이에 의하면 디지털 증거의 무결성이라 함은 디지털 증거가 다른 증거와 달리 변경, 훼손이 아주 용이하다는 특징이 있으므로 최초의 저장된 매체에서 법정에 제출되기까지 변경이나 훼손이 없었다는 점이 입증되어야 하는 것,[39] 또는 디지털 증거가 법정에서 그 지위를 제대로 인정받기 위해서 디지털 증거를 수집·보존·분석하는 일련의 과정에서 위·변조되지 않았다는 것을[40] 의미한다. 그리고 진정성의 문제는 특정인의 행위의 결과가 정확히 표현되도록 만들어졌는지, 즉 최초 생성(성립) 과정의 순수성을 주로 다루고, 동시에 그 이후의 자료의 저장·수집·보존·제출의 과정에서 결과적으로 오류가 발생하지 않았는지를 다루는 문제임에 반해서, 무결성의 문제는 증거 처리 전반의 순수성을 다루는 것으로서 주로 증거 또는 증거가 될 디지털 정보의 처리나 관리 측면에서 제기되는 문제에

37) 전명길, 「디지털 증거의 수집과 증거능력」, 『법학연구』 제41호, 한국법학회, 2011, 12쪽.
38) 양근원, 「디지털 포렌식과 법적 문제 고찰」, 『형사정책연구』 제17권 제2호, 2006, 235쪽.
39) 박혁수, 『개정 형사소송법상 디지털 증거의 증거능력』, 해외연수검사 연구논문집, 2009, 274쪽
40) 조상수, 「디지털 증거의 법적 지위 향상을 위한 무결성 보장 방안」, 『형사법의 신동향』 제27호, 2010, 45쪽.

해당한다.[41] 결국 디지털 증거의 무결성은 절차적 측면에서, 진정성은 결과적인 측면에서 서로 밀접한 관련을 가지고 있으며, 무결성이 유지되지 아니한 디지털 증거의 수집 또는 분석은 그 도구 및 수사관의 신뢰성에 치명적인 타격을 가할 수 있다는 점에서 디지털 증거의 무결성은 디지털 증거의 신뢰성과도 밀접한 관련이 있는 개념이다.[42] 또한 무결성 보장의 방안으로 사건의 특정에 따라 공개키 기반구조(PKI: public key infrastructure)를 이용한 공증방식과 변조 탐지 코드 방식을 선택적으로 사용하도록 하는 방식을 채택하는 것이 비용, 시간절감 등의 효과를 거둘 수 있다고 한다.[43]

생각건대 디지털 증거에서 무결성과 진정성은 사실상 구별의 의미가 거의 없다고 본다.[44] 무결성이 디지털 증거의 생성에서 법원제출 과정의 측면에서 정보가 변질되지 않아야 한다는 것을 말한다면, 진정성은 법원에 제출된 디지털 정보가 결과적으로 최초에 생성된 정보와 일치하여야 한다는 의미로서 내용 측면에서의 정보의 불변성을 의미하기 때문이다. 즉, 중간과정에 인위적인 조작 또는 변조 없이 원래의 정보가 그대로 법원에 제출되어야 한다는 요청에서 출발하는 것이다.

한편 형사소송규칙 제134조의 7은 디지털 증거에 대한 법정에서의 증거조사의 방법을 규정하고 있다. 이에 따르면 컴퓨터디스크 등에 기억된 문자정보를 증거로 하는 경우에 증거조사를 신청한 당사자는 법원이 명하거나 상대방이 요구한 때에는 컴퓨터디스크 등에 입력한 사람과 입력한 일시, 출력한 사람과 출력한 일시를 밝혀야 한다. 그리고 컴퓨터디스크 등에 기억된 정보가 도면·사진 등에 관한 것인 때에도 같은 방식에 의한다. 이 규정은 진정성 또는 무결성의 표현을 사용하고 있지는 않지만, 디지털 증거가 생성된 이후에 법정에 제출되는 과정에서의 진정성 확보를 위한 간접적인 규정으로 해석할 수 있다.

3) 신뢰성(reliability)

과학적 증거로서의 디지털 증거는 그 수집 및 분석 절차에 적용된 과학적 원리 또는 이론의 신뢰성, 그 원리 또는 이론을 구현한 기술의 신뢰성, 기술 적용의 구체적 타당성이 증명되어야만 한다. 특정의 흔적 증거에 특정의 과학 원리 또는 기술을 반복적으로 정확하게 적용하여 얻어낸

---

41) 수사과정에서 디지털 증거를 수집한 이후에 그 증거를 분석·보관·처리·제출하는 과정에서 많은 사람들의 행위가 개입되는데, 이 경우 각 행위 시마다 원본 데이터의 무결성이 그대로 유지되고 있다는 절차적 보증이 필요하다는 것을 의미하게 된다; 박혁수, 『개정 형사소송법상 디지털 증거의 증거능력』, 해외연수검사 연구논문집, 2009, 277쪽.

42) 박혁수, 앞의 책, 274쪽.

43) 무결성보장 방안에 관한 보다 상세한 설명은 조상수, 「디지털 증거의 법적 지위 향상을 위한 무결성 보장 방안」, 『형사법의 신동향』 제27호, 2010, 91~107쪽 참조.

44) 이윤재, 「디지털 증거의 압수·수색과 증거능력」, 『형사법의 신동향』, 2009, 207쪽.

결과들이 모두 동일한 값을 유지할 때 그 과학 원리 또는 기술 및 그 결과, 즉 과학적 증거는 신뢰성이 있다고 말할 수 있다.[45] 그리고 잘못된 값을 동일하게 반복적으로 창출하는 경우에는 비록 계속하여 동일한 값이 창출되더라도 그 신뢰성을 인정할 수 없다는 점에서 신뢰성 개념에는 정확성(accuracy) 개념이 포함되어 있다고 할 것이다.[46]

미국에서는 신뢰성과 관련하여 1923년 Frye v. U. S 사건에서 최초로 과학을 토대로 한 증언에 대해 반드시 그 과학이 속한 특정분야의 일반적인 인정을 받아야 한다는 요구기준이 정해진 이후에,[47] 1975년 제정된 연방규칙 제702조에 의해서 전문가의 증인적격에 대한 기준을 마련하였고, 이러한 기준들은 1993년의 Daubert 사건에서[48] 과학적 증언의 허용성을 평가하는 4가지 기준을 마련함으로써 구체화되었다.[49] 이러한 Daubert 판결은 사법적 분석의 수사학(rhetoric)에 근본적인 변화를 가져왔으며, 법률이 과학적 증거의 허용성에 대한 테스트에 집중하도록 하였다. 이에 따라 법원은 최소한 제출된 증거의 과학적 허용성을 시험하는 단계를 거쳐야만 하게 되었다.[50] Daubert 판결은 과학적 증거의 허용성 판단 기준을 미국연방규칙 제702조의 해석으로부터 도출하고 있으며, 구체화된 과학적 증거의 허용성 기준은 다음과 같다. 첫째, 요증사실과 관련성이 인정되어야 하고, 둘째, 과학적 증거의 배경이 된 원리, 기술 및 개별 적용절차에 대한 신뢰성이 보장되어야 한다. 그리고 신뢰성을 판단하는 기준으로서 ① 당해 과학적 지식이 일반적 과학적 방법론(가설 정립 + 오류의 반복적 검증)에 따라 획득된 지식 또는 기술인지의 여부(검증가능성), ② 과학적 증거의 기초가 된 이론이나 기술이 간행되어 있는 관련 학계 등에 의해서 심사되었는지의 여부, ③ 당해 과학적 지식, 기술의 활용과 관련된 잘 알려진, 또는 잠재적인 오류율 또는 그 기준이 제대로 관리되고 있는지 여부, ④ 해당 과학계로부터 일반적인 지지와 승인을 받고 있는지의 여부 등을 제시하였다.[51]

---

45) 박혁수, 앞의 책, 84쪽.

46) 박혁수, 앞의 책, 84쪽.

47) 이 기준을 미국에서는 일반적으로 Frey Test라고 한다. Frey Test에 대해서는 어떤 증거가 '과학적'인 증거로 분류되어야 하는가가 애매하고, 이 기준을 엄격히 적용하는 경우에는 특정 과학기술이 일반화될 때까지 기다려야 하며, 배심원이나 판사와 같은 사실인정자들이 과학적 증거에 압도당할 우려가 있다는 등의 비판이 제기된다; 심희기, 「과학적 증거의 허용성과 신빙성」, 『형사법 연구』 제12호, 1999, 9~12쪽.

48) Daubert v. Merrell Dow Pharmaceuticals Inc.: 이 사건은 원고의 어머니가 임신기간 중 복용했던 메스꺼움을 방지하는 약품인 Bendectin이 원고의 출생 당시의 소아마비에 영향을 주었다는 주장을 포함하는 민사소송이었다.

49) 이 판결에 따라서 미국연방사법센터는 과학적 증거의 평가를 위한 관련 매뉴얼을 출간하고 있다. 이 매뉴얼에서는 해당 분야에서의 기본이론과 적절한 실무지침을 소개하고27 있다; Erica Beecher-Monas, *Evaluating Scientific Evidence, An Interdisciplinary Framework for Intellectual Due Process*, Cambridge University Press, 2007, p. 5.

50) Erica Beecher-Monas, *Evaluating Scientific Evidence, An Interdisciplinary Framework for Intellectual Due Process*, Cambridge University Press, 2007, p. 11.

51) 강인숙, 『형사절차에서 DNA분석에 대한 규범적 통제』, 전북대학교 박사학위논문, 2004, 181~182쪽.

4) 전문법칙의 적용여부

디지털 증거에는 사람의 지각·기억·표현·서술이라는 과정을 거치지 않고 기계적으로 처리되어 작성된 것과 사람이 작성한 프로그램에 의하여 그 사람이 표현하고자 하는 내용의 자료를 입력하여 처리·생성된 것이 있다. 후자에 있어서는 이를 그 내용의 진실성을 입증하기 위하여 이용하는 경우에는 전문법칙과의 관계에서 증거능력의 유무가 검토되어야 한다.[52] 앞에서 언급한 것처럼 디지털 증거는 디지털매체에 대한 약간의 조작만으로도 그 정보의 내용이 쉽게 변경되고 왜곡될 수 있는 위험성이 있다. 따라서 디지털 증거를 비진술증거로 취급할 것인가, 아니면 진술증거로서 전문법칙을 적용할 것인가가 문제로 된다. 대법원은 수사기관에서 피의자로 조사하는 과정을 녹화한 비디오테이프, CD 또는 이에 준하는 것들은 실질적으로 피의자의 진술을 기재한 수사기관 작성의 피의자신문조서와 다를 바 없으므로 피의자신문조서에 준하여 그 증거능력을 가려야 한다[53] 고 하여 디지털 증거를 전문증거로 보아 그 증거능력을 인정한 경우도 있다.

생각건대 디지털 증거에 대한 전문법칙의 적용여부는 기존에 논의되어 왔던 과학적 증거에 대한 논의와 맥을 같이 한다고 본다. 즉 사진, 녹음테이프, 비디오테이프에 대한 전문법칙의 적용여부에 대한 논의가 디지털 증거에도 유효하다고 본다. 기존의 녹음테이프 또는 비디오테이프에 저장되어 있던 음성이나 영상이 CD, USB 등과 같은 디지털 매체에 저장된 것이 바로 디지털 증거이다. 결국 과학적 증거로서의 가치를 최대한 발휘하게 하면서 동시에 오류의 위험성을 최소화하는 관점에서 증거능력에 적절한 제한을 가할 필요성과 당위성이 요구된다. 영상으로서의 디지털 증거, 음성녹음으로서의 디지털 증거, 영상과 음성이 결합된 디지털 증거로 구별하여 논의하는 것이 바람직하다. 영상으로서의 디지털 증거에 대해서는 사본으로서의 영상, 진술증거의 일부인 영상, 현장영상으로 나누어 분석하여야 한다. 음성으로서의 디지털 증거는 진술녹음을 담은 디지털 증거와 현장녹음을 담은 디지털 증거로 나누어서 설명하는 것이 바람직하다. 그리고 사진, 녹음테이프, 비디오테이프에서의 증거능력의 요건에 '원본유지성'이 추가적으로 검토되어야 할 것이다. 판례도 '디지털 녹음기로 녹음한 내용이 콤팩트디스크에 다시 복사되어 그 콤팩트디스크에 녹음된 내용을 담은 녹취록이 증거로 제출된 사안에서, 위 콤팩트디스크가 현장에서 녹음하는 데 사용된 디지털 녹음기의 녹음내용 원본을 그대로 복사한 것이라는 입증이 없는 이상, 그 콤팩트디스크의 내용이나 이를 녹취한 녹취록의 기재는 증거능력이 없다.'[54]고 판시하고 있다. 이때의 원본유지성은 원래의 디지털 정보를 저장한 디지털 매체와 변경된 디지털 매체 사이뿐만 아니라, 디지털 정보를

---

52) 전명길, 「디지털 증거의 수집과 증거능력」, 『법학연구』 제41호, 한국법학회, 2011, 14쪽.
53) 대법원 2007. 10. 25. 선고 2007도6129 판결.
54) 대법원 2007. 3. 15. 선고 2006도8869 판결.

아날로그 형태의 정보(서면 등)로 출력한 증거와의 사이에서도 요구된다. 따라서 이중의 원본유지성이 필요하다.

Ⅲ. 간접사실의 유형

1. 움직이기 어려운 사실

사실인정의 출발점으로서, '움직이기 어려운 사실'을 파악하는 것이 무엇보다 중요하다. 이것은 디지털 증거에 의한 사실인정의 경우에서도 적용된다. 예컨대 디지털 사진에서 나타나는 용의자의 범행현장의 모습, 사체의 상태 등이 움직이기 어려운 사실에 해당하며, 이러한 '움직이기 어려운 사실'을 전제로 간접사실의 추인이 시작된다. 다만 디지털 증거에 있어서의 간접사실의 추인은 아날로그 증거와 달리 그 원본성의 확인이 가장 중요한 요소로 등장한다. 즉, 아날로그 증거의 경우에는 원본증거가 대부분 그대로 제출되기 때문에 증거로부터의 추인의 과정에 대해서만 세심한 주의를 기울이면 된다. 그러나 디지털 증거의 경우에는 그 자체로서의 복제성 및 인위적 조작의 가능성이 워낙 크기 때문에 원본성이 확인된 이후에 간접사실에 대한 추인 작업에 들어가야 한다.

움직이기 어려운 사실의 대표적인 경우는 범행의 때와 장소에 있어서 피고인의 물리적 존재 내지 그 가능성의 경우이다. 이러한 유형의 사실에 관한 증거방법으로는 우선 범행 장소 내지 이에 근접한 장소에 남아 있는 물리적 흔적(피고인의 지문이 그 전형적인 예가 된다.)을 생각할 수 있다. 특히 이러한 종류의 물질적 흔적은 그 채증, 보존, 동일성 감식 등의 면에서 문제가 없는 한 그 증거가치는 대개 매우 크다고 할 수 있다. 이러한 유형의 정황증거에 관한 그 밖의 중요한 증거방법으로는 목격진술을 들 수 있다. 특히 범행상황 자체에 관한 목격진술은 직접증거의 범주에 들어가기 때문에 이를 제외하고, 범행 시에 피고인이 범행 장소에 존재하였다는 사실을 추인시킬 만한 목격진술을 말한다.[55]

2. 적극적 간접사실의 존재 형태

간접사실은 사람의 행동, 사상(事象)의 경과 등 다양한 형태로 존재할 수 있지만, 범죄행위

55) 조원철, 「간접증거에 의한 사실의 인정」, 『재판자료』 110집, 법원행정처, 71쪽.

시를 기준으로 한 존재시점에 의하여 ① 예견적 간접사실 ② 병존적 간접사실 ③ 소급적 간접사실로 나눌 수 있다.[56)]

범죄행위는 그것만으로 고립되어 존재하는 것이 아니라, 그것을 둘러싼 환경에서 발생하는 사회적 사상(事象)이고, 거기에는 범죄발생 전후를 포함한 사태의 흐름이 존재하기 때문에, 피고인이 실로 범인이고 수사가 충분히 되었다면, ①~③의 시점에서 피고인과 범행을 연결시킬 간접사실이 존재하여야 하는 것이다.

특히 디지털 증거의 경우에는 그 원본성과 진실성이 인정되는 경우에는 간접사실의 존재가능성은 더욱 커진다고 할 수 있다.

이러한 관점에서 시계열(時系列)로 사실(특히 움직이기 어려운 사실)을 정리하는 작업이 유익하고, 또한 예견적 간접사실이라면 범행의 동기에 관한 것만이 아니고, 범행의 준비에 관한 것도 존재한다고 할 수 있는 것처럼 각 시점의 간접사실도 각각 나름의 폭을 갖는다고 할 수 있다. 여기서 간접사실이 상호 모순되지 않고 밀접하게 연관된 연쇄를 형성하고, 더욱이 상호 무관한 간접증거에 의해서 주어진 경우는 요증사실 인정의 정확도가 높아지게 된다. 특히 현재 대부분의 증거들은 디지털 증거와 아날로그 증거가 함께 공판정에 제출되는 현실에서 디지털 증거와 아날로그 증거의 결합을 통한 간접사실의 추인은 매우 중요하다고 할 수 있다.

이에 반하여 간접사실이 다수 존재하더라도 그것들이 앞서의 ①~③의 어느 하나의 시점에 편재되어 있는 경우는 요증사실의 인정이 곤란하게 되는 경우이며, 범행 전, 범행 시, 범행 후의 각 단계에 간접사실이 존재하고 있어도, 그것들의 인정이 하나의 진술증거에 의거하고 있는 경우에는, 인정의 기초가 취약하다고 평가되는 경우도 있으므로 주의를 할 필요가 있다.[57)]

3. 물적 흔적에 관한 간접사실

어떤 디지털 증거가 물적 흔적에 관한 간접증거에 해당하는 경우, 예컨대 범행현장의 지문을 촬영한 디지털 사진과 그 사진을 분석한 디지털 분석사진 등은 간접사실의 인정에 있어서 중요한 위치를 차지하고 있다. 즉 지문, 발자국, 치흔, 두발 등의 체모, 정액, 타액 등을 분석한 자료 등이 이에 해당한다. 이들 사진 또는 분석자료들은 범행 자체와의 관련성이 명확하다면 그 추정력은

56) 김종률, 「합리적 심증과 과학적 사실인정」, 73쪽.

57) 간접사실의 인정 시에는 최종적으로 종합한 인정사실과의 관계도 시야에 넣고, 어느 시점에 어떠한 간접사실이 존재하는 것이 그들 간접사실이 어떠한 간접증거에 의하여 주어진 것인지를 의식하는 것이 중요하다; 김종률, 「합리적 심증과 과학적 사실인정」, 74쪽.

아날로그 증거에 비해서 훨씬 크다. 범행 장소는 아니더라도 이에 근접한 장소에 피고인의 흔적이 있는 경우에도 마찬가지이다.[58] 범행현장의 사진으로부터 그 흔적을 남긴 것이 범인이라고 인정되는 경우, 그 흔적과 피고인의 연결에 관한 디지털 사진의 분석결과에 따라서, 결정적인 간접사실이 된다. 이들 흔적에 대하여는 ① 범행과의 연결 ② 피고인과의 연결의 두 측면을 검토할 필요가 있다. ②에 대하여는 감정결과가 증거로서 제출되고, 그 신빙성이 다투어지는 경우가 적지 않기 때문에 신중한 검토가 요구되며, ①의 경우에도 마찬가지이다. 예를 들면, 디지털 사진의 분석을 통하여 당해 흔적과 피고인의 연결이 명확하게 되었다고 하더라도 그것이 범행과 다른 기회에 생성되었을 가능성이 존재한다면, 흔적에 관한 사실의 의미는 전혀 달라질 수 있기 때문이다.[59] 또 ②에 대하여는, 감정이 중요한 역할을 맡게 되겠지만, 디지털 분석의 자료가 물적 증거인 경우에도 감정 자체는 진술증거이고, 내용적으로는 반대가설의 존재 여지가 있는 추정의 연속이 되는 경우가 있다. 따라서 그 신빙성을 신중히 검토할 필요가 있다. 특히 디지털 증거의 경우에는 복제와 왜곡, 인위적 조작의 가능성을 고려하여 디지털 증거와 그 증거가 저장되어 있는 디지털 매체의 보관, 디지털 증거에 대한 분석 방법과 능력, 즉 포렌식 전문가의 능력과 기법에 따라서 문제상황이 크게 달라질 수 있다. 이는 아날로그 증거에서보다 전문가 의존성이 높은 디지털 증거의 경우에 더욱 그러하다.

4. 소극적 간접사실

디지털 증거 또는 디지털 증거의 분석 자료에 의한 사실인정의 오류 원인은 피고인이 범인이라고 하는 검찰 측이 설정한 가설과 다른 합리적 가설이나 해석에 대한 검증을 게을리한 점이 있기 때문에 그러한 가설을 설정하는 기초로 되는 소극적 간접사실이 존재하지 않을까하는 점에 주의하여 살필 필요가 있다.[60]

적극적 간접사실로서 주장 입증된 사실관계 속에 소극적 간접사실이 될 만한 것이 포함되어 있을 수 있다. 특히 디지털 증거를 포함한 과학적 증거의 경우에는 더욱 그러하다. 이때 과학적 증거에 의한 사실인정에 있어서는 다음의 두 가지 관점이 중요하다고 본다.

① 과학적 증거방법이 당해 범죄에 관한 적극적 사실과 이에 반하는 소극적 사실 모두에 존재하는

58) 조원철, 앞의 책, 76쪽.
59) 김종률, 앞의 책, 74쪽.
60) 이는 엥기쉬의 귀류법이나 프로이트의 경합가설 소거 모델에서 검토되는 것과 같은 맥락이다; 김종률, 「합리적 심증과 과학적 사실인정」, 75쪽.

경우에는[61] 각 증거방법에 의한 분석 결과에 발생할 수 있는 오류 가능성 및 그 정도, 그 증거방법에 의하여 증명되는 사실의 내용 등을 종합적으로 고려하여 범죄의 유무 등을 판단하여야 하고, 여러 가지 변수로 인하여 반증의 여지가 있는 소극적 사실에 관한 증거로써 과학적 증거방법에 의하여 증명되는 적극적 사실을 쉽사리 뒤집어서는 안 된다.

② 과학적 증거자료의 채취·보관·분석 등 모든 과정에서 자료의 동일성이 인정되고 인위적인 조작·훼손·첨가가 없었음이 담보되어야 하며 각 단계에서 자료에 대한 정확한 인수·인계 절차를 확인할 수 있는 기록이 유지되어야 한다.

다음의 판결은 이러한 점을 잘 판시하고 있는 사례에 해당한다.

대법원 2010. 3. 25. 선고 2009도14772 판결

폐수 수질검사와 같은 과학적 증거방법은 전문지식과 경험을 지닌 감정인이 시료에 대하여 일반적으로 확립된 표준적인 분석기법을 활용하여 분석을 실행하고, 그 분석이 적정한 절차를 통하여 수행되었음이 인정되는 이상 법관이 사실인정을 함에 있어 상당한 정도로 구속력을 가지므로, 비록 사실의 인정이 사실심의 전권이라 하더라도 아무런 합리적 근거 없이 함부로 이를 배척하는 것은 자유심증주의의 한계를 벗어나는 것으로서 허용될 수 없는 것이다(대법원 2007. 5. 10. 선고 2007도1950 판결, 대법원 2009. 3. 12. 선고 2008도8486 판결 등 참조). <u>그러나 이러한 과학적 증거방법이 사실인정에 있어서 상당한 정도로 구속력을 갖기 위해서는 감정인이 전문적인 지식·기술·경험을 가지고 공인된 표준 검사기법으로 분석을 거쳐 법원에 제출하였다는 것만으로는 부족하고, 시료의 채취·보관·분석 등 모든 과정에서 시료의 동일성이 인정되고 인위적인 조작·훼손·첨가가 없었음이 담보되어야 하며 각 단계에서 시료에 대한 정확한 인수·인계 절차를 확인할 수 있는 기록이 유지되어야 한다.</u>

원심판결 이유에 의하면 원심은, 이 사건 92번 시료에서 배출허용기준치보다 높은 10.8의 수소이온농도와 74.79㎎/ℓ의 시안이 검출된 사실을 인정하면서, 다음과 같은 사정들 즉, ① ○○시청측은 폐수처리 전의 원폐수인 C 시료는 참고용으로 채취하였으나 성분검사를 의뢰하지 않고 폐기하였다고 주장하나, 위 시료를 누가, 언제, 어떤 절차를 거쳐 폐기하였는지를 전혀 밝히지 아니하고 있을 뿐만 아니라, 채수통을 봉인까지 하여 가져간 C 시료를 전혀

61) 특히 이러한 경우에는 논증도식(Argumentation Scheme)에서 분리되는 형식으로 나타날 수 있는데, 예를 들면 발견된 시체의 위 속 내용물로부터 사망 시간을 추정할 경우 사망 전에 무엇을 언제 먹었는지가 문제되고, 그에 따라 상이한 추인 또는 추론과정이 생성된다; 김종률, 「합리적 심증과 과학적 사실인정」, 76쪽.

검사해보지 않은 채 폐기하였다는 것은 선뜻 믿기 어려운 점, ② 증인 공소외 1의 진술에 의하면, A 시료는 일반 하수가 섞이지 않도록 노력을 기울여 채취된 것이고, 설령 일반 하수와 섞였다 하더라도 그 양이 그다지 많은 것으로는 보이지 아니하고, 그 채취 지점도 최종방류구로부터 불과 20보밖에 떨어져 있지 않은데다가 하수도 구조상 최종방류구로부터 위 시료 채취 지점 사이에 다른 폐수가 섞인다거나 폐수처리과정을 거치는 것도 아니므로 B 시료와 성분이 유사하여야 함에도, ○○시청 측이 A, B 시료라고 주장하는 91, 92번 시료는 그 시안 함량이 180배나 차이가 나고 기타 오염물질의 함량 차이도 작지 않으므로 이를 A, B 시료와 같은 것으로 보기 어려운 점, ③ 시료채취기록부에 기재된 91, 92번 시료의 채취시각이 공소외 2가 자신의 수첩에 기재한 B, C 시료의 채취시각과 일치하는 점, ④ ○○시청측은 91번 시료가 B 시료와, 92번 시료가 C 시료와 같은 것이라면 폐수처리과정을 거친 91번 시료가 pH 산도 등 몇몇 항목에서 폐수처리 전의 92번 시료보다 더 큰 오염도를 보인 것을 설명할 수 없다고 주장하나, 처리된 폐수는 생활하수 등의 폐수와 섞여 최종방류구로 방류될 뿐만 아니라, 이 사건 단속 당시 중화처리시설도 제대로 작동되지 아니하였으므로, 그로 인하여 B 시료가 처리 전 원폐수인 C 시료보다 부유물질량 등 일부 항목에 있어서 오염 정도가 더 커졌을 가능성이 충분히 있는 점 등을 종합하면, 이 사건 공소사실에 부합하는 듯한 '폐수 수질검사 결과 회신' 중의 92번 시료는 최종방류수에서 채취한 B 시료가 아니라 처리 전 원폐수로부터 채취한 C 시료로 봄이 상당하고, 그렇다고 하여 '폐수 수질검사 결과 회신' 중의 91번 시료마저 ○○금속 담장 밖 맨홀에서 채취한 A 시료가 아니라 B 시료인 것으로 단정하기는 어려워, 위 회신 중 91번 시료에 대한 성분검사 결과를 이 사건 공소사실 중 수소이온농도에 관한 배출허용기준 초과배출 부분에 대한 유죄의 증거로 삼기에도 부족하다고 판단하여 이 사건 공소사실에 대하여 무죄를 선고한 제1심을 그대로 유지하였는바, 기록에 비추어 보면 원심의 판단은 위 법리를 토대로 사실심 법관의 합리적인 자유심증에 따른 것으로 수긍이 되고, 거기에 상고이유로 주장하는 법리오해 등의 위법이 없다.

그러므로 상고를 기각하기로 하여 관여 대법관의 일치된 의견으로 주문과 같이 판결한다.

대법원 2009. 3. 12. 선고 2008도8486 판결

상고이유를 판단한다.

형사재판에 있어 심증형성은 반드시 직접증거에 의하여 형성되어야만 하는 것은 아니고 간접증거에 의할 수도 있는 것이며, 간접증거는 이를 개별적·고립적으로 평가하여서는 아니

되고 모든 관점에서 빠짐없이 상호 관련시켜 종합적으로 평가하고, 치밀하고 모순 없는 논증을 거쳐야 한다. 그리고 증거의 증명력은 법관의 자유판단에 맡겨져 있으나 그 판단은 논리와 경험칙에 합치하여야 하고, 형사재판에 있어서 유죄로 인정하기 위한 심증형성의 정도는 합리적인 의심을 할 여지가 없을 정도여야 하나, 이는 모든 가능한 의심을 배제할 정도에 이를 것까지 요구하는 것은 아니며, 증명력이 있는 것으로 인정되는 증거를 합리적인 근거가 없는 의심을 일으켜 이를 배척하는 것은 자유심증주의의 한계를 벗어나는 것으로 허용될 수 없다 할 것인바, 여기에서 말하는 합리적 의심이라 함은 모든 의문, 불신을 포함하는 것이 아니라 논리와 경험칙에 기하여 요증사실과 양립할 수 없는 사실의 개연성에 대한 합리성 있는 의문을 의미하는 것으로서, 피고인에게 유리한 정황을 사실인정과 관련하여 파악한 이성적 추론에 그 근거를 두어야 하는 것이므로 단순히 관념적인 의심이나 추상적인 가능성에 기초한 의심은 합리적 의심에 포함된다고 할 수 없다(대법원 2004. 6. 25. 선고 2004도2221 판결 등 참조).

특히, 유전자검사나 혈액형검사 등 과학적 증거방법은 그 전제로 하는 사실이 모두 진실임이 입증되고 그 추론의 방법이 과학적으로 정당하여 오류의 가능성이 전무 하거나 무시할 정도로 극소한 것으로 인정되는 경우에는 법관이 사실인정을 함에 있어 상당한 정도로 구속력을 가지므로, 비록 사실의 인정이 사실심의 전권이라 하더라도 아무런 합리적 근거 없이 함부로 이를 배척하는 것은 자유심증주의의 한계를 벗어나는 것으로서 허용될 수 없는바(대법원 2007. 5. 10. 선고 2007도1950 판결 참조), <u>과학적 증거방법이 당해 범죄에 관한 적극적 사실과 이에 반하는 소극적 사실 모두에 존재하는 경우에는 각 증거방법에 의한 분석 결과에 발생할 수 있는 오류가능성 및 그 정도, 그 증거방법에 의하여 증명되는 사실의 내용 등을 종합적으로 고려하여 범죄의 유무 등을 판단하여야 하고, 여러 가지 변수로 인하여 반증의 여지가 있는 소극적 사실에 관한 증거로써 과학적 증거방법에 의하여 증명되는 적극적 사실을 쉽사리 뒤집어서는 안 될 것이다.</u>

이 사건 공소사실의 요지는, 피고인이 2007. 8. 29. 22:00경 서울 서초구 방배동 (이하 생략) 공소외 1의 집에서 향정신성의약품인 메스암페타민 불상량을 주사기에 넣고 물로 희석하여 몸에 주사하였다는 것이다.

이에 대하여 원심은 이 사건 공소사실에 부합하는 취지의 공소외 2의 제1심법정 진술은 공소외 2가 공소외 1로부터, 피고인이 공소외 1에게 이 사건 주사기를 건네주었다는 말을 들었다는 내용이고, 경찰 압수조서 및 목록의 기재는 공소외 1의 집에서 이 사건 주사기가 발견되었다는 것으로서, 모두 피고인이 메스암페타민을 투약하였다는 점에 관한 직접적인 증거들이라고 보기 어렵고, 결국 이 사건 공소사실에 대한 직접적인 증거로는 공소외 1의 수사기관 및 제1심법정에서의 진술, 국립과학수사연구소장의 감정의뢰회보(유전자분석 감정서) 등이 있을 뿐이라고 전제한 다음, 먼저 공소외 1의 수사기관 및 제1심법정에서의 진술에 대해서는, 이 사건 주사기 8개가 공소외 1의 집에서 발견되자, 공소외 1은 수사기관 및 제1심법정에서 일관되게, 피고인이 이 사건 주사기를 버려달라고 하며 공소외 1에게 건네주었고, 피고인이 이 사건 주사기를 이용하여 필로폰을 투약하는 것을 목격하지는 못했지만 그런 것으로 추측한다고 진술하였는데, 공소외 1은 피고인이 이 사건 주사기를 건네주었다는 일시에 관하여 처음에는 2007. 9. 18.경이라고 진술하였다가 2007. 9. 20.로, 다시 2007. 8. 29.로 변경하였는바, 최초의 조사는 사건이 있은 때로부터 불과 2개월여 만에 이루어져, 오래전 일이라 기억이 생생하지 못하였기 때문이었다는 진술 번복 경위에 상당성이 없는 점, 공소외 1의 진술에 의하면, 동종범행으로 집행유예 기간 중에 있던 피고인이 당시 매우 오랜만에 만난 전 연인 사이인 공소외 1에게 필로폰을 투약한 주사기를 버려달라고 맡기고, 또 필로폰을 투약한 경험이 있는 공소외 1이 '피고인과 다시는 안 볼 생각으로' 피고인이 투약한 증거인 주사기를 자신의 부엌 찬장에 2개월여 동안 보관하고 있었다는 것인데 이는 상식에 반하는 점 등에 비추어 보면, 공소외 1의 진술은 그 신빙성을 인정할 수 없고, 또 국립과학수사연구소장의 감정의뢰회보(유전자분석 감정서) 등에 의하면, 이 사건 주사기 8개 중 5개에서 마약성분이 검출되었고, 마약성분이 검출된 주사기 중 1개의 주사기에서 피고인의 유전자와 일치하는 혈흔이 발견되었다는 것인바, 이는 피고인이 마약을 하기 위해 공소외 1의 집에 8개의 주사기를 가지고 가, 그 중 한 개의 주사기로 마약을 하고, 다른 4개의 주사기에는 마약을 담아놓은 채 투약은 하지 않았으며, 아직 새것인 3개의 주사기도 모두 버렸다는 것이어서 상식적으로 납득하기 어려우며, 피고인에 대한 소변 및 모발검사에서 마약성분이 검출되지 않았는바, 피고인이 필로폰을 투약하였다는 이 사건 공소사실 기재 일시는 2007. 8. 29.이고, 모발검사 시기는 같은 해 10. 22.로서 모발의 투약 여부 감정가능기간(투약 후 약 20일부터 1년 이내)에 비추어 볼 때, 피고인이 공소사실과 같이 필로폰을 투약하였다면 극소량을 투약한 것이 아닌 이상 모발검사에서 마약성분이 검출되었어야 함에도 그렇지 못한 점 등에 비추어, 위 증거들만으로는 이 사건 공소사실이 합리적 의심을 배제할 정도로 증명되었다고 보기 어렵다는 이유로 이 사건 공소사실을 유죄로 인정한 제1심판결을 파기하고 피고인에게 무죄를 선고하였다.

그러나 원심의 위와 같은 판단은 앞서 본 법리와 다음과 같은 이유로 수긍하기 어렵다. 먼저, 공소외 1의 수사기관 및 제1심법정에서의 진술은 '피고인이 공소외 1의 집 컴퓨터 방에서 야한 동영상을 보며 한참 동안 있다가 나와 이 사건 주사기를 주면서 버려달라고 하였는데, 당시 피고인이 마약을 투약하는 것을 직접 보지는 못했지만 그날 마약과 관련된 이야기를 했고, 피고인이 말도 별로 안 하고 주변을 계속 두리번거리면서 불안해 하는 등 마약을 한 것처럼 보였다.'는 취지로 일관되어 있고, 이와 같은 공소외 1의 진술은 ' 공소외 1로부터 피고인이 공소외 1에게 이 사건 주사기를 건네주었다는 말을 들었다'는 취지의 공소외 2의 수사기관 및 제1심법정에서의 진술과 공소외 1의 집에서 이 사건 주사기가 발견되었다는 경찰 압수조서 및 목록의 기재에 의하여 뒷받침되며, 피고인도 이 사건 공소사실의 범행일시인 2007. 8. 29. 공소외 1의 집에 갔던 사실을 인정하고 있다. 특히, 마약성분이 검출된 주사기 5개 중 1개의 주사기에서 피고인의 유전자와 일치하는 혈흔이 함께 발견된 것은 유전자검사라는 과학적 증거방법에 의하여 확인된 사실로서 피고인이 그 주사기로 마약을 투약한 경우를 제외하고는 다른 경우를 합리적으로 상정하기 어렵다.

반면, 원심이 지적한 바와 같은 피고인의 범행일시에 관한 공소외 1 진술의 모순에 관하여 보건대, 앞서 본 증거들에 의하면, 공소외 1은 피고인으로부터 이 사건 주사기를 받은 날에 대하여, 처음 경찰에서는 피고인으로부터 마지막 문자메시지를 받은 2007. 10. 3.을 기준으로 그로부터 15일 정도 전이었던 것 같다고 하였다가, 그 다음에는 2007. 9. 20.에 피고인으로부터 '집으로 간다'는 내용의 문자메시지를 받은 사실을 확인하고 2007. 9. 20.이라고 진술하였는데, 그 후 공소외 1의 주거지 아파트 폐쇄회로 카메라에 그날 피고인의 모습이 촬영되어 있지 않은 사실이 확인되자, 피고인이 공소외 1에게 이 사건 주사기를 줬던 날 피고인이 누군가와 전화통화를 한 후 피고인의 동생 한○○이 구속되었다는 말을 하였던 점을 기억해 내어, 이에 경찰에서 한○○이 2007. 8. 29. 구속된 사실과 같은 날 피고인이 공소외 1 주거지 아파트의 폐쇄회로 카메라에 촬영된 사실을 확인하였음을 알 수 있는바, 공소외 1은 처음부터 날짜를 확정적으로 특정하고 이후 이를 번복하여 그와 모순되는 진술을 하였다기보다는 그 무렵 일어났던 일들을 기초로 기억을 되살리는 과정에서 피고인의 범행일시를 바로잡아 온 것으로 보이므로, 피고인의 범행일시에 관한 공소외 1의 진술에 원심이 지적한 바와 같은 차이들이 있다 하여 그 진술의 신빙성을 배척할 수는 없다고 할 것이다.

그리고 피고인의 진술에 의하면, 피고인은 공소외 1과 1993년부터 1996년까지 일본에서 동거하였고, 1997년 여름경 다시 만나 수차례 성관계를 가졌으며, 공소외 1도 일본에 있을 때 자주 필로폰을 투약해 온 것으로 알고 있다는 것인바, 이와 같은 피고인의 진술에 의한 피고인과 공소외 1의 관계에 비추어 보더라도 피고인이 공소외 1에게 이 사건 주사기를 맡기고 이를 공소외 1이 보관한 것이 반드시 상식에 반하는 것이라고 할 수는 없다.

또한, 이 사건 주사기 8개 중 5개에서 마약성분이 검출되고 그 중 1개에서만 피고인의 혈흔이 발견되었다 하여, 원심이 인정한 바와 같이 반드시 피고인이 마약성분이 검출된 5개 중 4개의 주사기에는 마약을 담아놓기만 하고 이를 투약하지 않았다거나 마약성분이 검출되지 않은 3개의 주사기는 새것인 채로 버렸다고 단정할 것은 아니므로, 이 부분 원심의 판시도 적절하다 할 수 없다.

한편, 필로폰을 투약한 경우 항상 투약 후 20일부터 1년 이내에 모발에서 메스암페타민 성분이 검출된다는 점이 전제되지 않는 한 피고인의 모발에서 메스암페타민 성분이 검출되지 않았다고 하여 피고인이 메스암페타민을 투약하지 않았다고 단정할 수는 없는데, 모발이 염색약 등의 화학약품, 열, 빛 등에 의하여 손상되었거나, 투약량이 많지 않아 모발에 축적된 메스암페타민 성분이 극미량일 가능성, 또 개인의 연령, 성별, 영양상태, 개체 등에 따른 모발의 성장속도의 차이 때문에 검사 대상 모발에서 메스암페타민을 검출하지 못할 가능성도 이를 완전히 배제할 수는 없다. 더구나 이 사건에서와 같이 유전자검사라는 과학적인 증거방법에 의하여 주사기에서 마약성분과 함께 피고인의 혈흔이 확인됨으로써 피고인이 주사기로 마약을 투약한 사정이 적극적으로 증명되는 경우에는 이와 같이 여러 가지 변수로 인하여 반증의 여지가 있는 소극적 사정에 관한 증거로써 이를 쉽사리 뒤집을 수는 없다 할 것이다.

따라서 피고인에 대한 이 사건 공소사실은 입증되었다고 봄이 상당함에도, 원심은 이 사건 공소사실에 대한 범죄의 증명이 없다고 하여 무죄를 선고하였으니 원심판결에는 증거의 증명력을 판단함에 있어 경험칙과 논리법칙에 어긋나는 판단을 함으로써 간접증거의 증명력 평가에 관한 법리를 오해하였거나, 채증법칙 위배 또는 심리미진으로 인하여 사실을 오인함으로써 판결에 영향을 미친 위법을 저지른 것이라 아니할 수 없고, 이 점을 지적하는 상고이유의 주장은 이유 있다.

그러므로 원심판결을 파기하고, 사건을 다시 심리·판단하게 하기 위하여 원심법원에 환송하기로 하여 관여 대법관의 일치된 의견으로 주문과 같이 판결한다.

5. 간접사실로부터의 추인과 추론

1) 의의

간접사실로부터 주요사실 그 밖의 요증사실을 인정하는 과정은 추인 또는 추론의 과정이다. 이러한 추론의 과정에는 일반적으로 경험칙이 적용된다.[62] 간접사실이 요증사실을 추인시키는 힘은 필연적일 필요는 없고 논리칙상 가능하면 된다는 것이 일본의 통설이다.[63] 또한 복수의 간접사실로부터 주요사실을 추인하는 것도 가능하다.

> 과거에 받았던 쌍꺼풀 수술 등의 후유증으로 양안에 의인성 안검하수 증상이 발생한 환자가 이를 교정하고 자연스러운 쌍꺼풀의 선을 만들기 위해 쌍꺼풀 재수술 등을 받은 후 토안 증상이 발생한 사안에서, 원심이 추정한 의사의 과실 중 눈둘레근의 섬유조직화는 수차례에 걸친 수술의 결과일 뿐 의사의 수술상 과실로 볼 수 없고, 눈둘레근을 지나치게 올려 결찰하였다는 점에 관한 간접사실들도 쌍꺼풀 재수술과 토안 발생 사이의 인과관계를 추정할 수 있는 사정은 될지언정 토안이 의사의 과실에 기한 것이라고 추정할 수 있을 정도의 개연성을 갖춘 사정들이라고 보기 어려움에도 원심이 이와 같이 개연성이 담보되지 않는 사정들을 가지고 막연하게 의사의 과실을 추정하여 손해배상책임을 인정한 것은 위법하다.[64]

위의 판결의 경우에는 간접사실을 종합하여 최종적인 주요사실을 도출한 경우에 해당한다.[65] 그러나 복수의 간접사실로부터 주요사실을 추인하는 과정을 논리적으로 설명하는 것은 쉬운 일이 아니다.[66] 복수의 간접사실이 각각 주요사실과 연관성을 갖고 또한 동일한 레벨에 있는

---

62) 대법원 2006. 9. 22. 선고 2006두6383 판결: …… 그 밖에, 원고가 이 사건 부가가치세 신고 당시 철사기(스테이플러)로 찍어 함께 제출하였다는 첨부서류 중 매입처별세금계산서합계표의 내용은 피고의 전산시스템에 정상적으로 입력되어 있는 점, 이 사건 신고 이전에 이미 원고는 위 토지의 매수인인 ○○종합건설주식회사를 상대로 매매계약의 해제를 주장하면서 민사소송을 제기하였으며 위 회사는 부도에 이른 상태였고 위 회사 역시 위 토지의 매수와 관련된 계산서합계표를 제출하지 않은 점 등 이 사건 기록에 비추어 알 수 있는 사정들을 모두 종합해 보면, 경험칙에 비추어 이 사건 과세요건사실, 즉 원고가 매출처별계산서합계표를 제출하지 않았다는 사실을 추정할 수 있을 정도의 간접사실은 충분히 밝혀졌다고 할 것이고, 원고가 피고의 신고서 투여함에 부가가치세 신고서 및 첨부서류를 투입한 때부터 피고가 그 내용을 전산입력할 때까지의 과정에서 서류의 분실 또는 누락사고가 일어났을 가능성을 배제할 수 없다거나 피고가 보존연한이 채 지나지 않은 부가가치세 신고서 원본은 원심법원에 제출하지 못하였다고 하더라도, 그러한 사정만으로는 위 매출처별계산서합계표 미제출 사실이 경험칙의 적용대상이 되지 못한다거나 위와 같은 경험칙의 적용을 배제하여야 할 만한 특별한 사정이 있다는 점이 증명되었다고 할 수는 없다.

63) 조원철, 「간접증거에 의한 사실의 인정」, 『재판자료』 110집, 법원행정처, 62쪽.

64) 대법원 2010. 8. 19. 선고 2007다41904 판결.

65) 대법원 2010. 10. 14. 선고 2010다40505 판결.

66) 김종률, 앞의 책, 76쪽.

경우를 '증거의 링(Beweisring)'이라고 한다.[67] 이에 대하여 제3의 간접사실에 의하여 제2의 간접사실이, 그리고 제2의 간접사실로부터 제1의 간접사실이 순차적으로 추인되고 그로부터 다시 주요사실이 추인되는 경우를 일반적으로 '증거의 사슬(Beweiskette)'이라고 한다. 양자의 구조가 복합된 경우가 현실적으로 대부분의 경우를 차지하고 있다고 할 수 있다. 증거의 링의 형태의 경우에는 동등한 입장에 있는 간접사실들로부터 주요사실이 추인되고, 그 각각의 간접사실만으로는 주요사실이 확실히 인정될 수 없어도 그 간접사실들에 대한 종합적인 평가의 결과 법원이 주요사실의 존재를 확신하게 되면 유죄판결을 하고, 여기에 합리적인 의심이 남는다면 '의심스러울 때는 피고인의 이익으로'라는 원칙에 의하여 무죄를 선고하여야 한다.[68]

한편 증거의 사슬의 경우에는 간접사실로부터 상위의 간접사실의 추인, 다시 그로부터 더 상위의 간접사실의 인정이라는 추인의 과정이 많으면 많을수록 최후의 간접사실의 증명력은 그만큼 저하된다. 이는 추인의 단계마다 적용된 경험칙이 일정한 개연율(蓋然率)을 가지고 있는 관계로 전체적인 개연율도 감소하기 때문이다.[69]

디지털 증거에서 추론된 간접사실에 의한 주요사실의 인정이 이러한 증거사실의 구조를 취할 때에는 더욱 더 간접사실이 증거에 의하여 확증되어야 할 것이다.[70]

2) 추론과정

직접증거가 아닌 간접증거에 의한 사실인정은 하나의 증거로부터의 사실인정이 아니라 간접사실을 종합한 결론으로서의 사실인정이다. 종합적인 인정은 당해 사건에 맞는 경험칙, 논리칙을 적용하는 논증의 과정이기 때문에 그 과정은 객관성과 합리성의 기초 위에서 실행되어야 한다. 따라서 디지털 증거로부터 주요사실 또는 요증사실을 인정하는 과정은 추인과 추론을 포함한 분석과 종합의 과정이다. 하나하나의 간접사실을 개별적으로 분석하고, 그것이 요증사실의 인정에서 갖는 의미를 인식하는 것, 즉 요증사실에 대한 추인력을 평가하는 것은 중요한 작업이다.[71]

---

67) 조원철, 앞의 책, 64쪽.
68) 조원철, 앞의 책, 64쪽.
69) 조원철, 앞의 책, 64쪽.
70) 간접증거에 의한 사실인정에 있어서는 경험칙에 의한 추론이 연역적·논리필연적으로 이루어지는 것은 아니다. 필연적(결정론적)인 경험칙이 문제로 되는 경우에도 프로이트가 지적한 것처럼 그 적용조건이 충족되고 있는지 여부의 점에 관하여 개연적인 성격이 부여된다. 따라서 엥기쉬에 의하여 제안되고 프로이트에 의하여 경합가설소거모델로서 전개된 귀납법적 방법은 모든 간접증거에 의한 사실인정의 정당성을 보증하기 위하여 필요불가결한 것으로 된다; 조원철, 「간접증거에 의한 사실의 인정」, 『재판자료』 110집, 법원행정처, 65쪽.
71) 김종률, 앞의 책, 76쪽.

(1) 무효행위 또는 무권대리행위의 추인은 무효행위 등이 있음을 알고 그 행위의 효과를 자기에게 귀속시키도록 하는 단독행위로서 묵시적인 방법으로도 할 수 있으므로, 본인이 그 행위로 처하게 된 법적 지위를 충분히 이해하고 그럼에도 진의에 기하여 그 행위의 결과가 자기에게 귀속된다는 것을 승인한 것으로 볼 만한 사정이 있는 경우에는 묵시적으로 추인한 것으로 볼 수 있다(대법원 2009. 9. 24. 선고 2009다37831 판결 등 참조). (2) 원심이 확정한 사실 및 그 채택증거에 의하면, 이 사건 종중은 원고들로부터 매매대금을 모두 지급받은 후 그동안의 수입지출 등의 경과를 보고하고 매매대금의 배분을 결의하기 위하여 여성 종원들을 포함한 연락 가능한 종원들에게 2008. 4. 22. 당시 회장인 피고 1 명의로 '종재활용 계획안 외 3건'을 안건으로 하여 임시총회에 대한 소집통지를 한 사실, 이에 따라 2008. 5. 10. 개최된 임시총회에서 남성 종원 108명, 여성 종원 71명이 참석하여 그동안 종원의 자격이 부인되었던 여성 종원들도 당해 총회에 한하여 의결권을 인정하자는 결의와 종중의 명칭 변경 및 등록, 잔여 종토의 처리 방안, 사업비와 운영자금을 공제한 잉여종재를 3개 파에 공동 배분하기로 한다는 잉여종재 활용방안에 대한 안건을 참석한 종원 중 92명의 찬성으로 가결하였고, 당시 종중의 총무인 소외 3이 공지사항으로 "총회 의결에 따라 종토 90,862평을 평당 27만 원씩 총 245억 2,900만 원에 매각하였으며 잔여 면적은 2필지로 대략 1만 5,000여 평을 남겼다."라는 내용을 보고한 사실, 위 임시총회 결의에 따라 이 사건 종중의 3개 파는 각자 위 매매대금 일부씩을 배분받아 종원들에게 분배한 사실, 한편 이 사건 종중은 이 사건 매매계약이 체결된 후 그 계약내용을 이행하기 위하여 종원들의 협조를 얻어 이 사건 임야에 있던 분묘를 이장하는 등의 조치를 취하였고, 이에 따라 이 사건 종중의 종원들도 대부분 이 사건 매매계약 체결사실을 알고 있었으나 위 임시총회 이후 2008년 6월경까지는 별다른 이의를 하지 아니한 사실을 알 수 있다. 위와 같이 이 사건 종중의 종원들이 이 사건 매매계약 체결 사실을 알고 있는 상태에서 이 사건 매매계약이 유효함을 전제로 그 대금을 종원들에게 분배하기로 하는 결의를 하였고, 이에 따라 실제로 분배까지 이루어졌다면, 앞에서 본 법리에 비추어 이 사건 종중은 적어도 묵시적으로나마 종중재산 처분에 관한 종전 결의 및 이 사건 매매계약을 추인하였다고 보아야 할 것이다.[72]

이 판결에서도 다양한 간접사실을 통해서 요증사실을 추인하고 있음을 보여 주고 있다. 한편 간접사실이 상당수 존재하더라도, 추인력이 약한 것뿐이라면 합리적 의심을 넘는 요증사실

72) 대법원 2011. 2. 10. 선고 2010다83199,83205 판결.

을 추인하는 것은 어렵다고 생각되기 때문에, 그 다수에 눈을 빼앗겨, 개개 간접사실의 추인력을 충분히 검토하지 않고, 요증사실을 인정하는 것은 문제가 된다. 또한 개개인의 간접사실을 분석하고 검토하여 각각 단독으로 요증사실을 인정할 만한 추인력이 없다고 하는 이유로 그것을 배척하는 것도 또한 문제다. 개개의 간접사실의 분석적 검토와 동시에 소극적 방향으로 작용하는 것도 포함해서 간접사실을 종합적으로 평가하고, 전체로서 요증사실이 합리적 의심을 넘어 추인할 수 있을지를 검토할 필요가 있다. 그 결과 합리적 의심을 넘는 확신이 존재하지 않는 경우에는 유죄를 선고할 수 없다.[73]

대법원도 다음과 같이 판시하여 간접증거에 의한 종합분석의 결과 합리적인 의심의 여지없이 공소사실을 인정할 만한 증명에 이를 것을 요구하고 있다.

> 공소사실을 인정할 수 있는 직접증거가 없고, 공소사실을 뒷받침할 수 있는 가장 중요한 간접증거인 망 공소외 1과 망 공소외 3의 사망시각에 관한 여러 증거의 증명력이 환송 뒤 원심에서 새로 조사된 스위스 법의학자의 증언이나 화재재현실험결과 등에 의하여 크게 줄어들었으며, 그 밖에 사건 직후 피고인의 팔에 남아 있던 손톱자국이나 피고인의 집에서 발견된 망 공소외 3을 위한 우유병과 1회용 분유통의 상태 또는 식기세척기 등 식탁 주변의 상황, 피고인과 망 공소외 1의 갈등관계 등 나머지 간접증거를 모두 종합하여 보더라도 공소사실을 뒷받침할 수 있는 증명력이 있다고 볼 수 없으므로, 여기에 피고인에 대한 거짓말 탐지기 검사결과 등 피고인의 진술에 신빙성이 부족하다는 점을 더하여 보아도 이 사건에 제출된 증거만으로는 합리적인 의심의 여지없이 공소사실을 유죄로 판단할 수 없다.[74]

3) 개연성의 정도

간접사실로부터 요증사실에의 추인과정에는, 경험칙·논리칙을 적용한 추인이 행해지고, 추인에 추인이 거듭되는 경우도 있기 때문에 추인의 구조를 의식적으로 분석하고, 어느 단계의 추인에 약점이 있는지, 논리적으로 비약된 점이 있는지를 검토해야 한다. 그때, 추인과정을 문장화하여, 합리적인 설명이 이루어지고 있는가라는 형식으로 추인과정의 합리성을 검증하는 것도 한 방법이다.[75]

---

73) 간접사실로부터 요증사실을 추인하기 위해서는 분석적 검토와 종합적 평가가 상호 보완적일 필요가 있고, 그렇게 해서 요증사실의 인정이 이루어진 경우 그 사실인정의 확실도가 높아진다고 할 수 있다; 김종률, 「합리적 심증과 과학적 사실인증」, 77쪽.

74) 대법원 2003. 2. 26. 선고 2001도1314 판결.

간접사실에 의한 주요사실 또는 상위의 간접사실을 추론하는 과정은 경험칙, 자연법칙, 개연율 등을 대전제로 하고, 디지털 증거를 포함한 정황증거에 의하여 인정된 간접사실을 소전제로 하는 삼단논법적 추론과정이다. 그러나 현실에서는 소송의 진행에 따라 잠정적인 간접사실들에 대한 심증이 굳어져 가고 이러한 누적적인 심증형성과정에 단절이 없으면 법관은 직감에 따라 주요사실을 귀납적으로 판단하는 현상이 나타나기도 한다.[76] 또한 경우에 따라서는 심증형성을 차단하는 반대의 간접사실이 있는 경우에도 의도적으로 무시되거나 그 의미가 평가절하되는 경우도 있다. 이 과정은 인정된 간접사실로부터 상위의 간접사실이 마치 직접적으로 추인되는 것과 같은 양상을 띠고 있기 때문에 실제 작동하고 있는 대전제인 경험칙이나 개연율 등이 인식의 표면에 등장하지 않고 은폐되어 심사의 대상이 되지 않는다. 물론 대전제가 자연법칙 또는 자연법칙으로부터 나오는 경우에는 증명되어야 할 사실을 추론하는 것은 필연적이다.[77] 그러나 많은 경우에 대전제는 개연율에 지나지 않고, 이 개연율은 아직 충분히 확실한 것이 아니다. 소송에서 나타나는 개연성은 단순히 '개연성이 있다.'고 주장되는 것에서 나아가 반드시 '어느 정도의 개연성이 있다.'고 주장된다. 이는 소송에서 요구되는 입증의 정도가 절대적인 확신이 아니라 형사재판에 있어서는 합리적인 의심을 넘는 확신이, 민사재판에 있어서는 증거의 우월(preponderance of evidence) 등으로 표현되는 개연성의 정도에 따라 구별되고 있는 것을 보아도 명백하다.[78]

75) 김종률, 「합리적 심증과 과학적 사실인증」, 78쪽.
76) 이용구, 「사실인정 과정의 논증」, 『재판실무 연구』, 광주지방법원, 2009, 180쪽.
77) 가령 A가 특정한 시간에 특정한 장소에 있었다는 것이 확인되면, A는 같은 시간에 다른 장소에 있었다고 할 수 없다. 왜냐하면, 어떠한 사람도 같은 시간에 두 개의 장소에 있는 것은 불가능하다는 대전제는 절대적으로 확실한 것으로 받아들일 수 있기 때문이다; 이용구, 「사실인정 과정의 논증」, 『재판실무 연구』, 광주지방법원, 2009, 180쪽.
78) 개연성의 정도는 결국 부분적인 무지를 수반하는 것이기 때문에 언제나 불확정적이고 수학적으로 확실하게 측정할 수 없다.

주요 참고문헌

단행본

구모영, 『법과 인간』, 전망, 1994.

김성룡, 『법적 논증론(Ⅰ)-발전사와 유형』, 준커뮤니케이션즈, 2009.

_____, 『법적 논증의 기초』, 경북대학교출판부, 2006.

김영환, 『법철학의 근본문제』, 홍문사, 2006.

김종률, 『진술분석-실제사례를 통한 숨겨진 진실과 정의 찾기』, 학지사, 2010.

로베르트 알렉시 지음, 변종필·최희수·박달현 옮김, 『법적 논증이론』, 고려대학교출판부, 2007.

박혁수, 『개정 형사소송법상 디지털 증거의 증거능력』, 해외연수검사 연구논문집, 2009.

배종대·이상돈·정승환, 『신형사소송법』, 홍문사, 2009.

법원행정처, 『새로 쓰는 증거조사』, 2007.

손동권, 『형사소송법』, 세창출판사, 2010.

숙명여대의사소통능력개발센터, 『언어와 논리』, 숙명여자대학교출판부, 2004.

신동운, 『신형사소송법』, 법문사, 2008.

신양균, 『형사소송법』, 화산미디어, 2009.

앤서니 웨스턴 저, 이보경 옮김, 『논증의 기술』, 필맥, 2008.

울프리드 노이만 지음, 윤재왕 역, 『법과 논증이론』, 세창출판사, 2009.

위르겐 하버마스 저, 한상진·박영도 옮김, 『사실성과 타당성』, 나남, 2007.

이병덕, 『논리적 추론과 증명』, 이제이북스, 2008.

이상돈, 『법이론』, 세창출판사, 2005.

이상돈·홍성수, 『법사회학-M. Weber, J. Habermas, N. Luhmann의 사회학이론과 법패러다임』, 박영사, 2000.

이재상, 『신형사소송법』, 박영사, 2010.

이정일, 『논증과 논쟁』, 이담, 2010.

이종권·양영운·홍병선, 『합리적 사고와 논리』, 중앙대학교출판부, 2003.

최종고, 『법사상사』, 박영사, 1992.

클라우스 폴크 지음, 김환수·문성도·박노섭 공역, 『Klaus Volk의 독일 형사소송법』, 박영사, 2009.

탁희성·이성진, 『디지털 증거분석도구에 의한 증거수집절차 및 증거능력 확보방안』, 한국형사정책연구원 연구총서 06-21, 2006.

Beecher-Monas, Erica, *Evaluating Scientific Evidence*.

Burton, Steven J., *An Introduction to Law and Legal Reasoning*, Aspen Publishers, 2007.

Dennis, Ian, *The Law of Evidence*, Sweet & Maxwell, 2007.

Freeman, M. D. A., *Introduction to Jurisprudence*, Sweet & Maxwell, 2008.

Hassemer, Winfried, *Einführung in die Grundlagen des Strafrechts*, C. H. Beck, 1990.

Hobbes, Thomas, *Leviathan*.

Horn, D., *Rechtssprach und Kommunikation*, 1966.

Koch/Rüßmann, *Juristische Begründungsleher*, 1982.

Levi, Edward H., *An Introduction to Legal Reasoning* 3-4, 1948.

McConville, M., Sanders, A. and Leng, R., *The Case for the Prosecution*, London, 1991.

Neumann, *Rechtsontologie und Argumentation*, 1979.

Posner, Richard A., *How Judges think*, Harvard University Press, 2008.

Roberta, Richard/Klatzky, L., *Human memory-Structures and Processes*, W. H. Freeman and Company, 1980.

Roberts, Paul/Zuckerman, Adrian, *Criminal Evidence*, Oxford University Press, 2004,

Stephen, James Fitzjames, *A Digest of Law of Evidence*, Stevens, 12th edn., 1948.

Uglow, Steve, *Evidence*, Sweet & Maxwell, 2006.

논문

강인숙, 「형사절차에서 DNA분석에 대한 규범적 통제」, 전북대학교 박사학위논문, 2004.

권양섭, 「디지털 포렌식 법률체계 구축 방안」, 『법학연구』 제35집, 2009.

권창국, 「간접증거(정황증거)에 의한 사실인정 성격 및 전과 등 유사사실 증거에 의한 범죄사실 입증 가능성」, 『Jurist』 제386호, 2002.

김성룡, 「법적 논증과 관련한 인공지능 연구의 현황」, 『IT와 법연구』, 경북대학교 IT와 법연구소, 2010.

김종률, 「진술증거의 신빙성 판단: 사례연구 1」, 한국형사소송법학회 추계학술대회 발표집, 2010. 10.

_____, 「합리적 심증과 과학적 사실인정」, 『형사법의 신동향』, 2010. 6.

김희균, 「논증도식을 통해 본 증거분석」, 한국형사소송학회 추계학술대회 발표집, 2010.

박노섭, 「독일 사실인정론에 관한 연구와 그 시사점」, 『형사정책연구』 제18권 제1호, 2006. 6.

박종선, 「강간죄의 적정한 사실인정 정립에 관한 연구」, 『법학논총』 제26집 제3호.

변종필, 「판결의 논증구조-대법원 2004. 11. 18, 선고 2004도5074 전원합의체판결을 예시로 하여」, 법관세미나 발표자료.

_____, 「형사소송에서 법관의 지위와 역할-지위론, 구조론 및 목적론의 연계구조와 관련하여」, 『형사정책연구』 제13권 제4호, 2002.

심희기, 「과학적 증거의 허용성과 신빙성」, 『형사법 연구』 제12호, 1999.

양근원, 「형사절차상 디지털 증거의 수집과 증거능력에 관한 연구」, 경희대학교 박사학위 논문, 2006.
여미숙, 「미국 연방증거규칙 제403조에 관하여」, 『재판자료』 제103집, 외국사법연수논집[23], 법원도서관, 2004.
이상돈, 「법인식론의 실천적 과제와 대화이론-법인식론의 하버바스적 이해」, 『현대법철학의 흐름』, 법문사, 1996.
_____, 「사실인정의 이론과 실제」, 사실인정방법론의 정립[형사재판편], 재판자료 제110집, 법원도서관, 2006.
이수정, 「아동 성폭력 피해 진술에 대한 신빙성 분석도구들의 타당도 연구」, 『한국심리학회지』 제24권 제2호, 2010.
이용구, 「사실인정 과정의 논증」, 『재판실무연구』, 광주지방법원, 2009.
_____, 「판단과 논증-배임죄의 고의에 대한 몇 개의 논증분석」, 한국형사소송법학회 추계학술대회 발표집, 2010.
이용우, 「판례를 통해서 본 경험칙」, 『재판자료』 제25집, 법원행정처, 1985.
이윤재, 「디지털 증거의 압수·수색과 증거능력」, 『형사법의 신동향』, 2009.
이재웅·조은경, 「목격자 진술에 대한 SCAN기법의 타당성 연구」, 『한국심리학회지』 제24권 제2호, 2010.
임미원, 「자율성과 자유」, 『법철학연구』 제5권 제2호, 2002.
전명길, 「디지털 증거의 수집과 증거능력」, 『법학연구』 제41호, 한국법학회, 2011.
정용인, 「사실오인과 경험칙」, 『재판자료』 제22집, 형사증거법(상), 법원행정처, 1984.
조상수, 「디지털 증거의 법적 지위 향상을 위한 무결성 보장 방안」, 『형사법의 신동향』 제27호, 2010.
조원철, 「간접증거에 의한 사실의 인정」, 『재판자료』 제110집, 법원행정처.
한연규, 「검찰 수사기록 공개거부에 대한 법적 고찰」, 법률신문 2009. 9. 21자.

Binder, D. A. and Bergman, P., *Fact Investigation*, St Paul, 1984.
Hale, Matthew, *Historia Placitorum Coronae*, vol.2; *The History of the pleas of the crown*, London, 2004.
Hohfeld, W. N., *Fundamental Legal Conception as Applied in Judicial Reasoning*, New Haven, 1923.
Karl, E. G., Llewllyn, N., *Some Realism about Realism*, 44Harv. L. Rev. 1222, 1931.
Lempert, Richard O., *Modeling Relevance*, 75 Michigan LR 1021, 1977.
Rodingen, *Ansätz zu einer sprachkritischen Rechtstheorie*, in: ARSP 58, 1972.
Rodingen/Falke, *Das Rechtsverfahren; Dressur oder Diskurs?*, in: DSWR, 1976.
Toulimin, *The Uses of Argument*,(deutsch: *Der Gebrauch von Argumenten*), 1958.
Williams, Glanville, *Law and Fact*, Crim. L. R., 1976.

색인